Peter Schmitz

Golgatha

Ein Kriegsroman

Herausgegeben und
eingeleitet von Philippe Beck

Mit Unterstützung des Fördervereins des
Archivwesens in der Deutschsprachigen Gemeinschaft
Belgiens sowie mit einem Vorwort von Els Herrebout
und einem Nachwort von Helmut Donat

Donat ◢◣ Verlag

Bibliografische Information der Deutschen Bibliothek
Die Deutsche Bibliothek verzeichnet diese Publikation in der
Deutschen Nationalbibliografie; detaillierte bibliografische
Daten sind im Internet über http://dnb.ddb.de abrufbar.
ISBN 978-3-943425-32-1

Ein Teil der Auflage geht als Jahresgabe an die
Mitglieder des Fördervereins des Archivwesens in
der Deutschsprachigen Gemeinschaft Belgiens.

Titelzeichnung: Peter Schmitz

© 2014 by Donat Verlag
Borgfelder Heerstr. 29 D-28357 Bremen
Telefon: (0421) 1733107 und 274886
Fax: (0421) 275106
E-Mail: info@donat-verlag.de
Alle Rechte vorbehalten
Lektorat: Helmut Donat, Bremen
Layout und Umschlaggestaltung: Donat Verlag, Bremen
Druck: Jelgavas Tipogrāfija SIA, LV-3002 Jelgava, Lettland

Inhalt

Vorwort

Das jüngere Gedächtnis in der Deutschsprachigen Gemeinschaft (DG) Belgiens hat der Zweite Weltkrieg geprägt. Einige Steinwürfe weiter, hinter den Feldern, die nach Membach weisen, nach Baelen und nach Visé, ist es der Erste Weltkrieg. Noch weiter westlich, dort wo das Land hinter der Yser 1918 geflutet wurde, erleben die flandrischen Schlachtfelder eine erweiterte Bedeutung: Sie schließen alle heutigen Konflikte ein und machen das „In-Flanders-Fields-Museum" in Ypern zu einem Mahnmal gegen den Krieg als solchen. Jetzt, im Vorfeld des hundertsten Jahrestags des Beginns des „Grote Oorlog", wird es jedoch vorrangig seine eigentliche Bestimmung erfüllen.

In der Nachfolgerin der alten preußischen Kreise Eupen und Malmedy, der heutigen Deutschsprachigen Gemeinschaft Belgiens, gibt es kein Museum wie in Ypern. Der ostbelgische Historiker Herbert Ruland erklärte in einem Rundfunkinterview – und zeigt es bei seinen Rundfahrten zu den Orten des Ersten Weltkrieges –, das Land vom Baelener Ortsteil Garnstock an der früheren deutsch-belgischen Grenze bis Lüttich sei ein wahres Freilichtmuseum: Recht hat er.

Aber fehlt da nicht etwas? Es gibt keine Antwort auf Fragen wie: „Wie haben die Soldaten aus den Kreisen Eupen und Malmedy den Großen Krieg erlebt?" Es existiert nicht viel mehr als das, was Peter Schmitz in seinem nun endlich neu aufgelegten Buch *Golgatha* niedergelegt hat. Doch ergeben sich auch aus der literarischen Verarbeitung weitere Fragen: Und weiter gedacht: „War es so, wie Peter Schmitz es beschrieb, oder ließ er seinem literarischen Gefühl freien Lauf?" Und: „Hat er sich von seinen politischen Ansichten leiten lassen?"

Im Zusammenhang mit der Neuauflage und der Transkribierung von *Golgatha* scheint mir dieser Aspekt nicht entscheidend. Zugegeben, diese Aussage wirkt provokativ, sicher aus dem Mund einer Historikerin. Aber hier sind wir auf einer anderen Ebene: Die Völkerschlacht, die eine Zäsur der Geschichte bedeutete, hat überall einen literarischen Widerhall. Kein Wunder, schreit doch der Künstler seine Begeisterung oder seine Ohnmacht geradezu heraus, wie ein Dorgelès mit seinem *Les croix de bois*, ein Remarque mit seinem *Im Westen nichts Neues*, ein McCrae mit seinem Gedicht über die „poppies", die Mohnblumen in den bereits erwähnten flämischen Schlachtfeldern. Liegt es dann nicht geradezu auf der Hand, dass in dem Landstrich, in dem die Völkerschlacht begann, auf westlicher Seite, ein Mann den Drang verspürte, seine Gefühle zum Ausdruck zu bringen?

Seien wir dankbar und erfreut, dass er es getan hat und dass sich in der Person von Dr. Philippe Beck ein kundiger Wissenschaftler gefunden hat, der uns mit seiner literarischen, historischen, und sicherlich literaturhistorischen Einordnung den viel zu lange vergessenen Peter Schmitz näherbringt und die bisher bestehenden Erkenntnisse durch seine Arbeit bedeutend vermehrt hat.

Als Mitherausgeberin und leitende Staatsarchivarin in Eupen freue ich mich daher, mit der Neuauflage der Aufzeichnungen dieses Zeitzeugen einen würdigen Beitrag zur Erinnerung an und zur Bewusstseinsbildung über jenen für die heutige Deutschsprachige Gemeinschaft so wichtigen Zeitabschnitt – 1914 der Kriegsausbruch und 1919 die Pariser Vorortverträge mit ihren bedeutenden Folgen für unserem Landstrich – beisteuern zu dürfen.

Els Herrebout

Im Westen was Neues

Einleitung zum Kriegsroman *Golgatha*

Von Philippe Beck

10. Mai 1940 – die deutsche Wehrmacht marschiert in Belgien ein. Im nahe der Grenze gelegenen Eupen (B) will der orts-ansässige SS-Sturmführer Josef Kerres die Soldaten, die das 1919 abgetretene Gebiet „heim ins Reich" holen sollen, will-kommen heißen. Mit einer Hakenkreuzfahne durchquert er auf seinem Fahrrad die Kleinstadt. Doch vor der Militärka-serne trifft ihn die Kugel eines belgischen Schützen. In einer propagandistisch aufgezogenen Trauerfeier setzt man den Nazi-Märtyrer auf dem Ehrenfriedhof quer vor den Gefalle-nen des Ersten Weltkrieges bei.[1] Nur wenige Meter hinter ihm liegt Peter Schmitz begraben. Aber nicht mehr lange. Kurz nach der völkerrechtswidrigen Annexion von Eupen-Malmedy lässt die nationalsozialistische Stadtverwaltung den „Staatsfeind" in einer Nacht-und-Nebel-Aktion exhumieren. Der Grabstein wird auf Kosten der Familie zertrümmert. Grund dafür ist sein pazifistischer Roman *Golgatha* und sei-ne antimilitaristische Haltung und Publizistik. Auch von ei-nem „Spionagering" ist die Rede…

Der in der Nachfolge von Erich Maria Remarques Best-seller *Im Westen nichts Neues* entstandene Roman *Golgatha* ist erstmals 1931 in Serienform in der ostbelgischen Ausgabe von *L'Invalide*, dem belgischen Organ der Kriegsveteranen, abgedruckt worden. Erst 1937 erschien die Artikelfolge in Eupen als Buch, da die politischen Verhältnisse im „Dritten Reich" die erwünschte Verbreitung auf dem deutschen Buch-markt unmöglich machten. Die geplanten Übersetzungen ins Französische und Englische, auf die der Originalbuchklap-pentext hinweist, ließen sich vermutlich infolge des frühen Todes von Schmitz im Jahre 1938 nicht verwirklichen. Nach Kriegsausbruch geriet das Buch in Vergessenheit.

Als einer der wenigen Schriftsteller greift Schmitz auf das angespannte deutsch-französische Verhältnis im ausgehenden 19. Jahrhundert zurück und legt die in Schulen verbreiteten

Hassparolen offen, um sie als eine der Kriegsursachen anzuprangern, wenngleich man heute sagen kann, dass der Hass und Revanchegedanke in Frankreich vor 1914 bereits spürbar abgeklungen waren.[2] Ferner kritisiert er die hetzerische Kriegspropaganda in den Medien und die Machtgier der Politiker. So wirft die Situation der Soldaten aus dem Grenzgebiet im Roman ein besonderes Licht auf den Krieg; Nationalismen werden relativiert und abgeschwächt.

Der heute ostbelgische Landstreifen Eupen-Malmedy hat im Laufe der Geschichte mehrmals die Staatszugehörigkeit gewechselt. 1815 Preußen zugesprochen, gehörten die zwei deutschen Kreise als Folge des Krieges und Versailler Vertrages seit 1920 zum Herrschaftsbereich des belgischen Königreiches. Als Soldat trug Peter Schmitz noch die deutsche Uniform, seinen Roman veröffentlichte er 1931/1937 jedoch als belgischer Staatsbürger. All das macht das Buch zu einem bemerkenswerten Fall der pazifistischen Kriegsliteratur. Deshalb sei dem Leser auf den kommenden Seiten ein Einblick in die spannende Biografie des Autors, die Entstehungsgeschichte des Romans und in den literaturgeschichtlichen Kontext gegeben. Abschließend wird auf weiterführende Literatur hingewiesen.

Peter Schmitz, der ostbelgische Remarque

Der am 27. Dezember 1887 in Eupen geborene Peter Schmitz begann im naheliegenden Aachen ein Volksschullehrerstudium, bevorzugte schließlich aber eine Lehre bei dem in seiner Heimatstadt ansässigen Bildhauer Christian Stüttgen. Ebendort war er vor dem Krieg als freischaffender Künstler und Kunsthändler tätig und trug zur Förderung des Kunstinteresses im Grenzland bei.

Die damaligen Beziehungen zu den belgischen Nachbarn sind als ausgesprochen freundschaftlich zu bezeichnen, was durch die familiären, sozialen oder wirtschaftlichen Verbindungen belegt ist.[3] Doch war die Stimmung im Sommer 1914 gespalten, da selbst die Grenzbevölkerung teilweise der propagandistisch aufgeblasenen Kriegsbegeisterung und der „Franktireur"-Psychose[4] erlag.

Neben zahlreichen anderen meldete sich der 27jährige „Pé"
Schmitz – wie man ihn in der Stadt nannte – im Sommer
1914 als Freiwilliger für ein Jahr. Schon im September befand
er sich als Mitglied des 29. Reserve-Infanterie-Regiments[5]
(RIR) an der Westfront in der Champagne, wo er mit der
schrecklichen Realität des Schützengrabenkriegs in Nordfrankreich konfrontiert wurde.[6] Anfang 1915 musste der Gefreite Schmitz aufgrund einer Typhus-Erkrankung ins Lazarett Illertissen.

Der Horror nahm kein Ende, und das Jahr 1916 traf das
RIR 29 besonders hart. Von Februar bis Ende Dezember war
es in der Schlacht um Verdun eingesetzt, wo die Marneschlacht
(5.-9. September) und die Schlacht an der Somme (1. Juli-18.
November) wohl zu den schwierigsten Kampferfahrungen
zählten. Im Oktober 1916 sah sich Schmitz zum Unteroffizier
befördert. Nur wenige Wochen später, am 5. November, lie-
ferte man ihn mit Granatsplittern im Kopf, einer Verletzung
der rechten Gesichtshälfte, sowie einem Nervenleiden erneut
ins Lazarett ein. Als „inoperabel" diagnostiziert, haben ihn
die eisernen Bruchstücke bis an sein Lebensende geplagt.[7]

Kurze Zeit später geriet Schmitz aus militärischer Sicht in
Unehren, als er bei Cambrai einer französischen Zivilistin
beistand, der sein vorgesetzter Offizier zu nahe treten wollte.[8]
Daraufhin wurde er „wegen Menschlichkeit"[9] degradiert. In
der Somme-Schlacht war er jedoch eigenen Angaben zufolge
der Einzige, der sich bereit erklärte, durch den Kugelhagel
zu laufen, um dem Generalstab über die Lage der 7. Kompanie Bericht zu erstatten.[10] Hierfür erhielt er am 26. November
das Eiserne Kreuz zweiter Klasse und seinen Rang als Unteroffizier zurück. Bei einem weiteren Lazarettaufenthalt
stufte man ihn wegen seines Nervenleidens als „Kriegshy-
steriker" ein. Dass er sich vor allem zu diesem Zeitpunkt
Frieden wünschte, belegen vier Postkarten, die er selbst zeichnete[11] (siehe S. 12 und 13). Seinem Freund Julius Bourseaux
schrieb er am 3. Januar 1917: „Habe noch immer keinen
Schimmer, was mit mir werden wird."[12] Im Januar 1918 kam
dann die Erlösung: Die Militärbehörden entließen ihn „für
Arbeitszwecke" nach Eupen.[13]

Nach dem Waffenstillstand und dem Staatenwechsel erhielt er, wie alle Eupen-Malmedyer Kriegsgefangenen und

An der Somme, Juli 1916 – Zeichnung von Peter Schmitz – © SAE

-verletzten, schnell die rechtliche Gleichstellung mit den belgischen Betroffenen.[14] Im Februar 1920 heiratete er die zehn Jahre jüngere Louise (Lucy) Mülders aus Barmen (heute Wuppertal), die drei Jahre später eine Tochter namens Ingeborg zur Welt brachte. Fortan war Schmitz vor allem als Kunsthändler unterwegs und organsierte eine viel beachtete „Heimatschau“, bei der er an verschiedenen Orten Eupens regionale Kunstgegenstände wie Möbel, Gemälde und Skulp-

Sturmangriff – © SAE

Prost Neujahr, 1917 – © SAE   *Im dritten Kriegsjahr, 1916 – © SAE*

turen zeigte. Des Weiteren verfügte er über Ausstellungs-
räume in Eupen, Köln und Düsseldorf und fungierte als Jury-
Mitglied auf den Weltausstellungen in Lüttich (1930) und
Brüssel (1935).

Zur gleichen Zeit engagierte er sich im neugegründeten
Geschichtsverein der Region und veröffentlichte journalis-
tische Arbeiten. Neben heimatgeschichtlichen Beiträgen verfasste er vor allem Artikel, in denen er den Chauvinismus

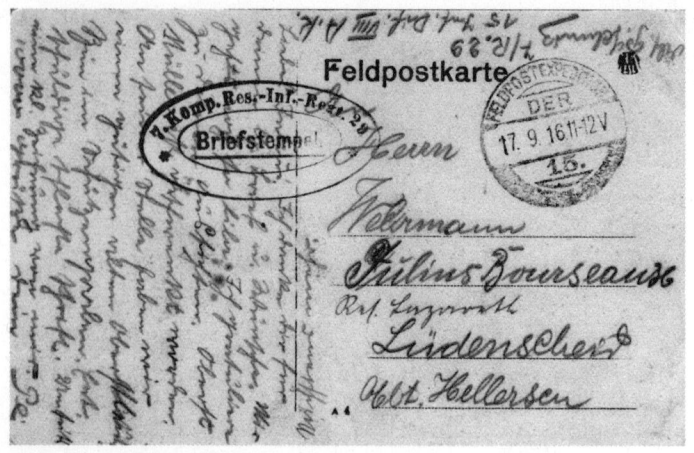

Herrn Wehrmann Julius Bourseaux
Res. Lazarett Lüdenscheid Abt. Hellersen

17.9.1916

Lieber Julius!
Ich danke dir für deinen lb. Brief u. Wünsche. Mir geht's auch so lila. Ich
gratuliere zu deinen Aussichten. Oberst Müller ist geschwenkt worden. An
seiner Stelle haben wir einen gütigen alten Oberstleutnant. Bin im Schützen-
graben. Entschuldige schlechte Schrift. Umseits eine kl. Zeichnung von mir.
10000 Grüße, Dein Pe

Abs. P. Schmitz 7/R.29 15 Inf. Dif. VIII A.K. – © SAE

und den wiederaufkommenden Nationalismus in Deutschland
anprangerte. Vornehmlich veröffentlichte er in dem bereits
erwähnten Monatsblatt *L'Invalide* (1925-1940, 1945-2005)
sowie in der Tageszeitung *Grenz-Echo* (1927-1940, 1945 bis
heute), die bereits am 24. April 1933 wegen ihrer kritischen
Haltung gegenüber dem Nationalsozialismus auf reichsdeut-
schem Gebiet verboten wurde. Als eine der bestinformierten
freien Tageszeitungen im deutschsprachigen Europa nutzten
sowohl jüdische Emigranten wie Kurt Grünebaum[15] und Otto
Eugen Mayer[16], als auch namhafte Pazifisten wie Heinz Kraschutzki[17] und Berthold von Deimling[18] das kleine belgische
Organ als Publikationsmöglichkeit. Abgesehen von seinen
journalistischen Beiträgen und dem Roman *Golgatha* verfasste Schmitz hauptsächlich lokalhistorische Erzählungen.

   Der wichtigste Fund der letzten Jahre ist jedoch die mehr
als 300 Seiten starke Gestapo-Personalakte „Peter Schmitz",[19]

die, von anderen Quellen ergänzt, die Rolle des rührigen Antimilitaristen als einer Schlüsselfigur für die alliierten Nachrichtendienste im Grenzland dokumentiert.[20] Der Autor von *Golgatha* war nicht nur als Publizist aktiv, sondern schickte auch Unteragenten ins „Dritte Reich", die über die geheime Rüstungsindustrie, den Bau von Kasernen, Flugfeldern, Truppenplatzierungen und Grenzbefestigungen Informationen beschaffen sollten, die er anschließend an Kontaktpersonen der belgischen, französischen und britischen Geheimdienste weiterleitete. Unter ihnen befanden sich belgische Gendarmen, der inwischen in Brüssel lebende deutsche Emigrant Karl Goldmann sowie der berüchtigte Rodolphe Lemoine, der später Hans Thilo Schmidt alias Asche/H.E. aussandte und dadurch maßgeblich zum Entziffern des Codes der Enigma-Maschine beitrug.[21] Zugleich nutzte Schmitz seine Beziehungen, um jüdischen Flüchtlingen zu helfen.

Am 18. November 1937 ordnete die Gestapo an, Schmitz mit Foto und ausführlicher Beschreibung sowie dem Vermerk „Sehr wichtig!" auf die Sonderfahndungsliste zu setzen. Ein detaillierter Bericht befasste sich mit seinen Tätigkeiten für die belgischen und französischen Nachrichtendienste gegen Deutschland; er wird als fanatischer und deutschfeindlicher Pazifist und Literat beschrieben.[22] Einige Monate später, am 4. Februar 1938, verstarb Peter Schmitz offiziell an den Folgen eines Herzschlags. Gerüchten in der Stadt zufolge soll er sich jedoch das Leben genommen haben – entweder, weil er keinen Ausweg mehr fand, oder aber, um seine Familie zu schützen.

Der vermutlich von Alfred F. Sluse – Chefredakteur des Wochenblattes *La Nouvelle Belgique* und Autor des patriotischen Romans *Sans Solde* (1936) – verfasste Nachruf ist ein Beleg für Schmitz' probelgische Einstellung und weist auf seine Mitgliedschaft in der Association des Écrivains Combattants belges (AECb)[23] hin: „M. Schmitz faisait partie de l'association des Écrivains du front et avait toujours fait preuve de loyalisme envers la Belgique."[24] Ebendort erfährt man, dass er auch politisch aktiv war, indem er zu den Begründern des Liberalen Bundes in Eupen zählte.[25]

Gleich nach dem Überfall der Wehrmacht auf Belgien am 10. Mai 1940 suchte die Gestapo Schmitz' Familienhaus auf. Sie vernichtete den pazifistischen Roman, verhörte seine Witwe mehrmals und entfernte sein Grab vom Eupener Ehrenfriedhof. Lucy Schmitz stellte man schließlich vor die Wahl, entweder selbst ins KZ zu gehen oder ihre Tochter in ein Arbeitslager zu schicken. So wurde die achtzehnjährige Inge im Oktober 1941 zum Reichsarbeitsdienst eingezogen. Erst nach der Befreiung hat die Familie erfahren, dass man Lucy Schmitz „Mittäterschaft" in einem Spionagering, dem ihr Mann angehört haben soll, vorgeworfen hat.[26]

Zur Entstehungsgeschichte von *Golgatha*

Der in Schmitz' Gestapo-Personalakte entdeckte Briefwechsel mit seinem ehemaligen Kriegskameraden Winand Schneider aus Witterschlick bei Bonn und das erhalten gebliebene Typoskript *Bataillon Eupen-Malmedy* ermöglichen einen Einblick in die Entstehungsgeschichte des Romans. Im Unterschied zu seinem einstigen Freund war Schneider zum überzeugten Nationalsozialisten geworden, was Schmitz allerdings nicht von mehrmaliger Kontaktaufnahme abhielt. Über seine Beweggründe lässt sich heute nur spekulieren. Zum einen hatten die beiden gemeinsam in den Gräben gelegen und sich gegenseitig das Leben gerettet. Zum anderen mag Schmitz die Beziehung als Informationsquelle für die Geheimdienste sowie für seinen Roman genutzt haben.

Als es darum ging, die Geschichte des Regiments aufzuzeichnen, wandte sich Winand Schneider an Schmitz. Dieser lehnte jedoch das Angebot mit den Worten ab, sein Gedächtnis habe durch seine Kriegsverletzung zu stark gelitten. Gleichwohl arbeitete er später an seinem Roman, der im Oktober 1931 „fast vollendet" war.[27] Mit Fragen zur Chronologie der Ereignisse und der Vermarktung in Deutschland bat er den ehemaligen Kameraden schließlich um Hilfe.

Der Briefwechsel offenbart, dass Schmitz die erste Fassung des Romans, ab 1931 in Serienform unter dem Titel *Bataillon Eupen-Malmedy* in der ostbelgischen Ausgabe von *L'Invalide* publiziert, eher spontan und im Laufe der Veröffentlichungen der einzelnen Folgen geschrieben hat. Diese mit dem Typoskript vermutlich identische Version[28] wurde für die

Buchveröffentlichung überarbeitet. Welche Fassung genau er den Verlagen zu Beginn der dreißiger Jahre zukommen ließ und ob der Eupener Verlag Einfluss auf die endgültige Textgestaltung genommen hat, ist nicht mehr feststellbar. Es ist aber wohl davon auszugehen, dass die Änderungen von Schmitz selbst stammen oder dass er sie im Rahmen eines Lektorats autorisierte.

Am 4. November 1931 habe Schmitz, so Winand Schneider in einem Verhör, ihn unerwartet zusammen mit seiner Frau Lucy und seiner achtjährigen Tochter besucht.[29] Sie unterhielten sich über den Krieg, gemeinsame Erlebnisse und ihre Situation. Schneider zeigte ihm Notizen, die er während des sogenannten „Ruhrkampfs" (1923) und der Besatzung des Ruhrgebiets durch französische und belgische Truppen gemacht hatte, woraufhin Schmitz ihm eröffnete, dass er ebenfalls schreibe und bereits einige Preise für verschiedene Werke erhalten habe. Er bot an, Schneiders Aufzeichnungen Korrektur zu lesen. Sein späteres Urteil: Sie seien sehr gut, jedoch „zu ehrlich", und sie seien etwas lebendiger zu gestalten. Schmitz übergab sie dem ehemaligen Kompanieleiter Dr. Runge mit der Bitte, sie dem Besitzer zurückzugeben. Runge erlaubte sich, Schneiders Niederschrift zu lesen und dem Diesterweg-Verlag zuzuschicken, der die Memoiren jedoch mit der Begründung zurückwies, dass sie nicht im Einklang mit der aktuellen nationalen Auffassung stünden.[30]

Im August 1932 teilte Schmitz schließlich mit: „Ich habe meinen Kriegsroman beendet."[31] Die Urteile verschiedener Schriftsteller, an die man das Werk mit der Bitte um eine Stellungnahme geschickt habe, seien äußerst positiv ausgefallen, und ein belgischer Verlag habe sich bereit erklärt, das Buch auf eigenes Risiko zu drucken. Doch bemängelte er die wirtschaftliche (!) Lage in Deutschland und das Problem, dass der Vertrieb dort mit Erschwernissen rechnen müsse. Zu dem zwei Wochen zuvor erschienenen Roman *Die Front spricht* von Karl Glockemann führte Schmitz aus: „Ohne mich brüsten zu wollen, betrachte ich mein Werk als fünfzig Mal besser vom literarischen Standpunkt her und was die Wahl des Sujets betrifft."[32] Was sein Talent, den Roman und seine pazifistischen Überzeugungen anging, gab er sich somit durchaus zuversichtlich.

Im Sommer 1933 ließ Schmitz seinen Bekannten wissen, dass er seinen Roman zwischenzeitlich dem Rex Verlag in Leuven vorgelegt habe,[33] der u.a. eine Neuauflage von Max Deauvilles *Jusqu'à l'Yser* (1917) veröffentlichte. Leiter des katholischen Verlagshauses war 1932, als die Rex-Bewegung entstand, der Buchhändler Léon Degrelle.[34] Der radikale Kurs, den die belgisch-nationalistische und damals anti-nationalsozialistische Rex-Partei im Laufe der dreißiger Jahre einschlagen würde, war zu dieser Zeit noch nicht erkennbar.

Äußerst bemerkenswert ist die Tatsache, dass Schmitz es wagte, noch nach der Machtübernahme dem inzwischen gleichgeschalteten Ullstein-Verlag sein Manuskript zu unterbreiten, der 1929 Remarques „Im Westen nichts Neues" herausgebracht und durch seinen Lektor Max Krell zu einem Erfolg gemacht hatte. Die Antwort ist nicht verwunderlich. Der Verlag entgegnete ihm, dass „diese Thematik nicht mehr aktuell" sei und man sich ein solches Werk nicht mehr leisten könne.[35] Denn ab 1933 war pazifistische Literatur in Deutschland quasi verboten und nicht verlegbar. Kriegsbejahende Themen rangierten im Gesamtspektrum der im „Dritten Reich" veröffentlichten Bücher noch vor so angestammten Bereichen wie „Blut und Boden" oder „Heimat und Volk".[36] Hinzu kommt, dass Ullstein einer der ersten Verlage war, denen die Reichsinstanzen Gleichschaltungs- und Arisierungsmaßnahmen auferlegten. 1934 verleibte sich der Zentralverlag der NSDAP das größte jüdische Presse- und Buchverlagsunternehmen „mit geradezu erpresserischen Methoden" ein.[37]

Schließlich erschien Schmitz' Buch im Frühjahr 1937 unter dem Titel *Golgatha – Ein Kriegsroman* in dem 1920 gegründeten Eupener Paul-Kaiser-Verlag, der bis 2004 existiert hat und dessen Inhaber ein guter Freund des Autors war. Nach dem Überfall der Wehrmacht stellten die Nazis das Unternehmen in den Dienst des „Dritten Reiches".[38] Wie in den Eupener Kammgarnwerken, die Erdminen produzierten, oder den Kabel- und Gummiwerken, die Unterseekabel herstellten,[39] bestand das Personal aus zwangsverpflichteten Belgiern.

Der Roman, vermutlich in niedriger Auflage und als broschierte Ausgabe mit Schutzumschlag gedruckt, den eine in Rot und Grün gestaltete Zeichnung von Peter Schmitz zierte, kostete dreißig belgische Franken.[40] Das für die vorliegende Neuausgabe übernommene Cover zeigt einen von unzähligen Kreuzen umgebenen Berg, der mittels der Titelmetapher einerseits auf das Opfer anspielt, das die Soldaten erbracht haben, andererseits auch einen Hinweis darauf gibt, dass sie objektiv nichts anderes als Kanonenfutter gewesen oder – wie Kurt Tucholsky es einmal treffend ausgedrückt hat – für „einen Dreck" gefallen sind.[41] Die verwendete Frakturschrift war zwar in Deutschland allgemein Ausdruck „einer – im weiteren Sinne – konservativen Haltung" eines Verlages oder einer Zeitung,[42] doch in Ostbelgien besaß die Type keinen Bekenntnis-Charakter, wie die Gegenbeispiele des *Grenz-Echos* und *Golgathas* belegen.

Bei der Vermarktung orientierte man sich an der erfolgreichen Strategie des Ullstein-Verlags für *Im Westen nichts Neues* und andere Antikriegsbücher. In der an das Haus gebundenen *Vossischen Zeitung* publiziert, gab Ullstein Remarques Text als „authentischen Bericht" des einfachen Soldaten aus.[43] Auch die *Frankfurter Zeitung* schrieb 1928 zu Ludwig Renns *Krieg*: „Hier spricht zum ersten Mal, so weit wir sehen können, der gemeine Mann." Fortan wurde das Buch als „nackter Tatsachenbericht" und „uniliterarische Erlebnisreportage" rezipiert.[44] Die für die Neue Sachlichkeit typische Darstellung stellte insofern ein Novum dar, als *kriegskritische* Texte bis 1929 nie den Anspruch erhoben, auf einer Kriegserfahrung zu beruhen – sie waren in aller Regel Fiktionen.[45] Das Konzept des Zeugenberichts bestand jedoch fast seit Kriegsausbruch und ist von den Verlagen als Legitimations- und Verkaufsargument aufgegriffen worden, wie es die Beispiele von Ullstein in Deutschland und Berger-Levrault in Frankreich verdeutlichen.[46] Standardsituationen und die häufig verwendete Wir-Form sollten der Identifizierung des Lesers mit den Protagonisten dienen.[47] Damit einher ging der Anspruch, die repräsentative Erzählung einer ganzen Generation von Kriegsteilnehmern abzubilden.[48] Die größten Grausamkeiten jedoch – seien es die des Feindes, die der Kameraden oder des Autors selber – sind meist in einen Mantel des Schweigens gehüllt worden.[49]

Allerdings war Remarques Kriegserfahrung in Wirklichkeit „nicht so umfassend wie sein Erfolgsroman und insbesondere die dazu gehörige Werbekampagne glauben mach-ten."[50] Der Schriftsteller eröffnete selbst 1930 in einem Inter-view für *Les Nouvelles Littéraires, Artistiques et Scientifiques*: „Ich habe nie behauptet, im Namen aller zu sprechen. Mein Buch ist subjektiv."[51] Darüber hinaus hat er sein Buch stets hartnäckig als unpolitisch verteidigt[52] und zeigte sich auch als Person politisch uninteressiert. Seinem französischen In-terviewer entgegnete er Ende 1930, nachdem die NSDAP etwa 5,5 Millionen Stimmen hinzugewonnen hatte: „Ich habe keine Meinung zu Hitler. Ich weiß nichts über ihn. Ich be-fasse mich nie mit politischen Themen."[53] Der Berliner Zei-tung *Tempo* – die Kurt Tucholsky und Erika Mann zu ihren Autoren zählte – eröffnete er 1929 gar, dass er, sollte es erneut zu einem Krieg kommen, das Gewehr wieder schultern wür-de: „Der Krieg erschien mir als die vollkommenste Negation des Lebens, gegen die ich reagieren musste. Und doch bin ich kein politischer Idealist. Wenn heute feindliche Truppen in Westfalen einbrechen, so bin ich morgen wieder Soldat. Ein friedlicher Mensch bin ich … kein Pazifist."[54]

Die wohl fundierteste Kritik an dem Buch und – mehr noch – an dem Film *Im Westen nichts Neues* stammt von dem in Deutschland am „meist gehassten Mann", in Belgien und Frankreich aber hochgeachteten Friedrich Wilhelm Foers-ter,[55] der wie kein anderer in aller gebotenen Schärfe den preußisch-deutschen Militarismus seziert und vor ihm ge-warnt hat. Foerster, der den Film im Herbst 1930 im Pariser „Cinema" sah, weist in seinem Artikel „*Im Westen nichts Neues* und der deutsche Nationalismus" darauf hin, dass die Auffassung, „solch ein Film, der die letzten Wirklichkeiten des Krieges und ihre furchtbare Wirkung auf die Wider-standskraft der Nerven in den Vordergrund stellt, habe doch das Verdienst, abschreckend zu wirken, … psychologisch falsch" sei.[56] „Ganz im Gegenteil" – fährt Foerster fort und bemerkt: „Die gleichen labilen Menschen, die innerhalb des Krieges am ehesten zusammenbrechen und die seine Schrecken am lebhaftesten empfinden, sind zugleich die, die im Frieden am schnellsten der Aufhetzung erliegen und ihren eigenen patriotischen Erregungszuständen völlig haltlos ge-genüber stehen … Es wird über ein ungeheures Geschehen viel zu viel Plattheit und subalterne Sentimentalität ausgebreitet; ich war davon so enttäuscht und verärgert, dass ich beim Hinausgehen vor mich hinsagte: ‚Es lebe die deutsche Armee!' – was sonst bei mir nicht vorkommt." Foerster schließt seinen Artikel mit den Worten – und trifft damit nicht zuletzt den sich auf einen unpolitischen Standpunkt zurückziehenden Remarque: „Nichts ist tödlicher für den Pazifismus, als solcher Pazifismus, wie dieser Pazifismus da!"

Die erwähnten Werbestrategie-Elemente und Erzähltechniken treffen auch auf *Golgatha* zu. Das Buch wurde ab Sommer 1937 im üblichen Handel sowie in der Geschäftsstelle des *Grenz-Echos*[57] zum Kauf angeboten. Schmitz griff ebenfalls auf persönliche Kontakte zurück, um das antimilitaristische Werk im „Dritten Reich" zu verbreiten. So berichtet ein Vertrauensmann der Gestapo, der in Eupen ansässige deutsche Emigrant Joseph Ross[58] werde von Schmitz finanziell unterstützt und biete ein gegen Deutschland gerichtetes Kriegsbuch mit dem Titel *Golgatha* an.[59] Dies stimmt mit Schmitz' eigenen Aussagen überein, dass er sich beim Verkauf seiner Bücher auf Reisende stützte.[60]

Die verschiedenen Rezensionen sind beredte Zeugnisse einerseits der Rezeption, andererseits der Vermarktungsstrategie des Buches. Sowohl das *Grenz-Echo* als auch *L'Invalide* betrachten das Werk ihres Mitarbeiters als „authentisches Erlebnis" und vermarkten es in diesem Sinne. Das *Grenz-Echo* lobt die „packende Schilderung des unmenschlichen und nutzlosen Kriegsgeschehens", stellt das Buch zuerst als „persönliches Erlebnis" Peter Schmitz' dar und unterstreicht die Universalität der Geschichte sowie der vermittelten Werte.[61] Getreu der Gesinnung seines Verfassers wird *Golgatha* als ausdrückliche Warnung verstanden: „Ein alter Frontsoldat hat sich dort vom Leib geschrieben, was er selber sah und mitmachte, und diesem persönlichen Erlebnis einen allgemeinen Wert verliehen. Das Werk ist das ehrliche Bekenntnis eines Mannes, der wie hunderttausend andere junge Leute, ohne sich allzu viele Gedanken dabei zu machen, hinauszog und allmählich anders zu sehen und zu denken lernte. Er gewann dabei das Vertrauen in den ‚Sieg des Glaubens an die Menschen, die guten Willens sind, und an die Kraft ihrer Liebe'. Es muss dabei den Verfasser viel seelische Überwindung gekostet haben, die abstoßenden Eindrücke und Bilder, die man aus natürlicher Schutzreaktion heraus so gerne vergisst, wieder vor sich heraufzubeschwören. Ihn leitet dabei niemals der Gedanke, mit seinen Kriegserlebnissen sich groß zu tun, sondern nur zu warnen und aufzuklären."[62]

In der Rezension macht das „persönliche Erlebnis" von Peter Schmitz jedoch der Bezeichnung „Regimentsgeschichte" – was das Buch nun wirklich nicht ist – Platz. Diese sei verfasst worden vom „Unbekannten Soldaten", womit erneut die universelle Tragweite des Romans unterstrichen wird: „So geht der Weg nach ‚Golgatha'. Keine Phantasie, sondern eine gewissenhaft mit Einzelheiten dargestellte Regimentsgeschichte, geschrieben vom ‚Unbekannten Soldaten' aus den grauen Reihen heraus."[63]

Golgatha galt also als Geschichte des RIR 29, dem ein Großteil der Eupen-Malmedyer Soldaten angehört hatte. Die Grenznähe der Betroffenen habe, wie aus dem Roman hervorgeht, die damals deutschen Soldaten schon bei Kriegsausbruch gegen die Freischärler-Psychose gefeit, die aber die deutschen Medien ergriff, die Gerüchteküche nährte und zu einer Art Massensuggestion führte: „Man erlebt die aufgeregten Tage in Montjoie, wo das Freiwilligenregiment zusammengestellt wurde, und den Einmarsch nach Luxemburg und Belgien. Die amtlichen Gräuelmärchen über die Untaten der Belgier fanden schon damals bei unseren Jungen keine gläubige Aufnahme, man kannte diese Menschen besser aus dem persönlichen Umgang und hatte Familie und Freunde jenseits der alten Grenze gehabt."[64]

Golgatha wird – wie *Im Westen nichts Neues*[65] – als für alle schweigenden Kriegsteilnehmer stellvertretender, allgemeingültiger Zeugenbericht über den Weltkrieg wahrgenommen.[66] Es gehört zu der Kühnheit der Leiter des *Grenz-Echos*, das in der Geschäftsstelle der Zeitung erhältliche Buch auch deutschen Kunden anzubieten. „Gegen Voreinsendung des Betrages zuzüglich Porto" hat man es auch „nach auswärts auf Bestellung verschickt."[67]

Die wesentlichen Aussagen der Rezension im *Grenz-Echo* – „Authentizität" und „Universalität" des Romans – finden sich ebenfalls in *L'Invalide* wieder, wo *Golgatha* als „Kriegsbilderbuch" charakterisiert wird.[68] In den Vordergrund ist auch hier der regionale Bezug gerückt, sei doch die Geschichte aus der Perspektive eines – nunmehr belgischen – Eupen-Malmedyers erzählt. Schließlich lautet die Botschaft – getreu der Gesinnung der Zeitung und Kriegsteilnehmer –, dass *Golgatha* für Männer bestimmt sei, „die die Absicht haben, dem Kriege entgegenzuarbeiten, für Männer, die dazu beitragen wollen, dass der Wunsch der Gefallenen in Erfüllung gehe. Wir Kriegsteilnehmer haben die heilige Pflicht, an der Verwirklichung des Friedens mitzuarbeiten, denn die Gefallenen wenden sich in erster Linie an uns, weil wir ihnen am nächsten stehen. Kamerad Schmitz hat mit seinem Kriegsbuch an dem großen Werk des Friedens mitgearbeitet. Es ist Pflicht aller Kameraden, diese Mitarbeit zu unterstützen und dieses Buch ihrer Sammlung einzuverleiben."[69]

In gleichem Sinne äußerte sich auch Henri Solheid, Vorsitzender des Bundes der Kriegsbeschädigten (F.N.I.), in *L'Invalide*: „Die in dem Werk mit packender Wucht geschilderten Kriegserlebnisse interessieren uns alle; sie unterstützen aufs Kräftigste unsere Einstellung: ‚NIE WIEDER KRIEG‘."[70] Der lobende Rezensionsauszug Solheids befindet sich auf der ursprünglichen Buchklappe *Golgathas*. Darüber ist folgender Kommentar des „bekannten Pazifisten Prof. Dr. Birgel‚ der sich mangels Indizien nicht identifizieren ließ, zu lesen: „Wohl noch nie wurde ein Buch geschrieben, das in so packender Weise die Unmenschlichkeit des Kriegsirrsinns aufzeichnet und charakterisiert. KEIN bisher erschienenes Werk ist geeigneter, den Abscheu gegen den Krieg in die breite Volksmasse zu tragen wie das neue Buch ‚Golgatha‘."[71]

Nicht auszuschließen ist, dass Birgel sich 1937 in London aufhielt. Schmitz erhielt nämlich 1936 oder 1937 ein Stellenangebot als Redakteur bei einer deutschen Emigrantenzeitung in der britischen Hauptstadt.[72] Er mag durch seine Geheimdienstarbeit, seine Publizistik oder seinen Roman die Aufmerksamkeit eines Verantwortlichen dieses Blattes auf sich gezogen haben.

Beziehungen zu den britischen Pazifisten pflegte auch die Deutsche Friedensgesellschaft (DFG). Insbesondere der von Fritz Küster – er war Herausgeber der Wochenzeitung *Das Andere Deutschland* – geprägte linksorientierte Flügel aus dem rheinisch-westfälischen Industriegebiet stand in den zwanziger Jahren in Kontakt mit Gleichgesinnten jenseits des Ärmelkanals. Ihr wichtigster Partner in England war der Labour-Abgeordnete Rennie Smith, Generalsekretär der „War Resisters' International" („Internationale der Kriegsdienstgegner"), die auch in Deutschland mit einem Ableger vertreten war. Smith war für die deutschen Pazifisten ein wertvoller Ratgeber, als diese sich 1927 in Sachsen und Westfalen für die Kriegsdienstverweigerung und Kriegssabotage einsetzten und sich dabei an das englische Modell von Arthur Ponsonby anlehnten.[73]

Dass *Golgatha* kaum Chancen besaß, eine größere Verbreitung im deutschsprachigen Raum zu finden, liegt auf der Hand. Selbst wenn der Roman vor 1933 erschienen wäre, hätte er wohl wenig Aussicht gehabt, einen größeren Leserkreis zu erreichen. Die pazifistische Literatur war stets im Nachteil und vermochte allgemein nur bedingten Erfolg zu verbuchen. Die Auflagen-Listen[74] geben einen Hinweis darauf hin, dass nicht nur das Leseinteresse, sondern auch die Verlagspolitiken nach 1920 und vor allem ab 1933 generell „auf Repräsentationen des Krieges als Abenteuergeschichte" ausgerichtet waren oder „auf jene Titel politisch rechter Provenienz zielte[n], die eine Re-Interpretation oder Dienstbarmachung des Krieges für eine aktuelle politische Gestaltung der Gegenwart" ermöglichten.[75]

Bemerkenswert ist die Tatsache, dass *Golgatha* nicht in der *Bibliographie générale de Belgique* aufzufinden ist. Vermutlich war der kleine Verlag Paul Kaiser damals nicht zur Genüge über die Publikationsregelungen informiert, um die notwendigen Schritte zu unternehmen. Überraschend ist darüber hinaus, dass weder die durch die Nazis veröffentlichte Liste „Verbotenes Schrifttum"[76] im besetzten Belgien noch die des „Schädlichen und unerwünschten undeutschen Schrifttums"[77] einen Verweis auf das Buch enthalten. Lediglich Schmitz' Personalakte bei der Gestapo brandmarkt den Roman als „gegen Deutschland gerichtetes Buch" und den Schriftsteller als „germanophoben" Publizisten.[78]

Zum literaturgeschichtlichen Kontext

Bereits kurz nach Kriegsausbruch fand das neue Grauen seinen Einzug in die Literatur. Zu den Autoren gehörten teils bereits etablierte Schriftsteller, doch griffen infolge der zunehmenden Alphabetisierung der Bevölkerung häufig auch Soldaten ohne literarische Ausbildung zur Feder, so dass im Laufe der Jahre eine fast unüberschaubare Anzahl an Werken erschien, die in erster Linie dazu dienten, das Erlebte fassbar zu machen. Außer Gedichten waren während des Krieges und bis etwa 1920 die Kriegserzählungen („récits de guerre"), die zugleich Darstellung sowie emotionale und literarische Verarbeitungen der Kriegserfahrung verkörpern, am weitesten verbreitet.[79] Hans-Harald Müller spricht im deutschen Kontext von „epischer Kriegsliteratur" (1914-1918), deren Werke allesamt kriegsverherrlichende oder zumindest kriegsbejahende Tendenzen haben. Die Publikation von Schriften, die Kritik an der militärischen Führung übten und Zweifel an deren Siegeszuversicht anzumelden wagten, seien während des Krieges von den militärischen Zensurstellen verhindert worden.[80] Siegfried Jacobsohns Kriegstagebuch *Die ersten Tage* (1916) stelle in dieser Hinsicht eine der wenigen Ausnahmen dar.

Nach dem Waffenstillstand diente die Kriegsliteratur weiterhin der Sinngebung und Opferdarstellung einerseits sowie der Heroisierung der Toten und der Mythifizierung des Krieges andererseits.[81] In Deutschland allerdings wurde die Opferdarstellung der Soldaten durch die Niederlage überschattet. Es entstand eine „Rechtfertigungsliteratur",[82] wozu die auflagemäßig stark bevorzugten Generalstabsoffiziermemoiren wie die von Erich Ludendorff oder von Paul von Hindenburg, Regimentsgeschichten und die Kriegsmemoiren von Frontoffizieren wie beispielsweise Ernst Jüngers *In Stahlgewittern* (1919) oder Franz Schauweckers *Im Todesrachen* (1919) gehören. Bemerkenswert sind in diesem Kontext Heinrich Wandts „Antimemoiren"[83] *Etappe Gent* (1920), die Korruption und Kriminalität der Führungskräfte bloßstellen. Der Begriff „Antimemoiren" ist irreführend und lässt nicht erkennen, worum es Wandt ging. Zunächst Privatsekretär der deutschen sozialistischen Friedensaktivistin Clara Zetkin, verdingte er sich nach seinem Militärdienst (1912/13) in Paris als Journalist. Im Ersten Weltkrieg kämpfte er an der Westfront und vor Ypern. Infolge einer Verwundung kommandierte man ihn 1915 zum Stab der Etappen-Inspektion der IV. Armee nach Gent ab. Hier führte er Tagebuch über die Vergehen und Untaten des preußisch-deutschen Militarismus, die er 1920 in der *Freien Presse* (Berlin) öffentlich machte – unter voller Namensnennung der angeprangerten Offiziere. Zwar ordnete das Reichswehrministerium Untersuchungen an, aber fortan wurde Wandt mit mehr als fünfzig Prozessen überzogen und inhaftiert. Nach der Publikation seiner Aufzeichnungen als *Etappe Gent* war er Bedrohungen, Überfällen und weiteren Beleidigungsklagen ausgesetzt. Das Buch erregte in Belgien und den Niederlanden großes Aufsehen, in Deutschland erreichte es bis 1926 eine Auflage von etwa 200 000 Exemplaren. Erneuten Verhaftungen entzog sich Wandt durch Flucht nach Holland und Belgien. 1923 wurde er in dem von französischen und belgischen Soldaten besetzten Düsseldorf von Deutschen illegal nach Berlin verschleppt. In einem neuen, geheimen Verfahren, auch „deutscher Dreyfus-Prozess" genannt, verurteilte ihn das Leipziger Reichsgericht Ende 1923 zu sechs Jahren Zuchthaus und zehn Jahren Ehrverlust. Seine vorzeitige Entlassung verdankte er 1926 dem Druck der belgischen Öffentlichkeit. Im Jahr darauf dokumentierte er seinen Werdegang, wie sein Manuskript in Gent entstanden ist und welche Wirkungen und Verfolgungen dessen Veröffentlichung für ihn nach sich zogen.[84]

Zwischen 1919 und 1923 ließ das Interesse an der Kriegsliteratur sowohl in den deutsch- als auch in den französischsprachigen Regionen Europas nach. Erst Ende der 1920er Jahre erwachte es wieder aufs Neue.

Bereits 1916/17 kann man aber auch eine Dominanz des „literarischen Antikriegsengagements" beobachten, die unter anderem von expressionistischen Schriftstellern und Malern ausging.[85] So entwickelte sich – nicht zuletzt unter dem Einfluss des sich 1918/19 zu einem „aktiven Pazifismus" bekennenden „Rats geistiger Arbeiter", für den sich auch Heinrich Mann und Kurt Hiller engagierten, und demjenigen der

1919 von Henri Barbusse und Romain Rolland initiierten Clarté-Bewegung – eine bedeutende literarische Anti-Kriegsbewegung, die – wie auch die Deutsche Friedensgesellschaft, der Bund Neues Vaterland, die Internationale Frauenliga für Frieden und Freiheit oder der Bund der Kriegsdienstgegner – u.a. auf eine deutsch-französische Versöhnung und das Vermeiden eines weiteren Krieges abzielte. Doch durch ihren Mangel an Homogenität und fehlenden bzw. disparaten Willen ihrer Protagonisten zum politischen Engagement, hinterließ sie im „öffentlichen Bewusstsein der Weimarer Republik … keine erkennbaren Spuren."[86] Trotz warnender Rufe von der *Friedens-Warte*, Kurt Tucholsky, Sigmund Freud oder Karl Kraus setzte allmählich ein Verdrängungsprozess des „pazifistischen Kriegserlebnisses" ein, der die weithin ungebrochene nationalistische Erinnerungskultur noch zusätzlich begünstigte.[87] Und dabei war es der „Nie-wieder-Krieg-Bewegung" in der unmittelbaren Nachkriegszeit zunächst gelungen, in der Bevölkerung eine große Zustimmung zu erreichen.[88] Getragen wurde sie vom „Friedensbund der Kriegsteilnehmer", der Kriegsdienstverweigerung, Ablehnung der Wehrpflicht, die Errichtung eines Völkerparlaments und die Einführung der obligatorischen Schiedsgerichtsbarkeit auf sein Banner schrieb. Bis zum Jahr 1922 konnte er sich gar auf etwa 3 000 Mitglieder stützen und organisierte ab 1920 jeweils am 1. August Massendemonstrationen in Berlin und anderen Städten, wo sich bis zu über einer halben Million Menschen mit der Parole „Nie wieder Krieg!" solidarisierten, zu denen die späteren Friedens-Nobelpreisträger Albert Einstein und Carl von Ossietzky gehörten.[89]

Unstimmigkeiten mit dem „Deutschen Friedenskartell", dem Dachverband des organisierten Pazifismus, die nachteilige Entwicklung der linksorientierten Parteien, die innenpolitische Stabilisierung und außenpolitische Beruhigung sowie die auf Dauer ungenügende Integrationsparole des „Nie wieder!" führten schließlich 1924/25 zum Versanden des Interesses an der Bewegung.[90] Das 1924 gegründete „Reichsbanner Schwarz-Rot-Gold" verfolgte ebenfalls ein pazifistisches Ideal, distanzierte sich jedoch von der „Nie-wieder-Krieg-Bewegung", insbesondere von deren antimilitaristischen Forderungen, und vertrat vielmehr eine nationalrepublikanische Tendenz.[91]

Dem pazifistischen Pol gegenüber stand der 1919 ins Leben gerufene „Stahlhelm – Bund der Frontsoldaten", der den Krieg als individuelle und kollektive Bewährungsprobe betrachtete. Von Anfang an standen das Kriegserlebnis und seine Erinnerung im Zentrum des „Stahlhelms". Denn im als unsoldatisch empfundenen Parteienstaat der Weimarer Republik wollte er eine untrügliche „positive Tradition" aufrecht erhalten,[92] indem er sich vor allem ab Mitte der 1920er Jahre unter Einfluss der „konservativen Revolution"[93] des Themenbereichs „Krieg und Nation" in der Literatur annahm. Zu den namhaften Vertretern der Literatengruppe „Soldatischer Nationalismus" gehörten Franz Schauwecker, Werner Beumelburg, Ernst von Salomon und die Brüder Ernst und Friedrich Georg Jünger. Für sie stellte der Krieg ein „Bildungserlebnis" und – dabei beeinflusst von sozialdarwinistischen Auffassungen und dem Gedankensystem des preußisch-neudeutschen Militarismus – ein Naturgesetz dar.[94] Waren die Werke der unmittelbaren Nachkriegszeit noch subjektive Verklärungen des Erlebten, so setzte ab 1924 die Politisierung des Kriegserlebnisses ein. Der „Soldatische Nationalismus" idealisierte das Weltkriegserlebnis, verherrlichte Krieg und Kriegertum und frönte erneut einem rüden Schwert- und Gewaltglauben – wie schon im Kaiserreich und Ersten Weltkrieg. Seine Kennzeichen waren übersteigerter Nationalismus, Revanchismus, Antisemitismus und Propaganda für einen Frontsoldatenstaat[95] – Vorstellungen, die oft in bisweilen rassistisch gefärbte „imperialistische Wunschträume" mündeten, wie bei den Gebrüdern Jünger und Adolf Hitler.[96]

Im Gegensatz zu allen pazifistischen Strömungen ging es den nationalistischen Frontliteraten um das Vergessen der durch den Krieg verursachten Leiden und Zerstörungen und um die Betonung der positiven Seiten des Kriegserlebnisses.[97] Die Beschäftigung mit den Kriegsursachen und -verbrechen lag außerhalb ihres Wahrnehmungsspektrums, galt ihnen Deutschland als unschuldig und nach 1918 als von den Siegermächten gedemütigt und versklavt. Ihre Haltung war geprägt von Militarismus, Heroismus, nationaler Demagogie und Rückgewinnung der deutschen Großmachtstellung von 1914. Die Stabilisierungsphase der Weimarer Republik erwies sich somit als „die Inkubationszeit des in den folgenden Krisenjahren sich breit entfaltenden und schließlich dominierenden nationalistischen Kriegserlebnisses",[98] das in den Krisenjahren der Republik Breitenwirkung erzielte.

Ende der zwanziger Jahre entstand dann mit *Im Westen nichts Neues* eine neue, „revolutionäre poetische Matrix",[99] die pazifistisch gefärbt war und sich als Reaktion auf den „Vormarsch" des „Soldatischen Nationalismus" betrachten lässt.[100] Dabei handelte es sich nicht um „berichtende Literatur", die – wie von manchen zeitgenössischen Werbeanzeigen und Rezensionen behauptet – „beansprucht zu schreiben, wie es im Krieg wirklich war"; sondern um Literatur, die „das Faktum des Krieges im Lichte der Erfahrung reinterpretiert, die ihre Verfasser in den 1920er Jahren sammelten."[101] Gerade diese Erfahrung ist bei Peter Schmitz von großer Bedeutung. Durch den Staatenwechsel hat er die Willkür nationaler Grenzen erfahren. Das ermöglichte ihm den Blick eines Außenstehenden und einen Erlebnishintergrund, den kein deutscher Schriftsteller der Weimarer Republik aufzuweisen hat. So spiegeln Schmitz' publizistische Arbeiten seine kritische Haltung gegenüber dem preußisch-deutschen Militarismus ebenso wider wie seine kosmopolitischen Ansichten.[102] Damit sind zwei wichtige Elemente benannt, die auch in *Golgatha* Niederschlag finden.

Der pazifistische Kriegsroman über den Ersten Weltkrieg war in Deutschland, wie Hans-Harald Müller schreibt, „ein typisches und epochenspezifisches Genus der Literatur der Weimarer Republik",[103] dessen gesellschaftliche Bedeutung zwischen 1928 und 1933 mit dem Deutungskampf um den Krieg ihren Höhepunkt feierte. In diesen fünf Jahren erschienen in Deutschland mehr als 200 Romane, die das Thema Erster Weltkrieg behandelten, während in den zehn Jahren davor weniger als 100 auf den Markt gekommen waren. Das ist nicht zuletzt auf die Erzählperspektive des individuellen Erlebnisses zurückzuführen, wie Modris Eksteins bemerkt hat.[104]

Der Kriegsroman wird, so Müller, „in der Endphase der Weimarer Republik zeitweilig ein vorrangiges gesellschaftliches Medium allgemeiner weltanschaulicher und politischer

Fragen und Orientierungen.“[105] Dabei steht der Inhalt generell im Spannungsfeld zwischen Authentizitätsanspruch und Fiktion – ein Phänomen, das nicht nur die deutsche Literatur betraf und schon mit Beginn des Krieges entstanden war. Nicht zuletzt die Polemik um Jean Norton Crus *Témoins* (1929) offenbart das. In seinem *Essai d'analyse et de critique des souvenirs de combattants édités en français de 1915 à 1928*, wie der Untertitel seiner Publikation lautet, gibt der Schriftsteller, Literaturprofessor und ehemalige Soldat vor, den „guten“ vom „schlechten“ Zeitzeugen unterscheiden zu können. So geht er u.a. mit den Darstellungen von Henri Barbusse, Roland Dorgelès und Remarque hart ins Gericht. Auch wenn der Verfasser die erwähnten Werke subjektiven Kriterien, d.h. vor allem seinem eigenen Kriegserlebnis als Maßstab und schwammigen Begriffen wie „dem Ehrlichkeitswert, dem Dokumentarwert“[106] oder einem „Wahrheitswert“[107] unterwirft, bleibt der Text einerseits ein aufschlussreiches Zeitdokument, das dazu beigetragen hat, unbekannte Autoren ins Rampenlicht zu rücken und eine ergiebige Debatte über die Darstellung und Wahrnehmung des Krieges auszulösen. Andererseits trug das Werk des Pazifisten jedoch auch ungewollt dazu bei, die aus dem Krieg hervorgegangenen Feindschaften zu festigen. Das geschah zum Beispiel, indem belgische Zeitungen *Témoins* lobten, um die literarischen Werke des Ex-Feindes zu kritisieren und die eigene patriotische Literatur hochzuhalten.[108]

Der Erfolg von *Im Westen nichts Neues* stellt einen Ausnahmefall dar und lässt sich durch eine für die damalige Zeit außergewöhnliche Marketingstrategie erklären. Remarques Bestseller war nicht nur das einzige kriegskritische Buch, von dem mehr als eine Million Exemplare verkauft wurden,[109] sondern auch „der größte Erfolg, den je ein deutsches Buch gehabt hatte.“[110] Ausschlaggebend waren das Erscheinen in einem bedeutenden Verlag und eine einzigartige Vermarktungskampagne.[111] Der kriegskritischen Literatur in der Weimarer Republik war ohnehin wenig Erfolg beschieden. Schon die breite Streuung der Werke auf eine Vielzahl von Verlagen weist auf die Inkohärenz innerhalb des friedensgesinnten Lagers hin.[112] Die Auflagenliste der deutschsprachigen Kriegs- und Antikriegsbücher in Deutschland und Schweden bestätigt diese Tendenz.[113] Angeführt wird sie von nicht weniger als elf Kriegsbüchern, die nicht in der Bestsellerliste zu finden sind, aber alle eine Auflage von etwa 500 000 Exemplaren erreichten. Laut Müsseners Statistiken verherrlichten 88 % der Bücher den Krieg. Wichtig ist auch die Feststellung, dass die große Welle der Antikriegsliteratur, die 1929 ihren Höhepunkt erreichte, nicht erst mit der Machtübernahme, sondern schon 1930/31 abflaute.[114] Der Stimmungsumschwung auf dem Büchermarkt, der zur Radikalisierung des innenpolitischen Klimas bzw. zur Durchsetzung aggressiver nationalistischer und militaristischer Tendenzen beitrug, bestätigt für Jörg Vollmer Bourdieus These, dass den symbolischen Strukturen „eine außerordentliche Konstitutionsmacht" innewohnt. Die symbolische Neuordnung im literarischen Bereich sei der Neuausrichtung des politischen Feldes vorausgegangen.[115]

So stellte auch schon Wolfram Wette für 1929/30 „eine deutliche antipazifistische Trendwende" fest.[116] Man kann gar von einem Boom von Kulturprodukten mit militaristischer Tendenz reden.[117] Genau in diese Zeit fielen die Massenauflagen des „Soldatischen Nationalismus". Der Welterfolg von *Im Westen nichts Neues* schien zwar auf einer pazifistischen Welle zu reiten, jedoch war diese nur von kurzer Dauer und von untergeordneter Bedeutung. Vielmehr lösten das Buch und seine Verfilmung im nationalistisch-rechten Lager Empörung aus, und es bekämpfte sie als Angriff auf die „Ehre der Frontsoldaten". Die folgenden Demonstrationen und Sabotageakte anlässlich der Filmvorstellungen führten schließlich zum Verbot des Streifens in Deutschland.[118]

Das Kino verwandelte sich zum „Kriegsschauplatz".[119] Während *Im Westen nichts Neues* verbannt wurde, vermehrten sich nationale Epen, wie die damals kommerziell erfolgreichen *Fridericus*-Filme.[120]

Peter Schmitz besuchte im Januar 1933 eine Aufführung des Films *Fridericus Rex* (1923) in einem großen Kölner Kino. In der letzten Szene des Films sieht man den König von Preußen auf dem Balkon seines Schlosses Sanssouci der Militärparade zum Truppenaufbruch beiwohnen – „genau jenes Schauspiel, das Patrioten erhebt, die über den verlorenen Krieg, die Abrüstung und diese widerwärtige Verwirrung namens Demokratie"[121] jammerten, wie Siegfried Kracauer später treffend schrieb. „In diesem Moment", erklärte Schmitz in seiner Kritik für das *Grenz-Echo*, „füllt sich der Saal mit Erregung, und das Publikum wird von patriotischem Enthusiasmus gepackt. Als der ‚alte Fritz' die Standarte grüßt, kann sich die Menge kaum mehr halten. Voller Enthusiasmus rufen die jungen Leute ‚Hurra! Hurra! Bravo! Hurra!' Auch die älteren Leute schließen sich den Jubelrufen an."[122] Schmitz spricht in seinem Artikel von einer „wahren Orgie" des deutschen Chauvinismus. „Nicht das deutsche Volk trägt Schuld an dieser Atmosphäre kriegerischen Wehrwillens, sondern die Verhetzung dieses Volkes durch die Reden einer allmächtigen *Militärclique* und die *Hassgesänge* einer *über*patriotischen Presse," [alle Hervorhebungen im Original] fährt er fort und beschließt seinen Bericht mit der Feststellung: „Der Wellenschlag dieser vergifteten Atmosphäre überflutet auch unsere engere Heimat Eupen-Malmedy und findet hier seine Verkörperung durch bezahlte Agitatoren des Heimatbundes und einer käuflichen Presse, die diesen ‚fanatisch-deutschen Geist' der friedliebenden Bevölkerung unserer Heimat einimpfen möchte. Du armes Volk!"[123]

Aus dem Erfolg der nationalistisch-militaristischen Bücher und Filme lässt sich mit Wette konstatieren, dass sich ein Großteil der Bevölkerung längst vom Pazifismus abgewandt hatte, den „demokratische[n] Mechanismus als antiquiert und unangemessen" betrachtete und sich „autoritärer und machtpolitischer Lösungen" nicht länger versagen wollte.[124] In diesem Kontext ist *Golgatha* erschienen. Indem der Roman die Sinnlosigkeit von Gewalt demonstriert und dazu beitragen will, einem weiteren Krieg vorzubeugen, ist er eindeutig Schneiders „appellativem Typ"[125] der pazifistisch-literarischen Auseinandersetzung mit dem Thema Krieg und Frieden im 20. Jahrhundert zuzuordnen. Anders ausgedrückt: Ein Deutscher wird Belgier, warnt seine Mitbürger sowie einstigen Landsleute vor erneutem Elend und spricht sich als Gegner des Bündnisses von „Hakenkreuz und Stahlhelm" in seinem *Golgatha* für eine Verständigung der Völker und Nationen aus.

Die Titelmetapher *Golgathas* und andere zeitgenössische Kriegsromane

Ab Mitte der zwanziger Jahre stößt man in der Kriegsliteratur auf eine „steigende Autoreferenzialität"[126], in *Golgatha* vor allem mit der schon erwähnten persönlichen Erzählperspektive, stereotypen Charakteren und einer religiösen Semantik gegeben. Letztere beinhaltet bereits der Buchtitel. Es handelt sich dabei um eine Leitmetapher, die in der Erzählung durch direkte oder indirekte Fragen nach der Aufopferung der Frontsoldaten und nach dem Sinn des Krieges wiederholt aufgegriffen wird.

Als bei Sedan Paul Bürgers Zug einem irrsinnigen Befehl Folge leisten soll und die Soldaten Todesangst schwitzen, schießt es ihm durch den Kopf: „Wir sollen geopfert werden aus einem unbekannten Grunde."[127] Und so wird in der Winterschlacht 1914 der Hochrücken der Champagne „zum Golgatha der Heere …, die sich in den Kreidegräben gegenüber liegen." (S. 141) Einen Sinn für die Aufopferung finden die Protagonisten des Romans bezeichnenderweise nicht.

Die Opferperspektive ist in zwei weiteren kriegskritischen Texten aus dem Jahr 1931 vorzufinden. In Konrad Seifferts *Vormarsch im Osten* trifft der erzählende Soldat die gleiche Feststellung wie Paul Bürger: „Aber inzwischen starben wir. Auf dem Altar des Vaterlandes. Schade. Ohne zu wissen, warum."[128] So auch in Peter Riss' Roman mit dem ironischen Titel *Stahlbad Anno 17 – Die große Zeit*: „Sie sollen es wissen, wer wir Rekruten, wir ‚Heldensöhne' in Wahrheit waren: Hammel, Schweine, vaterlandslose Gesellen … Kameraden, die ihr noch immer und täglich in die Viehwagen getrieben, in die Trichter und Gräben gehetzt werdet, um weiter auf dem ‚Altar des Vaterlandes' geopfert zu werden, – ich werde bis zum letzten Atemzug für euch sprechen, denn ihr seid tot."[129]

Am Ende von *Golgatha* befindet sich Paul Bürger inmitten der Somme-Schlacht, deren Beschreibung als Apokalypse an die Gemälde von Otto Dix erinnert. Er fühlt sich als Zeuge des „Weltuntergangs" (S. 257) und verdammt den Krieg und seine Drahtzieher, indem er auf die biblische Metapher zurückgreift: „Krieg, der du die Menschen unter das Tier gestellt hast, sei verdammt – verdammt und verflucht! Ich möchte es zeigen, dieses Golgatha des Krieges, allen Diplomaten, allen Fürsten und Mächtigen der Nationen. Wer im Angesichte dieses Golgatha den Krieg verherrlicht, über ihn komme das Blut der Toten! Ich möchte die kommenden Geschlechter vorbeiführen an diesem Golgatha, auf dass es zu einem Schwurmal des Friedens werde! Ich möchte…! Ich möchte…!" (S. 269)

Die Verantwortlichen des Völkermordens sind somit deutlich gebrandmarkt. Während Leutnant Erung den Schutz der Heimat und der Anverwandten in den Vordergrund stellt, sieht Paul Bürger die einzig mögliche Sinngebung des Opfers der Frontsoldaten in einem andauernden Frieden: „Das Geisterheer der Kriegstoten wird mit den Streitern des Friedens marschieren, denn sie alle, sie alle starben nicht für den Krieg, sondern für den Frieden, sie alle gingen den schweren Weg zu ihrem Golgatha, damit dieser Krieg der letzte sei und Frieden werde auf Erden!" (S. 277)

Im Unterschied zu dem, was der Titel andeuten mag, handelt es sich bei *Golgatha* also nicht um einen jener eskapistischen Texte, die den Krieg als religiöses Erweckungserlebnis beschreiben und mit einem Erlösungsversprechen verbunden sind. Im Gegenteil. Der Titel nimmt die Funktion einer Metapher ein, die der ausgesprochen antimilitaristischen Botschaft des Textes dient.

Schmitz ist natürlich nicht der erste, der das religiöse Vorbild „Golgatha" mit dem Opfer der Frontsoldaten assoziiert. Schon die Friedensbewegung in Deutschland empfand den August 1914 als „Golgatha des Pazifismus".[130] In der Belletristik ist die Metapher explizit bei Roland Dorgelès zu finden. Ein Kapitel seines Erfolgsromans *Les croix de bois* (1919), dessen deutsche Übersetzung, *Hölzerne Kreuze*, 1930 erschien, trägt den Titel „Mont Calvaire" bzw. „Kalvarienberg": In der *Champagne crayeuse* an der Marne beschreibt Dorgelès eine Landschaft, die mit Schmitz' Titel-Zeichnung für *Golgatha* übereinstimmt: „Vom Quellenwald aus konnten wir ihn durch die Zweige hindurch sehen, auf die sich die ersten Knospen in grünen Schwärmen niedergelassen hatten. Der hohe Kreidehügel war von Granaten zerpflügt, von Minen aufgerissen und bot mit den paar armseligen starrenden Holzstümpfen, die einmal Bäume gewesen waren, einen trostlosen Anblick. Auf den Generalstabskarten musste er auch irgendeinen Namen haben. Die Soldaten hatten ihn den Kalvarienberg getauft. Er war die Hölle unseres Abschnitts. Wenn das Regiment in Stellung ging, fragte sich jede Abteilung ängstlich: ,Wer kommt diesmal auf den Kalvarienberg?'"[131]

Schließlich müssen die Soldaten wie bei Peter Schmitz ihren „Kreuzweg" antreten: „Jetzt waren wir an der Reihe, da hinauf zu gehen. Auf den Kalvarienberg führte kein Laufgraben, sondern ein in die Kreide eingehauener Weg, eine Art Saumpfad; in seine Seitenwände waren enge, nasskalte Unterstände eingehauen. Den ganzen Pfad entlang lagen Gepäckstücke, Feldflaschen, Patronentaschen, Koppeln, Schanzgerät wirr durcheinander, es war ein trostloser Friedhof. Von Zeit zu Zeit Holzkreuze: Brunet, Infanterieregiment 148 … Cahin, Infanterieregiment 74 … Ein deutscher Soldat … Da sie alle kaum mit Erde bedeckt waren, sah man ganz deutlich die Formen der Körper. Auf diesem Kreuzweg gab es mehr als zwölf Stationen."[132]

Die Golgatha-Metapher, allgemein weit verbreitet[133] und schon in Edlef Köppens Gedicht *Morgue* (1916) anzutreffen,[134] lag der Opferauffassung der Soldaten nahe.[135] Es ist jedoch durchaus möglich, dass Schmitz Dorgelès' Roman gelesen hat oder dass die beiden Schriftsteller als „Feinde" denselben Kriegsschauplatz gesehen haben.

Außer der offensichtlichen Anspielung, die mit dem Namen von *Golgathas* Hauptprotagonisten und Erzähler, Paul Bürger, gegeben ist, finden sich weitere Parallelen zu *Im Westen nichts Neues* (dessen Erzähler den Namen Paul Bäumer trägt), die den Einfluss von Remarques Erfolgstitel belegen. So lehnt sich Schmitz, der ein Exemplar des Bestsellers besaß,[136] an Remarques „Darstellungsstandards"[137] an. Der Roman hat Episodenstruktur, ist charakterisiert durch einen Wechsel vom „ich" zum „wir", durch präsentisches Erzählen und durch szenische Wiedergabe. Ebenso verweist der lakonische deutsche Heeresbericht zur Somme-Schlacht auf die bekannte Schlussszene von *Im Westen nichts Neues*: „,Bei Peronne', schreibt Schmitz, ,griffen nach der üblichen Artillerievorbereitung gegen Abend französische Streitkräfte an.

Der Angriff wurde leicht abgeschlagen.' Zwei knappe Sätze nur, die doch für Tausende Qual und Tod bedeuten." (S. 229) In Remarques Roman heißt es zum Tod Paul Bäumers: „Er fiel im Oktober 1918, an einem Tag, der so ruhig und still war an der ganzen Front, dass der Heeresbericht sich nur auf den Satz beschränkte, im Westen sei nichts Neues zu melden."[137] Signifikant für die Intertextualität der Kriegsbücher, aber auch für ihre Funktion als grenzübergreifende Erinnerungsorte ist die Tatsache, dass bereits Max Deauvilles *Jusqu'à l'Yser* (1917) mit einem ähnlichen Satz endet: „Stille Nacht an der Yserfront."[139]

Der Weg zurück,[140] als Nachfolgeroman von *Im Westen nichts Neues* 1931 veröffentlicht, wird in der Forschung oft vernachlässigt. Dabei stellt er sich im Vergleich zu seinem Vorgänger in gewisser Hinsicht kriegskritischer dar. Hier hat die Armee der Toten auch bei Remarque ihren Auftritt. Parallelen zu *Golgatha* sind die ständigen Fragen nach dem Warum des Krieges (S. 33, 35, 124, 170, 231 f.), die sich die Soldaten jedoch erst *nach* dem Waffenstillstand stellen, sowie die Verantwortung der Lehrer und Schulbücher (S. 170, 273), die Schmitz von Anfang an in den Vordergrund rückt und die schon Ernst Toller in seiner Adresse *An die Jugend aller Länder* (1919)[141] betonte. So wie der beurlaubte Schuhmacher in *Golgatha* verbittert den Ehebruch seiner Frau feststellen muss, hat auch bei Remarque Marie Bethke ihren Mann betrogen. Schließlich sind in beiden Büchern die Soldaten als „Verlorene" des Krieges dargestellt.

Nebst *Im Westen nichts Neues* gehörte Ludwig Renns *Krieg*[142] zu Schmitz' Privatbibliothek[143] und mag einen Einfluss auf *Golgatha* ausgeübt haben. Von großem Interesse für den ehemaligen Grenzlandsoldaten dürfte wohl Renns ausführliche Behandlung der deutschen Truppen in Belgien gewesen sein. Renn war einer der wenigen, die die Verwirrung der deutschen Soldaten und deren grausames Handeln verarbeitet und die Legende der belgischen Franktireure sowie den Völkerhass auf literarischem Weg kritisch beleuchtet und widerlegt haben: „Weshalb muss man sich hassen, wenn man gegeneinander Krieg führt? Etwas entfernter von der Grenze wurden die Einwohner freundlicher. Aber immer blieben mir die Belgier unheimlich. Wir stellten in den Nächten sorgsam Wachen aus. Auch die Offiziere schliefen nie einzeln in Häusern; denn man erzählte sich von nächtlichen Morden, und dass die Belgier schrecklich grausam wären. (S. 16) ... Wieder brennende Dörfer aus denen die Belgier geschossen hatten. Wieder glimmende Balken, einstürzende Dächer und Geruch von verbrannten Menschen. Dieses Land ekelte mich an. Ich war nicht mehr wütend auf die Belgier, wenigstens meistens nicht, sondern mich grauste vor ihnen und vorm Kriege, diesem grässlichen Kriege mit seinem Völkerhass. Wie würde das erst in Frankreich werden, unserem alten Feinde?" (S. 40 f.)

Schmitz' Protagonisten aus dem Grenzland – allen voran der Sozialist Michel – treten solchen „verrückten Gerüchten" (S. 56) gleich beim Überfall des Nachbarlands mit Skepsis entgegen: „Ich kenne Belgien wie meine Tasche. Ich bin in Herve geboren und habe dort Onkel und Tanten. Es sind Menschen wie wir, und keine Bestien und Briganten. Du kennst doch auch die Leute von Membach, Baelen und Dolhain. Sollen diese harmlosen Leute urplötzlich zu gemeinen Verbrechern geworden sein?" (S. 59)

Eine mögliche Erklärung für das Immer-wieder-neu-Beschreiben eines Ereignisses in der Kriegsliteratur, bei dem die Autoren auch die Texte der anderen zur Kenntnis nehmen, ist Alison Landsbergs Konzept der „prosthetic memory"[143] entnehmbar. Das Konzept bezieht sich auf die Tatsache, dass das Gedächtnis nicht nur durch die Erinnerung an die Ereignisse, die das Individuum selbst wahrgenommen oder erlebt hat, sondern auch durch mediale Events (Bücher, mündliche Überlieferung, Film, Fernsehen ...) gestaltet bzw. neu strukturiert werden kann. Vollmer bezeichnet diesen Vorgang als „fortschreitende Kreation eines solchen Gedächtnisses".[145] Diese Referenzialität ist allerdings ebenfalls in anderen Gattungen vorzufinden, wo sie oft auch und vor allem seit dem 20. Jahrhundert zunehmend bewusst eingesetzt wird. So ist sie beispielsweise im historischen Roman oder in der Genre-Literatur[146] verbreitet und als modernes Phänomen zu werten.

*

Nach dem Zweiten Weltkrieg ist Peter Schmitz' Grab auf dem Ehrenfriedhof wieder hergestellt worden, während man dieses Mal den (posthum beförderten) SS-Hauptsturmführer Kerres verlegte. Auch wenn der Örtliche Geschichtsverein und vereinzelte Literaturhistoriker sich wiederholt der Erinnerung an Peter Schmitz und an seinen Roman angenommen haben, bleibt ihr Bekanntheitsgrad auf einen kleinen Bruchteil der Bevölkerung des deutschsprachigen Belgiens beschränkt. Außerhalb des Gebietes sind Roman und Autor unbekannt und wurden bislang in keiner allgemeinen Studie zur Kriegsliteratur berücksichtigt. Es ist zu hoffen, dass der Neudruck von *Golgatha* daran etwas ändern wird.

Der Krieg und die Gestapo haben nach 1939 die meisten Exemplare der antimilitaristischen Publikation vernichtet. Nur noch wenige Personen besitzen das Buch. Selbst auf dem antiquarischen Markt ist es unauffindbar. Die Nazis haben gründliche Arbeit geleistet. Mitte der 1980er Jahre ließ das Kulturministerium der Deutschsprachigen Gemeinschaft drei Exemplare kopieren und binden, die für Schmitz' Tochter Inge Gerckens, seinen Freund Kurt Grünebaum und die Stadtbibliothek bestimmt waren. Ernsthafte Anstrengungen für eine Neuauflage hat man bisher kaum unternommen. Nun ist der Roman wieder einem breiten Publikum zugänglich, und durch die vorliegende Ausgabe bietet sich ihm die Perspektive, zu einem lebendigen „Erinnerungsort" zu werden.

Weiterführende Literatur – Eine Auswahl

Zur Kriegsliteratur

BEAUPRÉ, Nicolas: *Écrire en guerrre, écrire la guerre. France, Allemagne, 1914-1920*, Paris 2006

BECK, Philippe: „Der Erste Weltkrieg im Roman, 1914-1940". In: ROLAND, Hubert (Hrsg.): *Kleine deutsch-französische Literaturgeschichte*, Tübingen 2014 (in Vorbereitung)

BECK, Philippe: „Umstrittenes Grenzland Eupen-Malmedy. Geokulturelle und politische Betrachtungen bei Josef Ponten und Peter Schmitz". In: Jürgen Elvert/Michel Dumoulin/Sylvain Schirmann (Hrsg.): *„Ces chers voisins". Benelux, Deutschland und Frankreich im 19., 20. und 21. Jahrhundert*, Stuttgart 2014 [= Studien zur Geschichte der europäischen Integration, herausgegeben von Jürgen Elvert, Bd. 2] (im Erscheinen)

ERLL, Astrid: *Gedächtnisromane: Literatur über den Ersten Weltkrieg als Medium englischer und deutscher Erinnerungskulturen in den 1920er Jahren*, Trier 2003

MÜLLER, Hans-Harald: *Der Krieg und die Schriftsteller. Der Kriegsroman der Weimarer Republik*, Stuttgart 1986

MÜSSENER, Helmut (Hrsg.): *Antikriegsliteratur zwischen den Kriegen (1919-1939) in Deutschland und Schweden*, Stockholm 1987

SCHNEIDER, Thomas F. u. a. (Hrsg.): *Autoren und Bücher zum 1. Weltkrieg 1914-1939: Ein bio-bibliographisches Handbuch* [= Schriften des Erich Maria Remarque-Archivs, Bd. 22], Göttingen/Osnabrück 2008

SCHNEIDER, Thomas F./WAGNER, Hans (Hrsg.): *Von Richthofen bis Remarque. Deutschsprachige Prosa zum I. Weltkrieg*, Amsterdam/New York 2003

VOLLMER, Jörg: *Imaginäre Schlachtfelder. Kriegsliteratur in der Weimarer Republik. Eine literatursozilogische Untersuchung.* Inauguraldissertation zur Erlangung des Grades eines Doktors der Philosophie dem Fachbereich Philosophie und Geisteswissenschaften der Freien Universität Berlin, 2003, online: http://www.diss.fu-berlin.de/diss/receive/FUDISS_thesis_000000001060 (1.8.2009)

Zu Peter Schmitz und *Golgatha*

BECK, Philippe: „Das Deutschlandbild in der deutschsprachigen Literatur Belgiens in der Zwischenkriegszeit. Der ostbelgische Kriegsroman *Golgatha* von Peter Schmitz". In: Hubert Roland/Marnix Beyen/Greet Draye (Hrsg.): *Deutschlandbilder in Belgien 1830-1940*, Münster 2011, S. 446-465

BECK, Philippe: *Umstrittenes Grenzland. Selbst- und Fremdbilder bei Josef Ponten und Peter Schmitz, 1918-1940*, Bruxelles u.a. 2013 [= Comparatism & Society 21, ed. by Hubert Roland]

BECK, Philippe: „Umstrittenes Grenzland Eupen-Malmedy. Geokulturelle und politische Betrachtungen bei Josef Ponten und Peter Schmitz". In: Jürgen Elvert/Michel Dumoulin/Sylvain Schirmann (Hrsg.): *„Ces chers voisins". Benelux, Deutschland und Frankreich im 19., 20. und 21. Jahrhundert.* Beiträge der internationalen Tagung vom 19. bis 21. November 2008 in Köln, Stuttgart 2014 [= Studien zur Geschichte der europäischen Integration. Herausgegeben von Jürgen Elvert, Bd. 23] (im Erscheinen)

WINTGENS, Leo: *Grundlegung einer Geschichte der Literatur in Ostbelgien. Bild der sprachlichen Wechselwirkungen im Zwischenland*, Eupen 1986, S. 170-181

Zur Geschichte Eupen-Malmedys

LEJEUNE, Carlo/BRÜLL, Christoph (Hrsg.): Grenzerfahrungen. Eine Geschichte der Deutschsprachigen Gemeinschaft Belgiens. 6 Bde., Eupen 2013 ff.

MIEẞEN, Werner: *Die Deutschsprachige Gemeinschaft Belgiens – Bibliografie 1945-2002.* 2 Bde., Brüssel 2003

PABST, Klaus: „Eupen-Malmedy in der belgischen Regierungs- und Parteipolitik 1914-1940". In: *Zeitschrift des Aachener Geschichtsvereins*, Bd. 76, Aachen 1964, S. 206-515

SCHÄRER, Martin R.: *Deutsche Annexionspolitik im Westen. Die Wiedereingliederung Eupen-Malmedys im zweiten Weltkrieg*, Bern/ Frankfurt am Main u.a. 1975

SCHARTE, Sebastian: *Preußisch – deutsch – belgisch. Nationale Erfahrung und Identität. Leben an der deutsch-belgischen Grenze im 19. Jahrhundert*, Münster 2010

Anmerkungen

1   Siehe Fotos aus dem *Völkischen Beobachter* im Anhang von Martin R. Schärer, *Deutsche Annexionspolitik im Westen. Die Wiedereingliederung Eupen-Malmedys im Zweiten Weltkrieg*, Bern/Frankfurt am Main 1975.

2   Siehe Oliver Janz, *Der große Krieg 14*, Frankfurt am Main/New York 2013, S. 180 f.

3   Siehe Herbert Ruland, *„ Zum Segen für uns alle". Obrigkeit, Arbeiterinnen und Arbeiter im deutsch-belgischen Grenzland (1871-1914)*, Eupen 2000.

4   Siehe Prüfungsaufsatz (in französischer Sprache) eines Schülers des Städtischen Gymnasiums Eupen bei Freddy Cremer/Werner Mießen, „Einleitung". In: Dies. (Hrsg.), *Spuren*, S. 7. „Toute la ville d'Eupen déborde de patriotisme, on a l'absolue certitude de la victoire. ,Eh bien, nous les écraserons ces infâmes, qui viennent envahir notre patrie!'" Siehe auch Ilse Meseberg-Haubold, *Der Widerstand Kardinal Merciers gegen die deutsche Besetzung Belgiens 1914-1918. Ein Beitrag zur Rolle des Katholizismus im Ersten Weltkrieg*, Frankfurt am Main/Bern 1982. Lothar Wieland, *Belgien 1914. Die Frage des belgischen „ Franktireurkrieges" und die deutsche öffentliche Meinung von 1914 bis 1936*, Frankfurt am Main/Bern/New York 1984. Helmut Donat, *Wer sich uns in den Weg stellt... Aus einem dunklen Kapitel deutscher Geschichte: der Überfall auf Belgien im August 1914.* In: *DIE ZEIT*, 39. Jg., Nr. 36, S. 28, 31.8.1984. John Horne/Alan Kramer, *Deutsche Kriegsgreuel 1914. Die umstrittene Wahrheit,* Hamburg 2004.

5   Die Eupen-Malmedyer Soldaten gehörten den Reserve-Infanterie-Regimenten 29, 25 und 28 an. Während ersteres ausschließlich an der Westfront eingesetzt wurde, kämpfte letzteres sowohl im Norden Frankreichs (bei Reims, Tiepval, an der Ancre) als auch auf dem östlichen Kriegsschauplatz (Rawka-Bzura-Schlacht, an der Wenta, bei Kalwarja, Goldingen, Mitau, Schlok, Kemmern, Jakobstadt sowie nach der russischen Revolution am Peipussee, zwischen Estland und Russland). Siehe Heinz Doepgen, *Die Abtretung des Gebietes von Eupen-Malmedy im Jahre 1920*, Bonn 1966, S. 60, Fußnote 83. Siehe auch Erich Peters, *Das Reserve-Infanterie-Regiment Nr. 28 im Weltkrieg 1914-1918: Nach den amtlichen Kriegstagebüchern*, Oldenburg 1927 [= Erinnerungsblätter deutscher Regimenter: Truppenteile des ehemaligen preußischen Kontingents, Nr. 206].

6   Alle Gefechtsangaben sind entnommen aus: Militärpass Peter Schmitz, Privatarchiv Inge Gerckens-Schmitz, Eupen (in der Folge PAIGS abgekürzt).

7   Inge Gerckens, *Grenznah*, Eupen 2000, unveröffentlichtes Typoskript, S. 6.

8   Gespräch mit Inge Gerckens, 13.9.2006.

9   Leo Wintgens, *Grundlegung einer Geschichte der Literatur in Ostbel-gien. Bild der sprachlichen Wechselwirkungen im Zwischenland,* Eu-pen 1986, S. 170.

10 Brief von Peter Schmitz an Winand Schneider, 18.1.1928. In: Archives de l'Administration des Victimes de Guerre (AVG), Schmitz Peter, né le 27/12/1887, dossier SdR, Nr. 169250, S. 278-283.

11 Staatsarchiv Eupen (SAE), Familienarchiv Bourseaux, E.2.16, Dose 123, X 168-16, Slg. Bourseaux, Nachtrag 2000, Nr. 2, Julius Bourseaux (1884-1946), B.124.64.7, Erinnerungsalbum von Julius Bourseaux (1884-1946) mit Ansichtskarten und Fotografien aus dem Ersten Weltkrieg (1914-1918), Karten 79-82. Der Verfasser dankt Els Herrebout für den Hinweis herzlich.

12 Ebenda, Karte 82.

13 Militärpass Peter Schmitz, PAIGS.

14 Siehe Proklamation Hermann Baltia vom 20. Januar 1920 in: Els Her-rebout (Hrsg.), *Generalleutnant Hermann Baltia. Memoiren 1920-1925* [= Quellen und Forschungen zur Geschichte der deutschspra-chigen Belgier], Brüssel 2011, S. 27-31.

15 Siehe Hubert Roland, „Grünebaum, Kurt". In: *Nouvelle Biographie Na-tionale,* Brüssel 2000, S. 220 ff. Heinz Warny, *kg. Brüssel. Zum Lebens-werk des Journalisten Kurt Grünebaum,* Eupen 2011.

16 Siehe Tünde Kaszab-Olschewski, „Das Leben des Archäologen Otto Eugen Mayer im Spannungsfeld von Welt- und Lokalpolitik". In: *Ar-chäologische Informationen,* 33/1, Kerpen-Loogh 2010, S. 43-50.

17 Siehe Helmut Donat, „Kapitänleutnant a.D. Heinz Kraschutzki (1891-1982) – Ein Offizier im Kampf für ein ‚anderes Deutschland'". In: Wolfram Wette/H. Donat (Hrsg.), *Pazifistische Offiziere in Deutsch-land 1871-1933* [= Schriftenreihe Geschichte & Frieden, Bd. 10], Bre-men 1999, S. 339-362.

18 Siehe Christoph Jahr, „‚Die reaktionäre Presse heult auf wider den Mann' – General Berthold von Deimling (1853-1944) und der Pazifis-mus". In: W. Wette/H. Donat (Hrsg.), *Pazifistische Offiziere,* S. 131-146.

19 AVG, Schmitz Peter, né le 27/12/1887, dossier SdR Nr. 169250. Hierbei handelt es sich lediglich um die Anfang der 1950er Jahre durch das belgische Wiederaufbauministerium (Ministère de la Reconstruction) vorgenommene Übersetzung ins Französische, die auf das Gefängnis Düsseldorf verweist. Doch ist das Original weder im Hauptstaatsar-chiv Düsseldorf, noch im Bundesarchiv Berlin vorhanden.

20 Siehe Philippe Beck/Etienne Verhoeyen, *Agents secrets à la frontière belgo-allemande. Des Services de Renseignements alliés et allemands entre 1920 et 1940 dans la région d'Eupen.* In: *Cahiers d'histoire du temps présent* [= Bijdragen tot de eigentijdse geschiedenis], Bruxel-les, Nr. 1/2009, S. 93-134. Siehe Philippe Beck, *Umstrittenes Grenzland. Selbst- und Fremdbilder bei Josef Ponten und Peter Schmitz, 1918-1940,* Brüssel u.a., Kapitel „Der Geheimagent".

21 Paul Paillole, *Notre Espion chez Hitler,* Paris 1985, S. 13.

22 Bericht Gestapo Düsseldorf, 18.11.1937. In: AVG, Schmitz Peter, S. 86 f.

23 Siehe „Écrivains du front belges. Groupements, revues, littérature de guerre et antimilitarisme entre 1920 et 1940". In: *Interférences littéraires*, nouvelle série, n° 3, *Les écrivains et le discours de la guerre*, s. François-Xavier Lavenne et Olivier Odaert, novembre 2009, S. 163-176, online: http://horizon14-18.eu/wa_files/Ecrivains_20belges_20du_20front.pdf (26.9.2013).

24 Anonym (Alfred F. Sluse), „Mort de M. P. Schmitz". In: *La Nouvelle Belgique*, 18.2.1938. „M. Schmitz faisait partie de l'association des Écrivains du front et avait toujours fait preuve de loyalisme envers la Belgique." [Übersetzung von Ph. B.]

25 Siehe Philippe Beck, *Umstrittenes Grenzland*, S. 247 ff.

26 Inge Gerckens-Schmitz, *Grenznah*, S. 13.

27 Brief von Peter Schmitz (PS) an Winand Schneider (WS), 23.10.1931. In: AVG, Schmitz Peter, S. 293 f.

28 Da das Archiv der ostbelgischen Ausgabe von *L'Invalide* in der Kgl. Bibliothek mit dem Jahr 1932 endet, ließ sich der abgedruckte Text nicht vollständig einsehen und die Übereinstimmung mit dem Typoskript nur stellenweise überprüfen.

29 Aussagen von Winand Schneider gegenüber dem Generalstab Kempen am 25. August 1938. In: AVG, Schmitz Peter, S. 221-225.

30 „[P]as au point en ce qui concerne le sens national". Ebenda, S. 224. [Übersetzung von Ph. B.]

31 Brief von PS an WS, 1.8.1932. In: AVG, Schmitz Peter, S. 267-270.

32 Ebenda. „Sans vouloir me vanter, je considère mon œuvre comme étant 50 fois meilleure au point de vue littérature et sujet." [Übersetzung von Ph. B.]

33 Brief PS an WS, 16.8.1933. In: AVG, Schmitz Peter, S. 271 ff.

34 Léon Degrelle (1906-1994), Politiker und Journalist, leitete seit 1926 die „Editions Rex" in Löwen. Der Verlag veröffentlichte vorwiegend katholisch geprägte Schriften für die Jugend. Aus Unzufriedenheit über die Politik der damals in Belgien führenden Katholischen Partei gründete Degrelle Mitte der 1930er Jahre die rexistische Partei. Sein offener Faschismus führte 1940 zur Kollaboration mit den Nationalsozialisten. Er trat der Waffen-SS bei und gründete 1941 eine wallonische Legion. Als SS-Obersturmbannführer setzte er 1944 die 28. SS-Freiwilligen-Panzergrenadier-Division „Wallonien" in Kämpfen an der Ostfront ein. Nach dem Krieg verurteilte ihn ein belgisches Gericht in Abwesenheit zum Tode, Degrelle aber verbrachte den Rest seines Lebens in Spanien. *Le nouveau dictionnaire des belges*, s. dir. Yves-William Delzenne/Jean Houyoux, Bruxelles 1998. Siehe auch Klaus Pabst, „Presse zwischen zwei Weltkriegen (1914-1945)". In: Heinz Warny (Hrsg.), *Zwei Jahrhunderte deutschsprachige Zeitung in Ostbelgien*, Eupen 2007, S. 179-209, hier S. 195.

35 Leo Wintgens, *Grundlegung*, S. 171; Gespräche mit Inge Gerckens-Schmitz, 27.12.2005 und 15.4.2006. Die schriftliche Antwort des Verlags ist weder bei der Familie Schmitz noch im Verlag erhalten geblieben. Der gesamte Verlagskomplex wurde im Februar 1945 während eines

Bombenangriffs zerstört, so dass der größte Teil des Archivs nicht mehr existiert. Lektoratskorrespondenzen mit Autoren aus dieser Zeit existieren nicht mehr, sie sind beim Brand des Ullstein-Hauses vernichtet worden. Ute Schneider, „Die ‚Romanabteilung‘ im Ullstein-Konzern", S. 96; Telefongespräch mit dem Axel-Springer-Verlag (Verwalter des Ullstein-Archivs), 15.2.2007.

36   Karl Prümm, „Das Erbe der Front. Der anti-demokratische Kriegs-
     roman der Weimarer Republik und seine nationalistische Fortsetzung".
     In: Horst Denkler/Karl Prümm (Hrsg.), *Die deutsche Literatur im 3.*
     Reich, Stuttgart 1976, S. 139. Siehe auch Wolfram Wette, „Ideologien,
     Propaganda und Innenpolitik als Voraussetzungen der Kriegspolitik
     des Dritten Reiches". In: Wilhelm Deist/Manfred Messerschmidt/Hans-
     Erich Volkmann/Wolfram Wette, *Ursachen und Voraussetzungen der*
     deutschen Kriegspolitik [= Das Deutsche Reich und der Zweite Welt-
     krieg. Band 1. Hrsg. vom Militärgeschichtlichen Forschungsamt], Stutt-
     gart 1979, insbesondere die Kapitel „Literatengruppe ‚Soldatischer
     Nationalismus'", S. 46-52, und „Die Welle der Kriegsbücher und Kriegs-
     filme seit 1929", S. 94-99, wo die Zunahme der militaristischen und der
     Niedergang der pazifistischen Tendenzen in der Literatur geschildert
     werden. Vor diesem Hintergrund kommt dem Roman *Golgatha* eine
     besondere Bedeutung zu. Auch wenn Schmitz inzwischen Belgier war,
     richtete er sich mit ihm doch auch an eine deutsche Leserschaft.

37   Jan-Pieter Barbian, *Literaturpolitik im „Dritten Reich". Institutionen,*
     Kompetenzen, Betätigungsfelder, Frankfurt am Main 1993, S. 248, 303 f.

38   Telefongespräch mit Paul Kaiser jr., 19.4.2006.

39   Carlo Lejeune, *Die Säuberung. Band 1: Ernüchterung, Befreiung, Un-*
     gewissheit (1920-1944), Büllingen 2005, S. 193.

40   Anonym, „Bücherbesprechungen. *Golgatha*, Ein Kriegsroman von P.
     Schmitz-Mülders, 293 S., Verlag Paul Kaiser, Eupen". In: *Grenz-Echo*,
     18.11.1937.

41   Ignaz Wrobel [= Kurt Tucholsky]. „Machen wir's richtig?" In: *Das An-*
     dere Deutschland, 1.8.1925. Zitiert nach Helmut Donat/Lothar Wieland
     (Hrsg.), *Das Andere Deutschland. Unabhängige Zeitung für entschiede-*
     ne republikanische Politik. Eine Auswahl (1925-1933), Königstein im
     Taunus 1980, S. 29.

42   Fritz Schlawe, *Literarische Zeitschriften, 1910-1933*, Stuttgart [2]1973, S.
     6. Laut Schlawe schlug sich „der für die deutsche Geistesgeschichte
     besonders des 20. Jahrhunderts wesentliche Gegensatz betont deut-
     scher und entschieden weltbürgerlicher Haltung ... auch in der Ver-
     wendung verschiedener Drucktypen nieder, so dass man ein in Fraktur
     gesetztes Blatt als – im weiteren Sinne – konservativ, ein in Antiqua
     gesetztes Blatt als liberal ansprechen kann."

43   Jörg Vollmer, *Imaginäre Schlachtfelder. Kriegsliteratur in der Weimarer*
     Republik, Dissertation, FU Berlin, 2003. Online: http://deposit.ddb.de/
     cgi-bin/dokserv?idn= 968742777 (30.10.2009), S. 38.

44   Ulrich Broich, „„Hier spricht zum ersten Male der gemeine Mann'. Die
     Fiktion vom Kriegserlebnis des einfachen Soldaten in Ludwig Renn:

Krieg (1928)". In: Thomas F. Schneider/Hans Wagner (Hrsg.), *Von Richthofen bis Remarque. Deutschsprachige Prosa zum I. Weltkrieg*, Amsterdam 2003, S. 213-216, hier S. 215.

45   Jörg Vollmer, *Imaginäre Schlachtfelder*, S. 38.

46   S. Nicolas Beaupré, *Écrire en guerrre, écrire la guerre. France, Allemagne, 1914-1920*, Paris 2006, S. 57.

47   Helmut Müssener, „Deutschsprachige Kriegs- und Antikriegsliteratur in Deutschland und Schweden 1914-1939. Einige Beobachtungen". In: Ders. (Hrsg.), *Antikriegsliteratur zwischen den Kriegen (1919-1939) in Deutschland und Schweden*, Stockholm 1987, S. 10-25, hier S. 47.

48   Jörg Vollmer, *Imaginäre Schlachtfelder*, S. 38.

49   Nicolas Beaupré, *Écrire en guerrre, écrire la guerre*, S. 264.

50   Modris Eksteins, *Rites of Spring. The Great War and the birth of the modern age*, London 2000, S. 279, „not as extensive as his successful novel, and particularly the promotional effort surrounding it, implied." [Übersetzung von Ph. B.]

51   Frédéric Lefèvre, „Une heure avec E.M. Remarque, auteur de *A l'Ouest rien de nouveau*". In: *Les Nouvelles Littéraires, Artistiques et Scientifiques*, 25.10.1930. „Je n'ai jamais prétendu parler au nom de tous. Mon livre est subjectif." [Übersetzung von Ph. B.]

52   Hans-Harald Müller, *Der Krieg und die Schriftsteller*, S. 39 ff.

53   Frédéric Lefèvre, „Une heure avec E.M. Remarque, auteur de *A l'Ouest rien de nouveau*". „Je n'ai aucune opinion sur Hitler. Je ne sais rien de lui. Je ne m'occupe jamais des questions politiques." [Übersetzung von Ph. B.]

54   Zitiert nach Hans-Harald Müller, *Der Krieg und die Schriftsteller*, S. 42.

55   Siehe Helmut Donat, „‚Wohl der bestgehasste Mann Deutschlands' (Hellmut von Gerlach): Friedrich Wilhelm Foerster (1869-1966) und sein Bemühen um eine deutsch-polnische Aussöhnung". In: Christoph Koch (Hrsg.), *Vom Junker zum Bürger: Hellmut von Gerlach – Demokrat und Pazifist in Kaiserreich und Republik,* München 2009, S. 143-201.

56   Friedrich Wilhelm Foerster, „*Im Westen nichts Neues* und der deutsche Nationalismus". In: *Die Zeit – Organ für grundsätzliche Orientierung*, 1. Jg., Heft 23, S. 748 f., 5.12.1930. Für den Hinweis auf den Artikel F. W. Foersters danke ich meinem Verleger Helmut Donat.

57   Anonym, „Bücherbesprechungen. *Golgatha*, Ein Kriegsroman von P. Schmitz-Mülders, 293 S., Verlag Paul Kaiser, Eupen". In: *Grenz-Echo*, 18.11.1937.

58   Geheimer Bericht der Gestapo Köln, 16.9.1937. In: AVG, Schmitz Peter, S. 42.

59   Aussagen Karl Wilhelm Settegast gegenüber der Gestapo Düsseldorf, Bericht vom 7.9.1937. In: Ebenda, S. 17 f.

60   Brief PS an WS, 9.4.1931. In: Ebenda, S. 274.

61   Anonym, „Bücherbesprechungen. *Golgatha*, Ein Kriegsroman von P. Schmitz-Mülders." In: *GE*, 18.11.1937.

62   Ebenda.

63   Ebenda.

64   Ebenda.

65   Siehe Thomas F. Schneider, „„Krieg ist Krieg schließlich'. Erich Maria Remarque: *Im Westen nichts Neues* (1928)", S. 228.

66   Anonym, „Bücherbesprechungen. *Golgatha*, Ein Kriegsroman von P. Schmitz-Mülders, 293 S., Verlag Paul Kaiser, Eupen". In: *Grenz-Echo*, 18.11.1937.

67   Ebenda.

68   Fernand Abinet, „*Golgatha* von P. Schmitz-Mülders". In: *L'Invalide*, 1.12.1937.

69   Ebenda.

70   Klappentext von Peter Schmitz, *Golgatha. Ein Kriegsroman*, Eupen, Paul Kaiser, 1937. Hervorhebung im Original. Ursprüngliche Rezension nicht verfügbar.

71   Ebenda. Hervorhebung im Original.

72   Gespräch mit Inge Gerckens-Schmitz, 30.6.2007.

73   Siehe Karl Holl, „Les pacifistes allemands des années 20 et 30: L'expérience de l'internationalisme démocrate, l'expérience de l'exil". In: Maurice Vaïsse (Hrsg.), *Le Pacifisme en Europe des années 1920 aux années 1950*, Bruxelles 1993, S. 105-133, hier S. 121, sowie Wolfram Beyer, „Arthur Ponsonby (1871-1946) – Kriegsverhütung durch Verweigerung". In: Christiane Rajewsky/Dieter Riesenberger (Hrsg.), *Wider den Krieg, Große Pazifisten von Kant bis Böll*, München 1987, S. 89-95.

74   Helmut Müssener, *Deutschsprachige Kriegs- und Antikriegsliteratur*, S. 18-25; Thomas F. Schneider, „Endlich die ‚Wahrheit' über den Krieg. Zu deutscher Kriegsliteratur". In: *Text + Kritik. Zeitschrift für Literatur*, Bd. X, 1994, *Literaten und Krieg*, S. 38-51, hier S. 47 f.

75   Thomas F. Schneider/Hans Wagner (Hrsg.), *Von Richthofen bis Remarque*, S. 14.

76   *Tegen ophitsing an wanorde. Contre l'excitation à la haine et au désordre. Liste des ouvrages retirés de la circulation et interdits en Belgique*, Brüssel, Propagandaabteilung, September 1941.

77   BArch, R56 V Reichsschrifttumskammer, 3.3.1 Überwachung und Verbot von Schrifttum.

78   Aussagen Karl Wilhelm Settegast gegenüber der Gestapo Düsseldorf, Bericht vom 7.9.1937. In: AVG, Schmitz Peter, S. 17 f.

79   Nicolas Beaupré, *Écrire en guerre, écrire la guerre*, S. 261

80   Hans-Harald Müller, *Der Krieg und die Schriftsteller*, S. 15.

81   Nicolas Beaupré, *Écrire en guerre, écrire la guerre*, S. 257, S. 264.

82   Hans-Harald Müller, *Der Krieg und die Schriftsteller*, S. 15.

83   Ebenda, S. 25.

84   Siehe Heinrich Wandt, *Der Gefangene von Potsdam*. 2 Bände, Wien/Berlin 1927. Ders., *Vie d'étape à Gand. En marge de l'effondrement allemand*. 2 Volumes, Gand 1921. Anonym („Ein Kriegsbeschädigter"), „Krieg dem Kriege" In: *L'Invalide,* 1.9.1930. Philippe Beck, *Umstrittenes Grenzland,* S. 267 ff. Für ergänzende Informationen über Heinrich

Wandt danke ich meinem Verleger Helmut Donat. – Siehe auch Benjamin Ziemann, *Charleville und Etappe Gent. Zwei kriegskritische Bestseller der Weimarer Republik.* In: Claudia Glunz/Thomas F. Schneider (Hrsg.), *Attitudes to War. Literatur und Film von Shakespeare bis Afghanistan* [= Krieg und Literatur, Jahrbuch XVIII], Göttingen 2012. S. 59-82, hier S. 75 f.

85   Siehe Dieter Riesenberger, *Geschichte der Friedensbewegung in Deutschland von den Anfängen bis 1933*, Göttingen 1985, S. 124.

86   Ebenda, S. 131 f.

87   Ebenda, S. 132 f.

88   Siehe Reinhold Lütgemeier-Davin, „„Nie-wieder-Krieg'-Bewegung". In: H. Donat/K. Holl (Hrsg.), *Die Friedensbewegung. Organisierter Pazifismus in Deutschland, Österreich und der Schweiz* [= Hermes Handlexikon], Düsseldorf 1983, S. 284-288.

89   Dieter Riesenberger, *Geschichte der Friedensbewegung*, S. 133 ff.

90   Ebenda, S. 136.

91   Ebenda, S. 138.

92   Ebenda, S. 139 f.

93   Armin Mohler, *Konservative Revolution in Deutschland 1918–1932. Ein Handbuch.* Dritte, um einen Ergänzungsband erweiterte Auflage, Darmstadt 1989; Kurt Sontheimer, *Antidemokratisches Denken in der Weimarer Republik. Die politischen Ideen des deutschen Nationalismus zwischen 1918 und 1933*, München ⁴1994, S. 143 ff.

94   Wolfram Wette, *Ursachen und Voraussetzungen der deutschen Kriegspolitik,* S. 47.

95   Ebenda, S. 48.

96   Ebenda, S. 51.

97   Ebenda, S. 48.

98   Dieter Riesenberger, *Geschichte der Friedensbewegung*, S. 141.

99   Hans-Harald Müller, *Der Krieg und die Schriftsteller*, S. 25.

100   Siehe Jörg Vollmer, *Imaginäre Schlachtfelder*, „Häretiker I".

101   Hans-Harald Müller, *Der Krieg und die Schriftsteller*, S. 25.

102   Siehe Philippe Beck, *Umstrittenes Grenzland*, S. 243-309.

103   Hans-Harald Müller, *Der Krieg und die Schriftsteller*, S. 1.

104   Siehe Modris Eksteins, *Rites of Spring*, S. 290.

105   Hans-Harald Müller, *Der Krieg und die Schriftsteller*, S. 2.

106   Jean Norton Cru, *Témoins*, Nancy 2006 [Erstausgabe: Paris 1929], S. 12, „la valeur de sincérité, la valeur documentaire". [Übersetzung von Ph. B.]

107   Ebenda, S. 661, „valeur de vérité". [Übersetzung von Ph. B.]

108   Nicolas Mignon, *Les Grandes Guerres de Robert Vivier (1894-1989). Mémoires et écritures du premier conflit mondial en Belgique*, Paris 2008 [= Collection Structures et pouvoirs des imaginaires, dir. par Myriam Watthée-Delmotte und Paul-Augustin Deproost), S. 143.

109   Jörg Vollmer, *Imaginäre Schlachtfelder*, S. 79.

110   Hans Schwab-Felisch, „Bücher bei Ullstein". In: W. Joachim Freyburg/ Hans Wallenberg, *Hundert Jahre Ullstein*. Band 1, Berlin 1977, S. 179-

216, hier S. 212. Manfred von Richthofens *Der rote Kampfflieger* über-
schritt jedoch ebenfalls die Millionengrenze. Thomas F. Schneider/
Hans Wagner (Hrsg.), *Von Richthofen bis Remarque*, S. 14.

111 Vollmer stellt fest, dass den Verlagshäusern eine entscheidende Rolle
für die Kriegsliteratur zukam: „Waren es während des Ersten Weltkriegs insbesondere die beiden Pressekonzerne Ullstein und Hugen-
berg, die mit ihren Kriegsbüchern hohe Auflagen erreichten, so ist der
einzige erfolgreiche Titel der kriegskritischen Literatur, Remarques
Im Westen nichts Neues im dem Ullstein-Imperium zugehörigen Pro-
pyläen-Verlag erschienen, während die übrigen pazifistischen und
sozialistischen Titel von wenig bekannten kleinen Verlagen herausgegeben wurden. Eine ganze Reihe von Verlagen zeichneten dagegen
für die Konjunktur der nationalistischen Frontromane verantwortlich:
kleine Verlage, die radikalen Gruppierungen als Sprachrohr dienten,
große angesehene Traditionsverlage und schließlich jene von heraus-
ragenden Verlegerpersönlichkeiten geführten Häuser, deren Engagement für radikale rechte Gruppierungen als organisatorische und
finanzielle Unterstützung, aber auch als Investition beschrieben werden kann, die sich für beide Seiten lohnte. Profitierten die Autoren
vom symbolischen Kapital des angesehenen Verlegers und von der
synthetisierenden Wirkung, die von ihm ausging, konnte der Verleger
an der Anerkennung und dem Sozialprestige, das ein erfolgreicher
Autor erwarb, teilhaben." Siehe Jörg Vollmer, *Imaginäre Schlachtfelder*, S. 84.

112 Ebenda, S. 80.

113 Helmut Müssener, *Deutschsprachige Kriegs- und Antikriegsliteratur*,
S. 18-25.

114 Ebenda, S. 16.

115 Jörg Vollmer, *Imaginäre Schlachtfelder*, S. 188 f.

116 Wolfram Wette, *Ursachen und Voraussetzungen der deutschen Kriegspolitik,* S. 96.

117 Ebenda, S. 98.

118 Wolfgang Benz, *Pazifismus in Deutschland. Dokumente zur Friedensbewegung 1890-1939*, Frankfurt am Main 1988, S. 41.

119 Wolfram Wette, *Ursachen und Voraussetzungen der deutschen Kriegspolitik,* S. 97.

120 Siehe Philippe Beck, *Umstrittenes Grenzland*, S. 292-296.

121 Siegfried Kracauer, *Von Caligari zu Hitler. Eine psychologische Geschichte des deutschen Films*, Frankfurt am Main 1984, S. 125.

122 Peter Schmitz, „Nie wieder Krieg?" In: *Grenz-Echo*, 24.1.1933, S. 1.

123 Ebenda.

124 Wolfram Wette, *Ursachen und Voraussetzungen der deutschen Kriegspolitik,* S. 98.

125 Thomas F. Schneider, „Pazifistische Kriegsutopien in der deutschen
Literatur vor und nach dem Ersten Weltkrieg". In: Hans Esselborn
(Hrsg.), *Utopie, Antiutopie und Science Fiction im deutschsprachigen
Roman des 20. Jahrhunderts*, Würzburg 2003, S. 12-28, S. 14.

126   Jörg Vollmer, *Imaginäre Schlachtfelder,* S. 16.

127   Peter Schmitz, *Golgatha. Ein Kriegsroman.* Mit einer Einleitung von
      Philippe Beck, Bremen 2014 (ursprünglich Eupen 1937), S. 78. Alle
      Zitate beziehen sich auf die hier vorliegende Ausgabe.

128   Konrad Seiffert, *Vormarsch im Osten. Brandfackeln über Polen,* Ham-
      burg-Bergedorf 1931 (Fackelreiter-Verlag), S. 169 f.

129   Peter Riss, *Stahlbad Anno 17. Die große Zeit,* Hamburg-Bergedorf 1931
      (Fackelreiter-Verlag), S. 174.

130   Karl Holl, *Les pacifistes allemands des années 20 et 30: L'expérience de
      l'internationalisme démocrate, l'expérience de l'exil,* S. 111.

131   Roland Dorgelès, *Die hölzernen Kreuze,* übersetzt von Tony Kellen
      und Erhard Wittek, Luzern/Stuttgart/Leipzig (Montana), 1930, S. 168.

132   Ebenda, S. 169.

133   In Benjamin Brittens Komposition „War Requiem" (1962), die sich mit
      Auszügen von Wilfred Owens Gedichten direkt auf den Ersten Welt-
      krieg bezieht, befindet sich die Straße nach „Golgatha" bezeichnen-
      derweise unter Kanonen. Die heutige Kriegsgräberstätte Bartossen,
      polnisch Bartosze, deutsch Bartendorf (1938-1945) bei Ełk, geht zu-
      rück auf das sogenannte „Golgatha von Ostpreußen", einem Soldaten-
      friedhof, auf dem man im Ersten Weltkrieg 84 deutsche Gefallene
      bestattete. Serbien hatte nach dem Krieg 1,2 Millionen Gefallene –
      das waren 53 Prozent der männlichen Bevölkerung zwischen 18 und
      55 Jahren – zu betrauern. Infolge hoher Verluste, einer zwangsmäßigen
      Fluchtwelle und einer Typhusepidemie zogen sich die serbischen Sol-
      daten zusammen mit dem König Peter, Regierungsmitgliedern und
      vielen Zivilisten an die Adriaküste zurück. Da der Weg dorthin von
      großem Leid, Hungersnot und Überfällen geprägt war, bezeichnete
      man den Rückzug der Armee als „serbisches Golgatha". Wie einst Je-
      sus auf Golgatha sein Leben hingab für die Erlösung der Menschheit,
      opferten sich in dieser Darstellung nun unzählige Serben für die Idee,
      einen südslawischen Staat zu errichten. Siehe Anzela Eloeva, „Erin-
      nerung an den Ersten Weltkrieg in Serbien". In: http://www.uni-regens
      burg.de/Fakultaeten/PKGG/Geschichte/geschichte-suedost-osteuro
      pa/studium/exkursionen/vojvodina/essays-erinnerungen-erster-welt
      krieg-serbien.html (26.9.2013)

134   Siehe Dieter Riesenberger, *Geschichte der Friedensbewegung,* S. 126.

135   Siehe Philippe Beck, *Umstrittenes Grenzland,* S. 157-180.

136   Privatbibliothek Peter Schmitz (PAIGS).

137   Jörg Vollmer, *Imaginäre Schlachtfelder,* S. 42.

138   Erich Maria Remarque, *Im Westen nichts Neues,* Berlin 1929, S. 288.

139   Max Deauville, *Jusqu'à l'Yser,* Gent 2011, S. 312. „Nuit calme sur le
      front de l'Yser." [Übersetzung von Ph. B.]

140   Erich Maria Remarque, *Der Weg zurück,* Berlin 1931. Die in den Klam-
      mern angegebenen Seitenzahlen verweisen auf diese Ausgabe.

141   Siehe Paul Michael Lützeler, *Die Schriftsteller und Europa. Von der
      Romantik bis zur Gegenwart,* München 1992, S. 274.

142   Ludwig Renn, *Krieg,* Berlin/Weimar 1979 (Aufbau-Verlag). Alle in

Klammern angegebenen Seitenzahlen verweisen auf diese Ausgabe. Siehe auch Lothar Wieland, *Belgien 1914,* S. 246 f., wo es heißt: „Selbst Renn wurde zum Gefangenen des Franktireurwahns. Offensichtlich unter dem Eindruck der Diskussion über den Franktireurkrieg [1929] revidierte er sein Urteil öffentlich. Sein erstes Gefecht hatte er in Dinant durchzustehen, in dessen Verlauf er den Eindruck gewann, als sei aus Häusern auf die deutschen Soldaten geschossen worden. In der *Linkskurve,* dem Organ des ‚Bundes proletarisch-revolutionärer Schriftsteller Deutschlands', stellte er nun fest, dass diese Wahrnehmung auf einer Sinnestäuschung beruhte. ‚Die Schüsse waren nicht aus den Häusern abgegeben worden, sondern waren in die Straßen vom jenseitigen Ufer abgeschossen, also von französischen Soldaten. Wir aber hatten geglaubt, von Einwohnern beschossen zu werden, und hatten massenhaft Zivilisten erschossen.' Renns Eingeständnis, das unter einer großen Schlagzeile in der belgischen Presse verbreitet wurde, in Deutschland jedoch bezeichnenderweise keine Beachtung fand, blieb eine Ausnahme."

143 Privatbibliothek Peter Schmitz (PAIGS).

144 Alison Landsberg, „Prosthetic Memory: Total Recall and Blade Runner". In: Mike Featherstone/Roger Burrows (Hrsg.), *Cyberspace/Cyberbodies/Cyberpunk: Cultures of Technological Embodiment*, London, Sage, 1995, S. 175-189, hier S. 175; Jörg Vollmer, *Imaginäre Schlachtfelder*, S. 56.

145 Ebenda, S. 57.

146 Siehe z.B. Jerome de Groot, *The Historical Novel*, New York 2010.

Peter Schmitz als deutscher Soldat

Peter Schmitz

Golgatha

Ein Kriegsroman

Sommer 1894. Eine Knabenklasse der Volksschule in Eupen. Herr Lehrer Klug erteilt Geschichtsunterricht. Er hat sechs Wochen wie jeder gesunde Volksschullehrer in Preußen bei der Infanterie gedient. Darum hält er auf Strammheit und vermittelt soldatische Zucht auch in der Schule.

Gerade und steif müssen die Schüler mit zusammengelegten Händen auf der Schulbank sitzen, und wehe dem, der es wagt, sich zu mucksen. Und Lehrer Klug spricht: „Unser Erbfeind ist der Franzose. Die Franzosen sind falsch, hinterhältig und prahlsüchtig!"

Nur der gottgewollte Sieg der deutschen Truppen erlöste Europa von der Vorherrschaft der gallischen Wallonen. Die Franzosen sind geborene Marodeure. Man fand auf den Schlachtfeldern des Krieges 1870/71 deutsche Verwundete mit abgeschnittenen Ringfingern.

Herr Lehrer Klug erzürnt sich immer mehr. Vierzig Augenpaare hängen an seinen Lippen, und vierzig Kinderherzen entflammen in Zorn und Hass. Wehe dem Franzosen, der in diesem Augenblick das Klassenzimmer betritt. Nicht nur Tintenfässer flögen ihm an den Kopf, er könnte von Kinderhänden gelyncht werden.

*

Sommer 1894. Pièrre Louchet ist ein Franzosenjunge. Seine Eltern wohnen in Paris auf dem Boulevard Montparnasse. Pièrre Louchet ist bei meiner Tante untergebracht und soll in Eupen die deutsche Sprache erlernen. Er ist ein gutmütiger und lieber Kamerad, bis wir ihn ob seiner französischen Nationalität hänseln. Dann wird der temperamentvolle Junge teufelswild.

„Die Deutschen sind Barbaren. Unser ‚Professeur' hat gesagt, dass die Preußen nur Schnaps trinken und dicke Kartoffeln essen. Unser ‚Professeur' hat auch gesagt, dass die Kultur durch preußische Soldatenstiefel zertreten würde. Revanche für Sedan! Deutschland kaputt."

Was der Pariser Lehrer seinen Schülern sonst noch eingeimpft hat, kann Pièrre nicht an den Mann bringen, da er erbärmlich verwalkt wird und seinen Bekennermut schwer büßen muss.

Hüben und drüben hassvergiftete Kinderherzen, die Erziehung einer Jugend, die die Sünden der Jugenderziehung mit den Leiden des Weltkrieges bezahlen wird.

Mobilmachung

Sommer 1914. – Die Schüsse von Sarajewo haben ihre Opfer gefunden. Ein Attentat wie viele andere. Die Schuldigen sind nicht Völker oder Rassen, sondern eine kleine fanatische, nationalistische Clique in Serbien. Österreich stellt übertriebene Forderungen. Die Wolken am politischen Himmel Europas ballen sich zusammen. Kein Volk will den Krieg, und doch kommt dieser Krieg wie ein Naturereignis, wie Sturm, Gewitter oder Erdbeben.

Die Seelen der Völker erzittern. Angstgefühl kriecht hoch in den Herzen der Menschen. Der Krieg sitzt den Menschen im Nacken. Doch größer als die Angst ist der eingeimpfte Hass. Die Presse tut das ihre, um jene Stimmung bei den Völkern zu schaffen, die man Kriegspsychose nennt.

Flammende Aufrufe bei allen Völkern schaffen eine Kriegsbegeisterung, die zum Kriegswahnsinn wird. Alle Völker werden davon erfasst. Was man in jenen verhängnisvollen Augusttagen 1914 als Begeisterung der Völker hinstellte, muss Europa nach dem Kriege als Massenwahnsinn büßen.

„Der zweite August ist der erste Mobilmachungstag." Dies prangt in dicken Lettern im deutschen Mobilmachungsbefehl. Jeder Reservist im Kreise Eupen-Malmedy, der bei der Infanterie gedient hat, findet in seinem Militärpass einen Befehl, der besagt, dass er sich am dritten Mobilmachungstage in Montjoie zu melden habe. Dort wird das zweite Bataillon des Reserve-Infanterie-Regiments Nr. 29 zusammengestellt. In der Hauptsache besteht das Bataillon aus Reservisten, die in den Kreisen Eupen und Malmedy wohnen.

Das Bataillon Eupen-Malmedy formiert sich.

*

Der Abschied vom Elternhaus, von allem, was uns bisher das Leben bedeutet, hat aus uns neue Menschen gemacht. In Stunden hat sich in uns die Umwertung aller Werte vollzogen. Lebensstellung, Vermögen, Anerkennung im bürgerlichen Leben sind wertlos geworden.

Ein paar gute Stiefel sind mehr wert als der Besitz eines schönen Hauses. Vor der Wucht der seelischen Wandlung erscheint alles vor Stunden noch Bedeutsame unbedeutsam. Das friedliche Dasein wird zum Traum; es wird ausgemerzt, ausgebrannt von etwas, was wir Krieg nennen. Die alte Welt ist eingestürzt. Wir müssen uns eine neue Welt, einen neuen Lebenszweck zurechtzimmern. Und da wird es Gewissheit: Du musst dein Vaterland, deine Heimat beschützen, und dieser Gedanke trägt uns durch das Grauen endloser Kriegstage; er blieb, als das Strohfeuer künstlich entfachter Kriegsbegeisterung längst verglommen war.

Und noch etwas gebiert der Krieg, woran sich die Herzen der Soldaten aufrichten: Kameradschaft!

*

Das romantische Eifelstädtchen Montjoie ist jäh aufgerüttelt aus seinem Schlaf. Die hohen, barocken Hausgiebel in den engen Gassen geben das Echo von nagelbeschlagenen Kommissstiefeln wieder. Die jungen Männer, die den Männertyp der Heimat zeigen, empfangen die feldgraue Uniform. Reibungslos geht die Einkleidung vonstatten. Deutschland ist vorbereitet auf diese Mobilmachung.

Ich selbst bin in froher Stimmung und in lustiger Gesellschaft vor einer Woche in Montjoie gewesen. Diese Zeit scheint einer um Jahre entrückten Vergangenheit anzugehören. Jetzt sitze ich auf dem Bordstein des schmalen Bürgersteiges. Die schwerbestiefelten Füße stehen in der Gosse. Einer der neuen Kameraden, Frisör von Beruf, schert mir das Haupthaar. Eine hübsche Montjoier Wirtin kommt des Weges, sie erkennt mich und macht seltsame Augen.

Von Lüttich her donnern dumpf die Kanonen. Die Kriegsbegeisterung bekommt den ersten Stoß. Die Gesichter der jungen Reservisten und der Montjoier Bürger werden ernst. Major von Kleist, der erste Führer des Bataillons, lässt antreten. „Wer von euch sich den Strapazen eines Feldzuges nicht gewachsen fühlt, der trete vor." Nur ein Mann, der grippekrank ist und schwer fiebert, muss zurückbleiben. Das Bataillon Eupen-Malmedy besteht nur aus freiwilligen Kämpfern.

In Montjoie geht, wie in allen Grenzstädten, die Spionenfurcht um. Sie entspringt krankhaftem Massenwahn. Harmlose Bürger werden verdächtigt und zum Verhör geschleppt. Posten besetzen die Ausgänge des Städtchens. Ein Stabsoffizier, dessen Wagen die Halterufe des Postens nicht beachtet, wird erschossen. Ein Montjoier Uhrmacher, russischer Nationalität, erhängt sich in seiner Gefängniszelle. Die Spionenfurcht treibt die sonderbarsten Blüten.

Verrückte Gerüchte gehen um: Belgien hat die deutsche Hilfe erbeten. Deutsche Truppen kämpfen gemeinsam mit den Belgiern bei Lüttich gegen eingedrungene Franzosen. Die Russen sollen sich im Vormarsch auf Berlin befinden. Belgische Franktireurs sollen die Stadt Eupen überfallen haben. Die Gerüchte widersprechen sich. Die Angst lässt sie jedoch glaubhaft erscheinen. Die Montjoier bewirten uns ausgezeichnet. Die ganze Welt scheint opferbereit zu sein.

Wir machen in den Kompagnieverbänden kleine Felddienstübungen. Wir üben das Grüßen der Vorgesetzten durch Anlegen der rechten Hand an die Kopfbedeckung. In den Freistunden wird viel orakelt und getrunken, bis der Befehl zum Abrücken und Verladen kommt. Ein Eisenbahnzug, geschmückt mit frischem Grün, entführt uns der Heimat. Die Vieh- und Personenwagen tragen Kreideaufschriften: „Freifahrt nach Paris!" – „Auf zur Franzosenjagd!"

Ein letztes Tücherschwenken.

Heimat leb' wohl!

Werden wir die Heimat wiedersehen? Keiner spricht diese Frage aus, und dennoch brennt sie in den Herzen der Reservisten, die der Zug einer schreckhaft ungewissen Zukunft entgegenfährt.

Der Vormarsch

Prustend und keuchend trägt der Zug das Bataillon durch die heimischen Berge. Am Wegrand stehen Kinder und Bauersleute. Angesichts des geschmückten Zuges brüllen sie „Hurra", aus Leibeskräften.

„Wir kommen nach Russland", behauptet Piront, der stets vergnügte Wallone. Ein großes Rätselraten beginnt. Michel, der Sozialist, flucht: „Genau wie eine Schweineladung. Die kennt auch nicht eher das Ziel ihrer Reise, als bis sie im Schlachthof landet."

Mit Russland ist's Essig. Am Spätnachmittag werden wir in einem Moselstädtchen an der Luxemburger Grenze ausgeladen. Wir beziehen Bürgerquartiere. Auch hier tolle Spionenfurcht. Ein „Spion" wird eingefangen. Er soll auf einem der Moselberge Signale gegeben haben. Unsanft wird er abgeführt. Aber nach kurzem Verhör entpuppt er sich als ein schwachsinniger Einwohner des Ortes.

Die Zucht wird strammer. Jede Kompagnie des Bataillons verfügt über drei schnauzbärtige, aktive Unteroffiziere. Zwei davon behandeln uns wie Rekruten und bringen damit unsere heldischen Gefühle und unsere Kriegsbegeisterung zum ersten Mal ins Wanken. Die Freiheitsliebe des Rheinländers äußert sich in lebhaftem Murren. Es sind gutmütige, willige Jungens, die Söhne der Eupen-Malmedyer, aber für den echten, preußischen Drill haben sie kein Verständnis.

Am anderen Tage lautet der Bataillonsbefehl: „Das Bataillon steht morgen früh um fünf Uhr abmarschbereit am Westausgang der Stadt." Am nächsten Morgen stoßen die beiden anderen Bataillone zu uns. Das erste Bataillon ist in Aachen, das dritte in Bonn formiert worden. Das Reserve-Regiment Nr. 29 besteht nur aus rheinischen Jungens.

*

Wir marschieren durch Luxemburg. Uns wird gesagt, dass dieses neutrale Land sein Einverständnis zum Durchmarsch gegeben habe. Der Tornister und die Knarre drücken. Wir marschieren fast ohne jede Rast durch die brütende Hitze der Augusttage. Die Bevölkerung ist zurückhaltend. Tag um Tag reichen sich die Hände. Wir haben nur einen Lebenszweck: Marschieren!

Wir haben im Bataillon den ersten Toten durch Hitzschlag. Es ist etwas Absonderliches um den Hitzschlag. Der Soldat leidet zuerst furchtbar unter der drückenden Hitze. Er ist in Schweiß gebadet, als müsse er seinen letzten Blutstropfen ausschwitzen. Plötzlich hört das Schwitzen auf. Den Betroffenen fröstelt es wie in Fieberschauern. Es überfällt ihn eisige Kälte, und dann bricht er zusammen. Es klingt widersinnig, dies sich bis zur Erstarrung steigernde Frostgefühl „Hitzschlag" zu nennen.

Die neuen Stiefelsohlen brennen. Das alte Gegenmittel des Soldaten, in die neuen Stiefel Harn zu lassen, wird oft angewandt, versagt aber häufig. Das Bataillon hat viele Marschkranke. Sie werden von den Bagagewagen aufgenommen. Keiner bleibt zurück.

Wir marschieren in großen Verbänden. Wenn die Straße einen der vielen Luxemburger Berge erklettert und in Schlangenwindungen steigt, sehen wir die feldgraue Schlange der Marschierenden: endlos der Anfang und endlos das Ende. Wir verlieren jedes Gefühl für Entfernungen. Gebückt unter der ungewohnten Last des Gepäcks, verstaubt wie die Steinhaufen am Wegrand, gleichen wir, gleicht das graue Band der Marschierenden einer wandelnden Landstraße. Und an einem Mittag erreichen wir die belgische Grenze.

*

Das Bataillon hält. Unweit sehen wir die uns bekannten gelbrot-schwarzen Grenzpfähle. Major von Kleist hält eine Ansprache: „Leute, wir betreten gleich Feindesland. Die Belgier haben sich als treulose Gesellen gezeigt. Bei Lüttich haben Franktireurs deutsche Soldaten beschossen. Verwundete sind grässlich verstümmelt worden. Dies Volk muss von der Erde verschwinden. Wo ihr verdächtige Zivilisten seht, dürft ihr nicht lange fackeln. Und nun mit Gott für König und Vaterland!" Hurra!

Man sieht es dem alten Soldaten an, der Major glaubt an seine Worte. Die Verhetzung der Soldaten gelingt. Hände ballen sich zur Faust, und ein zorniges Gemurmel geht durch die

Kolonnen, gleich einem Racheschwur. Nur einige machen ungläubige Augen.

Mein Nebenmann Michel raunt mir ins Ohr: solch ein Quatsch, was da der Alte sagt. Ich kenne Belgien wie meine Tasche. Ich bin in Herve geboren und habe dort Onkel und Tanten. Es sind Menschen wie wir – und keine Bestien und Briganten. Du kennst doch auch die Leute von Membach, Baelen und Dolhain. Sollen diese harmlosen Leute urplötzlich zu gemeinen Verbrechern geworden sein?

Meine Antwort wird von lauten Kommandoworten verschluckt. Wir marschieren und marschieren. Ab und zu läuft der Ruf durch die Marschkolonne: „Rechts heran!" Artillerie wird vorgezogen. Staubwolken hüllen uns ein. Aber wir marschieren, ohne Rast noch Ruhe.

Die Lungen arbeiten fauchend. Mundhöhle und Kehle sind brennend trocken. Geschluckter Staub reibt die Schleimhäute wund. Ein qualvoller Durst brennt in Hals und Eingeweiden. Und doch sind viele, die das Wasser verschmähen, das von den Bewohnern der Dörfer dargeboten wird, aus Angst, es sei vergiftet. Unser Feldwebel gibt den Eimern, die am Straßenrande aufgestellt sind, wütende Tritte. Das köstliche Nass rinnt in den Straßengraben. Tantalusqualen müssen wir erleiden, wenn wir der nassen Gottesgabe nachschauen.

Der Marschtag scheint sich kautschukartig zu dehnen, und dennoch geht er zu Ende.

Wir sind rechts von der Landstraße eingeschwenkt. In einem Waldtal machen wir halt. Unweit liegt eine Wassermühle. Die Vöglein singen ihr Abendlied in den Zweigen hoher Buchen. Hier scheint eine Oase des Friedens zu sein. Wir wundern uns, dass es so etwas noch gibt in dieser hasserfüllten, verrücktgewordenen Welt. Zelte werden nicht gebaut. Die Gewehre werden in Pyramiden gestellt. Die Tornister fliegen von den Rücken. Der schweren Last ledig, scheint der Körper um Handbreite zu wachsen. Mit einem Seufzer der Erleichterung fallen wir ins weiche Waldmoos, gleich abgehetzten Lasttieren.

Die Küchen kommen heran. Kaffee wird gruppenweise empfangen. Nachher soll es warmes Essen geben. Die meisten verzichten darauf, nachdem sie sich satt getrunken haben. Man ist unsagbar müde. Drei Kameraden meiner Gruppe schlafen schon. Langsam fallen die Schatten der Nacht in den Wald. Funkelnde Sterne blinken durch das Laubdach. Das Bataillon schläft. Hie und da spricht ein Soldat im Schlaf. Die aufgestellten Wachposten unterhalten sich flüsternd.

*

Ein gellendes Hornsignal durchschneidet die Stille des Waldes. Es ist noch dunkel. Die Wachen haben ein loderndes Feuer angezündet. Rötliche Lichter huschen über den Waldboden. Baumstämme und Menschen werfen flackernde Schatten. Einige Kameraden müssen wachgerüttelt werden. Die Glieder sind steif, die Kleidung nebelnass. Eilig wird warmer Tee verteilt. Die Zeiger meiner Armbanduhr zeigen die dritte Morgenstunde an.

Auf der Landstraße wird angetreten. Ein fahler Schein im Osten verkündet den neuen Tag. Was wird er bringen? Das Kommando: „Laden und Sichern!" erschallt. Wird es heute blutiger Ernst?

Wir marschieren im grauen Zwielicht des jungen Morgens. Das friedliche Waldtal wird zum Märchen. Strahlenprächtig geht die Sonne auf. Die Malmedyer Wallonen unserer Kompagnie stimmen ein Marschlied an. Sie singen es in ihrer wallonischen Muttersprache, die wir nicht verstehen.

Das Lied hat einen eigenartigen, hüpfenden Refrain. Die gallischen Laute aus dem Munde der feldgrauen deutschen Krieger klingen seltsam. Die Malmedyer wissen, dass ihre wallonischen Lieder von den Vorgesetzten nicht gern gehört werden. Der Gegensatz der Rasse macht sich bemerkbar. Müssen wir nicht wegen dieses Gegensatzes in den Krieg?

Trotzdem singen die Wallonen ihre Heimatlieder. Trotz klingt durch die Strophen mit.

Die Offiziere können es den Mamedyern nicht gut verbieten, ihre Muttersprache zu sprechen und ihre Lieder zu singen, denn sonst sind es gute, stramme Soldaten, die ihre Pflicht erfüllen werden.

Wir marschieren ohne Rast bis zum Nachmittag. Gegen vier Uhr halten wir in einem Dorfe. Die Kompagnien sind zum Essenholen angetreten. Da erscheint ein Generalstabsoffizier auf schweißbedecktem Ross. Der Befehl lautet: „Kochgeschirre aufschnallen! An die Gewehre! Ohne Tritt marsch!"

Vorbei an den dampfenden Küchenkesseln, deren Deckel die Köche gerade zuschrauben! Flüche werden laut. „Noch nicht mal Zeit haben wir, das Koppel über den leeren Magen enger zu schnallen", meint mein Nebenmann. „Nichts zu fressen und laufen wie die Windhunde", murrt ein anderer.

Da rollt dumpfer Donner vor uns. Für Minuten wird gehalten. Der Kompagnieführer brüllt: „Wir kommen noch heute ins Gefecht. Seit heute Morgen ist zwanzig Kilometer von hier ein schwerer Kampf entbrannt. Vor uns haben wir aktive Truppen. Sie sind in Bedrängnis und wir sollen ihnen Hilfe bringen. Wenn wir zu spät kommen, werden sie geschlagen, und Gott weiß, was dann werden wird!"

Vorbei sind die Müdigkeit und das Murren. Das Bataillon wird von einer Energiewelle gepackt und vorangetrieben. Ohne Kommando artet das Marschtempo zum Eiltempo aus. Kein Mensch denkt an Hunger und Hitze. Wir wissen, Kameraden sind in Not und warten auf unsere Hilfe. Je länger wir marschieren, desto deutlicher wird der Kanonendonner. Jetzt kann man schon einzelne Einschläge unterscheiden.

Die Sonne ist blutrot untergegangen. Der Kanonendonner wird immer stärker. Er scheint auf die Beine der Marschierenden eine magnetische Kraft auszuüben. Wir werden von ihm angezogen, und die Schritte werden immer schneller. Die Gesichtszüge der Soldaten zeigen Entschlossenheit. Die Dämmerung bricht ein, und schon können wir die Mündungsfeuer der Geschütze sehen. Rechts der Straße stehen sie in langen Reihen, Geschütz an Geschütz. Rrm, rrm, rrm, bellen sie drauflos, und zum ersten Mal hören wir das Pfeifen der leichten Geschosse.

Und dann überstürzen sich die Kommandos. Man lässt uns keine Zeit mit uns selbst und dem Geschehen ins Klare zu kommen. Die Tornister werden links an der Straße in Reihen gestellt. Der Mantel wird als Sturmgepäck gerollt über Kopf und linke Schulter gezogen; das Seitengewehr wird aufgepflanzt. Zug um Zug des Bataillons entwickelt sich auf schmalem Raum. In Schützenkette gegliedert, durchschreiten wir die Artilleriestellungen.

Die Nacht ist hereingebrochen. Ein freies Feld vor uns wird durchschritten. Dann wird der Befehl weitergegeben: „Hinlegen!" Wir liegen auf taugenetztem Ackerboden. Vor uns steigen dünne Nebelschwaden auf. Unsere Herzen klopfen hörbar gegen die Rippen. Weit entfernt knallen Gewehrschüsse. Die eigene Artillerie in unserem Rücken feuert ununterbrochen. Ihre Geschosse ziehen über unseren Köpfen gurgelnd ihre Bahn. Wir spüren ihren Luftdruck an den Ohren. Vor uns dehnt sich das Feld, eingetaucht in die Schwärze der Nacht. Unbegreifbar und ungewiss dünken uns die Geschehnisse der nächsten Minuten. Gegenwartsfremde Gedanken flattern wie kranke Vögel durch unser Hirn. Summende und klirrende Geräusche kommen aus der Dunkelheit des Vorfeldes. Wenn die Batterie hinter uns feuert, huscht der Flackerschein der Mündungsfeuer über die am Boden liegende Schützenkette. Dann sieht man die wächsernen Gesichter der Nebenleute. Die breiten Messer unserer Bajonette scheinen magisch zu leuchten. Ein Mischgeruch aus zertretenem Gras, Getreide und Blättern erinnert an den Geruch der Friedhofskränze am Allerseelentag. Unsere Nerven sind zum Zerspringen gespannt. Das Grauen der Ungewissheit kriecht in uns hoch.

Wie lange liegen wir schon auf dem gleichen Fleck? Sind es Minuten oder Stunden? Uns dünkt es eine Ewigkeit. Plötzlich verstummen die Geschütze. Die Stille aber ist noch unheimlicher. Da entzünden sich im Vorfeld kleine Lichter. Sie leuchten auf und erlöschen. Sie schwanken wie Glühwürmchen durch die Nachtschatten. Sie sind von roter und von weißer Farbe. Sie scheinen uns übernatürlich und geisterhaft.

„Das sind die Lichtsignale vorgehender Patrouillen. Das weiße Licht bedeutet: ‚Frei vom Feinde‘, das rote Licht zeigt an, dass der Feind noch steht!" So sagt unser Zugführer, der die Lichtzeichensprache der aktiven Truppen kennt.

Noch einmal verstärkt sich das Infanteriefeuer im Vorgelände, dann wird es schwächer, um endlich zu verstummen.

Die Umrisse eines Offiziers treten aus der Dunkelheit. Jetzt erhebt sich der Kompagnieführer; und die beiden sprechen miteinander. Und nun das erlösende Kommando! „Auf, kehrt marsch!" Wir erreichen die Straße und machen halt. Jetzt erkennen wir links von uns die schwarze Silhouette eines Waldes. Aus ihm treten Soldaten heraus. Das, plötzlich hallende Schüsse im Wald, in nächster Nähe; Rufe, Schreie, Jammern. Wir fassen unsere Gewehre fester. Unsere Führer sind ratlos und laufen hin und her. Bald finden unsere Fragen eine traurige Antwort. Das erste Bataillon unseres Regiments, das den Befehl zum Zurückgehen zuerst erhalten hat, wurde vom dritten Bataillon als feindliche Truppe angesehen. Man hat sich gegenseitig beschossen. Das Ergebnis des unheilvollen Irrtums: Drei Tote und vier Verwundete!

*

Wir haben, das Gewehr im Arm, im freien Felde einige Stunden geschlafen. Der Körper passt sich den Strapazen an. Wenn die Natur ihr Recht verlangt, kann man in jeder Lage schlafen. Man kann an einen Baum gelehnt schlafen, man kann in Gruppenkolonne schlafen, wenn man die bestiefelten Füße des Vordermannes als Kopfkissen benutzt.

Wenn man sechzig Kilometer marschiert ist, wird das Hirn blöde vor Müdigkeit. Man kann tagelang ohne Nahrung auskommen. Durst ist schon schlimmer als Hunger, aber schlafen muss man, wenn solch ungeheure Forderungen an Körper und Nerven gestellt werden. Man schläft traumlos und fest, und der Schlaf hat Ähnlichkeit mit der Starre des Todes.

Der Küchenunteroffizier hat das Wecken übernommen. Er muss von Mann zu Mann gehen und rütteln, zerren und schreien, bis der Schläfer erwacht.

Bald steht das Bataillon marschbereit. Flatternebel steigen am Waldrand hoch. Wir marschieren in den jungen Morgen. Vor uns taucht ein Dorf aus dem Nebelmeer auf. In der Mitte des Dorfes steht die Kirche. Ihr Portal ist weit geöffnet. Die Kirche ist angefüllt mit gefangenen Franzosen. Zum ersten Mal sehen wir unsere Feinde. Die roten Hosen und die langen, dunkelblauen Mäntel wirken theatralisch. Stumpf glotzen uns die Gefangenen an mit müden Augen. Trupps deutscher Verwundeter stehen hie und da. Ihre Gesichter sind ernst und grau. Ambulanzwagen rasseln uns entgegen. Aus ihrem Innern tönen Schmerzenslaute. Unmittelbar hinter dem Dorfe führt die Landstraße in prächtigen Hochwald. Ein Murmeln geht durch die Marschkolonne. Die Köpfe der Marschierenden wenden sich nach rechts. Im Straßengraben sehen wir den ersten Toten. Es ist ein feldgrauer Einjähriger. Die Einjährigenschnüre sind blutbesudelt. In dem jugendlichen, wächsernen Gesicht starren die Augen des Toten gen Himmel. Sie haben einen unnatürlichen, verwunderten Ausdruck. Der rechte Arm des Gefallenen ist aus dem Schultergelenk gekugelt und seltsam nach hinten gezerrt. Und dann sehen wir rechts und links der Straße und im Walde viele feldgraue Häufchen. Manche liegen da wie Schlafende; andere in grotesken Stellungen. Sanitätssoldaten schreiten durch das Leichenfeld und tragen die Gefallenen auf einer Waldlichtung zusammen.

Dort sind andere Sanitäter dabei, ein großes Loch zu schaufeln. Immer mehr Tote liegen an der Waldstraße. Es sind Deutsche und Franzosen, bunt durcheinander gewürfelt. Hier scheint ein Nahkampf getobt zu haben. Wir sehen die bleichen Totengesichter; sie sind wutverzerrt und verraten das Grauen des Bajonettkampfes. Und dann sehen wir ein Bild, das so unheimlich ist, dass unser Hirn sich weigert, es aufzunehmen. Wir marschieren vorbei an einem vollzähligen französischen Artillerie-Regiment. Mann und Ross liegen steif und starr auf der Landstraße, – tot –! Die Fahrer hängen auf ihren Pferden. Die Kanoniere sitzen auf den Protzen und Lafetten ihrer Geschütze. Ein Feldwebel hat den Bleistift in der erstarrten Hand. So wie sie gingen und standen, sind sie zusammenkartätscht worden. Die Menschen- und Tierleichen zeigen grässliche Verwundungen. Ein Artillerist hängt zwischen den Rädern seines Geschützes. Der Kopf fehlt. Aus dem Rockkragen schaut der blutige Halsstumpf hervor. Blut und Gehirnspritzer kleben an den Wänden der großen französischen Bagagewagen. Die Leiber der toten Gäule sind aufgebläht. Ein widerlicher Blutgeruch schwängert die Luft. Der Tod hat furchtbare Ernte gehalten.

Links am Wegrand liegt ein toter Hirsch. Es scheint, als habe eine übernatürliche Macht plötzlich alles Leben vernichtet, ausgeblasen. Kilometerweit erstreckt sich das Bild der Vernichtung. Das Grauen schreitet mit unserer Marschkolonne, die in tiefem Schweigen an dem toten Regiment vorüberhastet.

Wie ein Fiebertraum dünkt uns dies Erlebnis, das die Augen sehen, das unser Gehirn nicht fassen will. Ist es Wirklichkeit? Werden wir nicht von einem Trugbild des Schreckens genarrt? Wie war das möglich? Wie?

Wir treten aus dem Walde. Hinter uns bleibt das tote Regiment. Wir erreichen eine Höhe. Es wird halt gemacht. Strahlend geht die Sonne auf, wie an den heißen Tagen vorher. Die Kompagnieführer werden zum Major gerufen. Sie kommen zurück und berichten: „Gestern ist in erbitterter Schlacht der Feind geschlagen worden. Das tote Regiment, an dem wir vorbeimarschiert sind, ist das Opfer seiner eigenen Unvorsichtigkeit geworden. Ohne Aufklärung ist das Regiment seinen Weg gezogen. Unserer Artillerie konnte unbemerkt vom Feind in einer Schneise auffahren. Auf fünfhundert Meter ist das Regiment durch Nahschuss vernichtet worden. Man hat in die Reihen des Feindes gefeuert, bis er mit Ross und Mann erledigt war. Ein herrlicher Sieg der deutschen Waffen ist mit Gottes Hilfe erstritten worden!"

„Man soll Gott aus dem Spiele lassen bei solcher Massenschlächterei", brummt mein Nebenmann Michel, der Sozialist.

Piront, der Wallone schüttelt nur den Kopf und seufzt immer wieder „impossible, impossible!"

Rechts im Felde sehen wir Rothosen. Sie machen unverständliche Bewegungen mit den Armen.

„Eine Aufklärungspatrouille soll sehen, was die Kerle dort eigentlich wollen", befiehlt unser Kompagnieführer. Unser Halbzug lässt das Gepäck zurück und geht in Schützenlinie nach rechts ab. Wir durchschreiten ein Stoppelfeld. Zwischen den aufgetürmten Garben liegen tote französische Infanteristen. Das Häufchen lebender Soldaten ballt sich zusammen. Sie sind wie aufgescheuchte Hühner. Sie heben die Arme hoch. Wir kommen näher. Hinter einer Strohmiete stehen und liegen vierzig verwundete Franzosen. Die Angst lauert in ihren Augen. Ein verwundeter Offizier reicht mir seine schwergoldene Uhr. Man hält uns für Räuber und Verbrecher. Die Verwundeten, die noch gehen können, kommen mit hocherhobenen Armen herbeigehumpelt. Einer von ihnen ist schrecklich zugerichtet. Wo einst Mund und Nase waren, gähnt ein blutiges Loch. Das linke Auge hängt wie ein Hühnerei aus der Augenhöhle. Der Augapfel ist starr und glanzlos. Ich muss hinwegsehen von diesem blutigen Menschenantlitz.

Mir wird übel. Nachdem wir den am Boden Liegenden unsere Feldflaschen gereicht haben, schwindet die Angst aus den Gesichtern. Wir nehmen die Verwundeten, die gehen können, mit und versprechen den Zurückbleibenden, dass sie von den Krankenträgern geholt werden. Das armselige Häufchen zerfetzter Menschen wird beim Bataillonstab abgeliefert.

Und weiter wird marschiert. Vor uns tauchen die Türme und Dächer einer Stadt auf. Am Eingang zur Stadt liegen die Trümmer eines abgestürzten französischen Flugzeuges, unweit der Chaussee. Die bunten Kreise der Trikolore an den weitgespannten Tragflächen, sind deutlich zu erkennen. Die Stadt St. Hubert scheint ausgestorben zu sein. Kein Zivilist ist zu sehen. Die Fensterscheiben vieler Kaufläden sind zertrümmert.

Die Straßen sind bedeckt mit Waren aller Art. Wir waten durch seidene Blusen, Damenhüte, Hemden, Porzellanscherben, Flaschen und Apothekergefäße. Jetzt sehen wir auch die Vandalen. Es sind drei schwere Reiter, die mit gefällter Lanze Attacke auf die Schaufenster reiten. Ein ganzes Armeekorps hat vor uns die Stadt passiert, und tausende deutscher Soldaten haben das Eigentum der Bürger geschont. Eine Handvoll irrsinniger Vandalen beschmutzt den Namen der deutschen Armee! Kann man jene Tausende dafür verantwortlich machen, was einige verbrecherisch veranlagte Soldknechte verbrochen haben?

Wir marschieren bis zum Abend. Noch einmal bollern vor uns die Kanonen, um bald wieder zu verstummen. Der Feind ist auf der ganzen Linie geschlagen und befindet sich im vollen Rückzug. Der Weg ist besät mit französischen Uniformstücken, Gewehren, Patronentaschen, Käppis, Tornistern, Brotbeuteln und anderen Ausrüstungsstücken. Es scheint, als habe sich die französische Armee entkleidet und laufe nackt vor uns her, um schneller entfliehen zu können.

Allmählich wird es Nacht. Von dem Schein brennender Dörfer ist der Himmel blutig rot gefärbt. Unweit eines brennenden Dorfes wird gehalten. Auf einer Höhe werden Zelte gebaut. Zu unseren Füßen liegt das brennende Dorf. Die gefräßigen Flammen lecken an den Giebeln der Bauernhäuser. Wenn ein Haus krachend zusammenstürzt, sprühen unzählige Funken auf und steigen in die Schwärze des Nachthimmels. Wie gefeit gegen die sprühenden Flammen steht der Kirchturm in dem Flammenmeer. Seltsame Laute mischen sich in das Prasseln des Feuers. Jammerlaute werden verschluckt von dem Krachen zusammenstürzender Dächer. Sind es Menschen oder Tiere, die jene Klagelaute von sich stoßen? Wir sehen deutlich, wie ein Hahn sich über den Flammen erhebt. Er erreicht die Höhe der Kirchturmspitze, fällt flügellahm ab und wird von den Flammen verschluckt. Grausig schön ist dieses Feuerwerk, geheimnisvoll und einem Hexensabbat gleich. Und die Geschehnisse des Tages verschmelzen zu einer schrecklichen Symphonie des modernen Krieges.

*

Wir marschieren durch bergige Ardennenlandschaft und überschreiten die französische Grenze. Die aktiven Truppen bedürfen der Ruhe. Wir haben sie überholt und bilden die Spitze des Armeekorps'. Wir marschieren mit Spitze und Seitendeckung. Rechts und links der Straße steht urwüchsiger Hochwald. Bäume hat man gefällt und sie quer über die Straße gelegt; die Stämme sollen uns den Weg versperren. Unweit der Grenze wird ein französischer Kürassier mit wehendem Schweif auf blinkendem Helm gefangen. Dort, wo der Wald aufhört, dehnen sich weite Getreidefelder. Ein Generalstabsoffizier empfängt uns.

Der Feind verteidigt seine Grenze. Zwei Kilometer von unserer Straße entfernt, hebt sich auf einer Anhöhe ein Dorf als dunkle Silhouette von dem strahlenden Sommerhimmel ab. Das Dorf ist von den Franzosen besetzt und soll genommen werden. Wir sind links abgeschwenkt. Die Straße, die wir verlassen haben, läuft über einen Hohenrücken. Zwischen ihr und der Höhe, auf der sich das Dorf Matton aufbaut, liegt eine Niederung. Wir haben Schutz vor Sicht, und das Bataillon entwickelt sich wie auf dem Übungsplatz. Sobald wir die Straße überschritten haben, bekommen wir Artilleriefeuer. Fauchend kommen die Geschosse angesaust. Die erste Granate haut zwei Meter vor mir ins Erdreich. Erdklumpen fliegen uns um die Köpfe, doch haben wir Glück, die Granate krepiert nicht und ist ein Blindgänger.

Im Sturmschritt geht es weiter, bis das Kommando „Hinlegen!" kommt. Vor uns ist das erste Bataillon. Zug um Zug arbeitet es sich sprungweise an den Feind heran. Das Feld ist voll rennender, hüpfender Soldaten. Dazwischen stehen Rauchfahnen berstender Granaten. Pechschwarz heben sie sich ab von dem wogenden Ährenmeer, das wir durcheilen. „Zweiter Zug auf, marsch, marsch", brüllt unser Zugführer, und dann geht's los! In der Luft ist ein Fauchen und Krachen, als seien die Geister der Hölle losgelassen, und in dieses Krachen mischt sich das Brüllen des Kommandos, das Wehklagen der Verwundeten und das Röcheln der Sterbenden. Und doch sind wir alle nur von einem Gedanken beseelt: „Vorwärts!" Mechanisch gehorchen wir den Befehlen unserer Offiziere. Der Kasernenhofdrill ist uns in Fleisch und Blut übergegangen; wir sind nur noch Maschinen, ohne eigenen Willen.

Jetzt haben wir die Talsohle erreicht. Das Feuer wird stärker. In einem Feldgraben hauen wir uns hin. Aus dem Getreidefeld vor uns hören wir klagendes Stöhnen. Und dann wird aus dem Stöhnen ein Gebet. „Hellege Maria, Modder Godes!" betet der verwundete in der Plattsprache unserer Eupener Heimat und die Sprache der Heimat bringt ihm Rettung.

Zu zwei Landsleuten kriechen wir heran an den verwundeten Landsmann. Es ist ein Reservist, dem ein Granatensplitter den rechten Oberschenkel durchschlagen hat. Das Unterbein hängt nur noch an einem Hautfetzen. Wir schnüren das Oberbein ab, um eine Verblutung zu verhindern. Dann tragen wir den Kameraden aus dem Getreidefeld, damit die Sanitätssoldaten ihn finden.

Beim Weiterstürmen geraten wir ins feindliche Infanteriefeuer. Die Kugeln zirpen über unsere Köpfe hinweg. Sie zirpen und singen wie junge Vögel. Die vorderen Angriffswellen haben sich aufgestaut und nehmen uns auf. Dann ertönt das Signal: „Seitengewehr pflanzt auf!" Die breiten Messer glänzen schimmernd in der prallen Sonne.

Und dann auf. „Kartoffelsupp, Kartoffelsupp, mehr, mehr, mehr!" gellen die Hörner aufpeitschend. Soweit das Auge reicht, sieht man vorbeistürzende Sturmkolonnen mit gefälltem Bajonett.

Das Hurra der Stürmenden übertönt das Knattern der Maschinengewehre und vermischt sich mit dem blechernen Spektakel der Hörner. Man wird mitgerissen.

Eine blutrote Welle steigt vor den Augen auf. Man ist nicht mehr Mensch, sondern ein schnaufendes, schreiendes Tier geworden.

Wenn der eigene Bruder in roten Hosen und blauen Rock auf der Gegenseite wäre, ohne Besinnung würde man ihm den Stahl ins Herz stoßen. Die Franzosen lassen es nicht auf einen Machtkampf ankommen. Sie türmen vor der blanken Waffe. Stehend freihändig knallen wir in die fliehenden Massen. Das Dorf Matton brennt auf der Westseite lichterloh. Vorbei an Haufen verwundeter und toter Franzosen geht's hinein in das Dorf.

Während das erste und dritte Bataillon sich mit anderen Truppenteilen an der Verfolgung des Feindes beteiligen, bleibt das Bataillon Eupen-Malmedy zur Besetzung des Dorfes zurück. Unsere Kompagnie besetzt den brennenden Dorfteil. Die Gluthitze wird unerträglich. Der feurige Rauch der brennenden Wohnstätten brütet in der Straße. Die Zunge klebt am Gaumen. Stinkende Rauchschwaden lassen unsere Augen tränen. Rachen und Hals sind wie ausgedörrt. Wir werden gebraten wie in einem Backofen, aber der Befehl fesselt uns an diese Hölle. Unser Zugführer schickt mich fort, etwas Trinkbares zu ergattern. Ich erreiche den verschont gebliebenen Teil des langgestreckten Dorfes und betrete ein Haus. Aus der Küchendiele schallen Soldatenflüche. Ich trete näher. Drei Soldaten vom Reserve-Regiment 65 fordern gebieterisch Esswaren und Wein.

Ein lahmer Greis sitzt in einem Lehnstuhl mit schreckverzerrtem Gesicht. Die Frau des Hauses lehnt schreckensbleich und zitternd am Küchenschrank. Sie versteht nicht die fremde Sprache der blutberauschten Sieger.

Ich mahne die Feldgrauen zur Ruhe, hole mein Schulfranzösisch hervor und bitte für mich und meine Kameraden um etwas Trinkbares.

„Oh Monsieur, tout de suite!" entgegnet die hübsche Bäuerin. Sie verschwindet und kommt wenige Augenblicke später mit einem Korb voll Flaschen zurück.

Die drei 65er verteilen die Flaschen unter sich und verschwinden, nachdem ich ihnen die Antwort der jungen Frau verdolmetscht habe, dass die französischen Truppen bereits alles Essbare mitgenommen hätten.

„O mein Herr", sagt die Frau zu mir, „bleiben Sie hier, schützen Sie mich, die Nacht kommt und ich sterbe vor Angst. Lassen Sie mich nicht allein, Sie können alles von mir haben, was Sie sich nur wünschen!"

Die Züge des jungen Weibes nehmen einen opferbereiten Ausdruck an. Ein zaghaftes Lächeln umspielt ihren Mund, während ihre Augen das hohe französische Bett schweifen, das in einer dunklen Ecke steht.

Ich habe verstanden und schüttele den Kopf. „Das geht nicht, liebe Frau, meine Kameraden erwarten mich zurück. Sie verschmachten vor Durst. Geben sie mir, bitte, auch ein paar Flaschen Wein." Als die junge Frau mir Wein gegeben hat, soviel ich nur tragen kann, und jede Bezahlung ablehnt, wende ich meine Schritte zur Tür. Da bricht die Frau in Schluchzen aus. Ich spreche ihr Mut zu und erbitte ein Stück Kreide. Auf die Außenseite der Haustür schreibe ich in deutschen Lettern: „Hier wohnen gute Leute, bitte schonen!"

Mit gläubigen Augen sieht die Frau die Kreideaufschrift an. Sie klammert sich an die Hoffnung, dass dies Zeichen sie schützen werde.

Ich trete mit dem köstlichen Nass den Rückweg an. Zwei 65er begegnen mir. „Gib uns eine Flasche, Kamerad", begehrt der eine.

„In jedem Haus findet ihr französischen Landwein", antworte ich. „Da wollen wir einen Versuch machen", meint der Größere der beiden.

„Wie sagt man auf Französisch für Wein?" – „Kommt rasch, ich gehe mit", antworte ich.

Wir wenden uns einem kleinen Hause zu, das abseits des Weges liegt. Die Tür ist angelehnt. Der lange 65er drückt die Tür auf und macht einen Schritt über die Schwelle.

In diesem Augenblick saust ihm ein Holzbeil in den Schädel! Hirn und Blut spritzen mir ins Gesicht. Wie ein Sack bricht der Feldgraue zusammen. Vor Schrecken breite ich die Arme abwehrend nach vorn, und die Weinflaschen fallen klirrend zur Erde. Mit einem Wutschrei ist der zweite 65er an mir vorbeigesprungen. Ein Schuss knallt, und über den Leichnam des erschlagenen Soldaten wälzt sich ein alter Mann in seinem Blute! „Du Biest", brüllt der Kamerad des meuchlings getöteten 65ers und schlägt mit dem Kolben seines Gewehres wie toll auf die Schädeldecke des Alten, ein ausgedienter Gendarm.

Eine Offizierspatrouille kommt vorbei. Ich rufe sie an und melde das Geschehene. Das Haus wird durchsucht. Außer dem alten Bauer ist kein menschliches Wesen in ihm vorhanden. Ich drücke mich von dieser Schwelle des Grauens und des Ekels. „Der erste Deutsche, der mein Haus betritt, dem schlage ich den Schädel ein", hat wohl der „Patriot" gedacht, und glühender Hass, geboren aus übergroßer Vaterlandsliebe, hat dem Alten das schwere Holzbeil in die Hände gedrückt und ihn in unseren Augen zum Mörder, in den Augen seiner Landsleute zum Helden gemacht.

Ich stehe vor dem brennenden Dorfteil. Die hässlichen, grauenhaften Eindrücke lassen mich nicht los. Ich starre in das Feuermeer der brennenden Häuser und muss immer nur das Eine denken: Weshalb das? Weshalb?

Es ist unmöglich, über die Straße zu gehen. Abgestürzte, brennende Balken liegen quer über die Straße und versperren den Weg. Fünfzig Schritte vor mir stürzt krachend eine Giebelwand ein. Es ist ausgeschlossen, dass meine Kompagnie noch in der brennenden Straße steht. Ich setze mich auf eine leere Patronenkiste, die auf der Straße liegt, und starre in die Glut der brennenden Häuser.

Die Nacht fällt früh ein. Ich versuche die Vorgänge des Tages zu ordnen. Das Gehirn streikt. Es kann die Fülle der schrecklichen Erlebnisse nicht fassen. Die Welt scheint ein Irrenhaus geworden zu sein! Die Menschen zerfleischen sich. Alle Kultur geht in Blut, in Flammen und Rauch auf. Und wofür dies Alles? Wofür?

Wie lange ich so gesessen habe, wie lange ich auf der Suche nach meiner Kompagnie herumgeirrt, wie oft ich von Wachtposten und Patrouillen angerufen worden bin, ich weiß es nicht. Jedenfalls ist es spät in der Nacht, als ich unter das niedere Dach des Zeltes krieche, das meine Kompagnie am Ausgang des Dorfes auf freiem Felde aufgeschlagen hat.

*

Auf den langen Märschen, beim Wachtfeuer und im Quartier lernt man die Kameraden kennen. Der kleinste Verband ist die Gruppe. Sie bildet eine Familie, deren Oberhaupt der Gruppenführer ist.

Der Krieg hat die Soldaten wahllos aus ihren Berufen gerissen. Da ist in meiner Gruppe der Wallone Pirlet. Er ist Landwirt, spricht ein fremdländisch gebrochenes Deutsch und ist der typische Wallone, schlagfertig, heißblütig und zum Jähzorn neigend.

Michel, der bei jeder Gelegenheit betont, dass er Sozialist sei, ist Fabrikarbeiter. Er arbeitete unweit der belgischen Grenze in einer großen Textilstadt. Er ist ein Philosoph, ein Grübler der alle Dinge ergründen will und neunzig Prozent aller Befehle und Handlungen, die das Kriegshandwerk mit sich bringt, für zweck- und sinnlos hält.

Leron ist der Jüngste der Gruppe. Er ist Buchhalter in einem Sägewerk und die lebende Recherchemaschine. Er kennt die Zahl der Armeekorps, die Stärke der eigenen, der verbündeten und der feindlichen Armeen. Er weiß, wie viel Schuss die eigenen und die feindlichen Batterien in einer Schlacht verfeuert haben. Für ihn besteht der Krieg anscheinend nur aus Zahlen.

Meyer II ist Kellner. Er versteht es hervorragend, Lebensmittel, Zigarren, Zigaretten und trinkbaren Saft zu beschaffen. Meyer II hat einen ausgebildeten sechsten Sinn für die Witterung leckerer Sachen. Er weiß wie kein anderer, Fressalien heranzuschaffen. Sein Tornister ist ein Feinkostladen. Dabei ist er freigebig. Das Beschenken der Kameraden betreibt er wie eine Art Sport. Dem Soldaten Meyer II haben wir viel zu verdanken!

Kulmbach ist der längste Soldat der Kompagnie. Er ist Lehrer und Unteroffizieranwärter. Kulmbach ist verschlossen und ein Einzelgänger. Er ist als stolz verschrien. Er ist wortkarg und benutzt jede freie Minute dazu, die Seiten seines Notizbuches in winziger Schrift zu bedecken.

Themchen ist ein Ackerknecht. Er hat ein aufgedunsenen dicken Kopf, Froschaugen und eine Stumpfnase. Sein Mund steht immer offen, und Themchen sieht aus, als ob er lacht. Er ist das Karnickel der Kompagnie, und jeder glaubt sich befugt, Themchen zum Besten zu halten. Themchen ist verheiratet und hat vier Kinder zu Hause, obschon er erst 25 Jahre alt ist. Das Gegenstück zu Themchen ist Horst.

Horst ist der Spaßmacher der Kompagnie. Er ist geistreich und witzig und zu tollen Späßen aufgelegt. In den schlimmsten Lagen verliert Horst nicht den angeborenen Mutterwitz. Horst hat unzählige Kalauer auf Lager. Er kann endlos lange Witze erzählen. Für ihn scheint der Krieg den einzigen Zweck zu haben, seine Witze an den Mann zu bringen. Horst hat uns mehr geschenkt, als wir jemals bezahlen können. Der moralische Wert dieses hellen, sonnigen Menschen ist für die Kompagnie höher einzuschätzen als der Kampfwert einer Gruppe. Fast in jeder Kompagnie hat es im Weltkrieg einen Horst gegeben. Ihnen allen sollte man ein Denkmal setzen, denn sie trugen dazu bei, dass der Soldat des Weltkrieges nicht irrsinnig geworden ist.

Schuhmacher ist Unteroffizier und Gruppenführer. Er ist Steinmetzgehilfe. Grobschrötig und breitschultrig wie er ist, birgt die grobe Schale einen edlen Kern. Schuhmacher ist die verkörperte Pflichttreue. Er ist ein Mustersoldat. Für ihn ist der Dienst des Soldaten Lebenszweck. Merkwürdigerweise spricht er nie von den erschütternden Ereignissen des Krieges; er erzählt immer von den Erlebnissen in der Kaserne während seiner aktiven Dienstzeit. Schuhmacher kennt nur die Moral des aktiven Soldaten. Wenn die Gruppe durch irgendeinen Trick zwei Mal Brot empfängt, wenn sich die Gruppe von einem Wach- oder Arbeitsdienst drücken kann, findet er dies durchaus in der Ordnung.

„Der Soldat darf alles tun, er darf sich nur nicht fischen lassen!", ist sein Wahlspruch. Wir haben ihn alle gern, unseren Gruppenführer. Er sorgt für uns wie ein Vater, und wir hängen an ihm mit kindlichen Gefühlen.

Und alle diese bunt zusammengewürfelten Menschen stecken im grauen Rock des Feldsoldaten. Alle sind aufeinander angewiesen, wie sonst nie im Leben Menschen aufeinander angewiesen sind. Zu jeder Zeit kann einer von uns verwundet werden. Er kann verbluten, er kann vergessen und totwund am Wegrand liegen bleiben, wenn er sich nicht auf die Kameraden verlassen kann.

Unter den unnatürlichen Lebensbedingungen, wie der Krieg sie uns aufzwingt, kann das Einzelwesen nicht leben. Einer muss für den anderen eintreten, die Sorgen des einen müssen die Sorgen des anderen sein, wenn wir nicht zusammenbrechen sollen. Die Kameradschaft im Kriege ist notwendiger als Pulver, Blei und Brot. Nur in der großen Gemeinschaft ist der Krieg zu ertragen.

Staunend erkennt der Angehörige der gebildeten Klasse, dass Herz und Moral des Arbeiters besser sind als die eigene Bildung. Dem im Zivilleben besser gestellten wird die Erkenntnis vermittelt, dass der Arbeiter gar nicht ungebildet ist, und der Arbeiter erkennt staunend, dass der Kastengeist der Gebildeten doch nur Talmigeist ist, den der Krieg in einigen Tagen ausgebrannt hat, so, dass nur der Mensch und gute Kamerad zurückbleibt.

So wird im Sturm des Krieges die echte Volksgemeinschaft geboren. Eisen und Blut kittet die Soldaten des Feldkrieges zu einer Volkseinheit zusammen. Man kann nicht vom Weltkrieg sprechen, ohne das hohe Lied der Kameradschaft zu singen.

*

Todmüde erreichen wir Sedan. Der Major unseres Bataillons hält eine flammende Ansprache und weist auf die Kriegstaten hin, die hier unsere Väter vollbracht haben. Wir durchschreiten die Stadt und erkennen verlassene Barrikaden, provisorische Schützengräben und Häuser und Gartenmauern, die zur Verteidigung hergerichtet sind. Verängstigte Einwohner lassen sich hier und da blicken. Unweit der Stadt beziehen wir eine Bereitschaftsstellung. Am Spätabend werden wir nach rechts gezogen. Wir überschreiten die Maas, über die unsere Pioniere eine Pontonbrücke geschlagen haben. In einem Dorf am jenseitigen Ufer wird gerastet. Plötzlich: Alarm!

Die Nacht breitet ihre Schatten über das Land. Am Westausgang des Dorfes entwickelt sich Kompagnie nach Kompagnie und verschwindet in der Tintenschwärze der Nacht. Kein Stern steht am Nachthimmel. Man sieht nicht zwei Schritte weit. Wir erklimmen einen schroff aufsteigenden Abhang und besetzen den Höhenrand. Es ist uns verboten, laut zu sprechen oder ein Licht anzuzünden. Man hört nur das angestrengte Atmen des Nebenmannes. Mit überwachen Augen und Ohren glotzen wir in das unergründliche Dunkel. Jeder Nerv ist zum Zerspringen gespannt.

Themchen liegt neben mir. Er faucht wie eine Dampfwalze. Drangen da nicht unverständliche Laute aus dem Dunkel vor uns? – Wir halten den Atem an und lauschen angestrengt. – Jetzt hören wir wohl dreißig Schritte vor uns ganz deutlich einige Laute. Ein leises, metallenes Klirren dringt an unser Ohr, und dann stellen wir einwandfrei das Getrappel von hundert Füßen fest. Vor uns sind Soldaten. Die Geräusche entfernen sich.

„Vor uns eigene Truppen! Nicht schießen!", läuft ein Befehl durch unsere Schützenlinie. Von Mann zu Mann wird er weiter geflüstert. Wir atmen erleichtert auf. Doch plötzlich blitzt es in der Dunkelheit. Schüsse knallen in rascher Folge. Infanteriegeschosse zirpen über unsere Köpfe, sie schlagen vor uns ein mit lautem Klatschen. Vielstimmig schallt der Aufschrei durch unsere Linie: „Hier deutsche Truppen. Hier deutsche Truppen!"

Das Geknatter vor uns lässt nach. „Singt ein Lied", brüllt irgendwo ein Zugführer, und aus dem lärmenden Geschrei ringt sich „Die Wacht am Rhein" los. Das Lied steigt schaurig gen Himmel und wird von der Nacht verschlungen.

Kompagnien neben uns werden angesteckt von dem rettenden Gedanken, durch das Singen Kenntnis davon zu geben, dass deutsche Truppen von deutschen Truppen beschossen werden. Das Lied wird heiserer. Die Stimmen überschlagen sich – wir singen um unser Leben. Sst, sst, sst, pfeifen die Kugeln weiter. Wir pressen unsere Köpfe an die Erde. Wir stecken die Köpfe ins Weidegras. Themchen flucht neben mir in einem fort. Flüche, wie ich sie nie gehört habe.

Da kommt ein Hornist auf die Idee, ein Signal zu blasen. Er bläst den Zapfenstreich, andere Hornisten fallen ein und in unseren Singsang hinein gellen grelle, zitternde Hornsignale. Hie und da mischt sich das Jammern verwundeter Kameraden in das Horngeschmetter.

Jetzt hört das Geschieße vor uns auf. Aus dem Dunkel ertönen andere Hornsignale. Es sind französische Signale, die zum Rückzug blasen. Der unsichtbare Feind vor uns hat wohl auch bange Minuten überstanden. Es muss für ihn unheimlich gewesen sein, dem schaurigen Schlachtgesang aus der Kehle vieler hundert Feinde zuzuhören, und dann ein Horngeblase, als sollten am jüngsten Tage die Toten erweckt werden. Sicher haben die Franzosen einen Nachtangriff mit der blanken Waffe vermutet und es vorgezogen, ihn nicht abzuwarten.

Wir liegen geraume Zeit in ängstlicher Erwartung. Es fängt an zu regnen. Der feine Sprühregen durchnässt uns. Der gefolterte Körper empfindet das Nass als eine Wohltat.

Dann kommt der Befehl: „Auf! Kehrt marsch!" Wir rutschen den Abhang hinunter und suchen den Ortseingang zu gewinnen. Jede Ordnung ist aufgelöst. Die Soldatenmassen ballen sich am Ortseingang.

Themchen und ich wollen gerade nachdrängen, als ein fremder Offizier erscheint. Er trägt eine brennende Stahllaterne, in deren Flackerschein wir auf den Achselstücken die Nummern 65 erkennen. Es ist ein Offizier vom Schwesterregiment unserer Brigade. Der Offizier brüllt: „Bis hierher halt! In Marschkolonne antreten!"

Mit dem gedrillten Gehorsam des Soldaten gehorchen wir, wenn auch zögernd, dem Befehl. „Ihr seid jetzt Zug Völker! – Der Zug Völker hört auf mein Kommando! Ich habe Befehl von der Division, die vor uns liegende Höhe zu sichern. Es darf weder geraucht, noch laut gesprochen werden. Sollte der Feind heute Nacht angreifen, so hat sich jeder bis zum Letzten zu verteidigen. Ein Angriff wird nicht erwartet, doch im Krieg ist alles möglich!"

„Zug Völker – Still gestanden!"

„Zug Völker, kehrt! – Ohne Tritt, Marsch!"

Zurück geht's in die Finsternis, zurück auf die unheimliche Höhe, die wir eben verlassen haben. Der Instinkt des Menschen, der natürliche Erhaltungstrieb, zerrt in den Beinen. Tausend Stimmen mahnen, sich fortzubewegen von dem unheimlichen Höhenrücken, wo ein dunkler, unbekannter Tod uns erwartet, aber der soldatische Gehorsam ist mächtiger. Befehl ist Befehl!

Wir erreichen den Höhenrücken, schwärmen in dünner Schützenlinie aus, und dann kommt der Befehl: „Hinlegen!" Wir liegen wieder im nassen Weidegras. Es hat aufgehört zu regnen, aber die Erde ist nass und glitschig. Allmählich wird sie heißfeucht von der Wärme unserer Körper.

Wieder starren wir in die Schwärze der Nacht, die dickflüssig erscheint wie Tinte. Die angestrengten Augen tränen.

Nur in weiter Ferne hören wir das polternde Gerassel fahrender Karren.

Themchen flucht unentwegt weiter. Ich verstehe nur immer die eine Beteuerung: „Ich Rindvieh! Ich Rindvieh!"

Am Tage haben wir einige fünfzig Kilometer in brennender Sonnenglut zurückgelegt.

Das Starren ins Dunkel macht müde. Gleichgültige Gedanken flattern wie Irrwische durchs Gehirn. Unwillkürlich entspannen sich die Nerven, und Themchen hört auf zu fluchen, um zu schnarchen, als säge er knochige Baumwurzeln!

Das Gehirn wird träger. Die Schatten der Nacht lullen uns ein. Der Schlaf ist stärker als alles andere!

Ich werde von meinem Nebenmann wachgerüttelt. Ein fahler Streifen im Osten kündet den neuen Tag an. Ich wecke Themchen. Allmählich werden auch die übrigen Kameraden munter. Jetzt erst erkennen wir, dass der Zug etwa zweihundert Mann stark ist. Er ist zusammengewürfelt aus Kameraden der Reserveregimenter 29 und 65. Themchen und ich sind die einzigen Kameraden unserer Gruppe. Wo mag unsere Kompagnie sein?

Zum Nachdenken lässt man uns keine Zeit. Die schlaftrunkenen, vor Kälte mit den Zähnen klappernden Soldaten mit den übernächtigten Gesichtern werden neu eingeteilt. Der Zug wird in zwei Halbzüge zerlegt. Themchen und ich geraten auf den rechten Flügel des rechten Zuges. Die Schatten der Nacht schwinden. Im jungen Zwielicht des Tages erkennt man im Vorfeld abgeerntetes Ackerland. In kilometerweiter Entfernung sieht man die Silhouette eines Nadelholzwaldes, der den Horizont abschließt soweit das Auge reicht. Wir erleben den Sonnenaufgang.

Es mag etwa fünf Uhr sein. Da plötzlich belebt sich der Waldrand. Rothosige Infanterie entwickelt sich auf breiter Front. „Nicht schießen, bevor es befohlen wird!", lautet der Befehl, der durch unsere Reihen läuft. Im Schritt, vorsichtig, tastet die riesige Schützenkette sich vorwärts. Immer neue Truppen treten aus dem Walde. Links von uns ist die Schützenkette einige hundert Meter im freien Felde vorgestoßen. Das Herz klopft, als wolle es die kleine Kammer sprengen. Ein Würgen stellt sich ein, als sitze ein faustdicker Knoten im Halse.

Jetzt treten die Franzosen in geordneter Marschkolonne aus dem Walde. Auf kilometerbreiter Front sieht man nur Rothosen, Blaumäntel, Wald und strahlenden Morgenhimmel. Unzählige, tausende von Feinden kommen auf uns zu. Was bedeutet da unser Häufchen von etwa zweihundert Gewehren? Man wird uns aufreiben, zerstampfen, zertreten!

Blitzartig erkennen wir unsere Aufgabe. Wir sollen geopfert werden aus einem unbekannten Grunde. Todesangst springt uns an, und doch nisten sich Gedanken in dem überangestrengten Hirn ein, die mit Todesschauern nichts zu tun haben.

Ich sehe den Hühnerhof meines Vaterhauses. Da ist ein Hahn, der über den Rasen der Bleiche stolziert. Da stehen am Gartenzaun die sattgelben Sonnenblumen auf hohen Stängeln. Vom Sommerwind werden sie leicht hin und her bewegt.

„Vor uns feindliche Schützen! Visier sechshundert!", brüllt der Zugführer. Die Gruppenführer schreien den Befehl nach. Und dann! „Legt an! Feuer!" Peng, peng, knarrrrrr rasselt die Feuergarbe in den Feind. Zweimal wiederholt sich das Kommando.

Unsere Geschosse haben eine furchtbare Wirkung. Die Schützenlinien haben sich hingeworfen. Die Marschkolonnen sind auseinandergesprengt, und hinein in den Menschenknäuel rasselt unser Schützenfeuer. Automatisch vollführen die Hände die Bewegungen: Laden! Zielen! Langsam durchdrücken! Finger lang! Auge auf!

Jedes Mal nimmt man eine Rothose zwischen Kimme und Korn; dann drückt man ab, und wenn der dünne, graue Mündungsrauch sich verzogen hat, ist die Rothose verschwunden.

Man denkt nicht daran, dass es Menschen sind, denen man das Blei zwischen die Rippen jagt, es sind für uns Zielfiguren. Nichts weiter!

Die erste Schützenlinie erwidert unser Feuer. Wir werden aus der linken Flanke und aus der Front her mit schwerem Infanteriefeuer belegt. Mein linker Nebenmann schreit auf, röchelt, und sein Kopf fällt schwer vorn über.

Die Verwundeten müssen in der Schützenlinie verbleiben. Aufstehen wäre gleichbedeutend mit sicherem Tod. Sprungweise kommt der Feind vorwärts, und wir feuern ununterbrochen, wo sich nur ein Ziel bietet. Der Feind muss schwere Verluste haben. Viele, viele rote und blaue Punkte bedecken das Vorgelände.

Die Rohre unserer Gewehre sind siedend heiß. Das feindliche Feuer wird wirksamer. Die Hälfte unserer Kameraden sind tot oder verwundet. Die meisten haben die letzte Patrone verschossen.

Wir kriechen zu den Kampfunfähigen und Toten und nehmen ihre Patronen. Unser Feuer wird schwächer. Ich habe noch einen Rahmen Patronen, den letzten, den ich in die Gewehrkammer schiebe. Themchen hat viel schneller gefeuert und schon längst keinen Schuss mehr. Es kann nur noch Minuten währen, und unser Schicksal ist besiegelt. Die Franzosen sind auf zweihundert Meter heran. Die erste Linie wird von hinten verstärkt. Bald liegen drei, vier Schützenlinien hintereinander.

Unser eigenes Feuer ist verstummt. Nur vereinzelt kracht ein Schuss. Da klingt ein Trompetensignal beim Feind. Die Franzosen erheben sich. Ihre dünnen Bajonette glänzen in der Sonne. Sie stürzen nach vorn, und jetzt sieht man eine geballte Masse, die nach zehntausenden zählt.

Ein Soldat aus unserer Linie steht auf und schwenkt ein weißgraues Taschentuch. Drei, vier andere stehen auf und heben die Hände hoch. Für mich ist es klar: Das ist das Ende! „Komm, Bürger, mir türme!", höre ich Themchens Stimme.

Ich sehe, wie er aufspringt und davonrennt. Diese Bewegung wirkt auf mich zwingend. Ich tue das Gleiche. Wir liegen am rechten Flügel unserer Schützenlinie. Etwa sechzig Meter rechts hinter uns fällt der Abhang rückwärts ab. Wenn wir ihn erreichen, sind wir gerettet. Wir stürzen auf den Abhang zu. Hinter uns knallt es. Geschosse zischen mir um die Ohren. Themchen taumelt, stolpert, fällt. Er reißt sich wieder hoch. Ich ergreife seine rechte Hand und zerre ihn weiter. Wir erreichen den Abhang, fallen, rutschen und rollen hinunter, erheben uns wieder und torkeln weiter. Hinter uns ist der Tod. Wir laufen um unser Leben. Themchen stöhnt: „Mich hätt et gepack, ming linke Scholder es kapott!"

„Beiß die Zähne aufeinander, du musst mit", ächze ich. Wir haben die Straße erreicht, die zu dem Dorfe führt, bei dem wir gestern gerastet haben. Wir rennen weiter und erreichen die ersten Häuser. Das Dorf ist menschenleer. Weder ein Soldat, noch ein Zivilist ist zu sehen. Wir durcheilen die lange Dorfstraße und erreichen die Kirche, die sich am anderen Dorfausgang befindet.

Themchen stöhnt und fragt mich mit matter Stimme: „Ich konn nit mehr!" Sein Gesicht ist grünlich-weiß. Er strauchelt und bricht zusammen. Ich zerre ihn hinein in die Kirche. Der kühle Raum liegt in geheimnisvollem Halbdunkel. Durch die hohen gotischen Kirchenfenster scheint mattrot die Sonne. Ihre Strahlen werfen bunte Lichter auf Altar und Kirchengestühl. Es riecht nach Weihrauch.

Ich ziehe meinem ohnmächtigen Kameraden den Waffenrock aus. An der linken Schulter ist das Hemd blutrot gefärbt. Ich zerschneide es mit dem Taschenmesser und lege die Wunde frei. Dann rasch zwei Verbandspäckchen heraus und die Wunde verstopft und verbunden! Während ich mit zittrigen Fingern mein Samariterwerk vollführe, höre ich deutliche Kommandoworte vor der Kirchentür und die Tritte vorbeihastender Soldaten. Es folgt Pferdegetrappel und das Gepolter von Kanonenrädern. Der Lärm der vorgehenden Truppen wird immer größer.

Jetzt fängt die leichte Artillerie an zu bellen. Die eigenen Truppen setzen zum Angriff an.

Infanteriefeuer rasselt von der Höhe her. Wilde Hurraschreie mischen sich in das Chaos der brodelnden Geräusche. Die Schlacht ist im vollen Gange.

Ich habe die Wunde Themchens verbunden. Er schlägt die Augen auf. „Loss mich ens drinke!", bittet Themchen. Ich nehme seinen unförmlichen Kopf in meinen Schoß, und mir wird zur Gewissheit, dass ich diesen lächerlich hässlichen Menschen lieb habe wie einen Bruder. Gierig schluckt Themchen den letzten Wasserrest meiner Feldflasche.

Die Kirchentür öffnet sich. Zwei Krankenträger schleppen einen verwundeten Offizier heran. Der Offizier hinkt auf einem Bein. Stöhnend lässt er sich in eine Kirchenbank fallen. Die Krankenträger machen sich an dem Bein zu schaffen.

Jetzt wird der Oberst auf uns aufmerksam. „He da!" Schallt seine Stimme durch den dämmrigen Raum, „kommen Sie mal her!" Ich bette den Kopf meines Kameraden auf den Mantel und begebe mich zu dem Obersten. „Was machen Sie hier?", herrscht er mich an. In knappen Worten erkläre ich mein Tun und Lassen seit dem gestrigen Abend.

„Hm, das kann stimmen! Das Reserveregiment 29 ist heute Morgen viel weiter nach links eingesetzt worden. Also hören Sie gut auf das, was ich Ihnen jetzt sage! Sie werden sofort nach Sedan gehen. Neben dem Rathaus von Sedan, auf der rechten Seite, befindet sich ein Schulgebäude. Dort liegen Stab und Schreibstube der sechzehnten Reservedivision. Geben Sie an Major von Treust einen Brief ab, den ich jetzt schreiben werde."

Der Oberst zieht seinen Kartenbrief aus der umgehängten Tasche, wirft flüchtige Zeilen auf das Papier, verschließt das Schreiben und überreicht es mir. „So, nun gehen Sie mit Gott", sagt der Oberst.

Ich sehe zu Themchen hin. Angstvoll hängen seine Augen an mir. Kurz entschlossen bitte ich den Oberst: „Darf ich meinen verwundeten Kameraden mitnehmen?"

„Kann der Mann denn laufen?", ist die Gegenfrage.

Doch schon rappelt sich mein Themchen zusammen, und aufrecht kommt er heran. „Et werd schon gehn, Herr Oberst", sagt Themchen und verbeißt tapfer die Schmerzen.

„Na, dann meinetwegen", sagt der Oberst.

Wir treten aus der Kirche. Die Dorfstraße ist vollgepfropft mit marschierenden Truppen. Aus den verstaubten Gesichtern schauen graue Augen. Munitionswagen und Artillerie rasen an der Straßenseite vorbei. Heulend kommt eine Granate angesaust. Sie krepiert auf dem Dach eines Hauses. Dachpfannen, Steine und Mörtel prasseln auf die Truppen nieder. Dann noch eine und noch eine. Der graue Heerwurm der Marschierenden biegt rechts ins freie Feld hinein.

Von der Höhe her klingt das Brausen der Schlacht.

Die Einschläge der Granaten klingen zusammen zu einem einzigen, gewaltigen Schlachtenschrei. Dazwischen hört man das Tacken der Maschinengewehre und das Geknatter des Schützenfeuers. Verwundete, in kleinen Gruppen und allein, streben der Stadt zu. „Lass mer mache, dat mer furt kumme, hie is dicke Luft!", sagt Themchen.

Bald haben wir das Dorf im Rücken. Wir werden von einem Feldgendarmerieposten angehalten. Die Verwundung Themchens genügt als Freischein. Ich zeige meinen Brief vor, und als der sauber gekleidete Gendarm den Briefumschlag mit dem Stempel der Division sieht, macht er Platz. Solch ein Stempel besitzt Zauberkraft!

Themchen hat sich zu viel zugemutet. Der Blutverlust hat ihn arg geschwächt. Ich rufe den Führer einer Munitionskolonne an. Wir dürfen uns in einen der grauen Karren setzen, und im Trab geht's über die Pontonbrücke nach Sedan hinein. Die Straßen sind belebt mit Bagagewagen, Offizieren, Trainkolonnen und Infanterie, die alle zum Schlachtfeld streben.

Aus dem Fenster eines Hauses flattert die weiße Fahne mit dem Genfer Kreuz. Wir steigen ab, und ich bringe Themchen bis zur Türschwelle. Auf dem Bürgersteig warten viele Verwundete. Bald sitzen sie in langer Reihe auf dem Bürgersteig, den Oberkörper an die Hauswand angelehnt.

Sanitätsunteroffiziere holen einen Verwundeten nach dem anderen in das Haus. Gedämpft hört man Schreie aus dem Operationszimmer. Ein Gerinnsel roten Blutes sickert die steinernen Treppenstufen hinunter. Ich nehme Abschied von Themchen. Wortlos drückt er mir die Hand. Ich weiß nicht, hat er mir oder habe ich ihm das Leben gerettet? Themchen lässt sich am Ende der wartenden Verwundeten nieder. Ich spreche ihm Mut zu, fasele etwas von Heimatschuss und trenne mich schweren Herzens von dem treuen Kameraden.

Ohne Schwierigkeit entledige ich mich des Auftrages. Ich erhalte einen Ausweis, der besagt, dass ich mich zur Truppe zurückbegeben muss, sobald mein Regiment aus der Schlacht zurückgenommen wird. Erst jetzt machen sich Hunger und Bedürfnis nach Schlaf bemerkbar.

Auf dem Marktplatz treffe ich Horst. Er macht wie stets ein vergnügtes Gesicht. „Hallo, Paul, wo kommst Du denn her?"

Wir tauschen unsere Erlebnisse aus. Horst hat unseren schwer verwundeten Kompagnieführer nach Sedan begleitet. Das Gros der Kompagnie hat sich in der Nacht von der Todeshöhe zurückgezogen. In einem Dorf hat man den Rest der Nacht verbracht.

Der Frühmorgen sieht das Bataillon Eupen-Malmedy gegen den Feind marschieren. Bei einem Sturmangriff auf die vorgehenden Franzosen hat das Bataillon schwere Verluste erlitten. Major von Kleist ist tot oder vermisst. Kulmbach aus unserer Gruppe ist gefallen, als er einen Verwundeten zurückschleppen wollte. „Kulmbach war doch ein guter Kamerad und ein tapferer Kerl!", meint Horst, „wir haben ihn alle verkannt." Dann höre ich, dass der Franzmann dem Ansturm nicht gewachsen war und überall geschlagen wurde.

Trainsoldaten geben uns warmes Essen. Horst vertilgt ein Kochgeschirr voll Bohnen mit Speck. Während er löffelt und schluckt, erzählt er verrückte Witze. Ich höre kaum hin. Eine bleierne Müdigkeit liegt mir im Blut. Ich muss schlafen!

Wir machen uns auf den Weg und bummeln auf der Suche nach einem Nachtquartier durch die Straßen. Am Portal eines hochherrschaftlichen Hauses steht eine alte Frau. Ich frage, ob sie keine Schlafstätte für uns habe. „Aber kommen sie doch herein, das ganze Haus steht leer, ich bin die Pförtnersfrau. Unsere Herrschaft ist bereits vor drei Tagen vor den Deutschen ausgerückt."

Die Alte führt uns zur ersten Etage. Sie öffnet eine Flügeltür, und wir betreten ein prunkvolles Schlafzimmer. Es scheint das Zimmer einer verwöhnten Dame zu sein. Die Möbel aus glänzendem Mahagoniholz sind im Stile Ludwig XV. reich geschnitzt. Leintücher und Kissen sind aus feinstem Batist, die Steppdecke ist aus schwerer Seide. Goldene Amorettchen halten einen rosaseidenen Betthimmel. Der Raum ist durchschwängert von einem Hauch feinen Parfüms.

Horst hat nebenan einen Baderaum entdeckt. „Junge, nun wird gebadet, geschlafen und gelebt – wie Gott in Frankreich", meint Horst. „Die ganze Welt mitsamt dem Krieg kann uns jetzt…"

Er zieht sich aus, während das Wasser in die Badewanne rauscht. Horst genießt den Luxus des Badens umständlich und kostet ihn voll aus. Auch ich nehme ein Bad, während Horst mit jeder Parfümflasche den nackten Körper bespritzt. Dann greift er in die Cremetöpfchen und balsamiert sich ein, als wolle er sich zur Mumie machen. Und dann kommt die Hauptsache: Wir kuscheln uns beide splitternackt in das hohe, weiche Bett.

Die Tür haben wir von innen verschlossen. Die Gewehre stehen entsichert rechts und links zu Häupten des Bettes. Dem Bett entströmt der feine Duft eines Frauenkörpers. Horst macht eindeutige Witze.

Die Umrisse der Prunkmöbel verwischen sich. Eine schlanke, schwarzäugige Französin tritt aus dem Spiegelrahmen. Oder ist es das verwundete Themchen?

Weit entfernt bollern die Kanonen. Ein Gefühl der Geborgenheit durchrieselt meine Adern, und im Traum bin ich wieder der kleine Schuljunge, der im Arm seiner Mutter sorglos schläft.

Mit großem Hallo werden Horst und ich am nächsten Morgen bei der Kompagnie empfangen.

Ich mache Meldung von dem Schicksal des Zuges Völker. Sorgfältig notiert der Feldwebel die Namen derer, die vom Zug Völker gefallen, verwundet oder unverwundet in Gefangenschaft geraten sind.

Das Bataillon ist zum Totengräberdienst kommandiert. Wir marschieren zum Schlachtfeld und beginnen die ungewohnte, traurige Arbeit. Franzosen und Deutsche liegen auf dem Abschnitt, der unserer Kompagnie zugewiesen ist, bunt durcheinander.

Die Leiber der Toten sind aufgedunsen. Ein Pestgestank steigt von den Leichenhaufen auf. Eine Kuh liegt zwischen den Menschenleibern. Sie streckt die Beine von sich. Der Kuhkadaver ist aufgeblasen wie ein Ballon.

Ein französischer Soldat hält einen Brief in den erstarrten Händen. Ich nehme den Brief und lese:

„Liebe Lulu! In Eile teile ich Dir mit, dass ich wohlauf und munter bin. Von Thalons marschieren wir der Grenze zu. Es heißt, dass wir in Eilmärschen bis zum Rhein marschieren. Wir sind alle frohen Mutes. Die Russen sollen in Berlin sein. Bestimmt werden wir in einem Monat diesen lausigen Krieg siegreich beendet haben. Sage meinem Bruder Lucien, er möge mir die kurze Wurzelholzpfeife schicken. Du weißt ja, die gelbe Pfeife mit dem Silberdeckel. Ich denke stets an dich, und im Geiste marschierst Du mit unserer Kompagnie, mir zur Seite. Wir marschieren ohne Ruhe und Rast. Wenn nur die Sonne nicht so scharf brennen täte. Auch dein Vetter August, der kleine Korporal ist wohlauf. Ich muss schließen, denn gerade ertönt das Alarmsignal. Ich umarme dich und küsse dich heiß und innig, in dem ich ewig bleibe

Dein Louis."

Mich fesselt und bewegt dieser junge tote Soldat. Es ist mir, als trüge ich die Verantwortung dafür, dass dieser Soldat ein würdiges Grab findet.

Soldaten der achten Kompagnie haben ein großes Loch geschaufelt. Wir schleppen die Toten zusammen, während andere Kameraden die Erkennungsmarken, Wertsachen und Brieftaschen sammeln. Dann werden die Toten in das Loch gelegt. Heister und ich bestatten meinen toten Franzosen und legen den Brief an Lulu auf das tote Herz. Und als die Sonne untergeht, sieht man die Hügel von Massengräbern auf dem Schlachtfeld bei Sedan. Sie liegen in der gleichen Erde, die sich über den Opfern der Entscheidungsschlacht von 1870 wölbt. Und der Feldwebel trägt in steiler Schrift in unseren Militärpass ein: „Mitgemachte Schlachten und Gefechte: Vom 24. August bis 29. August 1914, Schlacht an der Maas."

Die Schlacht an der Marne und der Rückzug

Wir marschieren im Sonnenbrand. Die Füße sind wund. Der Tornister hat auch die Schulterblätter wund gescheuert. Wir leiden an blutigem Durchfall. Die Abgänge an Marschkranken häufen sich. Unsere Reihen sind gelichtet.

Ab und zu rollt dumpfer Kanonendonner vor uns. Der Feind scheint aus dem letzten Loch zu pfeifen. Nirgendwo hält er stand. Trupps gefangener Franzosen begegnen uns. Sie werden von Kavalleristen begleitet und machen stumpfe, gleichgültige Gesichter.

Die Landleute flüchten. Auf Kinderwagen, Handkarren und Hundegespannen schleppen sie armseligen Hausrat mit. Wir marschieren durch brennende Dörfer, vorbei an verkohlten Gehöften. Wir erreichen Bouziers und die Champagne.

Das Gelände wird flacher. Hohe Pappeln geben der Landschaft ein eigenartiges Gepräge.

In einem Dorf machen wir halt. Es besteht nur aus armseligen Bauernhäusern, die sich um eine Kapelle sammeln. Kein Einwohner ist zu sehen. Türen und Fenster der Häuser stehen offen. Die Ställe sind leer. Mensch und Tier scheinen vor dem Kriegsgespenst geflüchtet zu sein.

Nur in einem Straßengraben sitzt ein dreijähriges Mädchen. Es macht große, erstaunte Augen. Seine kleinen Arme umfassen ein schmutziges Püppchen aus grauem Gummi. Meyer II und ich treten zu dem Kinde. Willig reicht es uns sein Patschhändchen. Ich frage nach seinen Eltern. Verständnislos schaut uns die Kleine mit ihren blauen Augen an. „Oh mein Püppchen, mein Püppchen", lallt das Kind.

Wir wollen der Kleinen etwas Gutes tun, haben aber nichts zu verschenken als ein Stückchen trockenes Kommissbrot. Die Kleine nimmt die braunschwarze Kruste, deren Zweck sie wohl nicht kennt, da die Franzosen nur Weißbrot essen. Meyer II nimmt die Kruste, beißt ein Stückchen ab, macht verklärte Augen, streichelt sich den Bauch, als habe er Kaviar gegessen, und reicht der Kleinen die Kruste zurück. Meyer II hat eine internationale Sprache gesprochen.

Das Kind beißt herzhaft in das Brot und verzehrt es mit gutem Appetit. Es macht uns Freude, das Kind zu füttern, bis es gesättigt ist. Wir lassen ihm eine dicke Schnitte zurück, bevor wir weiter marschieren.

Der Mangel an Zigarren und Zigaretten ist aufs Höchste gestiegen. Für eine Zigarre zahlt man gern 5, für eine Zigarette 1-2 Mark. Zigarren und Zigaretten kann man rauchen, sie beruhigen die Nerven und sind der einzige Luxus, dem wir noch frönen. Geld ist zweckloses Metall.

Wir zerreiben trockenes Laub, Heu und Kartoffelkraut, nehmen Zeitungspapier und machen uns „Ersatzzigaretten". Nur einmal während des Vormarsches hat uns die Feldpost erreicht. Ich bin der Einzige in meiner Gruppe, der ein Päckchen mit Schokolade erhielt. Auf den Mann unserer Gruppe fällt eine und eine halbe Rippe.

Die Briefe aus der Heimat reden nur von unseren Siegen. Wir aber, die den Krieg kennen, fangen an, ihn zu verdammen.

*

Seit zwei Tagen liegen wir im Feuergefecht. Die Franzosen kämpfen mit dem Mut der Verzweiflung. Wir kommen nicht vorwärts. Die feindliche Artillerie scheint über unzählige Geschütze zu verfügen. Sie hält jeden Angriff nieder. Ununterbrochen feuert sie. Die eigene Artillerie scheint mit Munition zu sparen. Ihr Feuer ist viel spärlicher geworden. Doch auch der Franzose wagt keinen Angriff. Wir liegen uns auf 800 Schritte gegenüber.

Wo sich drüben oder bei uns etwas bewegt, wo sich ein furchtbares Spiel zeigt, prasseln die Geschosse. Nur nachts wird es ruhiger. Dann kommen die Feldküchen bis zu der ersten Linie vorgefahren.

Das Ausharren am Feuer stellt ungeheure Anforderungen an Nerven und Hirn. Wir haben Schützengräben ausgehoben. Sie sind halbmetertief. Zum ersten Mal erkennen wir den Vorteil der Erdbefestigung.

Tagsüber liegen wir in der prallen Sonne. Ich liege zwischen Horst und Pirlet. Horst redet den ganzen Tag. Er macht faule Witze und schweigt nur, wenn in gefährlicher Nähe eine Granate oder ein Schrapnell zerspringt.

Das Gemeinste ist der Durchfall! Horst bringt es fertig, schlangenartig zurück zu kriechen, liegend die Hosen herunterzuziehen, sich so auf die Kehrseite zu wälzen, eine Brücke zu schlagen, und so seine Notdurft zu verrichten. Es ist das reinste Akrobatenstück, seine Notdurft loszuwerden, ohne dem Feind ein Ziel zu bieten. Weniger geschmeidige oder ängstliche Kameraden lassen laufen, was laufen will. Man sieht viele, die zum Hosenboden greifen mit zaghaften, unvermögenden Händen.

Wir haben viele Verluste. Der Feldwebel ist beim Vorgehen am ersten Tage als Erster der Kompanie gefallen. Er war ein Menschenschinder, und kein Soldat der Kompanie weint ihm eine Träne nach. Böse Zungen behaupten, dass die Kugel, die ihn traf, keine feindliche, aber auch keine freundliche gewesen sei. Die Kompanie ist arg mitgenommen.

Rechts von uns wagt der Franzose einen Vorstoß. Für Minuten sieht man die zum Sturm ansetzenden Rothosen. Unsere Maschinengewehre tacken rasend. Das Infanteriefeuer schlägt der Sturmwelle entgegen. Deutsche Granaten hacken in die Menschenmasse. Die Reihen wanken und fluten zurück. Der Angriff ist im Keime erstickt.

Und weiter währt die Dauerschlacht. Wir hoffen sehnlich auf Verstärkung. Sie bleibt aus. In der dritten Nacht kommt der Befehl zum Rückzuge. An unserer Front liegt keine zwingende Notwendigkeit zu diesem Rückzug vor. Man will uns glaubhaft machen, dass wir von bayerischen Truppen abgelöst werden. Das Regiment marschiert durch die Flatternebel des Morgens gegen Osten.

Das Regiment hat nur noch die Stärke eines Bataillons. Die Truppen sind bis zum Äußersten erschöpft. Man hat höheren Orts die Leistungsfähigkeit des Menschen überschätzt.

Wir marschieren bis zum Spätnachmittag. Dann geht es abseits der Straße ins freie Feld.

Unser Bataillon soll Schützengräben auswerfen.

Da ruft mich der Gruppenführer zu sich. „Kannst du radfahren?" Ich bejahe. „Komm mit zum Kompagnieführer!" Schuhmacher und ich bekommen den Auftrag, zu einem rückwärts gelegenen Dorf zu fahren, um bei der Feldpost die Briefe und Pakete der Kompagnie in Empfang zu nehmen.

Die Radfahrer müssen uns ihre Räder geben und den Ordonnanzdienst zwischen dem Bataillonsstab und der Kompagnie zu Fuß versehen. Wir verlassen die Kompagnie und streben der Landstraße zu. Es ist stockdunkle Nacht geworden. Wir schwingen uns auf unsere Stahlrosse und fahren los…

Es fängt an zu regnen. Erst fallen vereinzelt dicke Tropfen, und dann gießt es in Bächen. Wir fahren durch Dunkelheit und Regen unserem Ziel zu.

*

Als wir gegen Mitternacht das Dorf und die Bagage erreichen, sind wir nass, als hätten wir einen Fluss durchschwommen. Es gießt wolkenbruchartig.

Beim Führer der Bagage erfahren wir, dass die Feldpost ausgeblieben ist. Alle Häuser und Scheunen sind vollgepfropft mit Soldaten. Auf der Suche nach einer Schlafstätte kommen wir auf einen großen Bauernhof. Ein Mann mit einer brennenden Stalllaterne fragt nach unserem Begehr. Der Mann spricht deutsch und erzählt uns, dass er Luxemburger und der Großknecht des Gutes sei. Wir bitten inständig um ein Nachtlager. „Jedes Plätzchen ist besetzt", sagt der Luxemburger.

Traurig wollen wir weiterziehen, da brummt der Großknecht: „Wart emal. Wir han da noch son kleinen Schweineställche, kummt mol mit." Wir überschreiten den Hof, und der Großknecht öffnet die Tür eines kleinen Anbaues. Der Raum ist fünf Meter lang und zwei Meter breit. Auf der Stirnwand befindet sich ein großer Rauchfang. Der Raum ist wohl in früheren Zeiten als Fleischräucherküche benutzt worden. Seine jetzige Bestimmung ist unschwer zu erraten. Es riecht unangenehm nach Schweinekot.

„Hei könnt ihr Fuer mache und euch trockne, Stroh könnt ihr euch aus der offene Scheun hole, wu auch Brennholz liegt."

Wir stellen unsere Räder unter, und der Großknecht führt uns zu einer Dachscheune, in der Stroh und Brennholz im Überfluss lagern. Während ich Stroh schleppe und ein Lager herrichte, holt Schuhmacher Holz, und bald prasselt eine hohe Flamme im Kamin, deren Wärme wohlig den Raum durchzieht. Der Luxemburger wünscht uns eine gute Ruhe und geht.

Wir holen die Fahrräder, stellen sie nahe an den Kamin, entkleiden uns und hängen das nasse Zeug zum Trocknen über die Räder. Dann entnehmen wir dem Tornister ein trockenes Hemd, ziehen es an und hauen uns ins Stroh. Die roten Lichter des Holzfeuers geistern durch den Raum. Sie tanzen an den Wänden, und das Knistern des brennenden Holzes wiegt uns in einen traumlosen Schlaf.

Schuhmacher weckt mich. Durch ein vergittertes Fensterchen dringt ein schwarzer, grauer Lichtschein. „Wir haben uns verschlafen, es ist bereits halb neun", meint Schuhmacher. Im Kamin glimmen noch Holzkohlen. Die Kleider sind leidlich trocken. Eilig kleiden wir uns an.

„Sieh mal zu, ob du bei den Bagagefritzen nicht einen Trinkbecher Kaffee erwischen kannst", befiehlt Schuhmacher. Ich schnalle das Kochgeschirr vom Tornister und will den Raum verlassen. Zu meiner Verwunderung ist die Tür geschlossen. Schuhmacher kommt, um sich bestürzt von dieser Tatsache zu überzeugen. Wir pochen und rütteln, wir rufen und schreien, die Tür bleibt geschlossen und spottet unseren Anstrengungen.

Ein schrecklicher Gedanke steigt hoch und wird uns zur Gewissheit. Man hat uns eingeschlossen. Man will uns den Franzosen ausliefern.

Wir untersuchen die Tür im Schein der Taschenlampe. Sie ist aus schweren Eichenbohlen gezimmert und mit handgeschmiedeten Nägeln bespickt. Der Gedanke, dass der Krieg für uns bald erledigt ist, dass wir von den Franzosen gefangen werden, ist mehr neu als schrecklich.

„Sollen wir unsere Gewehre ins Stroh werfen und dann der Dinge warten, die da kommen werden?"

„Keinesfalls", antwortet Schuhmacher, „wollen wir uns wie die Maus in der Falle schnappen lassen! Wir müssen hinaus aus dieser Falle."

Schuhmacher rennt umher wie ein gefangenes Raubtier. Jetzt wühlt er im Stroh und zerrt an einem unbestimmten Etwas. „Komm her, hier liegt ein Balken. Wir wollen ihn als Rammbaum benutzen."

Der Balken ist zwei Meter lang und zentnerschwer. Wir heben ihn hoch und berennen die Tür.

Schuhmacher gibt das tatkräftige Kommando: „1, 2, Hupp! 1, 2, Hupp!" Dröhnend schlägt die Stirn des Balkens gegen die Tür. Doch sie spottet unserer Anstrengung.

Der Balken entsinkt unseren müden Arme. Doch Schuhmacher ist zähe und klammert sich an den Gedanken, dass nur der Balken uns retten kann.

„Wir haben nicht kraftvoll genug zugestoßen", meint er. Erneut und mit verdoppelter Anstrengung führen wir die Stöße gegen die widerspenstige Tür: „1, 2, Hupp!" Wir werfen das Gewicht des Balkens und unserer Körper gegen die Tür, in verzweifelter Kraftentfaltung. Da, ein gewaltiger Stoß. Krachend fliegt die Tür auf. Wir beide und der Balken fallen durch das offene Türloch und liegen im glitschigen Kot des Gutshofes. Die eiserne Schlosskammer ist gesprungen. Wir sind frei.

Es regnet noch immer in Strömen. Der Gutshof liegt verlassen in unheimlicher Ruhe. Kein deutscher Soldat, kein Franzose ist zu sehen. Schuhmacher gibt seine Anweisungen: „Wir besteigen jetzt die Räder, das entsicherte Gewehr wird schussbereit auf die Lenkstange gelegt. Du beobachtest nach vorn und rechts, ich nach hinten und links."

Wir tun, wie besprochen. In langsamer Fahrt geht's durch das breite Gutstor. Auf der Straße stehen zwanzig, dreißig französische Zivilisten. Sie machen verwunderte Augen. Drohend richten sich die Mündungen unserer Gewehre auf die Menschengruppe. Diese nicht misszuverstehende Drohung

hat gute Wirkung. Keiner der Leute macht auch nur eine verdächtige Bewegung.

Unbelästigt und heil gewinnen wir den Dorfausgang und
radeln auf der Landstraße weiter. Die Straße ist frei und
menschenleer. Das Gelände ist flach, und der Horizont wird
nach rechts durch einen Hochwald begrenzt. Da sehen wir
zwei französische Reiter am Waldrand. Wir steigen schleunigst von den Rädern und werfen uns in den Straßengraben.

„Wir Hornochsen! Wir haben die falsche Richtung eingeschlagen und fahren den Franzosen entgegen! Sieh her, alle
Spuren der Pferdehufen und Stiefeltritte weisen zum Dorf
hin. Wir müssen zurück in das Dorf und am entgegengesetz-
ten Ausgang die Landstraße gewinnen", sagt Schuhmacher,
während er sich auf sein Rad schwingt und wie der Teufel davon fährt. Ich tue das Gleiche.

Die französischen Kavalleristen haben uns bemerkt. Einige Schüsse knallen. Wir treten die Pedale unserer Räder, was
sie nur hergeben wollen, kommen in das Dorf zurück und auf
unser Gebrüll hin stieben die französischen Zivilisten auseinander. Dann geht es in rasendem Tempo auf der anderen
Seite des Dorfes weiter über die aufgeweichte Landstraße.

*

Wir fahren ein, zwei Stunden lang durch Wind und Regen.
Die Feuchtigkeit durchdringt die Kleider und wird von der
Körperwärme angesogen. Wir wissen jetzt, dass wir die rechte
Wegrichtung haben. Hie und da liegen Ausrüstungsgegen-
stände von deutschen Soldaten am Wegrand.

Wir mögen zwei Stunden gefahren sein, als wir an einer
Wegebiegung eine deutsche Kavalleriepatrouille treffen, die
von einem Offizier geführt wird. „Wo kommt ihr denn noch
her?", fragt lächelnd der Offizier. Schuhmacher erstattet in
knapper Form Meldung.

„Dann macht euch schleunigst aus dem Staube", meint
der Offizier.

Und weiter geht es nach Osten. Nach einer Stunde stoßen
wir auf die Nachhut der zurückflutenden deutschen Armee.
Wir sehen schanzende Infanteristen und abfahrende Artillerie zu beiden Seiten der Straße. Und bald erreichen wir das

Groß der zurückmarschierenden Truppen. Artillerie, Bagage-wagen und Munitionskolonnen füllen die Straße. Rechts und links im Straßengraben schanzt die Infanterie. Die Soldaten schimpfen und fluchen.

Schuhmacher und ich schlängeln uns, so gut es geht, durch die Lücken der zusammengepressten Marschkolonnen. Oft entstehen Stockungen. Oft sind wir eingekeilt von Pferdelei-bern und Menschen. Mehrmals laufen wir Gefahr, unter ein Rad der schweren Wagen zu kommen. Vielfach müssen wir von unseren Rädern absteigen und sie vor uns herschieben. Aber wir kommen besser vorwärts als die großen Verbände, deren Marschbewegung dem Befehl der Vorgesetzten unter-steht.

Hie und da ist ein Gaul den Anstrengungen nicht gewach-sen und bricht zusammen.

Der Mensch hält mehr aus als das Vieh! Wo ein Gaul nicht mehr vorwärts kann, erhält er den Gnadenschuss. Das Ge-schirrgestränge wird durchgeschnitten, und der tote Gaul in den Straßengraben geschleppt. Menschen und Tiere dampfen vor Nässe. Und immer größere Wassermassen strömen vom Himmel herab. Es ist, als wolle Gottes Zorn das geschlagene Heer in Wasserbergen ertränken.

Ein früher Abend fällt ein. Schuhmacher und ich kriechen in einer Scheune unter. Es regnet noch immer, und das Rat-tern der vorbeifahrenden Gefährten, das Rauschen des Re-gens, das Fluchen der Soldaten und das Dröhnen der dump-fen Kanonade bei den Gefechten unserer Nachhut begleiten den Rückzug des deutschen Heeres von der Marne.

In der Champagne

Seit Wochen liegen wir in der Champagne. Unter der Champagne haben wir uns, bis wir sie kennenlernten, ein weinfrohes, sonniges Land vorgestellt. Doch diesen Teil der Champagne nennen die Franzosen „Champagne des pusses", die Lausechampagne.

Es ist ein welliges Hügelland, auf dem sich schier endlos dürftige Weideflächen ausdehnen, die braun-gelb daliegen in düsterer Einsamkeit. Der Boden ist reine Kreide. Teilweise schimmert der Kreideboden durch das spärliche Heidekraut und bildet Flecken von schneeiger Weiße. Erika und Ginster, windzerzauste und verkrüppelte Ebereschenbäumchen und kleine, dürftige Waldparzellen erhalten von dem mageren Kreideboden spärliche Nahrung. In ruhigen Zeiten gab das unwirtliche Land einigen Schafherden kümmerlichen Unterhalt. Am Rande der Anhöhe liegen ein paar armselige Dörfer: Rouvron, Ripent, Tahure, Somme-Py, St. Marie-a-Py hinter der deutschen, Perthes, Hurlus und Masstges hinter der französischen Stellung.

Dieses düstere Land haben wir mit unseren Leibern verteidigt, als die Franzosen nach der Marneschlacht den Vormarsch bis an den Rhein antreten wollten. Jetzt hat der Krieg ein anderes Gesicht bekommen. Erst sprach man noch von der großen Entscheidungsschlacht im Westen. Nun aber haben sich die Heere ineinander verkrampft. Die Fronten sind erstarrt, der Krieg ist erstarrt.

Wir sind zu Höhlenmenschen geworden. In der weißen Champagnekreide haben wir uns eingegraben. Erst waren es unförmliche Maulwurfhügel und Kaninchenlöcher, die wir in das Kreidereich hineintrieben. Der Krieg hat uns zu Lebewesen der Urzeit entwürdigt. Tagsüber hocken wir in den Erdlöchern. Eine unheimliche Ruhe lagert über der Öde des Schlachtfeldes. Wie von Gott und Menschenliebe verlassen, sitzen wir in den dunklen Erdlöchern und warten.

Worauf warten wir? Es ist ein hoffnungsloses Warten auf den Tod. Und der Tod ist unser ständiger Gast. Vielgestaltig kommt er über uns. Er singt sein Lied, wenn die feindlichen Maschinengewehre tacken. Er grinst uns aus den schwarzen

Granatwolken an, wenn schwerer Beschuss auf unserer Stellung liegt. Er bellt uns aus den weißen Schrapnellwölkchen an, aus denen Eisen und Blei spritzen. Tag und Nacht liegt der Tod auf der Lauer und sucht und findet seine Opfer.

Und noch ein anderer Feind zehrt an unseren Kräften: Hunger! Durch den Rückzug von der Marne ist der Proviantnachschub schwer in Mitleidenschaft gezogen. Auf dem Vormarsch konnte man Lebensmittel für die Truppen vielfach an Ort und Stelle finden. Bald nach Beginn der Stellungskämpfe ist das Land hinter der Front ausgehungert und ausgesogen.

Nach Eintritt der Dunkelheit kommen die Feldküchen vor, aber in den letzten acht Tagen konnten die nur gekochte Brennnesseln und Gemüsestrünke verteilen. Die dünne, grüne Brühe hat keinen Nährwert und löst nach dem Genuss einen üblen Brechreiz aus. Brot gelangt nur in kleinen Rationen zur Ausgabe. Es kommen Tage, an denen nur ein Brot auf die Gruppe entfällt und dieses Brot ist alt und schimmelig.

Der Hunger brennt in den Eingeweiden. Viele von uns haben blutigen Durchfall. Wir teilen die Brotkruste ein: „Bis hier langt es bis morgen, diese Scheibe wird um vier Uhr verzehrt und der Rest bis acht Uhr aufbewahrt." Und trotzdem ist der Hunger bei manchen Kameraden so groß, dass er das bisschen Brot schon in der Nacht aufzehrt und dann den ganzen Tag hungern muss. Es kommt zu Krawallen und Diebstählen. Und trotzdem halten die Rheinländer aus. Abgemagert, mit hungrigen Augen, geistern die Feldgrauen auf den Todeshöhen der Champagne.

Als der erste Brottransport aus der deutschen Heimat eintrifft, müssen die Bagagewagen, die die wertvolle Ladung zur Stellung bringen, von Soldatengruppen mit aufgepflanztem Seitengewehr begleitet werden. Und dennoch kommt nur die Hälfte der Brote bis zum ersten Schützengraben. Die andere Hälfte wird trotz der Bajonette gestohlen.

*

Wir liegen zu fünf Mann in einem Unterstand. Die Luft in dem engen Loch ist feuchtwarm und stinkig. Durch den Eingang zum Unterstand dringt ungewisses, graues Tageslicht. Nah und fern wummern die Kanonen. Wenn in der Nähe ein Geschoss einhaut, bröckelt Kreideerde von den Wänden.

Michel spricht über die Kriegsursache: „Es ist ein großer Unsinn, dass die Völker Krieg führen. Es sind nur die Großen, die Militärs und die Schwerindustriellen, die den Krieg gewünscht haben und die einen Vorteil aus dem Krieg ziehen. Gut! Und dann sollten sich nur diese Leute verhauen. Was geht uns der Krieg an?"

„Wenn die Kriegsschuldigen", meint Willems, „und so wie wir, wie die wilden Tiere in diesen verdammten Erdlöchern aushalten müssten, wäre der Krieg innerhalb von 24 Stunden erledigt."

„Ja, wie die Verhältnisse nun einmal liegen", sagt Schuhmacher bedächtig, „bleibt uns nichts anderes übrig als durchzuhalten. Stellt euch doch vor, wenn unsere Feinde den Vormarsch bis nach Deutschland hin antreten, kein Stein bliebe in unserer Heimat mehr auf dem anderen, und wehe unseren armen Frauen und Kindern!"

„Quasselt doch keinen Unsinn", lässt sich Pirlet hören. „Wir sitzen nun einmal in der Scheiße, mir wäre eine Pfanne mit Speck und Ei lieber als euer unnützes Gerede." Dann tritt Stillschweigen ein. Jeder von uns hängt seinen Gedanken nach.

Plötzlich prasselt Infanteriefeuer vom französischen Graben her. Wir stürzen aus dem Unterstand und haben ein sonderbares Erlebnis. Über den feindlichen Gräben kreuzt in mittlerer Höhe ein deutscher Flieger. Gut sichtbar hebt sich das Erkennungszeichen, ein schwarzes Kriegskreuz, von den weißen Tragflächen ab.

Die französische Infanterie befeuert den großen Vogel wie toll. Weiße Wölkchen der feindlichen Fliegerabwehr stehen wie Schäferwölkchen am Himmel. Sie nähern sich dem deutschen Flugzeug bedenklich. Da plötzlich fällt der deutsche Kriegsvogel fast senkrecht der Erde zu. Die Franzosen stellen das Schießen ein, und hundertfache „Ueräh-Rufe" steigen in den feindlichen Gräben auf. Doch als das Flugzeug den Boden zu berühren scheint, heben sich die Tragflächen und in elegantem Bogen steigt der Flieger schräg vorwärts, überfliegt die deutsche Stellung und ist Sekunden später nach hinten verschwunden. Nun brüllen wir aus Leibeskräften „Hurra!" Die Franzosen sind verärgert und überschütten unsere Gräben mit lebhaftem Infanteriefeuer. Wir bleiben die Antwort nicht schuldig. Auf beiden Seiten setzt schweres Artilleriefeuer ein, und der Schlamassel ist fertig. Als die Gemüter sich beruhigt haben, zählen wir einen Toten und zwei Verwundete in unserer Kompagnie.

Nach Eintritt der Dunkelheit kommt ein Läufer des Kompagnieführers an unser Loch und brüllt hinein: „Befehl vom Bataillon, fertigmachen! In einer Stunde werden wir abgelöst!"

Ein befreites Aufatmen! Wir packen unsere sieben Sachen zusammen, rollen Zeltbahnen und Mäntel und machen uns marschbereit.

Es sind Leute des Reserveregiments 65, deren lebhaftes Getrampel wir bald im Graben vernehmen und die uns ablösen. Schuhmacher ist beim Kompagnieführer gewesen und kommt zurück. Wir treten vor dem Eingang zu unserem Unterstand an. Die 65er drücken sich an uns vorbei, um in den Unterständen zu verschwinden. Wir durchschreiten einen kurzen Laufgraben und gewinnen das freie Feld. In größter Eile und nervöser Stimmung sammelt sich die Kompagnie. Jeder hat nur das eine Bestreben, bald fortzukommen.

„Gruppe Schuhmacher bringt das schwere Schanzzeug, das am Kompagnieführerunterstand aufgestapelt ist, mit nach hinten!", befiehlt unser Zugführer, Vizefeldwebel Kaiser.

„Also los, Jungens, wir müssen zurück zum Graben", sagt Schuhmacher.

„Solche Gemeinheit!", knirscht einer der Kameraden. Ich wende mich unwillig um und erreiche mit Pirlet den Eingang zum Laufgraben.

Da, kremm kremm, explodieren zwei Schrapnells über unseren Köpfen. Ich wende mich um und sehe im grauen Zwielicht der Nacht, wie Pirlet in die Knie sinkt und wie sein Kopf nach hinten fällt. Lautlos, wie vom Blitz getroffen, führt der Körper Pirlets diese Bewegung aus.

Obschon Licht machen verboten ist, beleuchte ich mit meiner Taschenlampe Pirlets Gesicht. Es ist bleich, und ich schaue in die verglasten Augen eines Toten.

Die anderen Kameraden kommen herbei. Wir tragen den erstarrten Körper in den Laufgraben und erkennen, dass eine Schrapnellkugel sich mitten ins Genick Pirlets eingebohrt hat.

„Das Schanzzeug soll bleiben, wo es ist", sagt Unteroffizier Schuhmacher, „ich übernehme die Verantwortung!"

An Stelle des Schanzzeuges nehmen wir unseren toten Kameraden mit nach hinten, damit wir ihn begraben können, wie es einem Christen geziemt. Wir nehmen Pirlets Zeltbahn, legen den Toten hinein, knöpfen die Zeltbahn zu, stecken dann einen Ast durch die beiden Öffnungen und setzen uns mit dem traurigen Bündel in Marsch.

Als wir unser Quartier, eine große Scheune im Dorf Ripont, erreichen, graut im Osten bereits ein neuer Tag. Gegen Mittag wird Pirlet mit soldatischen Ehren auf dem Soldatenfriedhof in der Küchenschlucht bei Ripont begraben. Die Kompagnie nimmt am Begräbnis teil. Am Grabe unseres Kameraden spricht ein Feldgeistlicher Worte von Gott und seinem heiligen Willen. Wir hören die Worte, die uns ein Trost sein sollen, aber ich lese in den ungläubig verstockten Gesichtern der Zuhörer, dass sie an den gepredigten Willen Gottes nicht mehr glauben wollen. Am Spätnachmittag besuchen wir Pirlets Grab und pflanzen Herbstblumen darauf, die wir in einem verwilderten Garten fanden.

Nach drei Wochen haben wir uns zum ersten Mal wieder waschen können. Hände und Gesicht waren braunschwarz und dreckverkrustet. Der Schmutz hatte eine Spannung der Haut verursacht, als sei sie mit Spinngewebe überzogen.

Die Nächte werden eisig kalt. Das notwendige Unterzeug fehlt. Meyer II und ich begeben uns auf die Suche nach Wollzeug. In einem ärmlichen Bauernhaus finden wir ein löchernes Normalhemd und einen alten geflickten Sweater, der zebraartig bunte Ringe aufweist.

Wir können uns über die Verteilung des Fundes nicht einigen. In der Scheune nimmt Schumacher die Fundstücke; in eine Hand das Hemd und in die andere den Sweater. Dann hält er beide Hände auf den Rücken und Meyer und ich müssen die alten Lumpen ausraten. Mit fällt der Sweater zu, und ob dieses Glückes werde ich von allen beneidet.

Die Zivilisten hat man zwangsweise aus dem Dorf entfernt, da ab und zu eine Granate sich ins Dorf verirrt. Eine planmäßige Beschießung des Dorfes haben die Franzosen aus unbekannten Gründen unterlassen. Wir sind überglücklich, noch einmal aufrecht, wie richtige Menschen, gehen zu können.

Jeder Geviertmeter bedachter Fläche ist mit Soldaten belegt. Unsere Kompagnie liegt auf dem Dachboden einer großen Scheune. Im Erdgeschoss hat die achte Kompagnie ihr Quartier. Verschiedene Kameraden haben den Ruhetag ausgenutzt, um sich ins Stroh zu hauen und zu schlafen. Ihre Schnarchtöne erfüllen den Raum.

Am Spätnachmittag haben wir noch einmal Kaffee empfangen. Jetzt sitzen die Soldaten der einzelnen Korporalschaften zusammen, trinken Kaffee, essen, schreiben Briefe oder schwatzen.

Auf dem Dachboden herrscht ein Geschnatter wie in einem Hottentottenkral. Schumacher, Meyer II, Roels, der Bursche des Kompagnieführers, und ich dreschen einen Skat. Wir hocken wie die Schneider im Stroh. In der Mitte liegt ein Tornister, mit der Rückwand nach oben, der uns als Spieltisch dienen muss. Roels hat einen Grand mit Vieren gespielt, gewonnen und mischt die Karten.

Ohne dass wir eine Ursache wahrnehmen, springt er plötzlich laut brüllend hoch, als sei er von einer Tarantel gestochen. Die Karten flattern in alle Winde, während Roels krampfhaft den rechten Oberschenkel umfasst. Wir glauben nichts anderes, als dass Roels verrückt geworden ist. Doch als wir die Stelle am Bein beschauen, die er mit beiden Händen umpresst, sehen wir, wie sich die Hose rot färbt. Wir zerren die Hose herunter und sehen zu unserem Erstaunen, einen Wundkanal von unten nach oben quer durch das Dickfleisch des Beines laufen. Roels ist angeschossen worden! Bald erfahren wir des Rätsels Lösung.

Die achte Kompagnie im Raum der Scheune unter uns hat Gewehrreinigen. Da ist einem Soldaten beim Entladen des Gewehres ein Schuss losgegangen, die Kugel hat die dünne Holzdecke durchschlagen und ihren Weg durch den Oberschenkel unseres Roels genommen.

Die Geräusche in unserem Dachgeschoss haben den Knall des Abschusses verschlungen, so dass wir ihn gar nicht gehört haben.

Nachdem Roels verbunden ist, kommt ein frohes Leuchten in seine Augen. Heimatschuss!

Sanitäter tragen den glücklichen Roels von hinnen. „Adjüs Roels, grüße die Heimat!" Diese und andere wohlgemeinte Segenswünsche werden dem Glücklichen nachgerufen.

Am nächsten Morgen trifft Ersatz ein. Zum Teil sind es bärtige Landsturmmänner. Sie stammen alle aus der rheinischen Gegend. An Stelle der Tornister haben sie Rucksäcke mitgebracht. Nur die Hälfte von ihnen haben Gewehre. Die andere Hälfte muss sie erst bei der Waffensammelstelle der Division empfangen. Die Kompagnien werden aufgefüllt und neu eingeteilt.

Die Ersatzleute bringen keine Begeisterung für den Krieg mit. Es sind Familienväter, und eine verhaltene Angst spricht aus ihren Augen. Immerhin, uns sind die „Neuen" hoch willkommen. Sie verteilen Schokolade, Wurst und Zigaretten und wundern sich über unsere Dankbarkeit.

Viele von ihnen glauben, dass wir an der Front Tag und Nacht kämpfen. Sie haben vom Stellungskrieg nicht die leiseste Ahnung. Mitleidig und schonend werden sie von uns über alles Wissenswerte aufgeklärt. Wir dagegen staunen darüber, dass es Regimenter geben soll, die überhaupt noch nicht im Feuer gewesen sind. Wir hören, dass die Heimat von uns spricht wie von einem todgeweihten Regiment.

Am dritten Abend hat die Herrlichkeit ein Ende. Das Bataillon rückt wieder in Stellung.

„Morgen früh um vier Uhr greift die Division an", lautet der Befehl der Paroleausgabe am 25. September 1914 bei unserer Kompagnie. Schuhmacher, der uns den Befehl überbringt, schluckt einige Male, als habe er einen Knödel im Hals.

Die Nachricht wird schweigend von uns aufgenommen. Nur Michel schafft sich Luft, durch einige nicht wiederzugebende ohnmächtige Flüche. Die Gesichter sind fahl und grau geworden. Es legt sich wie ein Alp auf die Gemüter. Die Bauchmuskeln ziehen sich zusammen. Schreckensbilder steigen auf, und Angst nimmt von uns Besitz. So ähnlich muss es einem Verbrecher zu Mute sein, der am nächsten Morgen zur Richtstätte geführt wird.

Wortkarg rollen wir das Sturmgepäck. Diese Arbeit nimmt geraume Zeit in Anspruch, da in der Enge des Unterstandes nur einer nach dem anderen den Mantel rollen kann. Dann

schreiben wir Briefe und Karten. Ich habe einen Feldpost-
briefbogen ergattert und versuche, im Scheine einer Kerze zu
schreiben. Wenn bloß die verrückte Angst nicht wäre!

Die Überschrift steht am Kopf des Bogens: „Liebe Eltern!" Ich weiß nicht, was ich schreiben soll. Die alten Eltern
sollen sich nicht ängstigen, und wie alles ist, kann ich ja gar
nicht schreiben. Ich kaue an dem Bleistift herum. Endlich ist
der Brief fertig. Er lautet:

„Liebe Eltern! Bis jetzt bin ich noch gesund. Ich denke
oft in Dankbarkeit an Euch. Seid versichert, dass ich immer
bleibe Euer bester Sohn, Paul."

Unsere Gruppe ist durch drei Ersatzleute aufgefüllt worden. Einer von ihnen ist ein bejahrter Aachener Bäckermeister mit Namen Lenz. Unsere Angst und Unruhe hat sich den
„Neuen" mitgeteilt. „Hört mal, Kameraden, das Beste, was
wir tun können, ist beten", sagt schlicht der Bäckermeister aus
Aachen, und ohne unsere Einwilligung abzuwarten, fängt er
laut an, den Rosenkranz zu beten. Die beiden anderen Ersatzleute beten inbrünstig mit, und nur um wenige Perlen ist
der Rosenkranz in den Händen von Lenz weitergeglitten, da
beten wir alle. Sogar Michel, der Sozialist und Gottesleugner,
betet.

Bei einigen von uns mag das Beten nicht aus voller Überzeugung geschehen. Immerhin, die eintönig wiederkehrenden
Worte wirken beruhigend, und wir sind froh, dass sie die Zeit
ausfüllen.

„Die Gruppenführer sollen zum Leutnant kommen und
einen Stellvertreter mitbringen!" Dieser Befehl wird von einer Ordonnanz am Eingang des Unterstandes mit halblauter
Stimme gerufen. Schuhmacher nimmt mich zum Kompagnieführer mit. Vor dem Kompagnieunterstand stehen bereits die
Truppenführer und ihre Stellvertreter. Der Kompagnieführer
erscheint im Sturmanzug. „Morgen Leute!" – „Morgen Herr
Leutnant!"

„Also hört mal her!", nimmt der Kompagnieführer das
Wort. „In einer halben Stunde werden wir ohne Artillerievorbereitung angreifen. Stellt eure Uhren. Es ist jetzt drei Uhr
achtundzwanzig Minuten Divisionszeit."

Im Scheine einer Stalllaterne, die der Leutnant hochhält,
stellen wir unsere Uhren haarscharf ein. Dann fährt der Leut-

nant fort: „Unser zweites Bataillon bildet die erste Sturmwelle des Regiments. Als zweite und dritte Sturmwelle werden die beiden anderen Bataillone folgen. Es soll so wenig wie möglich geschossen werden. Der Erfolg ist vom Seitengewehr abhängig!

Ohne Ruh und Rast soll das Niemandsland bis zur französischen Linie im ersten Sturmlauf genommen werden. Wir werden in die feindlichen Schützengräben vordringen und bis ins freie Gelände durchstoßen.

Rechts und links von uns greifen die anderen Regimenter der Division an. Der Angriff ist auf breiter Front gedacht. Wenn der Angriff siegreich ist, hat dieser verdammte Grabenkrieg für uns ein Ende. Und dann, haltet Eure Leute fest in der Hand. Feigheit vor dem Feinde wird bestraft! Na, Ihr wisst ja! Und nun, Gottbefohlen!" Mit einer Kopfbewegung hat uns der Leutnant entlassen.

Wir gehen zurück zum Unterstand unserer Gruppe. „Wer Aufzeichnungen über Truppenbewegungen hat oder sonst etwas, was er nicht gern mitnehmen will, lasse es im Tornister", sagt Schuhmacher. Die „Neuen" wühlen in ihren Taschen oder nesteln am Tornister.

„Los! Raus!", befiehlt Schuhmacher.

Mit klopfendem Herzen verlassen wir das schützende Erdloch. Die Kompagnie stellt sich in Sturmreihe, Mann neben Mann, im Schützengraben auf. Wir erklimmen die Stufen der Schützenstände und schaufeln eilig weitere Tritte in die Kreidewand des Schützengrabens.

Die frische Nachtluft streicht kühlend über die erhitzten Backen. Allmählich wird es heller. Im grauen Zwielicht erkennt man die fahlen Gesichter der Kameraden.

Die Front vor uns ist ruhig. Nur hie und da bellt ein Gewehrschuss. Weit rechts gegen Reims wummern Kanonen. Die beiden anderen Bataillone des Regiments verteilen sich als zweite und dritte Sturmwelle im Schützengraben hinter uns.

Ich stehe neben Schuhmacher. Beide stieren wir auf dessen Armbanduhr. Es ist jetzt drei Uhr sechsundfünfzig. Nur langsam scheint der Sekundenzeiger sich zu drehen.

Drei Uhr siebenundfünfzig. Ich glaube, mein Herz gegen die Rippen schlagen zu fühlen.

Drei Uhr achtundfünfzig. Ich fühle mich plötzlich frei und ohne Erdenschwere. Logisch denken kann ich nicht mehr. Das Gehirn scheint ausgeschaltet. Energiewellen durchfluten mich. Die Angst ist wie weggeblasen.

Drei Uhr und neunundfünfzig. Automatisch sucht der rechte Fuß einen Halt im Trittloch der Grabenwand, während die linke Hand sich in den Kreideboden der Gewehrauflage krampft.

Vier Uhr!

„Los!" ruft Schuhmacher halblaut und schwingt sich auf die Böschung.

Rechts und links erklimmen die Kameraden die Grabenwand und verlassen das schützende Erdreich. Wir stolpern und hasten vorwärts in breiter Front. Das Schanzzeug klappert. Da rasselt rechts ein französisches Maschinengewehr.

Drüben wird es lebendig. Grüne Leuchtraketen steigen in die graue, diesige Luft. „Ramm ramm" krepieren Granaten, die hinter uns einschlagen. Erdklumpen spritzen hoch. „Ramm Ramm, ramm ramm" schlagen rechts und links Granaten ein. Metallisch zirpen und flirren die Splitter um unsere Köpfe. Hie und da ein Aufschrei!

Weiter! Wir stürzen vor und erreichen einen Wellenrücken. Lebhaftes Infanterie- und Maschinengewehrfeuer schlägt in unsere Reihen ein. Reiners, ein Schulfreund und Landsmann von mir, der erst vor fünf Tagen mit dem letzten Ersatz aus der Heimat gekommen ist und jetzt Schulter an Schulter neben mir her rennt, bricht stöhnend zusammen. Hinter uns schlägt das Sperrfeuer des Feindes in die erste und zweite Sturmwelle ein. Wir erreichen einen toten Winkel.

„Hinlegen!" brüllt der Zugführer. Wir wuchten zu Erde.

„Gruppenweise vorgehen!" ruft Kaiser.

„Meine Gruppe, auf, marsch marsch!", schreit Schuhmacher.

Wir erheben uns und stürzen den zweiten, leicht steigenden Wellenrücken empor.

Dieser aber wird von dichtem Maschinengewehrfeuer bestrichen. Das Feuer mäht unsere Reihen. Deutlich sehen wir die Maschinengewehrsperre. In ganz kurzen Abständen schlagen die Kugeln vor uns in den Kreideboden.

Es ist unmöglich, durch diese Geschossgarbe hindurchzukommen. Vor uns, rechts und links, fallen die Kameraden wie die Tontauben beim Sportschießen. „Sst, Sst!" pfeifen die Kugeln um unsere Köpfe. Die feindliche Artillerie verlegt den Eisenschleier, das Sperrfeuer in das Gelände vor uns.

Hundert Meter weiter vorn sehen wir undeutlich den französischen Graben. Die Abschüsse entzünden kleine rote Flämmchen. Links und rechts von uns fluten unsere Leute zurück. „Kehrt Marsch!", gibt Schuhmacher ruhig das Kommando. Wir wenden uns und rasen zurück, hinter dem Wellenrücken. Dort stoßen wir auf die Überreste der zweiten Sturmwelle. Wir werfen uns hin. Sch, sch rauschen die Geschosse unserer Artillerie über uns. Wir liegen in einem toten Winkel. Hier kann uns wenigstens das Infanterie- und Maschinengewehrfeuer nichts anhaben.

Links von uns bemerken wir einen jungen Leutnant, der hinter der Linie vorbeikriecht und die Leute mit der flachen Säbelklinge bearbeitet. „Wollt Ihr wohl vorgehen!", überschreit sich der junge Offizier, den wir nicht kennen, da er einem anderen Bataillon angehört.

Er gebärdet sich wie wild. „Vorgchen! Ihr Lümmels!", brüllt er ein über das andere Mal.

Zögernd leisten einige Soldaten dem wahnsinnigen Befehl Folge. Doch keiner kommt über die Höhe weg. Sie fallen oder werden verwundet und kriechen zurück.

Trotzdem tobt der Leutnant weiter wie ein Irrsinniger und fuchtelt wild mit seinem Degen.

„Dat muss de ens mich duhn", begehrt ein stämmiger Soldat im Tonfall der Aachener Mundart auf, der einige Meter von mir entfernt liegt.

„Wer hat das gesagt?", fragt der Leutnant zornbebend.

„Dat han ich gesaat", ruft der Soldat zurück.

Der Offizier schnaubt vor Wut.

Der Soldat stürzt sich wortlos auf den Leutnant und fasst ihn mit der linken Hand am Halse, während seine Rechte, zur Faust geballt, schwer in das Gesicht des Leutnants fällt.

Dann steht der Soldat ruhig auf und läuft zurück.

Dieser hässliche Zwischenfall gibt unserer Kampfstimmung den Rest. Der Rückzug wird allgemein. Wir springen von einem Granatloch zum anderen. Es ist die allerhöchste Zeit, wenn wir die eigenen Gräben erreichen wollen, bevor es hell wird.

Die Führung hat das Fehlschlagen des Angriffs erkannt. Unsere Artillerie deckt den Rückzug. Sie belegt die feindliche Stellung mit Schnellfeuer, und das Feuer der Franzosen wird schwächer.

Das Gelände liegt voll Toter und Verwundeter.

Überall tönt das Gewinsel der zu Tode Getroffenen. Jammern, Röcheln und Schmerzensschreie erfüllen das weite Feld. Vor mir torkelt ein Soldat, der sich mit beiden Händen den Bauch presst. Im Vorbeirasen sehe ich, dass zwischen den Händen Blut und Eingeweide hervorquellen.

Ramm, ramm, haut vor mir eine Granate ein. Der Luftdruck presst mich zurück, und ein schwerer Erdklumpen fliegt gegen meine Brust. Ich falle in einen Granattrichter, in dem ein Soldat hockt.

Als ich ihm ins Gesicht sehe, erkenne ich den Landsturmmann Lenz aus unserer Gruppe. Aus dem grauen Gesicht schauen zwei übergroße Angstaugen.

„Ich kann nicht mehr, ich bin verwundet!", stöhnt Lenz.

„Wo hat's denn gepackt?", frage ich.

Da wendet sich Lenz zur Seite und versucht den linken Arm hoch zu heben. Dort, wo noch vor Minuten die Hand gesessen hat, sehe ich eine unförmliche, zerfetzte Fleischmasse.

Während ich den blutigen Fleischklumpen rasch verbinde, so gut es in der Eile geht, schaut Lenz abseits. Sein Körper zittert wie Espenlaub, und seine Zähne klappern aufeinander.

„So, mein Junge, jetzt müssen wir zurück", sage ich und fasse Lenz an der unverwundeten Hand.

Das feindliche Artilleriefeuer ist wieder stärker geworden. Auch die Maschinengewehre tacken rasend. Wir stürzen vorwärts, wir fallen, reißen uns hoch, torkeln weiter und rutschen endlich, ohne dass es uns recht zum Bewusstsein kommt, in unseren ersten Schützengraben.

Auch die Stellung liegt unter schwerem Beschuss.

Nicht weit von der Stelle, in der wir in den Graben gerutscht sind, liegt der Mann mit der Bauchverletzung. Seine Hände krampfen sich noch immer in die grässliche Wunde. Er scheint ohnmächtig zu sein, oder ist er tot?

Wir rennen um eine Schulterwehr. Auch hier liegen und hocken Schwerverletzte. Sanitätssoldaten schleppen die Verwundeten rückwärts. Wir wollen in den ersten erreichbaren Unterstand.

„Befehl, lauft weiter!", brüllt man uns aus dem dunklen Loch entgegen. Wir lassen uns nicht abschrecken und steigen nach unten. Aus dem Innern des Unterstandes klingt Jammern und Stöhnen. Er ist vollgepfropft mit Soldaten.

Lenz und ich setzen uns in der Treppe, um zu verschnaufen. Die Soldaten sind schweigsam und stumpf. Ein junger Soldat, der einige Tritte unter uns hockt, fängt plötzlich an zu schluchzen. Ich rutsche zu ihm hin und frage: „Bist du verwundet?" Wortlos schüttelt er verneinend den Kopf, und zwischen dem Schluchzen und Schlucken beben stoßweise die Worte von seinen Lippen: „Wir waren zwei Brüder, Georg und ich – und – jetzt – ist Georg nicht mehr! Eine Granate hat ihm den Kopf vom Rumpf gerissen. Hier klebt sein Blut!" Der Soldat hält mir seine blutbefleckten Hände entgegen und weint leise vor sich hin.

Gegen Mittag werden die Verwundeten zur Reservestellung gebracht, und ich muss mit den Unverwundeten zurück zum Kampfgraben.

Nur spärlich können wir die erste Linie besetzen. Durch lange Tage und Nächte hören wir das Wimmern der Sterbenden und Verwundeten im öden Kampfgelände vor uns. Wenn auch nachts Patrouillen vorgeschickt werden, um die Verwundeten aufzulesen, was hilft's? Viele von ihnen müssen eines langsamen, schrecklichen Todes sterben!

*

Seit Monaten vegetieren wir in den Schützengräben der Champagne. Die Franzosen haben wütende Anstrengungen gemacht, uns die Höhen bei Tahure zu entreißen. Der Kampf geht um kleine Ziele. Ein Grabenstück von einigen fünfzig Meter Länge wird vom Franzmann genommen und im Gegenstoß zurückerobert. Schon einige Male haben wir neuen Ersatz bekommen. Beim letzten war Themchen, dessen Wunden verheilt sind.

Wir sind fünf Tage in Stellung und fünf Tage im Ruhequartier. Bei jedem fünftägigen Aufenthalt lässt die Kompagnie zwanzig Mann an Toten und Verwundeten in der vorderen Stellung. Wir Überlebenden sind fast zu Skeletten abgemagert.

Ein strenger Winter hat Regen und Schnee gebracht. Die Nässe weicht die Kreideerde auf. Anmarschwege und Gräben sind kaum begehbar. Die ganze Champagne ist in ein weißes Matschmeer verwandelt. Beim Marschieren bleiben die Stiefel in der breiigen Kreidemasse stecken. Oft sieht man Soldaten, die mit beiden Händen den festklebenden Stiefel aus dem Kreidebrei herausziehen.

Die Protzen der Feldküchen bleiben in den Ruhequartieren. Nur die Kessel kommen abends nach vorn. Obwohl jeder Kessel mit vier Pferden bespannt ist, bleiben sie samt dem Essen an vielen Abenden in dem kreidigen Brei stecken. Dann muss die dünne Suppe in Kochgeschirren geholt werden. Und Mann und Ross sind ständig von einer dicken Kreideschicht bedeckt. Oft sind die Augen der lebenden Geschöpfe die einzig reinen Stellen an den kreidebekrusteten Körpern.

Und noch eine andere Plage stellt sich ein. Die Ratten. Man weiß nicht, woher sie kamen. Eines Tages sind sie da, in ungeheuren Mengen. Sie sind allüberall. Im Unterstand knabbern sie Brote an. Wir stecken alle Lebensmittel in Sandsäcke und befestigen sie an der Decke des Unterstandes. Trotzdem finden die grauen, widerlichen Nagetiere den Weg zu den baumelnden Säckchen.

Unteroffizier Schuhmacher hat eine Brotkruste in seine Hosentasche gesteckt, bevor er sich zum Schlafen hinlegt. Als er aufwacht, ist die Kruste aus seiner Tasche verschwunden. Die Ratten haben das Versteck aufgespürt. Wenn wir unsere Toten nicht gleich begraben, werden sie von den gefräßigen Tieren angefressen.

Die Rattenjagd ist zu einer Art Sport geworden. Im Ruhequartier setzen wir uns abends im Dunkeln in einen Kreis, die Gewehre, am Lauf gefasst, als Schlagwaffe in den Händen. Dann legen wir in die Mitte des Kreises ein Stückchen Brot.

Wir warten schweigend und hören das feine Trippeln von vielen weichen Füßen. Plötzlich brüllt einer aus der Runde: „Jetzt!" und knipst seine Taschenlampe an. Alle schlagen mit dem Kolben zu, und eins, zwei oder mehr der verhassten Quälgeister liegen getroffen und zappelnd am Boden.

Ich weiß noch: Es ist in der Weihnachtsnacht. Das Bataillon ist am Heiligen Abend von der Butte Tahure aus in Stellung gekommen. Ausgerechnet am Tage vor Weihnachten haben die Franzosen einen Angriff auf die heißbegehrte Stellung versucht. Nach anfänglichen Erfolgen hat das Bataillon die Franzosen mit der blanken Waffe aus der deutschen Stellung vertrieben. Viele Tote haben wir am Heiligen Abend in der Nähe der Stellung eingescharrt. Es ist eine traurige Weihnacht, die wir in einer halbzerschossenen Scheune des Dorfes Tahure verleben.

Ein winziges Christbäumchen, an dem ein paar bescheidene Kerzen brennen, soll für Weihnachtsstimmung sorgen.

Der Kompagnieführer hält eine Ansprache. Er gedenkt der Toten, und als er in bewegten Worten vom ersten Weihnachten im Felde spricht, werden seine Augen feucht, und wir alle werden von Wehmut gepackt. Traurigkeit nimmt von uns Besitz. Unsere Armseligkeit wird uns bewusst wie nie zuvor. Wir verzweifeln ob der Weihnachtsbotschaft von dem Frieden der Menschen, die guten Willens sind.

Schweigen erfüllt die unwirtliche Scheune, und das Schweigen ist beredter als der lauteste Fluch über den Krieg und die, die ihn verschuldeten. Und als der Flackerschein der Kerzen von der Dunkelheit der Weihnachtsnacht verschluckt wird und mitleidiger Schlaf die Not der Soldaten in weiche Arme nimmt, wird das Heer der Ratten lebendig.

Ich bin halbwach. Etwas Nacktes, etwas Widerliches kriecht über mein Gesicht, berührt Nase, Augen und Mund. Von einem unsagbaren Ekel durchschüttelt, greife ich mit beiden Händen zu und fühle, wie der haarige Körper einer Ratte am Handrücken vorbeihuscht. Dann raschelt das Stroh, und der widerliche Ruhestörer ist verschwunden.

Ein anderes Mal komme ich mit Schuhmacher aus der Stellung. Dort, wo ein Zipfel des sogenannten Artilleriewäldchens bis zur Straße vorstößt, schlägt uns ein Pestgeruch entgegen.

Im Straßengraben liegt ein Pferdekadaver. Der Pferdeleib ist aufgedunsen. An einer Stelle quillen die Gedärme hervor. Eine feiste Ratte schlüpft aus dem Loch, sieht uns mit bösen, listigen Augen an und verschwindet wieder in den Pferdeleib. Wir halten uns die Nasen zu. Wir schlagen mit unseren

Grabenknüppeln drauf los. Und aus der Bachhöhle kommen zwei, drei, vier, sechs Ratten hervor! Zwei werden durch Stockschläge zur Strecke gebracht.

*

Der erste Kriegswinter will kein Ende nehmen. Er stellt ungeheure Anforderungen an Körper und Seele. Es ist, als sollte das Bataillon im breiigen Kreidematsch, in Blut und Kot ertrinken. Die schlammbespritzten Soldaten, die mit krummen Rücken wie alte Männchen auf dem Hochrücken der unwirtlichen Champagne hausen, haben kaum eine Ähnlichkeit mit jungen Menschen.

Wir haben täglich Abgänge an Kranken. Die Selbstverstümmelungen werden häufiger. Zwei Soldaten des Bataillons haben Selbstmord durch Erschießen begangen. Hie und da kommen Fälle plötzlichen Irrsinns vor. Unser Kompagnieführer hat einen Nervenzusammenbruch erlitten und kommt nach Deutschland. Sein Nachfolger ist ein Herr von Udet, ein blutjunger Dragoneroffizier. Der Offiziersmangel macht sich immer fühlbarer. Obschon wir periodenweise Ersatz bekommen, ist der Mannschaftsbestand des Bataillons nie größer als die Hälfte der ordnungsgemäßen Kriegsstärke.

Wir sind an der Grenze menschlicher Leistungsfähigkeit angelangt. Stumme, dumpfe Verzweiflung brütet in den Reihen der Verteidiger der blutgetränkten Champagnehöhen.

Die Soldaten des Bataillons sind meist Katholiken. Sie beten gemeinsam.

Das gemeinsame Gebet nimmt so überhand, dass die Wacht- und Kampfpflicht darunter leidet, das gemeinsame Beten wird vom Regimentskommandeur untersagt. Nach einem französischen Angriff hat man festgestellt, dass die Besatzung eines Unterstandes mit dem Rosenkranz in den Händen durch Handgranaten getötet wurde.

Die Frontoffiziere haben erkannt, dass die Truppe, krank, halbverhungert und halberfroren, fast kampfunfähig ist. Der Regimentskommandeur verlangt dringend, dass das Regiment abgelöst wird. Die höheren Kommandostellen haben jedoch für solche Wünsche noch kein Verständnis. Januar verstreicht ohne eine Entlastung für das Regiment.

Da greift Anfang Februar die Truppe zur Selbsthilfe. Gruppenweise erscheinen wir im Sanitätsunterstand, und der Bataillonsarzt schreibt die Mehrzahl der Soldaten krank. Ein eiliger Bericht wird zur Division geschickt, und eines Tages wird das Regiment von brandenburgischen Truppen abgelöst, die bis dahin kaum Verluste hatten. Hinter der Front werden wir in Viehwagen verladen, und das Bataillon rollt zur Etappe in Ruhequartiere.

Le Chesnes

Es gibt noch eine Welt, die außerhalb des Bereiches der Geschütze liegt. Mehr als das können wir verwundert feststellen, es gibt unzerfetzte Bäume, die sogar schüchterne Knospen treiben.

Wir können schlanke Französinnen bewundern, die ersten Frauen, die uns während der letzten fünf Monate zu Gesicht kommen. Wir fühlen uns wie Neugeborene, die sich an all die wunderlichen Erscheinungen gewöhnen müssen. Ganz fern wummern die Kanonen, und wenn der Wind von Osten kommt, ist nicht einmal das Gewummer zu hören.

Le Chesnes, unser Ruhequartier, ist ein langgestrecktes Städtchen im Aisne-Departement.

Die Ortschaft wird durch einen gradlinigen Kanal in zwei Teile getrennt. Die meisten Bewohner sind Kleinbauern. Es gibt auch Weinschenken, Kramläden, ein Notariat und eine Apotheke in Le Chesnes. Wir dünken uns im Himmelreich zu sein.

Die ersten drei Tage dürfen wir ungestört ruhen. Wir haben uns vom Kreideschmutz der Champagne gesäubert, haben gebadet, uns rasieren und die Haare schneiden lassen. Beim ersten Appell steht eine leidlich saubere Kompagnie in Reih und Glied. Die schlechtesten Bekleidungsstücke werden durch neue Monturen ersetzt, und dann werden Beförderungen bekannt gegeben.

Ich bin zum Gefreiten ernannt und werde mit Schuhmacher und Heister aus unserer Kompagnie mit dem Eisernen Kreuz ausgezeichnet. Für die Ruhezeit soll ich Hilfsschreiberdienst auf der Kompagnieschreibstube verrichten und werde in dem Hause einquartiert, in dem die Schreibstube liegt und in dem der Kompagniefeldwebel, sein Putzer und der Schreiber wohnen. Es ist das geräumige Haus einer Witwe. Ihr einziger Sohn ist auf der anderen Seite Soldat. Die alte Dame ist sehr liebenswürdig. „C'est un malheur, la guerre, pour nous et pour vous et pour tout le monde", versichert sie immer wieder.

Die französischen Frauen und Eltern in den besetzten Gebieten sind bedauernswerter als unsere eigenen Angehörigen. Zu den Leiden, die die feindliche Besatzung mit sich bringt, gesellt sich die nagende Ungewissheit über das Schicksal der Söhne und Männer, die im französischen Heere ihre Pflicht erfüllen. Nicht die kleinste Nachricht dringt über die feindliche Linie ins besetzte Gebiet. Diese Ungewissheit, das Bangen und Sorgen um den einzigen Sohn im französischen Heere haben die Haupthaare von Madame Bourgeois gebleicht und tiefe Furchen in das schöne Antlitz der alten Frau gegraben. Und wenn Madame Bourgeois mir ein Schälchen Kaffee spendet, einen Apfel oder sonst eine kleine Gabe, vergisst sie nie zu bemerken, dass es ihr Wunsch sei, mildtätige Menschen möchten auch ihrem Sohne auf der anderen Seite etwas Gutes und Liebes tun.

Und noch ein Wunder gesellt sich zu den Wundern, die wir in Le Chesnes erleben. Ich schlafe in einem richtigen Bett! Seit Sedan ist es das erste Mal, dass mein Körper in weichen Bettpfühlen ruht. Doch trotz der wohligen Weiche kann ich nicht einschlafen. Ich schwitze aus allen Poren und werfe das dicke Federbett hinunter. Trotzdem kann ich nicht schlafen. Schon überlege ich, ob ich mein Lager nicht auf dem Fußboden neben der Bettstelle aufschlagen soll. Die ungewohnte Weichheit der Matratze löst ein Jucken am ganzen Körper aus. Es kostet Selbstüberwindung, im Bett liegen zu bleiben. Nach einigen Tagen geht es besser. Der Mensch ist ein Gewohnheitstier.

Der nächste Tag ist ein Sonntag. Das Reserveregiment Nr. 29 hat sich eine Regimentskapelle zugelegt. Ein gewesener Kaffeehauskapellen-Dirigent wird zum Musikmeister befördert, und die frischgebackene Regimentskapelle gibt ein Standkonzert. Rheinische Karnevalschlager bestreiten den größten Teil der Spielfolge. Die munteren, lebenssprühenden Weisen fließen den rheinischen Jungens ins Blut. Erst fangen die Beine an, den Takt mitzustrampeln, dann finden sich die Feldgrauen zu Paaren und drehen sich im Tanzschritt auf dem holprigen Pflaster des Marktplatzes von Le Chesnes.

Der Oberst kommt mit seinem Adjutanten des Weges daher. Ein Schmunzeln geht über sein Gesicht. Vielleicht bringen die deutschen Zeitungen demnächst einen Artikel über den vorzüglichen Geist der Fronttruppen! Ja, wir tanzen! Wir tanzen, weil wir jung sind und tanzen müssen, wenn rheinische Melodien erklingen. Wir tanzen auch aus Galgenhumor.

Während des Tanzes steigen Bilder in uns auf! Bilder, die wir bekämpfen müssen wie die Jungfrau den sündhaften Gedanken. Die Klänge der Musik lösen vergessene Empfindungen aus.

Monatelang hat uns das Todesgrauen umfangen. Es hat unsere schäumende Jugend gedrosselt und uns zu todesbangen Greisen gemacht. Und ein gütiges Schicksal hat uns vor dem Schlimmsten bewahrt. Die Musik bringt uns zum Bewusstsein, dass wir noch leben und löst eine Welle gieriger Lebensfreude in uns aus, eine Lebensfreude, die sich im Bärentanz der Feldgrauen äußert. Mit genagelten Stiefeln bearbeiten sie das holperige Pflaster, dass die Funken sprühen! Der Tanz ist ein Seelenbad.

Wenn Jugend, der man Gewalt antut, sich nicht durch rohe Späße, durch zweideutige Witze und derbe Lieder zwangsläufig entladen dürfte, dann würden wir verrückt oder vor Angst und Seelennot sterben. Triebhafte Äußerungen des Lebenswillens sind Lebensnotwendigkeiten wie Essen und Schlafen, und haben mit dem „Geist der Fronttruppen" nichts zu tun!

Nach dem Konzert kommt Heister angerannt. Heister trägt eine feierliche, wichtige Miene zur Schau. Mit geheimnisvollem Augenzwinkern nimmt er mich am Rockärmel und zieht mich abseits der anderen Kameraden: „Du, Paul, ich habe etwas Großartiges vor!"

Wir gehen zum Dorfbarbier, einem glutäugigen Franzosen und lassen uns wie feine Herren rasieren. „Wenn der Kerl mir nur nicht die Gurgel durchschneidet", raunt mir Heister zu, bevor er sich in den hochlehnigen Stuhl setzt.

Heister lädt mich zu einem Spaziergang ein, und ich warte, bis er die Qual des Rasierens überstanden hat. Dann schlendern wir durch die Straßen des Städtchens, erreichen am Ausgang des Ortes einen schmalen Feldweg, der den Kanal bis zur grauen Ferne begleitet.

Von der alten Dorfkirche her tönen die Sonntagsglocken. Sonntagsstimmung stellt sich ein, während wir frei und ungebunden dem Weg längs des Kanales folgen.

„Schau doch, wie feierlich und friedlich die Natur ist", sagt Heister. „Gott lässt die Sonne scheinen, damit alles blüht und wächst! Die Hühner gackern, die Spatzen zwitschern, und alles, was lebt, freut sich seines Daseins. Nur wir Menschen liegen in stinkigen, dunklen Erdhöhlen und zerfleischen uns schlimmer als die Raubtiere. Und wofür dies alles, wofür?"

Der sonst so lustige Heister ist todernst und grübelt weiter: „Ich glaube nicht mehr an einen Gott, der uns Menschen lieb hat. In der Schule hat man uns gelehrt, dass Gott allwissend, allmächtig und allgütig sei. Weswegen lässt Gott diese Menschenschlächterei nur zu? Ich kann nicht mehr zu einem Gott beten, der es duldet, dass wir Menschen uns hassen und töten."

Ich weiß nicht, was ich antworten soll. Auch ich bin in Herzensnot und in Gewissensnot geraten. Endlich meine ich: „Ich glaube an eine Vorbestimmung unseres Schicksals, so wie die Orientalen es tun. Oft habe ich erfahren, bleibst du stehen, trifft dich die Kugel, gehst du einen Schritt seitlich, bleibst du heil. Ist nicht oft dort eine Granate eingeschlagen, wo du noch vor Sekunden gestanden hast? Alles im Krieg ist Zufall. Zufall aber nennt der gläubige Mensch Gottesfügung."

„Wer kann behaupten und beweisen, dass Gott den Krieg gewollt hat?"

Lange sprechen wir über diese schweren Fragen. Heister lacht friedlich. „Alles ist Unsinn. Wir sind geboren, um totgeschossen zu werden oder sonstwie elend zu verrecken. Aber bevor man mit unseren Schädeln Kegel schiebt, wollen wir uns des Lebens freuen. Vielleicht ist der Krieg aus, bevor wir wieder nach vorn müssen; oder wir kommen nach Rußland oder gar zur Türkei, wo das Kriegspielen halb so wichtig sein soll." Und Heister ist wie umgewandelt. Er wird lustig und übermütig und meint ironisch: „Der Krieg ist für die Reichen, der Mittelstand muss weichen, wir Armen werden Leichen." Und dann trällert er vor sich hin: „Quatsch mit Rum, man weiß ja nicht, wie's Wetter wird, Quatsch mit Rum, man weiß ja nicht, wie's wird." Der lustige, rheinische Charakter siegt rasch über Gewissensnot und Glaubenszweifel.

Rechts am Kanalweg liegt ein Bauernhaus. Zwei junge Mädchen spielen Haschen und Fangen im Garten vor dem Hause. Ihre Bewegungen sind behände, leicht und elegant. Durch die dürre Hecke sehen wir dem anmutigen Spiele zu. Jetzt läuft die Ältere durch das kleine Gartentor auf unseren Kanalweg zu, und die Jüngere springt hinterdrein. Als die beiden uns erblicken, ruft die Ältere verwundert: „Oo la la" und bricht in ein Lachen und Kichern aus, das wir als Ermunterung nehmen. Heister scheint sich auf Frauen zu verstehen. Er wirft seine Feldmütze in die Luft, so dass sein braunes Haargelock lustig flattert.

Die Mädchen können sich überzeugen, dass Heister ein hübscher Bursche ist. Die Jüngere hat mit geschickten Händen Heisters Mütze aufgefangen, und die Verbindung ist hergestellt. „Mensch, quassele doch französisch mit den Kindern", raunt Heister mir zu. Heister und ich haben rote Köpfe, vor Aufregung, unsere Sache nur gut zu machen. Ich stehe da und suche nach Worten. Soviel jugendliche Weiblichkeit bringt mich aus der Fassung. Wir haben es verlernt, wie man sich jungen Mädchen gegenüber zu benehmen hat. Seit Monaten sind wir geschlechtslos gewesen. Die ungeheuren Anforderungen an Seele und Körper haben jede geschlechtliche Regung ausgeschaltet.

Die Frauen, die durch unsere Träume im Schützengraben schritten, waren fremde, unnahbare Schatten einer fremden Welt, und jetzt gewahren wir, dass das Weib noch lebt! Stockend versuche ich es mit einer förmlichen Vorstellung: „Das hier ist mein Freund Heister, und mein Name ist Bürger, Paul Bürger. Wir sind vom neunundzwanzigsten Reserve-Infanterie-Regiment." Ich mache eine linkische Verbeugung und einen steifen Kratzfuß mit dem rechten Kommissstiefel.

Die beiden Mädchen sehen sich belustigt an. Sie brechen in ein tolles Gelächter aus, das mich nur noch verdatterter macht. Doch jetzt springt Heister ein. Er spricht die internationale Sprache der Gebärde und legt kurz entschlossen seinen rechten Arm um die Hüfte der Älteren: „Anna? Maria? Josefine? Paula?" fragt Heister, indem er dem Mädchen in die Augen schaut.

Das Mädchen macht einen schwachen Versuch, sich aus Heisters Umarmung zu befreien, doch Heister umschlingt sie nur noch fester. „Ich heiße Arlette, und meine Schwester heißt Eve", flüstert die Umarmte. Heister drückt noch einmal tüchtig zu und gibt Arlette frei.

Ob wir von der Front kommen, will die Jüngere wissen. Wir bejahen beide und erobern einen mitleidigen Blick der beiden Schönen.

„Nix bong im Tranchee, immer bumm bumm", kauderwelscht Heister. „Pauvres garçons", beklagt uns Eve.

Arlette bittet mich, ihr etwas vom Krieg da vorne zu erzählen. „Soldaten haben wir in Le Chesnes in Massen, doch nur solche, die noch nicht an der Front waren", sagt Arlette.

Ich erzähle vom Schützengrabenkrieg. Die beiden Mädchen staunen und sehen uns an, als seien wir fremde, wunderliche Tiere.

Heister verschlingt die hübschen Kinder mit heißhungrigen Augen. „Frag' doch mal, ob sie mit uns spazieren gehen", bittet er mich. Schüchtern bringe ich die Bitte vor. „Weswegen nicht?", meint Arlette. Heister und ich zittern vor Glück und vor Erwartung ob der schönen Dinge, die noch kommen werden.

Der Tag ist sonnig und schön; die beiden Mädchen sind lieb zu uns und begehrenswert. Zu viel Glück für zwei blutjunge Frontsoldaten, die seelisch tausendmal gestorben sind. Wir wollen uns zum Gehen wenden, als eine knarrige Stimme hinter der Gartenhecke ertönt: „Stehen bleiben, die Gefreiten!"

Wir wenden uns um und sehen einen langen Unteroffizier. Die goldenen Tressen an Kragen und Ärmelaufschlägen glänzen in der Sonne. Der ganze Kerl ist stutzerhaft gekleidet, mit Bügelfalte und Offiziersmütze. Der Schnurrbart zeigt mit den Spitzen nach oben – Mode à la Kaiser Wilhelm. Dies Gesicht habe ich doch schon einmal gesehen! Sekundenlang martere ich mein Gehirn; halt, ich hab's! Es ist der Sohn unserer

Putzfrau und seiner Mutter ewiges Sorgenkind, bis er beim Kommiss kapitulierte, aus irgendeinem Grund nach fünfjähriger Dienstzeit den Militärdienst quittierte, um Kleinbahnschaffner zu werden. Jetzt fällt mir auch sein Name ein: Emil Schleifmann, jener Emil Schleifmann, der die alten, abgelegten Anzüge meines Bruders auftrug.

Schneidig und wie ein Gott durchschreitet der Störenfried die Gartenpforte und kommt auf uns zu. „So'n ekliges Etappenschwein", flüstert Heister mir ins Ohr. Die beiden Mädchen gehen einige Schritte abseits und bleiben eingeschüchtert stehen. Sie sind bleich geworden und gleichen verängstigten Hühnchen. Mich packt die Wut. Alles an Heister und mir wird Trotz und Abwehr. Der Unteroffizier ist an uns herangekommen. Sein Blick fällt auf mein Eisernes Kreuz. Das Stückchen Eisen scheint ihm doch Achtung abzunötigen, auch scheint es langsam in seinem Gehirn zu dämmern, dass er mich irgendwo gesehen hat.

„Na, nun beichtet mir mal, was ihr eigentlich hier wollt", wendet er sich an Heister. Dieser guckt den Himmel an und antwortet bedächtig: „Wir sind auf der Suche nach einem Druckposten." Schleifmann merkt die Spitze und wird krebsrot vor Wut. Seine Stimme überschlägt sich, als er uns anschreit: „Steht mal stramm, wenn ihr mit einem Vorgesetzten redet!"

„So etwas haben wir im ersten Schützengraben verlernt", schreit Heister zurück.

„Aha, ihr wollt wohl Frontsitten hier einführen? Das gibt es bei uns nicht. Hier herrscht noch Ordnung", krächzt Schleifmann, während er in ohnmächtiger Wut die Fäuste ballt. „Sofort nennt ihr mir Namen und Kompagnienummer. Ich werde euch melden, ihr Schweine."

„Schweine ist gut", sage ich, „Schweine findet man doch nur in der Etappe!" Diese Bemerkung scheint dem Unteroffizier den Rest seiner Besinnung zu rauben. Wie ein Eber stürzt er auf mich zu. Ich weiche einen Schritt zurück. Heister hat die Lage erfasst, er springt hinzu und hält dem Wütenden einen Fuß hin. Schleifmann stolpert über Heisters Fuß und fällt der Länge nach in den Straßenstaub. Auf das Geschrei hin ist ein dicker Feldwebel aus dem Hause getreten und kommt kurzatmig herangewackelt.

„Wir müssen uns verdrücken", keucht Heister. Wir fassen die Seitengewehre mit der linken Hand und setzen uns in Trab. Ich rufe den Mädchen noch französisch zu: „Auf Wiedersehen, wir kommen wieder." Dann geht es querfeldein dem Städtchen zu. Als wir nicht mehr verfolgt werden, werfen wir uns ins Gras, um zu verschnaufen.

Heister schimpft in allen Tonarten. Er malt die schrecklichsten Zukunftsbilder, falls ihm der lange Unteroffizier zwischen Tag und Dunkel begegnen sollte. Nur wenn Heister von den Mädchen spricht, wird er traurig. Wir schwören uns zu: die beiden Mädchen wollen wir wiedersehen, und bei der ersten Gelegenheit uns für das gestörte Liebesglück an Schleifmann rächen. Die Drohung, uns zur Meldung zu bringen, macht uns keine Sorge. Ich glaube nicht, dass er meinen Namen kennt, und dann weiß er bestimmt nicht, welcher Kompagnie wir angehören. Sicher gehört Schleifmann zum Ausbildungspersonal des Rekrutendepots, das in Le Chesnes liegt, und alle Inhaber eines Druckpostens scheuen Meldungen von Angehörigen einer Fronttruppe. Und trotz dem widerfahrenen Ungemach, trotz der unerfüllten Hoffnungen bleibt der Sonntagsspaziergang ein großes und schönes Erlebnis in unserer Erinnerung.

*

Der Kanal in Le Chesnes ist fischreich. Fettleibige Weißfische tummeln sich in kristallklarem Wasser. Es ist ruchbar geworden: wenn man eine Handgranate in den Kanal wirft, steigen im nächsten Augenblick Fischleichen hoch und schwimmen auf der Oberfläche des Wassers.

Meyer II hat die Sache als Erster nachgeprüft und ihre Richtigkeit bestätigt. „Durch den Druck der Explosion platzt den Fischen die Luftblase", behauptet Meyer II. Seitdem er die Probe auf's Exempel gemacht hat, isst Gruppe Schuhmacher dreimal am Tage Fisch. Heister betätigt sich als Koch.

In einem verlassenen Hause hat er eine große Porzellanschüssel aufgegabelt, auf der die gebratenen Fische serviert werden. Butter, Zwiebeln und sonstige Zutaten beschafft Meyer II auf ungeklärte, geheimnisvolle Weise. Gruppe Schuhmacher ist in einem Schulzimmer einquartiert. Das ganze Schulgebäude ist geschwängert mit dem Geruch von gebratener Butter und gebackenem Fisch. Wenn ich auch neben der Kompagnieschreibstube einquartiert bin, so verbringe ich meine Freizeit bei den Kameraden meiner Gruppe. Dass ich von der lukullischen Fischspeise meinen Teil abbekomme, ist selbstverständlich.

Der Ruf unserer Festtafeleien ist bis zur Schreibstube gedrungen. Meyer II bekommt vom Feldwebel den Auftrag, Fische für die Abendtafel des Kompagniestabes zu liefern. Erst nachdem man ihm hundert Zigaretten versprochen hat, willigt er in den Handel ein. Es soll ein richtiges Festessen werden, das der Kompagniefeldwebel den Zugführern und dem Kompagnieführer gibt. Ich soll zusammen mit dem Putzer des Feldwebels der Frau Bourgois, die das Amt der Köchin übernommen hat, zur Hand gehen. Das Mahl verspricht herrlich zu werden. Frau Bourgois spendet einen Laib Brot und einen Topf eingemachter Pflaumen, während der Feldwebel aus seinen Beständen drei Dosen Corned Beef zum Besten gibt. Der Kompagnieführer stellt zehn Flaschen Rotwein zur Verfügung, die soeben sein Bursche gebracht hat. Ich bin zum Essen miteingeladen, und im Vorgefühl der Genüsse läuft mir das Wasser im Munde zusammen.

Madame Bourgois kocht mit Begeisterung. Inmitten der Schreibstube steht ein weißgedeckter, ausgezogener Tisch mit acht Gedecken. Madame Bourgois hat ihr bestes Tischleinen, Porzellan und die Silberbestecke hervorgeholt und ist die Tischdame unseres Kompagnieführers. Herr von Udet ist in bester Laune.

Der Krieg wird mit keinem Wort erwähnt. Man spricht über Festessen, Küchenrezepte und schwelgt in Erinnerungen an Hochzeitsessen und Liebesmahle. Ich achte darauf, dass ich beim Essen eine gute Kinderstube zeige. Dies wird mir aber durch einen besonderen Umstand erschwert. Heute Morgen habe ich eine widerliche Entdeckung gemacht, eine Entdeckung, die mir die Schamröte ins Gesicht treibt. Ich habe Läuse! Schon seit Tagen spüre ich ein starkes Jucken am ganzen Körper. Erst habe ich geglaubt, es rühre von der ungewohnten Bettwärme her. Seit heute Morgen aber weiß ich: Ich bin ein Schmutzfink. Ich habe zwei Läuse beim Waschen gefangen, zwei dicke Läuse, die über meine Halsbinde krochen. Darauf habe ich Haare und Kopf mit einer Wurzelbürste und mit schwarzer Seife geschrubbt, bis die Kopfhaut rot und blutig war. Das Jucken aber hat nicht nachgelassen. Schamhaft habe ich keinem Menschen etwas von der widerlichen Entdeckung gesagt. Ich komme mir minderwertig vor. Wenn der Kompagniestab wüsste, dass ein Gefreiter, der Läuse hat, mit ihm am gleichen Tisch tafelt, so würden die Vorgesetzten mich hinauswerfen, mich ewig verachten, wenn nicht gar bestrafen. Und gerade jetzt juckt es an allen Stellen des Körpers. Ich darf mich doch in dieser erlauchten Gesellschaft nicht kratzen und leide Höllenqualen. Nur mechanisch führe ich die leckeren Bissen zum Munde, ohne zu einem Genuss des Essens zu kommen. Nur wenn es am Halse oder sonst wo juckt, dass ich zu platzen glaube, tue ich so, als ob die Halsbinde, der Ärmel, das Hosenbein nicht recht sitze, und zupfe mit zaghaften Fingern an den juckenden Stellen herum. Zuweilen entferne ich mich auf dem dunklen Hausflur, wo ich mich für Minuten nach Herzenslust kratzen und schubbern kann.

Neben mir sitzt Feldwebel Kaiser. Ganz zufällig mach ich die Beobachtung, dass auch er in kurzen Abständen sich bald hier, bald dort zupft und dabei verängstigte Augen macht. Ich beobachte Leutnant Lörsch, den Kompagnieführer und die anderen und mache zu meiner Verwunderung auch bei ihnen die gleiche Beobachtung.

Ist es krankhafte Einbildung von mir oder sind auch die Vorgesetzten von ähnlichem Hautjucken geplagt wie ich selbst? Madame Bourgois hat sich frühzeitig empfohlen. Nach ihrem Weggehen wird die Unterhaltung freier und burschikoser. Die neuesten Schützengrabenwitze werden zum Besten gegeben, und viele Witze sind eindeutig. Es wird feste gekneipt. Den zehn Flaschen sind weitere zehn gefolgt, und der Wein macht redselig und frei.

Ich bin mäßiger im Trinken gewesen als die Tischgenossen. Jetzt mache ich die einwandfreie Beobachtung: Je weinseliger die Anwesenden werden und je freier der Ton der Unterhaltung wird, umso auffälliger jucken sich die Herren bald hier, bald dort. Dem jungen Kompagnieführer scheint der schwere Rotwein rasch und wirksam zu Kopf zu steigen. Er schimpft auf die Infanterie und wird rührselig, wenn er der Schönheit der Kavallerie gedenkt. Plötzlich wendet er sich mit lauter Stimme an die Tafelrunde: „Nun ratet alle einmal, was ich gestern erjagt habe, ohne Gewehr und ohne Jagdhund?" Die Tafelgäste machen bedenkliche Mienen und legen sich eine verschämte Zurückhaltung auf. Dann lallt von Udet weiter: „Natürlich kann kein Mensch erraten, dass ein aktiver Leutnant eines feudalen Dragonerregimentes, der zur Infanterie abkommandiert wurde, ordinäre Kopfläuse gefangen hat!"

Dies Bekenntnis wirkt wie eine Erlösung. „Ich melde gehorsamst", brüllt Leutnant Lörsch: „Auch ich habe Läuse und bereits fünf Muttertiere dieses gemeinen Ungeziefers gefangen." „Nun ich habe welche, auch ich, und ich und ich", rufen alle wild durcheinander.

Mein Minderwertigkeitsgefühl schwindet. Wenn die Offiziere Läuse haben, brauch ich mich meiner Läuse nicht zu schämen. Leutnant Fahrenheid, der aus dem Ersatzbataillon zu uns gekommen ist, will von Kameraden, die in Russland verwundet wurden, näheres über die Läuseplage gehört haben. Es wird lebhaft darüber gestritten, ob es sich um Kopfläuse handelt; Leutnant Fahrenheid behauptet, es seien Kleiderläuse. Zum ersten Mal hören wir den Namen der Quälgeister, die von jetzt ab unseren Leidensweg durch lange Kriegsjahre begleiten werden.

Als am nächsten Morgen die Kompagnie angetreten ist, befiehlt der Kompagnieführer: „Wer Läuse hat, der trete vor!" Die Gesichter verzerren sich, hie und da grinst ein Soldat. „Na", sagt der Kompagnieführer, „ihr braucht euch nicht schämen, ich habe selbst Läuse, alle Herren Zugführer haben Läuse, und ihr werdet sicher auch verlaust sein." Ein Lachen und Murmeln geht durch die Reihen und dann tritt die ganze Kompagnie einen Schritt vor.

Es ist ein Leben wie in der Garnison. Man exerziert. Die Apelle jagen sich. Schießübungen werden abgehalten, und die Disziplin kommt auf ihre Kosten.

Schon drei Wochen lang sind wir in Le Chesnes. Das Gerücht geht um, dass der Krieg bald zu Ende sei. Keiner will so recht daran glauben. Und doch glimmt in einem Winkel des Herzens ein Fünkchen ferner Hoffnung, dass ein Wunder geschehen möge, das den Krieg beendet. Dieser Hoffnungsfunke ist ein unschätzbares Gut für den Soldaten. Würde dieser Funke erlöschen, so wären wir Verdammte, die die Verzweiflung irrsinnig werden ließe oder tötete.

Die Tage von Le Chesnes haben den Hoffnungsfunken entfacht. Vielleicht, vielleicht geschieht das Wunder und wir brauchen nicht mehr nach vorn, vielleicht erleben wir hier das Ende des Krieges – vielleicht!

Doch eines Tages werden wir von einem mächtigen, rollenden Gewummer geweckt, das von der Front kommt. Bis zum Mittag hat sich die Kanonade so verstärkt, dass alle Fenster klirren. Alle Fröhlichkeit ist hin. Vorgesetzte und Kameraden werden schweigsam und wortkarg. Jeder hat mit seinen Gedanken zu tun. Der Krieg greift nach uns und wird unser Schicksal bestimmen. Die Hoffnungsflamme brennt herunter bis zum verlöschenden Funken. Und gegen 4 Uhr haben wir die Gewissheit. Die Franzosen haben in der Champagne einen Großangriff gewagt. Die Winterschlacht in der Champagne hat begonnen.

Am Spätabend ist Alarm. In großer Eile werden die Tornister gepackt. Ich nehme Abschied von Madame Bourgois. Der Abschied geht der alten Dame nahe. „Pauvre garçon", murmelt sie immer wieder, und als ich ihr meinen Dank stammelte, geschieht etwas Unerwartetes. Die Augen der Greisin werden feucht, und jetzt nimmt sie meinen Kopf in ihre zitterigen, welken Hände und küsst mich auf beide Wangen.

„Pauvre garçon!" – Ich weiß, die alte Französin küsst nicht den Feind, sie küsst die Krieger aller Nationen. Sie küsst eine Generation jugendfrischer Männer, die bestimmt sind, von der kalten Faust des Krieges gewürgt zu werden. Und dieser Kuss der alten Französin wird zum Segen meiner fernen Mutter.

Das Bataillon ist angetreten. Feiner Sprühregen fällt vom trostlos grauen, sternenlosen Nachthimmel. Das Bataillon setzt sich in Marsch. Ein betretenes Schweigen marschiert in den Reihen mit, Le Chesnes und seine bescheidenen Lichttage versinken in Nacht und Nebel. Wir marschieren gegen Westen auf einer jener Straßen, die, wie alle hier in Nordfrankreich, zur Front führen. Und vorn wummert die Kanonade, ohne Unterbrechung, mitleidslos.

Hinter der Front

Ein Landsknechtschicksal hat es gut mit mir gemeint. „Die 7. Kompagnie stellt einen Gefreiten zum Friedhofskommando in Ripont", heißt der Bataillonsbefehl, der für mich von ungeheurer Tragweite werden soll. Ich bin der glücklich Abkommandierte. Glücklich? Es ist ein seltsames Gefühl, als ich von den Kameraden Abschied nehme. Ich weiß, man gönnt mir den „Druckposten" und doch ist der innerste Wunsch der Kameraden, an meiner Stelle zu sein, so groß, dass er aus ihren Augen springt und mir zum wortlosen Vorwurf wird. Während die anderen in Not und Tod zur Front müssen, soll ich mich in Sicherheit wiegen? Ich komme mir minderwertig vor. Ich schelte mich feige und unkameradschaftlich. Jetzt erst beim Abschiednehmen spüre ich, wie fest die Bande der Kameradschaft sind, die mich mit meinen Leidensgefährten verbinden.

Es ist mir, als versündige ich mich gegen die beschworene Treue. Und doch ist der Selbsterhaltungstrieb stärker als die Bedenken. Als bei Anbruch der Dämmerung die Kompagnie zur Front abmarschiert, werden meine Augen nass, und ich schleiche davon wie ein Mensch, der im Begriffe ist, etwas Schlechtes zu tun.

*

Seit acht Tagen betätige ich mich in meinem neuen Wirkungskreis. Der Leiter des Friedhofkommandos ist ein magenkranker, älterer Feldwebel vom Regiment 65 mit Namen Eulner. Ihm untersteht der Soldatenfriedhof in Ripont. Der Friedhof liegt zwar im Bereich der feindlichen Geschütze; doch nur selten findet eine Granate den Weg zu uns und den von uns betreuten Toten. Man muss es gestehen, die Preußische Heeresleitung ist unerreicht im Organisieren.

Wohl über tausend Einzelgräber reihen sich auf unserem Friedhof. Mit der Schnur wurden diese Gräber gerichtet. In Reih und Glied, wie bei der Paradeaufstellung eines Regiments, liegen hier die Toten, militärisch geordnet.

Das Kommando besteht aus dem Leiter, zwei Tischlern, die die einfachen Holzkreuze zimmern, einem Anstreicher, der die Aufschriften auf den Kreuzen malt, zwei Schauflern, die die Erde bewegen, und mir als Grablistenschreiber. Seit die Winterschlacht tobt, ist die Kopfzahl des Kommandos verdoppelt worden.

Unser Kundenkreis sind die Toten. Den größten Anteil stellt der Verbandsplatz Ripont. Die Hälfte der übrigen Toten sind Artilleristen, die weit entfernt vom ersten Kampfgraben gefallen sind. Infanteristen finden ihren letzten Gang zu uns nur dann, wenn sie auf den Annäherungswegen zur Front gefallen sind. Die Kämpfer der ersten Linie müssen meist auf organisierte Bestattung verzichten. Zu viele fallen in den Kampfgräben, und der Transport bis zu uns ist aus vielen Gründen unmöglich. Der Frontkämpfer wird dort verscharrt, wo der Kriegertod ihn ereilt. Obschon nur ein Bruchteil der Gefallenen durch unser Kommando beerdigt wird, arbeiten wir bis zur Erschöpfung. Bisher erhielt jeder Gefallene seinen roh gezimmerten Sarg. Seit Tagen hat sich die Zahl der Leichen so erhöht, dass es unmöglich wurde, auch nur einen Bruchteil der primitiven Kästen herzustellen.

Feldwebel Eulner trägt sich schon mit dem Gedanken, Massengräben auswerfen zu lassen. Obschon die Schaufler in den letzten Tagen bis zur Ermattung gearbeitet haben, ist es nicht gelungen, genügend Einzelgräber auszuheben. Der Leichenvorrat ist seit Tagen erschreckend angeschwollen. Hundert und mehr Tote werden täglich bei uns eingeliefert.

Ich schreibe von den Opfern des Krieges wie von einer Ware. Doch wie viel Seelenkämpfe, wie viel Selbstüberwindung, wie viel Aufwand von Selbstzucht war nötig, um mein „Ich" so einzustellen, dass ich mein Tun nun auffasse wie meine Kommando-Kameraden, als – „Betrieb!"

In den ersten Tagen meiner neuen Tätigkeit verweigert der Magen jede Aufnahme von Speisen. Jeder Tote war für mich der Träger eines Menschenschicksals, das mit allen Hoffnungen, mit allen Wünschen und mit allem Lieben in die Erde gescharrt wurde. Eine unbeschreibliche Wut auf die Urheber des Massensterbens fraß mir am Herzen. Doch allmählich stumpfen sich meine Gefühle ab, Gewohnheit bringt mich so weit, dass jeder Tote zur Nummer seiner Erkennungsmarke, zum uniformierten Gegenstand wird. Die verglasten Augen der toten Soldaten, die Verstümmelungen, die schauerlichen

Verrenkungen der Glieder, all die schrecklichen Bilder, die in den ersten Tagen durch meine Träume spucken, sind verblasst. Nur eine tiefe, tiefe Traurigkeit ist zurückgeblieben. Und diese Traurigkeit hält uns in ihrem Bann, wenn wir Totengräber nach schwerer Arbeit im Unterstand sitzen, der geschwängert ist von Verwesungsgeruch.

Die neue Beschäftigung hat nur eine Lichtseite. Der Tod wird uns vertraut. Wir stellen uns zu ihm gleichsam auf Du und Du. Wir erkennen die letzten Dinge, und es dämmert bei uns die Gewissheit, dass wir Soldaten des Weltkrieges nur den einen Endzweck haben, teilzunehmen an dem großen Sterben. Hoffnungslos müssen wir warten, bis wir selbst an die Reihe kommen.

Und während Freund Hein ständiger Gast unserer Gedanken ist, donnern auf den Höhenzügen der Champagne die Kanonen, rattern die Maschinengewehre und rollt das Schützenfeuer. Tag und Nacht arbeitet die Kriegsmaschine und schafft dem Friedhofskommando neue Arbeit.

*

Das trostlose Einerlei dieser Friedhofstage wird für mich nur unterbrochen, wenn meine Kompagnie in Ruhe kommt. Das Bataillon wurde bei Cernah am Kanonenberg eingesetzt und hat gleich in den ersten Tagen große Verluste gehabt. Heister hat mich zweimal besucht. Für Stunden habe ich Urlaub genommen, und wir haben Spaziergänge gemacht. Heister ist nicht klein zu kriegen. Sein angeborener Humor siegt über Todesnot und Strapazen.

Er hat durch seinen Bruder, der einer Munitionskolonne angehört, unseren gemeinsamen Freundinnen Arlette und Eve Grüße überbringen lassen, die liebevoll erwidert wurden. Das harmlose Erlebnis mit den beiden Mädchen am Kanal von Le Chesnes ist in Heisters Phantasie zu einer Begebenheit von überragender Bedeutung geworden. Er gefällt sich darin, phantastische Gedankengänge in Worte zu kleiden. Die Geschlechtsnot der Soldaten macht sich bei ihm besonders bemerkbar. Heister hat brennend feurige Wünsche, trotz Krieg und Massentod. Auch das Stahlbad des Krieges kann diese Wünsche nicht wegspülen. In späten Kriegstagen haben sich Heisters Wünsche erfüllt. Er hat Arlette wiedergesehen, aber unter Umständen, an die wir heute unmöglich denken konnten.

Schon seit Wochen werden die Toten in Massengräbern beigesetzt. Ich führe gewissenhaft meine Listen. Die Massengräber werden mit großen lateinischen Buchstaben bezeichnet. Meine Eintragungen befassen sich bereits mit dem Massengrab „K". Mir liegt die Pflicht ob, den Angehörigen eines jeden von unserem Kommando bestatteten Kameraden eine kurze Mitteilung mit der Feldpost zukommen zu lassen, die besagt, dass ihr Anverwandter seine letzte Ruhestätte auf dem Heldenfriedhof Ripont gefunden hat. Diese Mitteilung ist in einem Falle für mich die Ursache einer peinlichen Begebenheit geworden.

Feldwebel Eulner ist gestern in der Frühe für einige Tage zum Armee-Oberkommando nach Bouzier gefahren und hat mir seine Stellvertretung übertragen. Kaum habe ich mein Tagewerk begonnen, als die französische Artillerie ihre feurigen Morgengrüße nach Dorf Ripont schickt. Schwarze Rauchfahnen stehen über den Trümmern des Heidedorfes. Eine zweite Salve kommt unserem Friedhofe, der am Südausgang Riponts liegt, bedenklich näher. Kaum hat sich das ganze Kommando in den „Heldenstollen" geflüchtet, als die nächste Geschosslage in unmittelbarer Nähe krepiert. „Da hat's in unseren Friedhof eingehauen", meint der dicke Anstreicher. Eine letzte Geschosslage rollt über uns hinweg und schlägt in der seitlich von uns gelegenen „Küchenschlucht" ein, und der „Morgensegen" ist vorüber. Doch welche Verwüstungen haben die Granaten auf unserem Friedhof angerichtet! Eine schwere Granate ist mitten im Massengrab „B" krepiert. Es ist wohl eine Granate mit Spätzündung gewesen. Ein vier Meter tiefes Loch gähnt dort, wo noch vor Minuten das wohlgepflegte Massengrab gewesen. Die Leiber der Toten müssen in Atome zerfetzt sein. Vereinzelte Körperteile, Fleischfetzen und klebrige Hautstücke liegen um das Granatloch. So gut wie nur möglich werden die Reste der Kriegstoten ein zweites Mal begraben, und in einigen Stunden hat Massengrab „B" wieder seine alte Form.

Gegen Mittag haben wir einen sonderbaren Besuch. Auf der holprigen Landstraße kommt ein Armeeauto angefahren und hält am Eingang unseres Kommandounterstandes. Gelenkt wird der graue Wagen von einem Soldaten der Kraftwagentruppe. Dem Innern des Wagens entsteigt ein alter, feiner Herr in Zivil, eine so ungewohnte Erscheinung, dass wir dieses Lebewesen anstaunen wie eine überirdische Erscheinung. Schräg über das zusammengeklappte Verdeck ragt ein schwerer massiver Eichenholzsarg hinaus. Der weiter verfügbare Raum ist mit Paketen angefüllt.

Der alte Herr wünscht den Leiter des Kommandos zu sprechen. Ich stelle mich als Stellvertreter des abwesenden Kommandoführers vor.

Mit dem Besuch hat es folgende Bewandtnis. Der Zivilist ist der Generaldirektor eines großen Werkes der Rüstungsindustrie im Ruhrgebiet. Sicher hat er gute Beziehungen zur Heeresleitung, denn nur durch solche kann ein Nichtsoldat die Erlaubnis bekommen, bis in die Feuerzone vorzudringen.

Der Herr zeigt einen Ausweis des Generalkommandants unserer Heeresgruppe vor, der für das Friedhofskommando den Befehl enthält, dem Herren Generaldirektor die irdischen Reste seines einzigen, in der Champagne als Artillerieoffizier gefallenen und laut unserer eigenen Mitteilung auf unserem Friedhof begrabenen Sohnes zu übergeben. Der tote Sohn soll in seine Heimat überführt werden, um an der Seite seiner Mutter eine letzte Ruhestätte zu finden.

Die Fronteindrücke haben den alten Herrn schwer mitgenommen. Er ist kaum im Stande, seine Bestimmungen über die mitgebrachten Liebesgaben zu treffen.

Ich bitte meinen Besuch, es sich in unserem halbdunklen Bürounterstand so bequem zu machen, wie es unter den gegebenen Verhältnissen möglich ist. Seufzend lässt der alte Herr sich auf einer der ungehobelten Bänke nieder. Ich nehme das Offiziersgräberverzeichnis zur Hand und suche im Einzelgrabregister nach dem Namen des gefallenen Sohnes. Zwei, dreimal lese ich die langen Reihen durch, ohne den Namen finden zu können. Verstohlen nehme ich das Verzeichnis der Massengräber zur Hand und brauche nicht lange zu suchen. Hier ist vermerkt „Oberleutnant der Artillerie und Batterie und des Artillerieregiments, begraben im Massengrab B., an dem und dem Tage." – Was soll ich dem armen Vater sagen? Soll ich ihm sagen: „Die irdischen Reste ihren gefallenen Sohnes wurden vor einigen Stunden von einer feindlichen Granate ein zweites Mal zerfetzt? Sie können die Reste in ihrem Taschentuch mit nach Hause nehmen. Eine Bürgschaft dafür, dass diese Reste wirklich von ihrem toten Sohne herrühren, kann ich natürlich mit dem besten Willen nicht übernehmen."

Ich schaue in das Antlitz des Greises. Ich sehe die traurigen Augen des schwer geprüften Mannes. Ich weiß, der da vor mir sitzt, hat eine weite Reise gemacht, um seinen toten Sohn zu holen. Es wird ihm ein Trost sein, wenn er sein Liebstes mit zur Heimat nehmen kann, um es der Heimaterde anzuvertrauen und täglich an dem Grabe zu beten oder stille Einkehr im Zwiegespräche mit dem toten Sohn zu halten.

Nein, dem armen Vater die Wahrheit zu sagen, das bringe ich nicht fertig. Während ich so tue, als suche ich in der Gräberliste weiter, zermartere ich mein Gehirn, um einen rettenden Ausweg zu finden. Vorsichtig erkundige ich mich, ob der mitgebrachte Eichensarg, einen Zinksarg enthalte, der zugelötet werden kann. Der alte Herr bejaht meine Frage und erklärt mir, dass er Blei, Lötlampe und Bolzen mitgebracht habe.

Ein Gedanke, absurd und dennoch die einzige Rettung, nimmt von mir Besitz. Ich werde zum Betrüger werden, wenn ich diesen Gedanken zur Tat werden lasse. Man hat gestern von der Front einen gefallenen Artilleristen bei uns eingeliefert. Aus dem Waffenrock ragt ein blutiger Halsstumpf hervor. Die Brust ist zerschmettert und die Erkennungsmarke fehlt. Es ist ein unbekannter Soldat, der für sein Vaterland gestorben ist. Ist es ein Verbrechen, wenn ich diesen Soldaten in den Sarg lege? Ob der unbekannte Soldat in einem Massengrab im Feindeslande oder in geweihter deutscher Erde ruht, ist im Grunde genommen einerlei. Und dem armen Vater ist geholfen. Ich kann ihm mit dem besten Willen nicht seinen toten Sohn geben, so gebe ich ihm doch ein würdiges Symbol an Stelle seines Sohnes. Was ist moralischer, diese Unterschiebung oder die hässliche, trostlose Wahrheit? Und leben wir nicht in außergewöhnlichen Zeiten, die einen außergewöhnlichen Moralbegriff gezeitigt haben?

„Sie werden meinen Sohn doch in ihrer Liste finden", fragt jetzt der alte Herr und sieht mich mit ängstlichen Augen an.

Und dieser Angstblick entscheidet meinen Kampf und schlägt alle Bedenken nieder.

„Ja, mein Herr, ich habe den Namen ihres Sohnes gefunden. Ich werde sofort alles in die Wege leiten. Nur habe ich eine dringende Bitte. Versprechen Sie mir, hier zu warten, bis wir die Umsargung vorgenommen haben. Ihr Sohn ist vor vierzig Tagen gefallen! Halten Sie Ihren Sohn im Gedächtnis, so wie Sie ihn zuletzt sahen, als er begeistert in den Kampf fürs Vaterland gezogen ist."

Dringlich habe ich besprochen und bin beglückt, als der alte Herr sich willensschwach der Bitte fügt. Rasch ziehe ich den dicken Anstreicher ins Vertrauen. Wir nehmen den Zinksarg und tragen ihn in die Leichenbaracke. Dann entkleiden wir den toten Artilleristen und legen ihn in den Sarg. Mein Kommandokamerad, der dicke Anstreicher, ist ein Tausendkünstler. Nach einer Stunde ist der Sarg zugelötet und der Zinksarg im Holzsarg fest verschraubt. Als der alte Herr mit bewegten Dankesworten von uns Abschied nimmt und uns fürstlich beschenkt, schlage ich meine Augen nieder, und ich fühle die Schwere der Verantwortung.

Seitdem sind 24 Stunden verstrichen. Ich habe in der letzten Nacht keinen Schlaf gefunden. Habe ich recht gehandelt? Habe ich Unrecht getan? Gewissensbisse quälen mich. Ich sinne und sinne, ich kann mir keine Antwort geben.

Ein Klopfen an der Tür reißt mich aus den zweifelvollen Gedanken und erinnert mich an meine Pflichten. Draußen stehen zwei junge Soldaten. Jeder trägt einen Strauß frisch gepflückter Osterkätzchen. Sie wünschen von mir zu wissen, wo einer ihrer toten Kameraden ruht. Auf seinem Grab wollen sie die Sträuße niederlegen.

Ich finde rasch den gewünschten Namen und führe die beiden Soldaten selbst zum Grabe des gefallenen Kameraden. Und ich sehe, dass viele Gräber geschmückt sind von liebenden Händen. Manches Grab trägt schlichte Kränze aus Tannengrün. Andere Gräber sind mit weißen Steinchen, die Kreuze und naive Ornamente zeichnen, geschmückt. Auf anderen Gräbern stehen Miniaturgrabsteine, die aus dem Kreidestein der Champagne mit dem Taschenmesser geschnitzt wurden.

Der grausige Krieg hat die Liebe nicht morden können. Über Grauen und Tod triumphiert die Liebe der Menschen.

Und jetzt fühle ich, dass meine gestrige Tat dieser Liebe entsprungen ist, dass ich nichts Unehrenhaftes getan habe, dass die Menschheit ohne diese mitfühlende Liebe verloren ist. Befreit von gewissen Zweifeln verlasse ich den Friedhof.

Es ist Abend. Dort, wo wir den Argonner-Wald vermuten, lagern gelbrote Streifen am abendlichen Himmel, während schwarze Wolken sich über den Höhenzügen der Champagne ballen. Bald legen sich Schattenschleier über Freund und Feind. Das Dunkel der Nacht ist ein Freund der Soldaten. Wie lichtscheues Nachtgetier kommen sie heraus aus den Erdlöchern. Die Totenstarre des Stellungskrieges lockert sich. Die Fronten beleben sich. In langen Kolonnen bewegen sich die Munitionstransporte zur Front. Dampfende Gulaschkanonen verlassen die Gefechtsbagage und fahren bis dicht hinter die ersten Linien. Schanzkommandos marschieren frontwärts. Verwundete benutzen den Schutz der Nacht, um ihre zerschundenen Glieder in Sicherheit zu bringen.

Die Nacht ist für die Kämpfer Lebensnotwendigkeit, wie Speise und Trank. Von nah und fern dringen unergründbare Geräusche aus dem nächtlichen Dunkel. Nie werden wir Frontsoldaten die Kriegsnächte vergessen.

Doch auch Lichter geistern aus dem Dunkel. Den Lageplan der ersten Linie erkennt man in der Nacht besser als am Tage. Dort, wo das Niemandsland die beiden Fronten begrenzt, steigen die Leuchtraketen hoch. Die französischen schweben minutenlang gleich hell weißen Sternen auf pechschwarzem Grund; die Deutschen beschreiben einen hohen Bogen aus rötlichem Licht, gleich Kometen, die aus dem Dunkel steigen, dann hell aufglänzen, um bald zu erlöschen.

An den Abhängen der Kreideberge haben sich die deutschen Reserven eingegraben. Aus den bescheidenen Luftluken oder Türfenstern der gepflegten Unterstände beleben tausende von Lichtscheinchen das tote Schwarz der Nacht.

Ein ahnungsloser Wanderer könnte glauben, ein gigantisches Feuerwerk werde abgebrannt, und man habe die steilen Bergabhänge festlich erleuchtet. Und die vielen, vielen Lichter sind etwas Tröstliches für uns, etwas, das uns, ganz unbewusst, behutsam und zart, froh macht.

Wir wissen, dort hinten im Reich des Todes, wo die Lichter brennen, und dort, wo die Leuchtraketen stehen oder ihre

Bahnen ziehen, befinden sich noch Menschen, die sich gegen den Tod wehren. Und ihre Lichter beleben das dunkle Schattenreich des Todes.

Und solange die Nacht währt, lösen sich die Schattengestalten marschierender Bataillone aus dem Dunkel der Frontnacht. Man erkennt nicht die Formationen, man sieht nicht Form und Farben, man kann nur ahnen, dass diese dunklen Schattenbilder Menschen sind, junge Menschen aus Fleisch und Blut, deutsche Menschen, denen jeder einzelne ein unbekanntes Schicksal trägt. Wie viel Liebe und Sorge, wie viel Geist edelster Kameradschaft, wie viel Menschlichkeit marschiert mit diesen unbekannten Bataillonen der Nacht? Sie kommen aus dem Dunkel, man weiß nicht, woher, und sie werden vom Dunkel verschluckt, ohne dass man weiß, wohin sie marschieren. Das Grau in Grau der Nacht zeigt ein Bild unfassbarer Einheit, ein Bild von gigantischer Größe.

Doch wenn am Morgen das fahle Licht des jungen Tages den Kampf mit dem Schatten der Nacht aufnimmt, erlischt das nächtliche Leben wie ein Spuck, der von der Sonne fortgeblasen wurde, und das Frontland erstarrt wieder, und der Tod greift wieder nach dem sichtbaren Menschen um im Gottelicht des Tages Leben, Form und Farbe zu vernichten.

Ja, die Frontnacht ist ein Freund des Soldaten, und der Frontsoldat des Weltkrieges wird sie nie vergessen können, und würde er tausend Jahre alt.

*

Heister ist von einem mehrtägigen Kommando zurückgekehrt und hat mich besucht. Sobald es dunkelt, soll er zurück zur Kompagnie, die mit dem Bataillon Eupen-Malmedy auf dem Hochplateau am Kanonenberge liegt. Heister hat mir erzählt, wie das Bataillon die schweren Angriffe der Franzosen in der „Winterschlacht in der Champagne" überstanden hat. Viele Kameraden sind gefallen. Andere verwundet oder gefangen. Eine aus dem Regiment neu formierte Minenwerfer-Abteilung ist vom Franzmann bei dessen wütenden Angriffen überrannt und gefangen genommen worden.

Das Bataillon hat sich tapfer geschlagen. Nach kleinen Anfangserfolgen ist der Großangriff der Franzosen gescheitert. Aber viele, viele unscheinbare Kreidehaufen wölben sich über die zerfetzten Kameraden.

Heister macht einen zerfahrenen, nervösen Eindruck. Immer deutlicher wird es mir klar, dass der sonst so tapfere, lustige Heister von der Krankheit der „Frontangst" gepackt ist. Obschon es dunkel ist, will er noch immer nicht Abschied nehmen. Er wird immer wortkarger und stiert auf seine Stiefelspitzen. Er ringt mit einem schweren Entschluss. Plötzlich schaut er mich mit leerem Blick an und meint im Flüsterton: „Du, Paul, ich werde heute noch nicht zur Kompagnie zurückgehen. Weißt Du, ich habe so eine blöde Angst!"

Dann springt er von der Kiste hoch, auf der er bis jetzt gesessen hat, und schreit mich an: „Du, ich kann heute nicht nach vorne gehen. Wenn Du mein Kamerad sein willst, lass mich hier bei Dir. Hörst Du, ich kann einfach nicht!" Ich kenne das. Ich weiß, Heister ist einer unserer Tapfersten. In hundert Fällen ist seine Tapferkeit, seine Zuverlässigkeit als Feldsoldat erprobt.

Ich weiß aus Erfahrung, diese Frontangst ist eine Angelegenheit der Nerven. Dieser Gemütsdruck hat mit Feigheit nichts zu tun. Heister hat einige Tage der Ruhe im Pionierpark genossen, wohin er aus der Front abkommandiert war. Während dieser Tage der Sicherheit und Ruhe hat die ungeheuere Nervenanspannung des Lebens in der Kampflinie nachgelassen, und jetzt sträuben sich die ausgeruhten Nerven gegen die unnatürliche neue Anspannung. Ich rede Heister mit beruhigenden Worten zu. Ein nervöses Zittern befällt seinen Körper. Zaghaft bittet Heister: „Begleite mich nach vorn. Wenn ich oben bei den Kameraden bin, wird alles gut sein!" Diese Bitte rührt mich. Heister hat den Kampf mit seinen Nerven und mit seiner Angst aufgenommen, und ich wäre kein guter Kamerad, wenn ich ihm jetzt nicht hilfreich beispringen würde.

„Gemacht, altes Haus", erkläre ich. „Wir wollen mit der Küche nach vorne gehen." Heister ist wie ausgewechselt. Er bepackt sich mit dem Tornister, hängt sich zwei „Fresssäcke", die durch eine Kordel verbunden sind, um den Nacken, während ich seine Knarre trage.

Wir wandern zur Küchenschlucht, wo wir abmarschfertig die vier Küchen des Bataillons und vier bepackte Brotkarren vorfinden. Unweit der Küchen warten vier Gruppenkolonnen junger Soldaten, Ersatz, der zur Front geführt wird. Die blutjungen Soldaten schauen mit erwartungsvollen Augen. Die meisten von ihnen sind schweigsam. Nur wenn eine schwere Granate an der nahen Front einschlägt, zucken sie zusammen. Es wird ihnen bewusst, dass etwas unbekannt Schreckliches ihrer auf jenen nahen Todeshöhen wartet. Wie begeistert sind wir vor Monaten – oder sind es schon Jahre – in den Krieg gezogen! Die quälende Ungewissheit, die Angst vor dem Untier, das seine Krallen nach ihrem Leben ausstreckt, sitzt den jungen Soldaten im Genick, färbt ihre Gesichter grau und macht sie betreten und schweigsam. Nur ein pausbäckiger, dicker Kölner Junge redet laut in einem fort. „Dat birsche knalle do vör, soll dat nu de ganze Krieg sinn? Wart mer ihr Franzosebister, bis dat ich üch an die Schwat kumme." Der kleine Dicke spektakelt und renommiert großmäulig. Er ist eine jener Typen, die sich die Angst selbst ausreden. Das Bataillon hat einen alten Unteroffizier zur Gefechtsbagage geschickt, der den Ersatz in Empfang nehmen soll. Wohlwollend unterrichtet er die jungen Leute, wie sie sich auf dem Hinmarsch zur Front verhalten sollen. Er lehrt sie, wie sie sich bei einer Beschießung der Annäherungswege zu benehmen haben. Während alle anderen Ersatzleute schweigsam den Äußerungen ihres Führers lauschen, hat der kleine Dicke nur ironische und dummdreiste Fragen. Er ist nicht kleinzukriegen und prahlt noch weiter, als der Unteroffizier endlich meint: „Na, mein Jungchen, dein Großmaul wird bald gestopft sein."

Jetzt erscheint hoch zu Ross der Bagageführer und die Karawane setzt sich in Bewegung. Der Weg führt durch das Dorf Ripont. Die Umrisse zerschossener Häuser heben sich als schwarze Silhouetten aus dem Halbdunkel der einbrechenden Dämmerung. Die Dormoise wird überschritten, und dann geht's in raschem Tempo aufwärts, auf ausgetretenem Pfade zum Hochrücken, der Front entgegen. Es ist vollends dunkel geworden. Ein feiner Nebelregen hat eingesetzt. Man hört nur das Poltern und Ächzen der Räder, hie und da das Schnauben der Pferde und das Keuchen der Soldaten, die, schwer bepackt, auf dem glitschigen Boden sich mühsam fortbewegen. Nur die Stimme des redseligen Kölners unterbricht die Eintönigkeit der Marschgeräusche.

Ich unterhalte mich leise mit Heister. Wir sprechen von der Heimat, von Frauen und von tollen Streichen. Der Krieg wird mit keinem Wort berührt, und doch weiß ich, dass es meinem Kameraden wie mir selbst ergeht und jedem alten Frontsoldaten, sobald er in den Bereich der Feuerlinie kommt. Unbewusst stellt der unentdeckte sechste Sinn des Frontsoldaten sich ein. Jeder Nerv ist gespannt und auf Abwehr eingestellt. Das Gehör verfeinert sich bis zu unerhörter Vollkommenheit. Das Auge durchdringt das Dunkel und erkennt schützende Granattrichter, den nahen Laufgraben oder den lichtschwachen Flackerschein ferner Mündungsfeuer, wo das Auge des normalen Menschen nur schwarze Nacht sieht. Man fühlt die nahende Gefahr, auch wenn man sie nicht sieht oder hört. Der Körper wird elastisch, sprungbereit, bereit, im Bruchteil einer Sekunde sich hinzuwerfen, wenn ein feindliches Geschoss in der Nähe einhaut; nach links zu rennen, wenn auf der rechten Seite eine Mine heranbraust, die geschleuderte Handgranate, die in nächster Nähe niederfällt, aufzuheben und feindwärts zu werfen, bevor sie krepiert ist. Geist, Sinne und Körper bilden eine Einheit der Abwehr. Der Instinkt des Urmenschen, der in riesigen Wäldern, umlauert von tausend Gefahren der Natur und umschlichen von blutlechzenden Wildtieren, einen ständigen Kampf ums nackte Überleben führen musste, er hat seine Wiedergeburt im Frontsoldaten gefeiert. Die Theorie vom Anpassungsvermögen des Menschen wird glänzend bewiesen. Dieses nie gekannte, ungeheuer gesteigerte Wachsein, diese Ahnung naher Gefahr hat sich zu einem neuen Sinn beim Frontsoldaten ausgewachsen.

Je näher wir der Front kommen, umso mehr ist das Gelände belebt. Wir marschieren vorbei an schanzenden Abteilungen. Wir begegnen abgelösten Truppen.

Die Front ist ungewöhnlich ruhig, nur ab und zu hören wir den Knall vereinzelter Schüsse. Weit rechts rattern Maschinengewehre, und bollert das Geschützfeuer. In unserem Frontabschnitt schweigt das Feuer der Artillerie. Jetzt teilen sich die Feldküchen und Brotkarren. Heister und ich schließen uns der Küche der 7. Kompanie an. Die Kompanie hat den Unteroffizier Buchmann entsandt, den Transport zu führen. Er verbietet, Licht zu machen und jedes laute Sprechen.

So ist auch der dicke Kölner, der unserer Kompagnie zuge-
teilt wurde, zum Schweigen verurteilt. Bald haben wir die Reservestellung erreicht. Heister und ich werden von den Kameraden freudig empfangen. „Was will denn der Totengräber
hier vorn?", fragt Leutnant Lörsch, und da ich ihm den wahren
Grund meines Hierseins verschweige, hat er nur ein verständ-
nisloses Kopfschütteln für mich.

Der dritte Zug, zu dem Heister gehört, liegt in der Reservestellung, und ich könnte mich jetzt verabschieden und den
Rückmarsch antreten. Ich beschließe jedoch, solange zu bleiben, bis ich mit der Küche gemeinsam den Rückmarsch antreten kann. Ich halte es für besser, da ich diesen Abschnitt der
Front nicht kenne und mich leicht verlaufen könnte. Aus der
ersten Linie sind die Essenholer bereits angetreten.

Max, der Küchenbulle, schöpft fleißig Stacheldraht, wie
die Dörrgemüsesuppe hier genannt wird, in die Kessel der
Essenholer. Dann treten der Reservezug und die neuen Ersatzleute zum Essenholen an. Der kleine Kölner ist geradezu ausgelassen. Er macht faule Witze, und findet, dass dieser
„Krieg um Dunkel" eine spaßige Sache sei.

Da knallen im nahegelegenen Kampfgraben auf der anderen Seite des Höhenrückens plötzlich Gewehrschüsse.
Leuchtraketen zischen hoch, Maschinengewehre rattern, der
Teufel ist los! Wie wir später erfahren, hat eine starke französische Patrouille einen Gewaltvorstoß auf unsere Horchposten
unternommen. Rechtzeitig ist die gewaltsame Erkundung
erkannt worden und im deutschen Maschinengewehrfeuer
zusammengebrochen. Es handelt sich um ein Unternehmen,
wie es sich täglich auf der langen Front von der Nordsee bis
zur Grenze der Schweiz wiederholt und in den Heeresberich-
ten kaum Erwähnung findet.

Die feindliche Artillerie unterstützt das Unternehmen
durch einen Feuerüberfall. Sie belegt die deutsche Kampfzo-
ne mit Granaten und Schrapnells. Die erste Lage der feindlichen Geschosse haut unweit unserer Gulaschkanone ein.
Ein Regen von Feuer, Erde und Eisen ergießt sich über die
Essenholer. Im Flackerschein der Leuchtraketen schaue ich
in das Gesicht des dicken Kölner Rekruten. Die Angst hat
ihn sprachlos gemacht. Augen und Mund reißt der junge Soldat weit auf. Das verzerrte Gesicht ist kreidig weiß. Endlich

findet er die Sprache wieder. „Du, die könne uns hier sinn (sehen), die könne uns sinn!", flüstert er mir zitternd zu, als verrate er mir ein großes Geheimnis. Das Kochgeschirr entgleitet seinen Händen, und plötzlich rennt er wie ein Besessener davon und wird von der Dunkelheit verschluckt. Erst nach Wochen bringen Feldgendarmen den schweigsam und bescheiden gewordenen Flüchtling, den sie wohl hinter der Front vagabundierend aufgegriffen haben, zur Kompagnie zurück.

Das Intermezzo mit dem Kölner Rekruten hat sich in Sekunden abgespielt. Ich haste den rettenden Unterständen der Reservestellung zu. Da! Ein feuriges Zucken der Mündungsfeuer feindwärts! Ich springe in einen Granattrichter und drücke mich platt in das schlammige Erdreich. Eine neue Geschossgabe faucht heran und krepiert mit schallendem Getöse. Sie muss mitten auf dem Küchenplatz eingeschlagen sein. Ich höre Winseln, Jammern und Schreien, und als ich vorsichtig über den Trichterrand schaue, sehe ich die zappeligen Silhouetten auseinanderrennender Menschen. Ich weiß bestimmt, in der Hauptsache sind es die jungen, unerfahrenen Ersatzleute, die zum ersten Mal ein Eisenbad kennenlernen.

Wo mag Heister sein? Kurz vor dem Feuerüberfall hat er sich von mir entfernt, um der Postordonnanz eine Feldpostkarte auszuhändigen. Noch zwei, drei Geschosslagen hauen in der Reservestellung ein.

Dann schweigt die feindliche Artillerie. Auch die Infanterie beruhigt sich allmählich, und nur ab und zu stottern die Maschinengewehre in ihrer metallenen Sprache. Ich verweile noch einige Zeit in dem Schlammloch und krieche dann heraus. Breiiger Kreideschlamm haftet nassklebrig an meinen Kleidern, an Gesicht und Händen. Vom Küchenplatz her dringen noch immer Klagelaute durch die Nacht. In kurzen Zwischenräumen wiederholen sich die Jammerlaute.

Es sind kurze, bebende Schreie, denen nie gehörte Seufzer folgen. Die Laute erschüttern mich bis ins Mark. Sie scheinen mir die Verkörperung, der tongewordene Ausdruck, all der Schrecknisse und Leiden dieses schrecklichsten aller Kriege zu sein. Ich kann sie nicht mehr hören, diese erschütternden Wehlaute und halte mir mit kotbesudelten Händen beide Ohren zu. Dann renne ich zurück zum Küchenplatz, dem auch andere hilfsbereite Kameraden zustreben. Die feindlichen Geschosse haben ganze Arbeit getan. Stumm und starr, in verkrampften Stellungen liegen fünf Soldaten in dem glitschigen Morast.

Zwei von ihnen halten die Kochgeschirre in den erstarrten Händen. Ihnen ist nicht mehr zu helfen. Einem jungen Ersatzmann ist der rechte Arm vom Rumpf abgehackt. Einem anderen ist die linke Gesichtshälfte abrasiert, aber er lebt noch und schreit, schreit mit der Stimme des Wahnsinns. Ich wende mich um und stelle fest, dass ein Volltreffer zwischen Brotkarren und Küche eingeschlagen ist. Ein Gaul der Küchenbespannung ist tot und streckt die starren Beine unnatürlich zur Seite. Dem zweiten Pferde aber sind die Beine bis zu den Kniegelenken abgehackt. Ein Granatsplitter hat dem Gaul den Bauch aufgerissen. Aus dem Riss quellen die Eingeweide hervor. Mit den blutigen Beinstümpfen schlägt das arme Tier wild im leeren Raum um sich.

Mittlerweile hat der Sanitätsdienst eingesetzt. Die Verwundeten werden auf Bahren gelegt und zum Sanitätsunterstand gebracht. Mit hilfsbereiten Kameraden bemühe ich mich um die weniger schwer Verletzten. Zu zwei Mann nehmen wir einen Beinverletzten in die Mitte, und gestützt von uns, humpelt er dem Sanitätsunterstand zu. Der Bataillonsarzt hat alle Hände voll zu tun. Er untersucht, bindet Gliedmaßen ab, pinselt Jod auf die Wundränder und gibt seinem Personal kurze Anweisungen. Die Luft im Verbandsunterstand ist geschwängert mit dem süßlichen Geruch frischen Blutes und dem Geruch chemischer Präparate. Das weiße Licht einer Acetylenlampe beleuchtet grell die bleichen Gesichter der Verwundeten.

Am Ausgang des Stollens, sehe ich dunkle Gestalten, die keuchend eine Bare niedersetzen, auf der ein Verwundeter liegt. Ich erkenne zwei Krankenträger unserer Kompanie, und der Verwundete ist kein anderer als – Heister. Mit wenigen Worten klärt mich der eine Krankenträger auf. Mitten auf dem Wege zur Reservestellung hat's Heister gepackt. Granatsplitter im Rücken.

Heister ist von einer mitleidigen Ohnmacht umfangen. Seine Augen sind geschlossen. Die Arme hängen schlaff zur Seite. Behutsam tragen wir den Verletzten die steilen Treppen des Sanitätsunterstandes hinab. Rings an den Wänden des geräumigen Unterstandes lehnen mit bleichen Gesichtern verbundene Leichtverletzte, während die Schwerverwundeten auf einer Strohschütte ein Notlager fanden.

Heister soll warten, bis die Reihe an ihn kommt. Wir setzen den verwundeten Kameraden ins Stroh. Ich hocke mich neben ihn und stütze den Oberkörper, damit die Rückenwunde nicht gedrückt wird. Schwer ruht die Last des Kameraden in meinem Arm. Jetzt geht ein Beben durch seinen Körper. Er schlägt die Augen auf und erkennt mich.

Ein Lächeln huscht über sein Gesicht. Als sein Gehirn das Bild der Umgebung erfasst, kommt ein großes Verwundern in seine Augen.

„Hast du Schmerzen?", frage ich leise. Heister schüttelt verneinend den Kopf und schweigt. Nur das Staunen in seinen Augen wird immer größer. Mit eindringlichen Worten erkläre ich meinem Freund, dass er im Rücken leicht verwundet sei. Ich versichere immer wieder, dass die Sache nicht schlimm sei.

„Bleibst du bei mir?", bittet Heister immer wieder, und mit heiligen Schwüren versichere ich meinem Kameraden, dass ich ihn nicht allein lasse.

So sitzen wir und warten, zwei Kameraden des Weltkrieges. Wortlos warten wir beide auf das Urteil des Arztes, das Leben oder Tod verkünden kann. Die Divisionskrankenwagen werden inzwischen alarmiert und gefüllt mit der traurigen Last der Schwerverletzten. Allmählich leert sich der Verbandsunterstand. Aus dem Ärzteraum bringt man einen Toten, der unter dem Operationsmesser des Arztes verblutet ist.

Dann ist als Letzter Heister an der Reihe. Wir tragen ihn auf den strohbedeckten Tisch in die Arztkabine. Sorgfältig untersucht der Bataillonsarzt die Rückenwunde. Dann meint er: „Die Sache ist halb so schlimm. Es handelt sich um einen Stecksplitter, der freilich tief eingedrungen ist. Ich verfüge hier nicht über die notwendigen Hilfsmittel. Wir werden die Sache schön verbinden, eine Spritze geben und dann dafür sorgen, dass der Gefreite so rasch wie möglich zum Feldlazarett nach Ardeuil kommt, wo alles Weitere veranlasst werden kann."

Der Arzt geht an die Arbeit. Heister beißt tapfer die Zähne zusammen und gibt bei der schmerzhaften Behandlung keinen Laut von sich. Als alles erledigt und die Wunde gut verbunden ist, wird Heister zum Vorraum getragen. Ich bleibe zurück und bitte den Arzt, mir wahrheitsgetreu zu sagen, ob die Wunde lebensgefährlich sei. Der junge Arzt verneint meine Frage mit aufrichtiger Bestimmtheit, fügt jedoch hinzu: „Voraussetzung natürlich ist, dass ihr Freund ohne Verzögerung nach Hinten kommt und noch heute Nacht im Feldlazarett operiert wird."

Der Vorraum ist leer. Fluchend kommt ein Sanitätsunteroffizier von oben und meldet dem Arzt, dass die Krankenwagen in dem Glauben, sie hätten alle Verwundete verfrachtet, abgefahren seien. Der Arzt lässt ein gehöriges Donnerwetter über sein Hilfspersonal los. Guter Rat aber ist teuer. Da fällt mir der Brotkarren unserer Kompagnie ein. Inzwischen ist er sicher abgeladen. Der Arzt ist einverstanden, dass ich mich um den Abtransport kümmern will.

Ich renne nach oben und zum Küchenplatz. Wirklich, unweit der zusammengeschossenen Küche steht noch unversehrt der Karren mit den Braunen. Der Küchenunteroffizier hat gerade die letzten Brote an die Essenholer der Züge verteilt und weiß nicht, wie er das Brotwagengespann zum Küchenplatz zurückbefördern soll, da der Fuhrmann zur Gefechtsbagage marschiert ist, um Ersatzbespannung für die toten Küchengäule zu holen. Er ist froh, als ich mich erbiete, den Karren zur Küchenschlucht zurückzubringen.

Zum ersten Mal in meinem Leben spiele ich den Fuhrmann. Ich nehme den Braunen am Kopfgeschirr, und willig folgt das Pferd meinem „Hü-Hott!" Der Karrenboden wird mit Stroh bedeckt. Wir müssen Heister auf den Bauch legen, damit der wunde Rücken nicht gescheuert wird. Dann fahre ich los.

Es hat aufgehört zu regnen. Hie und da steigt rückwärts an der Front eine Leuchtrakete hoch. Ihr Schein ist gedämpft und durchdringt nur schwach die niederfallende Nebelwand. Und doch begrüße ich froh den schwachen Schein, da ich den rechten Weg finde, wenn ich mich in der Gegenrichtung fortbewege. Den braven Gaul am Zügel, bemühe ich mich, meinen Weg geradeaus zu nehmen. Ich weiß, dass parallel mit der Front die Straße Ripont-Tahure läuft und dass ich diese Straße unbedingt erreichen werde, wenn ich mein Gefährt nach Osten lenke. Zuerst scheint mir mein Vorhaben zu gelingen. Kein Leuchtraketenschein ist mehr festzustellen, wenn ich nach rückwärts schaue. Doch stelle ich bald fest, dass die Nebelschwaden immer dichter werden. Kalt kriecht die Angst zum Herzen, dass ich in der weglosen Heide mein Ziel, die feste Straße, verfehlen kann. Angestrengt lausche ich auf das Maschinengewehr- und Infanteriefeuer, das wieder lebhaft geworden ist. Immer dann, wenn dichter Nebel die Sicht behindert, wird die Front nervös. Die aufgestellten Posten hoffen, sich durch ständiges Feuern vor Überrumpelung durch den Feind, die durch den Nebel sehr begünstigt wird, zu schützen.

Doch je mehr ich mich anstrenge, die Schallwellen des Feuers als Richtlinie zu benutzen, umso mehr narrt mich mein Gehör. Die Abschüsse dünken mir bald näher, bald weiter her zu kommen. Es knallt bald hier zu meiner Rechten, bald zu meiner Linken. Der Nebel ist so dicht geworden, dass er wie eine graue Wand vor meinen Augen steht.

Schon verschiedentlich geriet eines der Räder in einen Granattrichter. Dann höre ich Heister schmerzlich stöhnen, denn die Erschütterungen müssen meinem Kameraden Pein bereiten. Ich taste das Gelände vorsichtig mit dem Fuße ab, ehe ich mich nur einen Schritt vorwärts wage. Die Gewissheit, dass das Leben meines liebsten Kriegsgefährten davon abhängt, dass ich ihn schnell zum Feldlazarett bringe, sie bürdet mir eine Verantwortung auf, die mich bald zur Verzweiflung bringt. Ich führe das Gefährt, so schnell es nur geht, vorwärts. Und die Zeit verrinnt. Sicher bin ich schon über eine Stunde unterwegs. Das sonst in der Nacht belebte Gelände liegt stumm und leer, eingehüllt in undurchdringliche Nebelschwaden. Die feindliche Stille wirkt unheimlich. Ein Gefühl grenzenloser Verlassenheit packt mich. Ich möchte laut aufschreien, um die Stille mit dem Laut meiner Stimme zu erfüllen. Der Nebel verdichtet sich mehr und mehr. Wie ein Leichentuch schlägt er sich um meine Glieder und um das traurige Gefährt. Es dünkt mich, als torkele ich durch eine graue, zeitlose Unendlichkeit. Da glaube ich, das klapppernde Geräusch marschierender Truppen zu hören. Ich lass den

Braunen halten und horche angestrengt. Verzweiflung und Herzensnot lösen meine Zunge. Aus Leibeskräften rufe ich in das Nebelmeer hinein. Doch keine Antwort kommt aus der grauen Wand zurück. Wir bleiben Gefangene des Nebels. Das Halten aus der schaukelnden Bewegung des Karrens heraus hat Heister aufgeweckt. Leise ruft er meinen Namen. Ich taste mich zu einem der hohen Räder und klettere hinauf. Heister kann kaum sprechen. Der Blutverlust lässt seine Zähne vor Kälte klappern. „Sind wir bald am Lazarett?", fragt er mit zaghafter Stimme. „Mir ist's so kalt, und die Wunde brennt, und Durst habe ich, dass ich glaube, zu verschmachten." Ich weiß nicht, was ich meinem armen Freund antworten soll, ich weiß nur, dass ich ihm die Wahrheit nicht sagen kann. Mein Herz krampft sich zusammen, als ich ihn mitleidig belüge: „Es wird nicht mehr lange dauern, dann sind wir in Ripont, beiß die Zähne nur noch kurze Zeit zusammen, dann hast Du ein warmes Bett im Feldlazarett, ärztliche Hilfe, warmen Grog und wirst dann bald mit Deinem Heimatschuss zu Hause sein!" Ich komme mir verwerflich und verdammenswert unfähig vor, als ich erneut meinen Weg fortsetze, um den Kampf mit dieser Nebelhölle wieder aufzunehmen. Eine nie gekannte Hoffnungslosigkeit hat von mir Besitz ergriffen. Die Erkenntnis, dass ich mich verlaufen habe, und nicht mehr weiß, in welcher Richtung ich das Gefährt lenke, wird zur schrecklichen Gewissheit. Ich führe den Karren nur noch vorwärts, um Heister zu beruhigen. Die Sinnlosigkeit meines Tuns ist mir bewusst und macht mich halb irrsinnig. Dicke Schweißtropfen rinnen von der Stirn herunter und nässen ätzend meine Augen.

Verzweiflung und Angst lassen meine Kniekehlen weich werden. Nur noch automatisch bewege ich meine Beine. Ich habe nur noch den einen Wunsch, mit meinem Freund gemeinsam zu sterben. Käme nur eine Granate und löschte mich aus und spräche mich frei von der Qual dieser Verantwortung. Es dünkt mir, als wäre ich schon Ewigkeiten unterwegs und müsste noch Ewigkeiten diesen qualvollen Weg durch die dunkelgraue Hölle fortsetzen, bis ans Ender aller Tage. Und dann bete ich wieder: „Sieh Herr, zwei arme Soldaten, ein todwunder und ein bis zum Wahnsinn verzweifelter, können das rettende Ziel nicht finden. Erlöse uns aus der Gewalt des teuflischen Nebelmeeres und weise mir den rechten Weg."

Die Sehnsucht nach menschlicher Gemeinschaft, nach Sternen und Licht wird zu einem Wunschtraum von unerhörter Stärke. Jeden Begriff von Zeit und Ort haben Dunkelheit und Nebel aus meinem Gehirn hinweggewischt. Ich bin ein Ertrinkender im uferlosen Nebelmeer. Ich soll einen Schiffbrüchigen retten und kann das rettende Ufer nicht finden. Und so torkele ich weiter durch Nebel und Grauen und ziehe den Gaul hinter mir her, und haben die Vision, dass Heister bereits gestorben ist und dass ich meinen toten Kameraden in graue Unendlichkeiten führe.

Wie lange ich ziellos und planlos so durchs Gelände geirrt bin, weiß ich nicht. Plötzlich versinkt eines der Räder bis zur Nabe ins Erdreich. Mit zitternden Flanken steht der Gaul wie festgewurzelt. Die Eindrücke und das Erleben pressen sich zusammen in eine Zeitspanne von Sekunden. Vor mir sehe ich durch den Nebelschleier eine aufsteigende Leuchtrakete. Seitlich, unweit der Einbruchstelle flackert ein Lichtschein auf. Menschliche Stimmen schlagen an mein Ohr, und fast greifbar nahe rattert ein Maschinengewehr. Ein Jubel springt in mir auf. Das Leben grüßt, Lichtschein, Menschenstimmen und Maschinengewehrgeknatter.

Ich kann noch feststellen, dass das Rad in die dünne Deckung eines Unterstandes eingebrochen ist, ich kann den Kameraden, die aus dem Unterstand hervorkommen, in kurzen Worten Heisters und meine Lage erklären, dann wird es mir schwarz vor den Augen, und ich muss mich vor einer aufsteigenden Ohnmacht wehren.

Heister und ich werden von den Kameraden mit kaltem Tee gelabt. Ich stelle fest, dass sie unserem Schwesterregiment 65 angehören, und es wird mir klar, dass ich mit meinem Karren einen großen Bogen beschrieben habe, erst rückwärts, dann parallel zur Front und dann wieder frontwärts. Wir befinden uns unweit der Straße Perthes-Tahure. Ein 65er geleitet uns bis zur festen Straße, und mehr laufend als gehend erreiche ich das Dorf Tahure und von dort aus das Feldlazarett Ardeuil. Dort herrscht noch reges Leben. Auf mein Drängen wird Heister zum Operationstisch gebracht. Nach einer halben Stunde darf ich von ihm Abschied nehmen. Der große

Oberstabsarzt versichert mir, dass Lebensgefahr für meinen Kameraden nicht bestehe. Heister und ich drücken uns wortlos die Hand und schauen uns tief in die Augen. Abschiedsworte zwischen Heister und mir wären sinnlose Phrasen.

Der Krieg ist erstarrt! Die Riesenheere haben sich ineinander verbissen, ineinander verkrampft und liegen sich auf kurze Entfernung gegenüber. Die Winterschlacht hat die feindliche Front, besonders in der Champagne, der eigenen Linie vielfach auf Wurfweite nähergebracht. Ein nerventötender Zermürbungskrieg hat eingesetzt.

Wir Deutschen organisieren. Die hohen Kommandos bombardieren die kämpfende Truppe täglich mit einem Wust papierener Befehle. Der Krieg wird kasernenmäßig betrieben. Fünf Tage Schützengraben, drei Tage Ruhelager. Doch fünf Tage Schützengraben kosten dem Bataillon fünfzehn Tote und das Dreifache an Verwundeten und Kranken! Dieser starrgewordene Stellungskrieg stellt hohe Anforderungen an die Fronttruppen. Wie viel stilles Heldentum, welch namenloses Dulden und Leidertragen, wie unendlich viele Entbehrungen, welch` fast unmenschlichen Opferwillen verlangt der Stellungskrieg vom Frontsoldaten. Der Hochrücken der Champagne ist zum Golgatha der Heere geworden, die sich in den Kreidegräben gegenüber liegen.

Hier ist der Krieg ein organisiertes Morden, ein Materialkrieg, ein unpersönlicher Kampf, in dem das Einzelwesen nicht zur Geltung kommt. Der „frischfröhliche Krieg", wie wir ihn aus hurrapatriotischen Büchern der Vorkriegszeit kennen, ist für die Soldaten des Weltkrieges zum Märchen geworden. Die Tätigkeit und das Leben des Schützengrabensoldaten kennt kein Gleichnis in der Geschichte der Menschheit. Die Leibeigenschaft, das Sklaventum, das Leben der Galeerensträflinge waren ein Kinderspiel gegen die Leiden der Frontsoldaten, die durch eiserne Disziplin in der Bannmeile des Todes festgehalten wurden. In geflickten, wettergebleichten, grauen Kitteln, spärlich ernährt, als willenlose Werkzeuge despotischer Mächte von ständiger Todesgefahr umlauert, erkennt der Soldat die erschütternde Armseligkeit seines Daseins, und hasst den Krieg mit dem Hass der Ohnmacht. Wenn ein Gott käme und den Soldaten ihren freien Willen zurückgäbe, kaum ein Soldat würde in dieser Hölle bleiben!

Doch noch mehr vielleicht als den Krieg hassen die Soldaten das System der Völkerverhetzung, das ihn führt.

*

Schon längst gleicht Dorf Ripont einem Trümmerhaufen. Die feindlichen Geschütze vergrößern von Tag zu Tag ihren Angriffsbereich. Auch der Friedhof bei Ripont ist nicht mehr zu halten. Geschosse schwersten Kalibers haben die Gräber aufgewühlt. Das Friedhofskommando wird aufgelöst und der Friedhof weiter nach hinten, nach Ardeuil, verlegt und einer anderen Division unterstellt. Ich bin zur Kompagnie zurückversetzt und vertrete eine erkrankte Postordonnanz. Täglich wandere ich von der Front zur großen Bagage. Dort nehme ich die Postsachen in Empfang und marschiere zur Front zurück. Wenn auch der Weg gefährlich ist, so bin ich geradezu in meine neue Tätigkeit verliebt. Ich bin der „Postillon d'amour", im reinsten Sinne des Wortes. Wie viel Liebe fand ihren Niederschlag in den Briefen und Karten und in den Feldpostpaketen, die Mütter und Väter den Söhnen, Kinder den Vätern, Bräute dem Verlobten und Freunde dem Freunde aus der Heimat zum Schützengraben sandten.

Ich komme mir unendlich wichtig vor, wenn ich mit so viel Liebe bepackt, den Weg zur Front marschiere. Das Bewusstsein, täglich der Gegenstand der Sehnsucht meiner Kameraden zu sein, macht mich froh. Ich glaube an meine Sendung als St. Nikolaus und freue mich darüber, dass ein gütiges Schicksal mich berufen hat, Vermittler der Liebe zu sein, die wie ein göttliches Licht in düsteren Regionen des Todes leuchtet.

Zu vier Postordonnanzen vom II. Bataillon sitzen wir in einem Pferdestall bei der großen Bagage und warten auf die Postverteilung. Wieder einmal verspätet sich der Posteingang. Wir haben uns die lange Wartezeit mit Kartenspielen vertrieben. Petillon, ein spindeldünner, aufgeschlossener Junge und Ordonnanz unserer Fünften, ist alleiniger Gewinner geblieben und hat, großzügig, wie er nun einmal ist, den ganzen Gewinn in zwei Flaschen Wein angelegt. Als der Tag zu Ende ging, haben uns die kühlen Schatten der Nacht in den Pferdestall getrieben. Beim Flackerschein der Stalllaterne sitzen

wir auf Pressstrohballen und lassen den weingefüllten Trinkbecher kreisen. Von den Leibern der Pferde und aus dem
gärenden Pferdedung strahlt Wärme aus, die beißend den
Raum erfüllt. Diese Wärme und die Stallgeräusche geben uns
für Stunden ein heimatliches Gefühl wohliger Geborgenheit.
Der Wein aber löst Herz und Zunge, und Petillon erzählt:
„Wisst ihr, wir Leute von der Grenze sehen den Krieg mit
anderen Augen an, wie etwa die Kameraden aus dem Herzen
Deutschlands. Mein Großvater ist aus Frankreich nach Belgien eingewandert. Noch heute lebt ein Großonkel von mir
in der Gegend von Lille. Seine Söhne sind auf der anderen
Seite Soldat. Meines Vaters Bruder und zwei seiner Schwestern leben in Stavelot, an der deutschen Grenze zu Belgien.
Beide haben Söhne. Drei von ihnen stehen bei Dixmuiden im
belgischen Heere. Einer ist in Deutschland interniert. Meine
Mutter ist eine in Malmedy zugewanderte Luxemburgerin,
deren Mutter aus England stammt. Ein Onkel meiner Mutter
ist englischer Berufssoldat und macht wohl den Krieg im eng-
lischen Söldnerheer mit. Bis zum Kriegsausbruch standen wir
mit allen Verwandten in regem Briefwechsel.

Wir besuchten uns, wenn es nur eben möglich war. Und
jetzt verlangt man von mir, ich soll meine Verwandten totschießen, nur weil sie auf der anderen Seite stehen!" Petillon trinkt in einem Schluck den Trinkbecher leer und redet
weiter. „Ich behaupte, der ganze Krieg ist ein großer Betrug.
Da erzählt man uns, wir seien angegriffen, und unsere Feinde wollten Deutschland vernichten. Das Gleiche behaupten
Franzosen, die Engländer und alle anderen von sich und ihrem Lande. Bei uns prägte man den Reim: nur an deutschem
Wesen, kann die Welt genesen –, und drüben glaubt man
durch das Abmurksen deutscher Soldaten die Menschheits-
kultur vor der Barbarei retten zu müssen. Wir tragen auf dem
Koppelschloss die Aufschrift: – ‚Gott mit uns‘ – und zum gleichen Gott beten die Menschen jenseits der Schützengräben
für den Sieg ihrer Waffen."

„Laß Gott aus dem Spiel", meint Kolas, ein frommer Torf-
bauer vom Hohen Venn. „Gerade Gott soll sich so einen
Schwindel nicht gefallen lassen"; lässt sich Plümchen, ein kleiner Soldat aus dem Ruhrgebiet, der ein großer Freidenker
ist, vernehmen. „Ich pfeife auf einen Gott, der sich um uns

Menschen einen Dreck kümmert und unnötig diesem Massenwahnsinn zuguckt."

Plümchen und Kolas geraten hart aneinander, und das gemütliche Beisammensein scheint ein unerfreuliches Ende zu finden. Ich suche, den Streit zu schlichten, verschaffe mir Gehör und sage: „Kinder, immer mit der Ruhe! Seht mal, wie heute die Sache liegt, müssen wir den Schwindel mitmachen. Seht Euch die Trümmerhaufen der einst blühenden Dörfer an. Seht Euch die armen Einwohner an, die entrechtet, der Willkür unserer Kommandanten preisgegeben sind. Wenn wir hier vorne streiken, wird auch unsere Heimat ‚besetztes Feindesland'!" Gegen dieses Argument weiß keiner etwas einzuwenden. Nunmehr ergehen wir uns in Ratschlägen, was wir tun würden, wenn wir über Krieg oder Frieden zu bestimmen hätten.

„Ich würde jeden glatt köpfen lassen, der eine Kriegswaffe herstellt", meint Plümchen. „Und ich würde jeden Zeitungsmenschen vierteilen, der das Wort ‚Krieg' erwähnte, denn nur die Zeitungen und ihre Hetze sind Schuld am Kriege", sagt Petillon, während er mit seinen langen Beinen baumelt, als seien sie der Pendel einer Uhr. „Wenn ich zu sagen hätte", lässt sich die bedächtige Stimme des einfachen Vennbauern vernehmen, „ich würde dem Kaiser befehlen, sich mit einem Knüppel zu bewaffnen, und das Gleiche müsste der König, Kaiser oder Präsident des Landes tun, mit dem wir Streit hätten. Dann würde ich die beiden aufeinander losgehen lassen, wie wir das im Venn beim Hahnenbeißen machen, und wer dann von den beiden siegen würde, dessen Land hätte den Krieg gewonnen!" „Und Du Schafskopf würdest den Schiedsrichter spielen", unterbricht Plümchen, der den Meinungsstreit mit Kolas, wegen der Stellung Gottes zum Kriege, noch nicht vergessen hat. Ich aber meine: „Alle Führer der Völker, alle Armeeführer, alle Zeitungshetzer, alle Munitionslieferanten, alle Kriegsgewinnler, sollte man beim Schlafittchen nehmen und ins Trommelfeuer eines Großkampftages schleppen! In einer halben Stunde würde der Krieg zu Ende sein, weil man sich einigen wollte."– „Gleiche Löhnung, gleiches Essen, wär' der Krieg schon längst vergessen", beschließt Kolas mit bedächtiger Stimme das Gespräch.

Die Einigkeit der Meinungen ist wieder hergestellt. Die beiden Weinflaschen sind leer. Der Schein der Stalllaternen geistert an den Wänden des Zeltes, und alle Körper werfen lange Flatterschatten. Von den Höhen der Champagne aber dröhnt eintönig und ununterbrochen der Donner der Kanonen, wie ein fernes Gewitter. Es ist Mitternacht, und die Post ist immer noch nicht gekommen. Einer nach dem andern rutscht von dem Pressstrohballen herunter und haut sich in die Pferdestreu. Bald verrät ein gesundes Schnarchen, dass die Kameraden eingeschlafen sind. Ich aber denke über den Krieg nach; denke und grüble, die Gedanken schließen sich zum Kreise, ich finde kein Ende und kein Urteil.

*

Um drei Uhr nachts werden wir vom Postverteiler des Bataillons geweckt. Draußen ist noch pechschwarze Nacht. Wir taumeln schlaftrunken zur Postbaracke und empfangen die für jede Kompagnie bestimmten Postsachen. Petillon und Plümchen ziehen schwerbepackt von dannen. Nachdem ich meinen Teil empfangen habe, warte ich auf Kolas, der für die achte Kompagnie die Postsachen empfängt. Bald sind wir marschbereit und stapfen hinein in die Dunkelheit. Wir müssen uns beeilen, wenn wir vor Anbruch des Tages die Stellung erreichen wollen. Beim Marschieren unterhalte ich mich mit Kolas. Ich kann meinen Kameraden nicht sehen. Die Nacht ist außergewöhnlich dunkel. Nur wenn Kolas spricht, ahne ich die Gegenwart meines Begleiters. Vom Ruhelager geht der Weg bergan. Auf dem Höhenrücken sehen wir die bescheidenen Lichter des Dorfes Gratreuil, die uns als Richtmal dienen. Ich erzähle vom Venn und ziehe Vergleiche mit der Öde der Champagne und will wissen, ob meine Vergleiche stimmen. Ich wiederhole meine Frage, doch Kolas antwortet nicht. Ich bleibe stehen und lausche in die Finsternis. Doch keine Trittgeräusche sind wahrzunehmen. Ich rufe nach Kolas. – Nichts. Keine Antwort. Ich werfe den Postsack von der Schulter, und der Schein meiner Taschenlampe greift mit hellen Fingern in die Dunkelheit. Nichts. Kein Kolas ist zu sehen. Die Sache kommt mir unheimlich vor. Die Nacht kann meinen Weggenossen doch nicht verschluckt haben? Noch eben hat Kolas durch ein gutmütiges Brummen meinen Ausführungen zugestimmt und dadurch seine Gegenwart bestätigt. Sein Verschwinden kommt mir seltsam vor. Die Finger der rechten Hand kneifen die Oberfläche der linken Hand, um mich zu vergewissern, dass ich nicht von einem Gespenstertraum genarrt werde. Ich rufe vergeblich: „Kolas, Kolas!" und lausche angestrengt in die Dunkelheit. Ich renne dreißig Meter zurück, bleibe stehen und halte den Atem an. Da glaube ich rechts von mir ein Glucksen zu hören. Es ist ein Geräusch, als mische der Bäcker einen dünnen Teig. Und dann höre ich deutlich einen Gurgelton. Mit raschen Schritten springe ich seitlich, zücke meine Taschenlampe und sehe die Bescherung.

Kolas ist in der Dunkelheit in eine Feldlatrine geraten, die zum Ruhelager gehört. Bis zu den Augen steckt Kolas in der Sch… Beide Hände halten sich krampfhaft an einem Grasbüschel fest. Ich ziehe und zerre Kolas aus dem stinkigen Bad heraus. Armer Kolas! Wenn das Unglück nicht so unästhetisch wäre, wenn Kolas sich nicht schüttelte vor Grauen und Ekel, wenn Kolas nicht bemitleidenswert wäre, wie sonst kein Soldat, ich müsste über sein Missgeschick lachen. So aber –. Armer, armer Kolas! Kolas spuckt aus, als wolle er sein Herzblut ausspeien. Krampfhaft hält er beide Arme von sich gestreckt und spreizt die Finger, als hafte seiner Eltern Blut an seinen Händen. Ein Zittern bebt durch seinen Körper, die Zähne klappern vor Kälte, und als ich ihm tröstliche Worte sage, weint der schlachterprobte Soldat in erbärmlicher Hilflosigkeit.

Ich ziehe den Postsack aus der Jauchegrube. Zum Glück ist nur der Sackboden voll Kot und Schmutz. Dann hole ich meinen eigenen Postsack und stoße Kolas, der wie erstarrt ist, vor mir her, zurück zum Lagerplatz der Bagage. Doch wer den Schaden hat, braucht für den Spott nicht zu sorgen. Keiner der Bagagefritzen will von dem stinkenden, kotbesudelten Kolas etwas wissen. Wir gehen zurück in den Pferdestall. Kolas zieht sich vollständig aus. Ich hole Wasser und Kolas wäscht den nackten Körper, als gelte es, die eigene Haut herunter zu scheuern. Dann kriecht der nackte Kolas ins Heu, und ich warte den Morgen ab, um für Kleidungsstücke zu sorgen, da Kolas doch nicht splitternackt zur Front marschieren kann.

Woher soll ich Kolas die notwendige Kleidung besorgen? Das ist die große Frage, mit der ich mein Hirn martere. Zum Zahlmeister gehen, ihm von dem Vorfall Meldung machen und um neue Kleidung bitten, wäre das Natürliche. Ich weiß aber, dass dieser Weg nutzlos wäre, eine Zeitvergeudung, die ich mir nicht erlauben kann. Der Zahlmeister ist an seine Dienstvorschrift gebunden. Er hat zwar Hemden, Unterhosen, Hosen und Waffenröcke massenhaft in seiner Kleiderkammer lagern, aber all die Herrlichkeiten sind peinlich genau abgezählt und verzeichnet, und eher würde dieser pedantische Zahlenmensch mir seine Seeligkeit verschreiben, als auch nur eine Feldbinde ohne schriftliche Quittung des Bataillonskommandeurs herauszurücken. Keiner der Bagageleute verfügt über zwei Monturen, und so ist auch von ihnen keine Hilfe zu erwarten.

Ich schmiede abenteuerliche Pläne und komme zu keinem Entschluss. Da tritt ein Soldat aus dem Grau des jungen Morgens. Er ist bepackt wie ein Lastesel. Auf dem Tornister sind zwei Sandsäcke aufgeschnallt, die die Spitze des Helmes überragen. Zwei weitere Sandsäcke baumeln rechts und links der Schultern, während der Soldat in beiden Händen je eine riesenhafte Pappschachtel schleppt. Beim Näherkommen erkenne ich den Lastenträger. Es ist Meyer II, jener Teufelskerl, der im ganzen Bataillon berühmt ist. Wenn man Meyer II so nackt, wie Kolas jetzt im Heu des Pferdestalles auf mich wartet, in eine Wüste schickt, kommt er in einer Stunde mit Anzug, Zelt, mit Speise und Trank, vielleicht sogar mit einer Braut zu uns zurück. Meyer II findet einen Elefanten, wo ein anderer noch keinen Floh entdeckt.

Meyer II kann und muss mir helfen.

Ich begrüße Meyer II mit Zuversicht und Hoffnung. Meyer II hat fünf Tage Urlaub und will zur Bahn. „Ich habe meiner Ollen so verschiedenes Fettige eingepackt", erklärt er mir, als meine Augen die schwere Last streifen, mit der er sich beladen hat. „In der Heimat ist das Futter rar geworden und der kluge Mann baut vor!", meint er selbstgefällig, während er die Pappschachteln niedersetzt, den Helm abnimmt und sich mit einem Leinenlappen von unergründbarer Farbe den Schweiß von der Stirne wischt.

Mit kurzen Worten erzähle ich Meyer von dem Missgeschick, das Kolas getroffen hat und bitte ihn um Rat. Meyer

II hat sofort begriffen, was ich von ihm wünsche. Er schaut auf seine Armbanduhr und stellt sachlich fest: „Ich habe noch eine Stunde und zehn Minuten bis zur Abfahrt des Zuges, Zeit genug, das Ding zu drehen."

Ich nehme ihn mit zum Pferdestall. Dort übergeben wir Kolas Meyers Gepäck, seinen Helm und die Knarre. Auf sein Geheiß packe ich die stinkigen, nassen Kleider von Kolas vorsichtig in einen der leeren Hafersäcke, die haufenweise in einer Stallecke liegen, nehme auf Meyers Anweisung noch einen leeren Sack mit, und dann trudeln wir beide los.

Meyer II hat einen Plan ausgeheckt. Schnurstracks führt er mich aus dem Bagagelager zum Offizierskasino. Ich werde rasch eingeweiht: „Die Bagagefritzen pennen meist bestiefelt und angezogen in ihren Baracken und Zelten. Anders ist das mit den Ordonnanzen des Offizierskasinos. Das sind piekfeine Hunde. Neben der Küche schlafen sie, in richtigen Betten, und vor dem Schlafengehen ziehen die Herren sich aus, als wären sie Generale. Nun gib acht! Die Zapfjungen des Kasinos und der Kochkerl haben jeden Tag fast bis zum Morgen zu tun. Die schlafen jetzt wie die Murmeltiere, und es ist die einfachste Sache von der Welt, denen, was wir brauchen, auszuspannen.

Wir schleichen uns bis an das Fenster des Zimmers, in dem die Ordonnanzen pennen. „Du hast weiter nichts zu tun, als Schmiere zu stehen. Ich werde dir die greifbaren Kleider zum Fenster hinauswerfen. Du packst den Zinnober in den leeren Sack, und wenn ich ‚fertig' rufe, rennst du mit dem Sack davon. Ich decke den Rückzug. Die beschissenen Kleider legen wir den Schmarotzern fein vors Bett. Huh, wird das eine Überraschung für die Speckwanste sein!"

Meyer II schwimmt im rechten Fahrwasser und ist von seinem Plan entzückt.

Alles verläuft programmmäßig. In gebückter Stellung umschleichen wir das Kasino, das inmitten prächtiger Gartenanlagen aus rohen Birkenstämmen, grün gestrichenen Brettern und Dachpappe, im Stile eines großen Schweizerhauses errichtet ist. Am besagten Fenster machen wir halt. Ein Fensterflügel ist handbreit geöffnet. Aus dem Innern der Stube ertönen inbrünstige Schnarchlaute. Mit affenartiger Geschwindigkeit stößt Meyer II den Fensterflügel vollends auf und schwingt sich mit der Geschmeidigkeit einer Katze, ohne dass die bestiefelten Füße das geringste Geräusch verursachen, über die Fensterbrüstung.

Ich bin aufgeregt wie vor einem Sturmangriff. Mein Herz schlägt so laut, dass ich befürchte, es könne zum Verräter werden.

Da flatterte auch schon ein Waffenrock zum Fenster hinaus. Dann folgt eine Hose, dann ein Paar Socken. Dann gleich zwei Hemden. Eine Kiste Zigarren folgt hinterher. So rasch ich nur kann, lasse ich alles mit zitternden Händen in dem leeren Sack verschwinden. Es folgen noch zwei Konservenbüchsen und ein angeschnittener Schinken. Meine Aufregung ist aufs höchste gestiegen. Wenn Meyer so weiter macht, plündert er das ganze Kasino aus! Da wird es in der Schlafstube lebendig. Stimmen schreien laut durcheinander. Ein Rumoren wird hörbar und klatschende Schläge, und dann taucht der Kopf Meyers in der Fensteröffnung auf. Ihm folgen Leib und Beine im eleganten Hechtsprung. Noch bevor ich den gefüllten Sack über die Schultern geworfen habe, sehe ich das aufgedunsene Gesicht des Offizierskochs im Fensterrahmen. Doch Meyer hat den Sack mit den stinkenden Kleidern von Kolas mit beiden Händen hochgehoben und schleudert das Paket dem Koche ins feiste Gesicht.

„Los! Los!", brüllt Meyer mich an, und den Sack mit den ergatterten Sachen in der Mitte, rennen wir davon, als sei der Teufel hinter uns her. Etwa hundert Meter geht's die Straße entlang. Dann reißt Meyer mich mit, querfeldein, und bald sind wir zwischen Bäumen und Sträuchern verschwunden.

„Jetzt langsam", schnappt Meyer nach Luft, „in Unterhosen und mit nackten Füßen wird die Bande uns nicht verfolgen!" Wir schlagen einen großen Bogen um das Bagagelager, das in der diesigen Morgendämmerung liegt und noch nicht den Schlaf aus den Augen gewischt hat.

Ungesehen verschwinden wir mit unserer Beute in den Stall. „Marsch marsch der Mann! Der Mann Sachen verpassen!", kräht Meyer, indem er versucht, die Stimme des Zahlmeisters nachzuäffen. Mit keinem Wort pocht Meyer auf seine Heldentat. Für ihn ist die ganze Angelegenheit nicht der Rede wert. Als Kolas seinen Dank zu stottern beginnt, wird Meyer II wütend. „Mach' kein Getue, wegen so'n bisschen kaiserlicher Utensilien", sagt er gekränkt und macht sich seelenruhig daran, die Zigarren und den Schinken in drei gleiche Teile zu teilen. Die zwei Konservenbüchsen, Spargel und Hummer, überlässt er großmütig Kolas und mir. Der Rock ist Kolas in der Bauchgegend entschieden zu weit, da er aber tadellos sauber und fast neu ist, wird die Fülle gern in Kauf genommen.

Meyer hat den ihm zugefallenen Teil des Schinkens als Frühstück verzehrt. Er bepackt sich wieder mit dem Verdrusskasten, wie wir den Tornister nennen, dem Gewehr und den Paketen, verabschiedet sich gutgelaunt und ist wieder der alte Soldat mit einem Urlaubsschein in der Tasche, der als Unschuldsengel dem Bahnhof zustrebt.

Mittlerweile ist es acht Uhr geworden. Ich weiß, dass ob der Verspätung ein Anpfiff meiner wartet, aber ich hoffe den Grabenfeldwebel mit einer Flasche „Alter Korn" zu besänftigen. Rechts vom Wege liegt die Kantine einer Munitionskolonne. Ich frage nach dem Korn. Ein finsterer Kantinenknecht faucht mich an: „Hast Du einen Bezugsschein von Deinem Kompagnieführer?" Als ich verneine, brummt er: „Dann ist nichts zu machen! Neuer Divisionsbefehl: ‚Schnaps ist ohne Schein nur noch für Offiziere käuflich!'", sagt's und lässt mich stehen. Ich trotte mit meinem schweren Sack von dannen. Kolas spielt den „armen geschlagenen Briefträger". Seit seinem nächtlichen Pech ist Kolas schweigsam und scheint sich über nichts mehr zu wundern.

Wir gehen fürbass. Die Sonne steht hoch am Himmel, und es wird drückend heiß. Da kommt ein zweiräderiges, leichtes Gespann angefahren. Ich winke dem Kutscher, einem Kavalleristen, und bitte ihn, uns mitfahren zu lassen. Der aber schnauzt uns an: „Ihr seht wohl nicht, dass das ein Offiziersgespann ist und kein Omnibus für Dreckspatzen wie ihr beide!" Sagt's und verschwindet mit seinem leeren Wagen in einer Wolke von Straßenstaub.

Wir durchwandern Ripont und kommen nach Ripont-Mühle. Während ein breiter Fußweg allzu weit ausholt, um zum Hochrücken der Champagneheide zu führen, haben fleißige Hände in den Kreidestein eine Treppe gehauen, die den Weg zur Hochfläche abkürzt. „Das ist fein", sage ich zu Kolas und nehme die ersten Stufen. Da aber stürzt ein Wachtposten herbei, zerrt mich wieder die Stufen hinunter und brüllt mich an: „Ihr könnt wohl nicht lesen?" Und er zeigt auf ein Pfahl-schild, das wir übersehen haben. „Dieser Aufgang darf nur von Offizieren benutzt werden!"

Wir machen den Umweg und streben dem Laufgraben zu. Da macht sich bei mir ein menschliches Bedürfnis geltend, und ich freue mich, als ich unweit des Laufgrabens ein stilles Örtchen sehe, das sogar ein Wellblechdach aufweist. Doch über dem Eingang prangt wieder ein Schild: „Nur für Offizie-re!" Da hat Kolas die Sprache wiedergefunden und sagt be-dächtig wie immer: „Du, wir machen, dass wir zum Schützen-graben kommen, der ist bestimmt nicht ‚Nur für Offiziere!'"

Im Bataillon geht der Seuchentod um. Zwar werden wir gegen ein Dutzend Seuchenkrankheiten geimpft, aber die Anhäufung so vieler Menschen und die unmenschliche Le-bensweise erweisen sich stärker als alle Künste der Ärzte. Täglich haben wir Abgänge an Typhuskranken.

Schon seit Tagen fühle ich mich nicht wohl. Schüttelfrost stellt sich ein. Die Eingeweide brennen, und der Kopf ist dösig und schmerzt. Ich schleppe mich mit größter Energie täglich zehn Kilometer zur großen Bagage und wieder zur Front zu-rück. Die Hitze der Junitage presst den letzten Schweißtrop-fen aus meinem geschwächten Körper. An der Front gelten nur die Verwundungen. Ein Kranker wird halbwegs als Drü-ckeberger angesehen. Ein dummer Stolz hält mich aufrecht, bis ich eines Tages beim Postempfang zusammenklappe. Kolas führt mich zum Revier des in Ruhe liegenden dritten Bataillons. Der diensttuende Sanitätsunteroffizier steckt me-chanisch den Fiebermesser unter meine rechte Achselhöhle. Nach Minuten stellt er 39 Grad Fieber fest. Ich werde dem Bataillonsarzt vorgestellt. Dieser sieht mich kaum an und sagt nur: „Ja, mein lieber Gefreiter, ich glaube ja, dass Sie ei-nen gehörigen Pips haben, aber Sie gehören zum zweiten Ba-taillon. Ich bin nicht zuständig und Ordnung muss sein!"

Ich wanke aus der Revierstube hinaus und setze mich frontwärts in Marsch. Doch bald taumele ich wie ein Betrun-kener. Mir wird's schwarz vor den Augen. Ein Sausen rauscht in den Ohren. Ich torkele noch einige Meter weiter, und dann schwinden mir die Sinne. Kolas findet mich bewusstlos im Straßengraben. Wie ein kleines Kind hat mich der muskulöse Vennbauer zur Sanitätskompagnie nach Ardeuil getragen.

Als ich wieder zur Besinnung komme, ist mein Schicksal entschieden. Typhusverdächtig, Kriegslazarett Bouziers. Zwei Sanitäter tragen mich zum Bahnhof. Dort hält ein Güterzug. Wie durch einen Schleier sehe ich, dass ein Teil der Viehwagen mit gefangenen Turkos angefüllt ist. Trotz des Einspruchs meines treuen Kolas, der nicht von meiner Seite gewichen ist, verladen mich die Sanitäter in einen leeren Viehwagen. Ich vernehme noch, wie mein Kamerad die beiden Sanitäter mit den saftigsten zoologischen Ausdrücken beehrt, und fühle, dass der Zug sich in Bewegung setzt. Dann sinke ich wieder in Ohnmacht.

Im Lazarett

Als ich wie aus tiefem Schlaf erwache, liege ich in einem Feldbett. Über mir wölbt sich ein braunes Zelttuch. In langen Reihen stehen rechts und links viele Feldbetten. Aus den Betten schauen bleiche Gesichter. Am Zelteingang sitzt schreibend eine Schwester in der altertümlichen Tracht katholischer Nonnen. Aus der einen Zeltecke schallen unzusammenhängende, irrsinnige Worte, gesprochen im Delirium des Fiebers. In der Mitte des Raumes erhebt sich einer der Kranken. Erst schaut er mit wilden Augen, in denen ein flackerndes Feuer brennt, unstet umher. Dann streckt er seine abgemagerten Arme wild vor sich und brüllt immer wieder: „Ich will nicht sterben, ich will nicht sterben!" Die Stimme überschlägt sich, und röchelnd fällt der ausgemergelte Körper in die Kissen zurück.

Aus dem Bett neben mir, schaut ein bärtiges Männergesicht hervor. Die Totenblässe der Stirn sticht grell ab gegen die Schwärze von Haupthaar und Bart. Der Kranke hält den Mund unnatürlich weit offen. Stoßweise arbeitet die Lunge, und ein Röcheln, das aus dem offenen Munde kommt, erfüllt den Raum.

Die Schwester aber sitzt stumm auf ihrem Stuhl. Nur ihre rechte Hand bewegt sich schreibend über das Briefpapier. Dies alles kommt mir unwirklich, traumhaft vor. Ich versuche vergeblich, mich zu meiner Umgebung in Beziehung zu bringen. Es will mir nicht gelingen. Mein Kopf ist leer und hohl. Die Lippen brennen, und ein scheußliches Durstgefühl würgt in meinem Halse. Ich will aufbegehren, will rufen, will wissen, was mit mir vorgeht, will wissen, wo ich bin, aber eine unerklärliche Schwäche macht mich ohnmächtig, eine Eisenfaust packt mein Herz. Nacht und Dunkelheit kommen wieder, und ich verliere mich in das Land der Fieberträume!

Ein zweites Mal schwindet Ohnmacht und Fiebertraum. Unmerklich vollzieht sich der Übergang aus dem Nichts zum Halbschlaf, und von diesem zum Wachsein. Allmählich wird der Geist rege, und die Sinne werden aufnahmefähig. Der Druck im Kopf hat nachgelassen. Ich fühle mich elend und schwach. Ich war wohl eine ganze Nacht im Reich krankhafter Ohnmacht, denn jetzt brennen abgeblendete elektrische Birnen im Zelt. Doch ihr sanftes Licht wird verschluckt von dem ersten Sonnenlicht eines neuen Morgens. Im Zelt hantieren bärtige Sanitäter. Sie schreiten zur Mitte des Raumes zu dem Bett des Soldaten, an den ich mich dunkel erinnere, zum Bett des Soldaten, der den Himmel anflehte, ihn nicht sterben zu lassen. Jetzt liegt er mit starren Augen stumm auf seinem Feldbett, und als die Sanitäter das Leintuch über dem wachsbleichen Gesicht zusammenknoten, als sie einen beschriebenen Zettel an das Bündel heften und den erstarrten Körper auf einer Tragbare zum Zeltausgang tragen, dämmert in mir die Gewissheit, dass man einen Toten aus dem Zelt trägt. Zwei Soldaten ziehen von außen die Zeltwand am Eingang auseinander, um den Trägern den Durchgang zu erleichtern. Doch was ich da in dem hellen Ausschnitt der Zeltwand sehe, lässt vor Entsetzen mein Herz erstarren. Vor dem Zelt steht ein Leiterwagen. Er ist fast bis zur Höhe der Sprossenwände angefüllt mit weißen Bündeln. Doch die Laken verdecken den Inhalt nicht ganz. Hier lugt ein Haarschopf, hier ein starr gewordener Arm und dort ein bleicher Fuß hervor.

Und dann setzt sich der Wagen in Bewegung, um am nächsten Zeltbau wieder zu halten. Jetzt schweift mein Blick über das Bett zu meiner Linken, in dem der röchelnde Kranke gelegen hat. Das Bett ist leer, das Leintuch fehlt. Ich glaube zu wissen, wo jetzt der Körper meines Nachbarn schaukelt. Ein Grausen packt mich, ich schreie laut auf. Meine Lebensgeister sind aufgerüttelt. Jede Faser meines Körpers wehrt sich gegen das Schicksal meiner Leidensgenossen. Ein wilder Lebenswille bäumt sich gegen den Tod auf, und die Kraft der

Verzweiflung hebt den Oberkörper aus den Kissen. Da betritt die Nonne das Zelt und kommt auf mich zu. Ich sehe in ein edles, liebevolles Gesicht, das madonnenhaft von der weißen Kopfhaube umrahmt wird. Zart legt sich eine kühle, weiche Frauenhand auf meine brennende Stirn, und Frauenlippen flüstern mütterlich beruhigende Worte. Drei Wochen habe ich zwischen Tod und Leben geschwebt.

Mein Wille zum Leben war stärker als der Tod! Das Fieber hat nachgelassen. Ich kann zu gewissen Stunden klar denken und kenne die Zusammenhänge meines Hierseins. Als die Leute der Sanitätskompanie in Ardeuil mich in den Viehwagen verfrachteten, wurde das Seuchenlazarett Bouziers telefonisch davon in Kenntnis gesetzt. Besinnungslos lag ich auf der Strohschütte des Wagens, als der Zug für Minuten in Bouziers hielt und dann weiterfuhr. Als ich mich zur angesagten Zeit nicht auf der Schreibstube des Lazaretts in Bouziers gemeldet hatte, wurde nach mir gesucht, und das Lazarett Rethel wurde aufgefordert, den durchgebrannten Typhusverdächtigen abzufangen. Hier in Rethel aber erkannte man meinen Zustand, und da er hoffnungslos schien, brachte man mich gleich zur Abteilung B. für Typhuskranke. Abteilung B. aber umschreibt ein trauriges Kapitel.

„Kral der Todeskandidaten" nennt man Abteilung B. im Jargon der riesigen Zeltlazarettstadt Rethel. Ich weiß, dass, wenn der Morgen graut, täglich der Leiterwagen von Zelt zu Zelt fährt, um die Toten zu sammeln. Ich habe erfahren, dass die Leichen zu einer Totenkammer gefahren werden, um, in rohen Kisten eingesargt, ein Einzelgrab auf dem Heldenfriedhof in Rethel zu bekommen. Mir ist bekannt, dass dieser Heldenfriedhof einer der größten Frankreichs ist und täglich an Umfang zunimmt.

Es regt mich nicht mehr auf, wenn ein Kamerad stirbt – wenn er „vernünftig" stirbt, wie man das eigentlich von einem anständigen Soldaten verlangen kann. Aber nicht alle, die hier sterben müssen, sind so vernünftig, sich auf leisen Sohlen aus dem Leben zu schleichen. Mancher von ihnen hält laute Zwiesprache mit dem Tod, bevor er durch das dunkle Tor tritt. Das junge Leben führt oft einen lärmenden Kampf mit dem Tode, bevor es sich besiegt bekennend flieht und seinem Bezwinger den leblosen Körper als Trophäe überlässt.

Da ist zum Beispiel Leo! Leo ist ein bayrischer Landstürmer, den die böse Seuche seit Wochen auf das Sterbelager geworfen hat. Leo ist zum Skelett gemagert. Die Backenknochen springen unnatürlich aus dem fahlen Gesicht hervor und flankieren eine spitzgewordene Nase. Der Körperzerfall ist sichtbar. Die Lebensflamme ist bis auf ein bescheidenes Fünkchen heruntergebrannt. Doch ab und zu überwinden unheimliche Kräfte den Zustand der Agonie, und dann betet Leo mit Inbrunst um sein Leben. Schon längst wäre Leo gestorben, wenn er nicht einen Talisman besäße, der ihm das Sterben schwer macht. Und dieser Talisman ist ein Bild, eine Photographie, wie sie gute Amateure oder schlechte Photographen machen. Das Bild zeigt Leos Familie. Da sitzt eine rundliche Bauersfrau im Sonntagsstaat, und rechts und links von ihr stehen unverkennbar Leos Kinder, acht an der Zahl, vier Buben und vier Mädels.

Auf wurstigen Beinchen stehen sie da und schauen aus großen Kinderaugen. Das älteste Kind, ein elfjähriges Mädchen, hat einen straffgezogenen Scheitel und vom Kopf abstehende, bebänderte Zöpfe. In seinen Händen hält das Kind eine Schiefertafel, auf der mit ungelenker Schrift geschrieben steht: „Unserm guten, lieben Vater!" Die übrigen Kinder tragen Blumensträuße in den Händen, während das Kleinste, zweijährige, ein Stoffpüppchen dem Beschauer entgegenhält. Dies Familienbild wirkt erschütternd in den Händen des Soldaten, der mit dem Tode ringt!

Einen Lichtglanz der Liebe strahlt dies Bild aus, der Leo nicht sterben lässt. Leo hält das Bild wie ein Heiligtum in seinen abgezehrten Knochenhänden, und Stunden und Tage lang stieren seine halb erloschenen Augen auf dies Bild, das all sein Glück darstellt und ihm das Sterben so schwer macht.

Und da sind Novitzki, ein Pole und die Krankenschwester Sekunda. Novitzki ist nicht nur typhuskrank, sondern auch schwer verwundet. Ein Granatsplitter hat ihm den rechten Arm zerschmettert und die rechte Brustseite zerfetzt. Er liegt fast ständig in lebhaften Fieberdelirien und ist dann in Schwester Sekunda… verliebt.

Nicht als ob diese traumhafte Zuneigung des Todkranken der Schwester Sekunda persönlich gelte. Sie gilt Maria, seiner anverlobten Frau. Aber der Fieberwahn täuscht seine Sinne, und in Schwester Sekunda sieht er Maria, seine Braut. Wenn Schwester Sekunda sich dem Lager Novitzkis nähert, geht ein Leuchten über Novitzkis Züge. Dann stammeln seine Fieberlippen Liebesworte, und der gesunde Arm tastet nach dem Körper der Schwester in ohnmächtiger Gebärde. Und Schwester Sekunda geht auf den Willen und die krankhaften Gesichte des Todgeweihten ein; sie streichelt zärtlich Novitzkis Lockenkopf und spricht liebevoll, tröstliche Worte. Novitzki baut Luftschlösser und stirbt mit einem glücklichen Lächeln auf den Lippen.

Schwester Sekunda ist eine Heilige. Vom frühen Morgen bis spät in die Nacht schreitet die hohe Gestalt von Bett zu Bett. Sie labt die Verschmachtenden, tröstet die Mutlosen, hilft den Sterbenden und schenkt uns kranken Soldaten ihr goldenes Herz und ihre mütterliche Liebe. Sie kennt keine Angst vor der todbringenden Seuche. Keine Handreichung ist ihr zu viel, keine Hilfe weckt ihren Ekel. Schwester Sekunda ist nicht nur eine Heilige, sie ist eine Heldin. Wie vielen Soldaten hat ihr Liebesdienst das Leben gerettet. Wie viele Soldaten haben eine ruhige Sterbestunde gefunden durch ihre liebespendende Gegenwart! Wenn ich der Kriegshelden des Weltkrieges gedenke, „Schwester Sekunda, Dein stilles Heldentum soll nicht vergessen sein!"

*

Ich habe Tod und Seuche überwunden. Seit Wochen bin ich glücklicher Insasse der Genesenden-Abteilung. Erst war ich noch schwach und unvermögend, doch kräftiges Essen und geruhsame Tage haben die Geister des Lebens zurückgerufen. Ich bin dem Leben zurückgeschenkt, übermütig unter übermütigen Kameraden. Wir vertreiben unsere Zeit mit Kartenspiel, Spazierengehen und mit dummen Streichen. Und wir führen ein „Leben wie Gott in Frankreich." Noch nie war ich unter Menschen, bei denen die Lebenslust größer, der Lebenshunger stärker war als hier. Nur die straffe, soldatische Zucht macht sich störend bemerkbar. Wir werden betreut von Schmitthof, dem mürrischen, ausgetrockneten Sanitätsunteroffizier einer Landsturmformation. Für ihn sind wir minderwertiges Kanonenfutter, Soldaten, die der Herr geschaffen hat zu dem einzigen Zweck, schikaniert und angeschnauzt zu werden. Das geringste Vergehen gegen die heiligen Gesetze der Stubenordnung, das Zuspätkommen um Minuten nach Toresschluss, ahndet der Allgewaltige mit Strafapport beim diensttuenden Arzt. Schon mancher blasse Soldat musste die gastliche Genesendenabteilung vorzeitig verlassen und wurde zur Front geschickt, weil der herzlose Ordnungsmensch ihn angeschwärzt hatte. Doch Schmitthof, alter Pisspottschwenker, auch deine Stunde wird bald schlagen, das Schwert des Damokles schwebt über deinem fussigroten Haupt!

Wie das oft genannte Schwert ausgesehen hat, weiß kein Geschichtsforscher mit Bestimmtheit zu sagen. Das Schwert aber, das über dem rothaarigen Haupte Schmitthofs schwebt, ist eigentlich kein Schwert, sondern ein einfaches Infanterie-Seitengewehr. So ein Seitengewehr ist zu vielen nützlichen Dingen verwendbar. Mit einem Seitengewehr kann man Holz hacken. Man kann mit ihm ein gutes Lendenstück aus einem von Granaten getöteten Pferdekörper heraussäbeln, man kann ein Seitengewehr als Armleuchter verwenden, indem man es in die Erdwand des Unterstandes steckt und den Griff als Kerzenhalter verwendet. Auch als Kleiderhaken leistet so ein Seitengewehr gute Dienste, die eigentliche, todbringende Bestimmung eines Seitengewehrs gar nicht zu erwähnen. Aber den unbezahlbaren Wert eines Seitengewehrs kann nur der ermessen, der Mitinsasse der Genesenden-Abteilung des Seuchenlazaretts Rethel gewesen ist.

Die Sache mit diesem Seitengewehr ist aber die: Die Zeltlazarettstadt Rethel liegt inmitten schön gepflegter Rasenflächen. Breite Kieswege wurden von den Genesenden angelegt, und diese dürfen sich innerhalb der Zeltstadt frei bewegen. Die ganze Anlage aber ist durch hohe Stacheldrahtzäune von der Außenwelt abgeschlossen, und kein genesender Typhuskranker darf die so geschaffene Quarantäne verlassen. Zwar hat der Pferch zwei Ausgänge, aber sie werden von Landsturmposten streng bewacht. Uns Kranken wurde bei der Aufnahme im Lazarett die Knarre und das Seitengewehr abgenommen. Die Lazarettinspektion folgert also richtig: Alle Kranken sind seitengewehrlose Soldaten. Das Lazarettpersonal, die Ordonnanzen, Totengräber, Burschen und all die vielen Feldgrauen, die dienstlich im Lazarett zu tun haben, sind dagegen im Besitze eines Seitengewehres. Die Folge dieser Tatsache ist der Ordnungsbefehl und die Instruktion der Wachtposten an den Eingängen der Lazarettumzäunung: „Der Ein- und Ausgang zum Lazarettgelände ist nur Soldaten gestattet, die im Besitze eines Seitengewehres sind."

Das Seitengewehr ist zum Passierschein geworden. Es dient als Ausweis. Und die Gemeinschaft unseres Zeltes hat so einen Freibrief, hat ein Seitengewehr, das an einer alten Koppel hängt. Der Ursprung dieses Seitengewehres ist unbekannt. Es gehört nicht einem Einzelnen, sondern ist Gemeinschaftsgut sämtlicher Zeltinsassen. Es hat sich vererbt, von einer Zeltbelegschaft auf die andere. Wie ein Schatz wird diese Waffe gehütet. Wir alle fühlen uns gleich Gralsrittern, verbunden durch dieses Seitengewehr. Der Soldat, der am längsten der Zeltgemeinschaft angehört, hat das Seitengewehr in Verwahr. Für den Gebrauch des Seitengewehres ist eine feststehende, ungeschriebene Ordnung eingeführt. Unser Zelt hat vierundzwanzig Insassen. Der Reihe nach, wie die Betten belegt sind, hat jeder Insasse des Zeltes das Recht, das Seitengewehr für fünf Stunden zu benutzen. Das bedeutet, dass ein jeder von uns, da das Seitengewehr zweimal am Tage den Besitzer wechselt, alle zwölf Tage Stadturlaub hat. Die Sache ist sehr einfach. Der Koppel wird im Zelt unter den Waffenrock geschnallt, während das Seitengewehr im Hosenbein versteckt wird. Dann begibt man sich zu einer Latrine am Eingang, umgürtet sich dort mit Koppel und Seitengewehr, und wartet, bis ein Trupp Ordonnanzen oder Sanitäter durch die Sperre geht und schließt sich diesem Trupp an. Der Wachtposten kontrolliert nicht die Soldaten, er gibt nur mit Argusaugen darauf acht, dass jeder, der des Weges kommt, ein Seitengwehr hat. Bei der Rückkehr verfährt man in der umgekehrten Reihenfolge.

In der rechten Zeltecke stehen vier Betten. Eins davon gehört mir. Die anderen drei sind belegt mit von Walischek, einem blutjungen Fahnenjunker, mit Uhlendorf, einem Pionier und Bergmann aus dem Ruhrgebiet, und Radtke, einem Gardeinfanteristen aus Berlin. Wir vier bilden schon seit Tagen eine Verschwörergruppe. Und diese Verschwörung hat den

Zweck, unserem Peiniger, dem Sanitätsunteroffizier Schmitthof, einen Streich zu spielen.

„Rache ist Blutwurst", sagt Radtke, der Berliner, als wir eines Abends dabei sind, düstere Pläne zu schmieden. „Wir werden det Ding schon drehn." Und dann legt Radtke uns seinen Plan auseinander: „Ik wees, dat der olle Pisspottschwenker so kurz nach seben zu einem Franzosenweibstück trudelt. Dat olle Gestelle wohnt rechts der Chaussee am Ostausgang, unmittelbar am Mühlenbach. Wir lauern dort dem Lumpenhund auf, wenn't duster jeworden is, und verhaun dem Schwein nach Strich und Faden die Jacke."

Der Plan findet lebhafte Zustimmung, nur der bedächtige Uhlendorf hat Bedenken.

„Ja, aber wie kommen wir vier durch die Sperre, wir haben ja bloß das eine Seitengewehr?"

Da aber weiß der lange Walischek Rat. „Höchst einfache Angelegenheit! Einer von uns umgürtet sich mit unserem Seitengewehr und passiert wie immer den Kontrollposten. Dann schleicht er sich an der Ecke der Umzäunung an das Drahtgeflecht heran, wo wir anderen auf ihn warten, schiebt das Seitengewehr unten durch und versteckt sich im nahen Wäldchen. Der zweite von uns macht es wie der erste, und so fort, bis wir uns alle im Wäldchen versammelt haben. Beim Nachhausekommen verfahren wir ebenso."

Der Vorschlag von Walsichek wird mit Begeisterung aufgenommen. Noch lange beratschlagen wir, reden uns immer mehr in Wut und Rachedurst, und es wird abgemacht, am nächsten Tag unseren Plan in die Tat umzusetzen.

*

Der nächste Tag ist ein Samstag. Es ist ein herrlicher Sommertag, und aufgeregt fiebern wir vier Verschwörer dem Abend entgegen. Ich soll als Erster das Zeltlager verlassen. Um sieben Uhr ist Zapfenstreich. Als Schmitthof das Zelt kontrolliert, steht jeder an seinem Bett, wie das die Ordnung vorschreibt. Wortlos, mit verschränkten Armen, stellt sich Schmitthof am Zelteingang auf und mustert uns, als seien wir Rekruten. Dann geht er von Bett zu Bett und prüft den Bettbau. Die Papiersäcke müssen ausgerichtet sein wie mit der Schnur gezogen. Faltenlos müssen die Bettbezüge sein, und wehe dem, an dessen Bettenbau der Gewaltige etwas auszusetzen hat! Schmitthof kommt bis zu unserer Ecke. Radtkes Papiersack ist in der Mitte fast unmerklich eingefallen. „Das nennen sie Bettenbauen, Radtke? Das ist kein Bettbau", und schon reißt Schmitthof Decken und Papiersack von Radtkes Bett. Radtkes Augen sprühen Feuer. Der alte Soldat zittert, beherrscht sich aber und folgt dem Befehl, das Bett wieder neu zu bauen. Noch hier und dort hat Schmitthof zu nörgeln, und beim Verlassen des Zeltes lässt er einen stinkenden Wind von sich, um seiner Verachtung für uns Frontschweine Ausdruck zu geben.

Wir vier Verschwörer nutzen die Wut der Kameraden aus. Bald sind alle davon verständigt, dass wir heute Abend dem Schmitthof „ein Ding drehen wollen", und wir sind überzeugt, alle werden beschwören, dass wir vier einen mächtigen Durchfall hätten und eben „mal austreten wären", wenn man das Zelt kontrollieren und uns vermissen sollte.

Ich warte eine halbe Stunde und ziehe mit dem Seitengewehr los. Alles geht nach Wunsch. Schon habe ich unbehelligt die Sperre hinter mir. Ich habe Radtke das Gewehr zugeschoben und mich im Strauchwerk des nahen Wäldchens verborgen. Das Wäldchen besteht aus etwa fünfzehn hohen Pappelbäumen, die in den sommerlichen Abendhimmel ragen, gleich riesigen, grünen Kerzen. Der Boden aber ist bewachsen mit undurchdringlichem Unterholz. Dichte Holunderbüsche, Haselnuss- und Wildfliedersträucher bilden ein ideales Versteck. Zwischen zwei Pappelbäumen, die am Rande des Busches stehen, haben unbekannte Hände eine Hängematte geknüpft. Ich habe mich unterhalb dieser Hängematte in das dichte Laub eines Holunderbusches verkrochen, und lege mich, den Kopf auf das Stammgeäst gestützt, platt auf den Rücken.

Unweit zirpen Heimchen. Dort, wo im nahen Tal der Mühlenbach fließt, geben quakende Froschstimmen ein Abendkonzert. Aus der Mitte des Busches tönt das Lied einer Nachtigall. Alle Sehnsüchte der gepeinigten Menschheit scheinen darin zu klingen. So liege ich und träume von der Heimat und allem, was mir lieb ist, und merke nicht, dass sich auf leichten Füßen ein menschliches Wesen der Hängematte naht.

Schrecken durchfährt meine Glieder. Durch eine Lichtung im schützenden Laubdach sehe ich, keine vier Schritte von mir, die weiße Gestalt, einer Rotenkreuzschwester und erkenne die im ganzen Lazarettlager bekannte schöne Schwester Emma. Emma, die Möwe, heißt sie bei den jungen Offizieren, die ihr heimlich Kusshände zuwerfen. Die „Karbolprinzessin" aber nennt sie der Groll der verschmähten Landser. Schwester Emma ist die Gehilfin unseres Stabsarztes, und da sie ihn bei seinen täglichen Besuchen begleitet, bin auch ich ihr kein Unbekannter. Schwester Emma aber ist unnahbar wenigstens für mich und meinesgleichen. Sie hält es mit den Insassen der Offiziersbaracke, und ein gewöhnlicher Landser kommt für sie nicht in Frage. Schwester Emma betrachtet den Krieg als eine willkommene Gelegenheit zum Flirten. Sie gehört zu den Wesen, die den Typ des „Karbolmäuschens" geschaffen haben. Noch bevor ich einen Entschluss fassen kann, hat Schwester Emma die Hängematte erklettert. Unter der Last wölben sich die Maschen und senken sich tief in das Blätterdach des Busches.

Ich wage kaum zu atmen. Ein zarter Hauch von Parfüm vermischt sich mit dem Wohlgeruch des Frauenkörpers. Jetzt zeigt die Schöne ein seidenbestrumpftes Bein. Der zierliche Fuß steckt im hochbestöckelten Lackschuh. Das Bein zeigt untadelige Formen, und da, wo der Strumpf endet, erblicke ich einen Streifen rosigen Fleisches.

Plötzlich stößt die Eigentümerin des schönen Beines ein „Halli-Hallo" aus, und der Ruf wird durch ein „Juhu" beantwortet. Ich wende den Kopf und sehe eine Gestalt in blauer Friedensuniform. Ich erkenne unseren Stabsarzt! Jetzt wird die Sache für mich ernst. Wenn der Stabsarzt mich hier erwischt, dann „Gute Nacht, schöne Genesungszeit." Dann winken Bestrafung, Schützengraben und Heldentod. Im Bruchteil einer Sekunde fasse ich einen verwegenen Entschluss. Nur Tollkühnheit kann mich aus meiner heiklen Lage retten.

Die Futtertasche meines Waffenrocks ist mit einer Nadel gesichert. Die nehme ich und bohre sie in das schwellende Fleisch der Schönen. Dann krieche ich blitzschnell auf allen Vieren zur Mitte des Busches und renne dem Buschrand zu. Bald erreiche ich das Mühlenbachtal und bin ungesehen entkommen, bin gerettet.

Die Wirkung des Nadelstiches ist furchtbar! Schwester Emma stößt einen Schrei aus, als sitze ihr das Messer eines Mörders an der Kehle. Schwester Emma wird dies Stelldichein nie vergessen!

Am Bachrand verschnaufe ich. Dann nähere ich mich in einem großen Bogen vorsichtig dem Franzosenhause. Inzwischen ist es dunkel geworden, und wenn meine Kameraden auf ihren Racheplan nicht verzichtet haben, werde ich sie in der Nähe des Häuschens treffen. Ich halte mich an den Buschrand und stelle mich hinter einen Eschenbaum, dessen Zweige sich über das seichte Wasser neigen und den schwarzen Spiegel fast berühren. Da sehe ich im Dämmerlicht des sinkenden Tages die dunkele Silhouette eines langen Soldaten, der vorsichtig aus einem Holzschuppen unweit des Hauses hervortritt. Das kann nur Walischek sein. Mein leises „pst, pst", wird drüben sofort erwidert. Ich renne zurück, suche eine schmale Stelle des Baches, springe an das jenseitige Ufer und bin bald bei meinen Kameraden. Diese haben den Schrei der schönen Schwester gehört, haben den verdatterten Stabsarzt gesehen und im großen Bogen die Gefahrenzone umgangen. Flüsternd erzähle ich mein Abenteuer. „Heute ist ein Glückstag", sagt Walischek. „Unser Freund Schmitthof ist schon drinnen. Vor einer Viertelstunde kam er angekeucht. Einen Rucksack, vollgepackt mit herrlichen Dingen, hat er dem Franzosenweibchen mitgebracht, Leckereien, die er uns kranken Frontschweinen abgeknöpft hat." Walischek, Radtke und Uhlendorf schwitzen vor Rachedurst und Tatendrang. Wir tuscheln und flüstern in unserem Versteck, und als es Nacht geworden ist, führen wir Radtkes Plan aus.

Der Mühlenbach fließt unmittelbar am Hause vorüber. Ein schmaler Holzsteg von drei Meter Länge überquert den Bach und bildet die Verbindung zwischen dem Haus und der Landstraße, die geradewegs zum Lazarett führt. „Über diese hohle Brücke muss er kommen", parodiert Radtke, und führt uns an den Steg heran. Am diesseitigen Ufer ruhen die beiden schweren Planken auf einem behauen Stein. Wir buddeln den Stein weg und stützen den Steg auf einen Ast.

„Tappst dann der Pisspottschwenker auf den Steg, bricht der Ast, und rinn saust der Olle in die Sch…", erklärt Radtke. Wir sind von dem Plan begeistert und begeben uns sofort an die Arbeit. In solchen Dingen sind wir Meister, denn jeder Frontsoldat ist Erdarbeiter im Nebenberuf. Nach zehn Minuten klappt die Sache. Wie eine kunstrecht aufgestellte Mausefalle liegt das diesseitige Ende des Steges auf der Spitze einer langen Stange, deren unteres Ende halbmetertief im Uferschlamme steckt. Wie die Fallensteller ducken wir uns in den Graben der nahen Chaussee und warten auf die Dinge, die da kommen werden. Das Oberlicht der Tür und ein Fenster des Erdgeschosses sind erleuchtet vom rötlichen Schein einer Petroleumlampe. Hinter der Gardine des Fensters sehen wir zwei Gestalten. Freund Schmitthof feiert sein Schäferstündchen. Wir müssen eine Stunde warten. Wir rauchen Zigaretten und schwelgen in der Vorfreude der kommenden Ereignisse. Endlich öffnet sich die Tür. Schmitthof erscheint im Türrahmen. Umständlich und handgreiflich nimmt er von seiner Französin Abschied. „Au revoir", ruft die Französin ihrem Galan nach und schließt die Tür. Jetzt wird der große Augenblick kommen! Vier Soldatenherzen pochen fast hörbar gegen die Rippen.

Schmitthof kommt aus der Helle des beleuchteten Zimmers und kann die Gefahr und unsere lauernden Gestalten unmöglich erkennen. Er überquert den zum Bach abfallenden Vorplatz. Jetzt betritt er den Steg und jetzt! Ein Krachen der dünnen Stange. Das Ende des Stegs sackt nach unten, ein Klatschen und Platschen, und Schmitthof ist verschwunden! Wie die Teufel flitzen wir aus unserem Versteck dem Uferrande zu. Schmitthof watschelt dem Ufer entgegen. Wasser und Morast reichen bis zur Schulterhöhe. Seine Hände tasten an der Uferböschung entlang und finden keinen Halt. Jetzt taucht der rotbehaarte Kopf aus dem Wasser empor, doch im gleichen Augenblick trommeln unsere Fäuste auf den Schädel, auf Augen und Nase. Wortlos und still geht die Abreibung vor sich. Schmitthof versucht zu schreien, doch nur ein Prusten und Gurgeltöne werden hörbar. Da lassen wir von dem Opfer ab. Unsere Rache ist gestillt, und bald hat uns das Dunkel verschluckt.

Wir wenden uns im Laufschritt heimwärts, benutzen den Südeingang und den Ausweis. Das Seitengewehr wechselt in zehn Minuten vier Mal seinen Besitzer. Unbehelligt kommen wir zu unserem Zelt. Alles geht in bester Ordnung. Wir vertauschen rasch unsere Stiefel mit den Pantoffeln und rennen zur Latrine am Ostausgang. Keinesfalls wollen wir uns den Einzug des nächtlichen Helden entgehen lassen.

Am Osteingang stehen statt des einen zwei Posten! Jeder ins Lazarettlager Zurückkehrende wird scharf kontrolliert und muss angeben, wo er den Abend verbracht hat. Diese scharfe Kontrolle können wir uns nicht erklären. Wurde unser Streich verraten? Fahndet man bereits nach uns? Doch das ist ausgeschlossen. Unsere Zeltkameraden haben alle versichert, dass man unser Fernsein nicht bemerkt hat. Unsere bange Frage findet bald eine befreiende Antwort. Nass, wie ein gebadeter Pudel, mit Schlamm und Kot bespritzt, ohne Mütze, und mit blau geschlagenen Augen kommt unser Schmitthof angesegelt.

Die Landsturmposten stürzen sich auf Schmitthof. „Ha, da kommt der Kerl, der unsere Krankenschwester überfallen hat. Man sieht es dir an, dass du dich in den Büschen herumgetrieben hast. Mitkommen, du Saukerl!", brüllt der eine der Landstürmer, „auf dich haben wir seit einer Stunde gewartet, du Frauenschinder. Komm mit zum Stabsarzt, du Lump!", brüllt jetzt auch der zweite Landstürmer, und packt den sprachlos gewordenen Schmitthof am Kragen.

Schmitthof versucht, sich zu verteidigen, faselt etwas von Bach und Ausrutschen. Aber der eine Posten brüllt ihn an, „Maul gehalten, Sie sind mein Arrestant", und vorbei an uns wird Schmitthof zur Lazarettschreibstube abgeführt.

Wie wir später erfuhren, hat Schmitthof sein Alibi nachgewiesen. Er wurde aber zu einer anderen Sanitätskompagnie versetzt, und Zelt zwölf, Abteilung Genesende, hat Schmitthof nie wieder gesehen.

*

Rethel ist eine typisch nordfranzösische Provinzstadt. Diese Provinzstädte zeigen jene Kultur der Gesamtanlage und vieler pompöser Einzelbauten, auf die der Franzose mit Recht stolz ist. Sie tragen alle das Gepräge historischer Größe und den Charakter kleiner Residenzen, von machtvollen Königsvasallen, Fürstengeschlechtern oder Fürstbischöfen.

In den späten Augusttagen 1914 haben die Franzosen Rethel verteidigt. Die deutsche Feldartillerie hat mit eiserner

Faust um die schöne Stadt geworben und den Stadtteil, der sich um die gotische Kathedrale, das altehrwürdige Wahrzeichen Rethels, lagert, in Flammen geschossen. Jetzt sind gefangene Russen mit der Aufräumung der Trümmer beschäftigt. Halbverhungert und hohlwangig, bieten die Gefangenen in ihren zerlumpten, lehmgrauen Kitteln einen elenden, trostlosen Anblick.

Bei einem Stadtbesuche sehe ich den arbeitenden Russen zu. Ein russischer Offiziersstellvertreter, der auch Dolmetscher ist, führt das Kommando und treibt seine Mitgefangenen zur Arbeit an, während zwei deutsche Landstürmer mit geschultertem Gewehr, gelangweilt und teilnahmslos, das Ende ihrer Dienstsunden abwarten. Urplötzlich lassen die Gefangenen von der Arbeit ab, und rennen aufgeregt auf einen blassen Kameraden zu, der in hockender Stellung irgendetwas Unergründbares in den Händen hält. Die herbeigeeilten Russen wollen ihren Mitgefangenen die Beute entreißen, und es entsteht eine große Balgerei. Mit vertierten Augen kämpfen die Gefangenen um den Besitz jenes Etwas, das ihr Mitgefangener in den Steintrümmern gefunden hat, und jetzt sehe ich deutlich, wie dieser in die dunkle Masse, die seine Hände umkrampfen, hineinbeißt.

Mit schnellen Sprüngen ist der Offiziersstellvertreter bei dem kämpfenden Menschenknäuel, und wie Peitschenschläge übertönen seine russischen Kommandoworte das Zankgeschrei der Gefangenen. Diese lassen von dem kauenden und schlingenden Gefährten ab und stehen verdattert da, wie geprügelte Hunde. Nur ihre Augen schielen neidisch zu dem fressenden und würgenden Kameraden hin. Der Offiziersstellvertreter brüllt ihn an, nimmt dem Wiederstrebenden eine klebrige, schwarzrote Masse aus den Händen und übergibt sie einem herbeigeeilten Landsturmposten. Und jetzt erkenne ich schaudernd, dass diese Masse ein in Verwesung übergegangener Rollschinken ist. Angeekelt wende ich mich ab.

Das Elend und der Hunger der gefangenen Russen ist ein erschütterndes Kapitel des Weltkrieges.

In der Stadt munkelt man von einer großen Offensive der Franzosen. In dem Estaminet in der Rue de Chateau, einer Kneipe, die vorwiegend von der französischen Zivilbevölkerung besucht wird, und in der ich manchen Schoppen billigen

Landweines getrunken habe, spüle ich auch heute den Ekel über mein Russenerlebnis hinunter. Die niedrige, qualmige Schenkstube ist mit französischen Zivilisten angefüllt. Diese tuscheln, wispern und flüstern geheimnisvoll und mit glänzenden Augen. Sie bewegen sich freier, ducken sich weniger als sonst. Wortlose Auflehnung, Hoffnung und Hass geht von den flüsternden Tischgruppen aus, und als ich aus den Gesprächsbrocken die Worte „Notre grande offensive" auffange, ahne ich den Grund des Gebahrens und Aufbegehrens der französischen Zivilisten. Ich weiß, dass sich geheime Fäden von der feindlichen Front zur Zivilbevölkerung der besetzten Gebiete spinnen und dass die Franzosen im Etappengebiet über die Absichten unserer Feinde oft besser unterrichtet sind als der deutsche Generalstab. Beim Heimweg stelle ich fest, dass das Rollen des fernen Geschützfeuers an der Front, dort wo Berry-aux-bac und die Champagne liegen, stärker ist als seit Wochen. Als ich das Zelt betrete, finde ich die meisten Kameraden mit Packen beschäftigt und in heller Aufregung. Uhlendorf und Radtke sind bereits in Marsch gesetzt. Die Champagne-Armee braucht dringend jeden verfügbaren Mann. Ohne ärtztliche Untersuchung sind wir in Bausch und Bogen als gesund entlassen und zu unseren Kompagnien zurückbefohlen.

Nur Walischek, der ostelbische Junker, hat sich freiwillig nach vorn gemeldet und seine Versetzung zur Infanterie beantragt. Walischek ist eine Raufnatur. Der Krieg ist für ihn eine Art Sport, eine Gewohnheit, die sich durch viele Geschlechter vererbt und dem vierten Teil seiner Ahnen das Leben gekostet hat. Die Auffassung von Krieg und Kampf ist bei Walischek anders wie bei uns. Walischek liebt den Krieg um seiner selbst willen, er liebt ihn als eine Gelegenheit, das Herrentum seines Geschlechtes mit der Waffe in der Hand zu verteidigen, wie dies seine Ahnen seit den Kreuz- und Römerzügen des Mittelalters taten.

Auch für mich ist der Marschbefehl da, und ich packe wie die meisten Kameraden meinen Tornister. Trübselige Abschiedsstimmung lassen wir nicht aufkommen. Eine Kognakflasche geht fleißig um. Wir singen laut und frech, bis wir heiser sind. Die Lazarettvorgesetzten drücken beide Augen zu und lassen uns gewähren.

Als wir am späten Abend in die Betten kriechen, hören wir das immer stärker werdende Gewummer der Kanonen. Leise scheint die Erde von der fernen Kanonade zu beben, laut aber klopfen die Herzen der Soldaten, die ihre letzte Nacht unter dem Schutz des Roten Kreuzes verbringen.

Die Herbstschlacht in der Champagne

Ich hab Anschluss an den Urlauberzug gefunden, der von der Heimat zur Front fährt. Der Urlauberzug ist überfüllt. Auf den Gängen, auf dem Boden der Abteile, sogar im Gepäcknetz stehen, liegen und hocken die Soldaten. Das Gepäck türmt sich zu großen Haufen. In dem Zuge herrscht eine gedrückte Stimmung. Alle Insassen gehören zu Regimentern, die die Champagne-Armee bilden. Viele Soldaten sind durch Fernruf aus ihrem Urlaub zurückbefohlen worden.

Neben mir hockt ein Artillerist auf seinem Tornister. Er schimpft: „So eine Sauerei! Vorgestern bin ich zu Hause angekommen. Meine Frau hat sich bannig gefreut, mich nach mehr als zwölf Monaten wiederzusehen. Ich habe gleich das verlauste Zeug in eine Ecke geworfen. Es sollte am nächsten Tag in eine Reinigungsanstalt. Dann habe ich mal ordentlich gefuttert, und da ich seit drei Tagen fast nicht geschlafen hatte, bin ich im Bett getorkelt und hab erst mal ordentlich gepennt. So um Vier herum werde ich wach. Meine Frau sitzt an meinem Bett und wartet auf mein Wachwerden. Sie schlingt ihre Arme um meinen Hals, macht sehnsüchtige Augen und küsst mich immer wieder. Sie hat sich so fein hergerichtet, dass meine Augen groß werden wie Suppenteller. Ich will sie gerade zu mir in die Falle ziehen, da pocht es an der Tür, und wer glaubst du, wer da steht? Es ist der Depeschenbote und bringt mir den Befehl, sofort in die Sch… zurückzukehren. Ich habe geflucht und getobt. Mein Weib hat still geweint. Jede Lust ist mir vergangen. So eine verdammte Schweinerei!"

Der Artillerist erhebt sich und spuckt zum Fenster hinaus, und dieses Ausspucken unterstreicht mehr, als Worte es vermögen, seine Abscheu vor dem Krieg. „Das ist noch gar nichts", lässt sich ein Infanterist, der auf einem hochgestapelten Tornisterhaufen thront und bis jetzt in verbissenem Schweigen verharrt hat, vernehmen: „Ich habe vor neun Monaten Kriegstrauung gemacht. Wir sollten vorgestern einen Stammhalter bekommen. Aus diesem Grunde habe ich es bei meinem Kompagnieollen durchgesetzt, dass er mich in Urlaub schickte. Zwei Tage haben wir auf die Wehen gewartet. Am dritten Tage machten sich die ersten Anzeichen bemerkbar. Ich habe die Hebamme geholt. Die sagte, dass es frühestens in vierundzwanzig Stunden losgehen würde. Ich begleite die Hebamme bis zur Haustür, da kommt so ein Postjüngling und drückt mir den Wisch in die Hand, dass ich sofort zurück muss. Ich denke, mich trifft der Schlag. Als ich mein junges Weib so käsig bleich im Bette liegen sehe, da hab ich's nicht fertig gebracht, ihr die gemeine Wahrheit zu sagen. Ich habe ihr vorgelogen, dass ich meinen Vater im Nachbardorfe besuchen will. Hab' dann still meinen Verdrusskoffer gepackt und mich wie ein Dieb davongeschlichen. Und während man mich jetzt zur Front schaukelt, bekommt meine Frau das Kind. Vielleicht ist's ein Junge, vielleicht ein Mädchen. Vielleicht aber geht meine Frau bei der Gelegenheit vor die Hunde! Die Ungewissheit macht mich verrückt."

Der Soldat verfällt wieder in grüblerisches Schweigen. Nur seine Augen schimmern feucht.

Je näher wir der Front kommen, umso lauter hören wir den Donner der Kanonen. Plötzlich schlägt der Zug ein rasendes Tempo an. Nach einigen Minuten fahren wir in einen Tunnel ein. Knirschend wird der Lauf der Räder gebremst. Der Zug hält mitten im Tunnel. Von Fenster zu Fenster läuft die Nachricht, dass feindliche Flieger gemeldet sind. Bald hören wir das Bollern von Flakgeschützen. Erst nach geraumer Zeit setzt sich der Zug wieder in Bewegung. Je näher wir der Front kommen, umso schweigsamer werden die Zuginsassen. In ihren Gesichtern vollzieht sich eine Wandlung. Sie werden bleicher. Ein herber Zug legt sich um Nase und Mund. Jetzt sind sie wieder da, die Frontgesichter.

In Bouziers verkrümmelt sich ein gut Teil der Zuginsassen. Ihre Plätze werden von Ordonnanzen, Kantiniers und Bagageleuten eingenommen, die nur für Stunden in Bouziers zu tun hatten. Von ihnen vernehmen wir, dass der Franzmann Großes vorhat. Bei der Navarin-Ferme hat er bereits einen

Angriff gewagt. Auf der ganzen Linie Souain-Perthes-Massiges schießen sich die Franzosen ein. Riesige Truppenansammlungen sollen an dieser Linie bis tief ins feindliche Land bei Chalons festgestellt sein. Die Fliegertätigkeit soll äußerst lebhaft sein. Man weiß seit Wochen, dass der Franzmann in der Champagne zu einem großen Schlage ansetzt. Nur über Zeit, Ort und Stärke des bevorstehenden Angriffs ist man im Ungewissen.

Meinem Marschbefehl entsprechend, verlasse ich in Ardeuil den Zug. Ich begebe mich zum Lager 1 und melde mich auf der Schreibstube meiner Kompagnie.

„Sie hätten noch einige Wochen bleiben müssen", meint der Feldwebel, und mitleidig fügt er hinzu: „Vorn ist dicke Luft! Sie kommen in den schönsten Schlamassel hinein." Sein Blick streift mich wie einen zum Tode Verurteilten. Dann kommt die Anweisung: „Suchen Sie sich für heute Nacht ein Quartier. Morgen früh wird die Kompagnie abgelöst, und dann können Sie sich anschließen."

Ich wandere zurück zum Lager 2. Dort liegt die große Regimentsbagage, und Simon, der Schreiber des Zahlmeisters, ist mein Landsmann und Freund.

In der Dämmerung treffe ich bei Simon ein. Er wohnt mit einem Bagageunteroffizier und dem Fuhrmann des Zahlmeisterwagens in einer kleinen Holzbaracke. Kameradschaftlich werde ich aufgenommen und verpflegt.

Simon hat von seiner Frau ein Paket bekommen. Außer Pulswärmern, Schinkenspeck und Zigarren enthält das Paket eine Flasche: „Elixir des Spa." Friedensware! Ich habe es gut getroffen. Simon hat heute Geburtstag, und so wird eine Feier improvisiert. Wir erzählen uns alte Geschichten aus der Heimat. Wir trinken von dem herrlichen Likör und rauchen dicke Zigarren. Der Krieg ist weit weg. Es wird spät. Der reichliche Likörgenuss macht schläfrig. Die drei Barackenbewohner ziehen ihre Stiefel aus, legen den Waffenrock ab und fallen auf ihr Bettgestell. Dies nimmt fast die Hälfte der kleinen Baracke ein. Wie ein Schragen, in dem man Äpfel lagert, sieht so ein Bett aus. Es ist aus dicken Dachlatten zusammengezimmert. Drei Lagerstätten aus Maschendraht sind übereinander geschichtet. Der Fuhrmann klettert zum ersten Bett hinauf, der Unteroffizier zum mittleren, und nachdem Simon und ich die Flasche Elixir de Spa bis zur Nagelprobe ausgetrunken haben, legt Simon sich in das Bett zu ebener Erde. Ich ziehe wie die anderen die Stiefel aus und richte mein Lager auf dem Fußboden neben dem Bettgestell.

Die Acetylenlampe ist gedrosselt. Ihr Lichtschein wird schwächer. Das Lattengestell wirft dünne, unnatürlich lange Schatten. Meine Gedanken sind in der Heimat. Das ständige Rollen und Poltern der nahen Front lullt die Hirntätigkeit ein. Die Gedankengänge verwirren sich und schlagen sonderbare Purzelbäume.

Plötzlich saust es heran. Ein gewaltiges Brausen scheint mit Kräften der Urzeit das Weltall zu erfüllen, und ein donnernder Einschlag klingt in den Ohren, als solle das Trommelfeld zerreißen.

Es heult und singt, es kracht und berstet, es stinkt nach Schwefel und Pulver! Die erschreckten Augen sehen, wie die Lampe in die Luft springt, um zu Boden zu kollern und zu verlöschen. Das Bettgestell ist zusammengestürzt. Die drei Bettgenossen sind in großem Bogen herausgeschleudert. An Kopf und Beinen haben mich die aufschlagenden Körper getroffen, und ich fühle dumpfe Schmerzen. Die linke Dachseite ist fortgeflogen, und die ruhevollen Sterne schauen aus ihrer himmlischen Höhe auf ein Knäuel von Körpern, Köpfen, Armen und Beinen, das sich im Dunkel auf dem Fußboden der Baracke wälzt. Ich glaube an einen Fliegerangriff, doch nach Sekunden werde ich belehrt, dass das Lager regelrecht beschossen wird. Fauchend kommen neue Granaten angezogen und krepieren mit hellem Aufschrei in nächster Nähe. „Ist einer von Euch verwundet?", fragt der Unteroffizier mit aufgeregter Stimme. Alle scheinen unverletzt. „Nur raus, nur raus", zittert die Stimme des Fuhrmanns. Krampfhaft suchen wir vier nach unseren Stiefeln. Sobald die tastenden Hände einen Stiefel fühlen, zerren sie mit großer Gewalt daran. So kommt es, dass mir der Fuhrmann einen Stiefel, den ich glücklich erwischt und angezogen habe, wieder vom Fuß reißt. Endlich kommen wir zur Besinnung. Simon hat seine Taschenlampe gefunden und angeknipst. Der Fuhrmann ist verschwunden, sein Rock und die Stiefel liegen unberührt in einer Ecke. In kurzer Zeit sind wir bestiefelt.

Ich muss meinen Tornister, die Knarre und den Mantel zusammensuchen. Simon ist ein guter Kamerad. Er hilft mir, meine Siebensachen zu finden. Wir stürzen durch das Lager und streben dem schützenden Bergabhang zu. Im Vorbeirennen sehe ich, dass zwei Meter von der Baracke entfernt ein tiefer Trichter gähnt. Die obere Fläche der Bretterwand der Bude ist durchlöchert wie ein Sieb. Nur wie durch ein Wunder sind wir heil geblieben.

Am Bergabhang haben sich die Mannschaften der Bagage gesammelt. Die Fahrer sind dabei, ihre Gäule in Sicherheit zu bringen. Ein Bursche ist gefallen. Einige Bagageleute sind verwundet.

Die Nacht ist kühl, und der stiefel- und rocklose Fahrer des Zahlmeisters, der neben mir hockt, rasselt vor Kälte mit den Zähnen. Mit der Genauigkeit eines Uhrwerkes schlagen Granaten großen Kalibers in das Bagagelager ein. Auch Lager 1, das große Ruhequartier des Regiments, liegt unter heftigem Feuer. Wie mag es dem dritten Bataillon, das dort in riesigen Baracken in Ruhe liegt, ergangen sein? Die Frage wird bald beantwortet. Ein Trupp Leichtverwundeter kommt im Laufschritt am Steilabhang herangestürmt. Bei uns angekommen, machen die Leute eine Atempause.

Keuchend schimpft ein langer Gefreiter: „So eine Schweinerei. Ein Volltreffer ist in die Baracke der Neunten eingehauen. Mindestens fünfzig Mann tot. Viele andere sind verwundet. Wie aufgescheuchte Hühner sind wir hin und her gerannt. Nicht mal ein Maulwurfloch ist vorhanden, in dem wir uns verkriechen konnten. Da haben wir die großen Gartenanlagen anlegen müssen. Ganze Wälder haben wir umgepflanzt, Kieswege haben wir geschaffen, und doch ist keiner der Generale auf den Gedanken gekommen, für den Fall einer Beschießung sichere Unterstände bauen zu lassen!" Wir alle geben dem langen Gefreiten Recht und schauen stumpf dem Zerstörungswerk der Granaten zu unseren Füßen zu. Auch im nahen Dorf Ardeuil schlagen die Granaten ein. An mehreren Stellen brennen Häuser. Wie riesige Fackeln beleuchten die Brände den Teufelstanz der Granateinschläge. Ein Graben wird ausgehoben, und als der Morgen graut, haben wir uns eingegraben in das schützende Erdreich.

Am frühen Morgen kommen die Kompagniefeldwebel. Alles, was nicht zur Bagage gehört, wird kompagnieweise gesammelt. Von unserer Kompagnie sind wir zu fünfen. Ich bekomme vom Kompagniefeldwebel den Befehl, mich mit den vier Kameraden sofort zur ersten Stellung in Marsch zu setzen und die Führung zu übernehmen. „Die Kompagnie wird nicht abgelöst, und bleibt in Stellung. Sie melden sich und ihre Leute beim Kompagnieführer", erläutert der Spieß seinen Befehl.

Von den vier Leuten meiner Kompagnie kenne ich nur Leroi, den Wallonen, aus der Malmedyer Gegend. Die drei anderen sind junge Soldaten vom letzten Ersatz. Wir marschieren ab. Vom Höhenrücken von Gratreuil aus, können wir die deutschen Stellungen übersehen. Sie liegen unter schwerem Beschuss. Schwarze, graue und gelbliche Rauchfahnen tanzen am Horizont und weit bis in das Hinterland hinein. Wir meiden die Heerstraße und umgehen das Dorf Gratreuil. Auch in diesem Dorf wüten Brände. Alle Anmarschwege werden stark befeuert. Bei Fontaine-en-Dormois sehen wir eine Munitionskolonne, die im Galopp ins Hinterland will. Jetzt hauen rechts und links der Chaussee Granaten ein. Wir bleiben unwillkürlich stehen und jetzt hat's das letzte Fuhrwerk gepackt. Als die Rauchsäule sich verzogen hat, ist von dem letzten Munitionswagen der Kolonne nichts mehr zu sehen. Er ist weggewischt, in Atome zerfetzt, als habe ein Riese ihn weggeblasen. Nur ein Pferd steht noch aufrecht, doch berührt sein Bauch den Boden. Es scheint, als seien die Beine ins Erdreich gewachsen. Wir aber sehen, dass dem armen Gaul die Beine bis auf kurze Stumpen abgehackt sind. Die Fahrer schlagen wie toll auf die Gäule ein, und die Kolonne verschwindet in einer Wegebiegung. Von der Ferne gesehen, kommt uns dieses Drama marionettenhaft unnatürlich vor, aber wir kennen den bitteren Ernst des Schauspiels.

Wir haben uns bis an das Dorf Ripont herangepirscht. Vom Dorf Ripont sind nur noch klägliche Ruinen übriggeblieben. Der Kirchturm ist verschwunden, und die Stelle, wo einst das friedliche Heidedorf stand, ist jetzt ein feuriger Hexenkessel. Dort kracht es und schreit es, es brodelt und faucht, und über der Trümmerstätte lagert schwarz und dicht eine undurchsichtige, mächtige Rauchwolke. Durch diese Hölle müssen wir hindurch, denn nur dort führt eine Brücke über die Dormoise aufs jenseitige Ufer. Ich bespreche mich mit Leroi. Die drei Ersatzleute stehen stumm da mit grauen Gesichtern. Leroi und ich beschließen, eine Geschosslage abzuwarten und dann im Laufschritt das Dorf zu durchqueren. Als wir uns umwenden, um unseren Entschluss den jungen Soldaten mitzuteilen, sehen wir, wie der jüngste von ihnen in die Knie sinkt und vornüber fällt. Der Körper des jungen Soldaten wird hin und her geschüttelt. Die Hände krallen sich in dem Kreidegrunde fest. Unartikulierbare Laute pressen sich zwischen zusammengebissenen Zähnen. Schaum steht vor seinem Munde, und in den weit aufgerissenen Augen stiert das Entsetzen. Nervenzusammenbruch!

Leroi kniet sich neben den Jungen. Er nimmt ihm mit sanften Händen den Helm vom Kopf, und während er väterliche, beruhigend Worte spricht, streichelt er über das Blondhaar des Jungen. Da lösen sich allmählich die krampfdurchzuckten Glieder. Der Junge setzt sich hin und weint, weint an der Brust des älteren Kameraden.

Nach zehn Minuten ist der Schock vorüber. Der Soldat hat sich und seine Angst überwunden. „Bleib nur an meiner Seite, da wird dir nichts passieren", sagt Leroi und nimmt den Jungen bei der Hand. Und dann warten wir, bis es ordentlich im Dorf gekracht hat und rennen los. Der Weg ist zum Trichterfeld geworden. Es geht über Steintrümmer, Dachziegel, über Blindgänger und Baumstämme hinweg. Hier und da erkenne ich Leichen von Menschen und Pferden. Jetzt ist die Straße gesperrt durch eine umgestürzte Giebelwand. Wir rennen seitlich um die Trümmer herum. Die Lungen keuchen. Die Luft ist geschwängert mit Pulver und Schwefel. Granaten schlagen rechts und links von uns ein. Zirpend und klingend durschneiden ihre Splitter die Luft.

Steine und Erdbrocken prasseln auf uns nieder. Vorwärts! Wir rennen um unser Leben. Das Herz scheint zum Halse heraus zu schlagen. Wir stürzen über die Brücke. Am jenseitigen Ufer liegen dreißig tote Infanteristen eines fremden Regiments. Ein Volltreffer ist in die Marschkolonne eingeschlagen.

Ich schließe die Augen und torkele weiter. Und dann noch fünfzig Meter, und ich habe als erster den schützenden Abhang des Champagne-Plateaus erreicht. Ich sehe den Eingang eines Stollens und lasse mich hineinfallen. Leroi und der junge Soldat folgen mir auf dem Fuße. Dann kommt noch einer der Ersatzrekruten angerannt. Er ist an der Hand verwundet, und zwei Finger baumeln an blutigen Hautfetzen. Der Verwundete schreit uns an: „Köbes liegt im Dorf und ist schwer verwundet." Köbes ist der vierte der meiner Führung anvertrauten Leute. Noch bevor wir einen Entschluss fassen können, wirft der junge Soldat, dessen Nerven vorhin versagten, den Tornister ab, gibt Leroi sein Gewehr und sagt ruhig, „Köbes ist mein bester Freund. Ich werde Köbes holen." Und aufrecht mit langen Schritten geht er zurück in die Hölle, seinen Kameraden zu suchen.

Wir warten lange Minuten. Dann kommt der junge Soldat. Auf seinen Schultern hockt wie beim Pferdchen spielen Köbes, sein verwundeter Kamerad. Langsam, in behutsamen Schritten, kommt er heran, dieser blonde Junge mit der schweren Last, als wenn Granaten, Tod und Hölle ihm nichts anhaben könnten.

Die beiden Verwundeten werden verbunden. Der Handverletzte ist guter Dinge, und die Freude an seinem Heimatschuss leuchtet in den Augen. Der Ersatzsoldat mit dem Oberschenkelschuss wird der Obhut seines weniger schwer verletzten Kameraden anvertraut. Bei Anbruch der Dunkelheit oder beim Nachlassen des Feuers sollen die beide eine Gelegenheit abwarten, ein von der Front zurückkehrendes Gefährt zu erwischen, das sie ins Hinterland zurückbringt.

Zu Dreien setzen wir unseren Weg fort. Er führt durch ein Fichtenwäldchen, das als Artilleriestellung ausgebaut ist. Das Wäldchen bietet einen trostlosen Anblick. Vielfach sind die Fichtenbäume unten am Stamm glatt abgehackt, vielfach fehlen die Kronen der Bäume. Abgefetzte Äste und hochgeworfenes Wurzelwerk versperren den Weg. Mitten in diesem Chaos befindet sich die Batteriestellung. Fünf Geschütze schweigen. Von einem Geschütz ist nur noch ein Stück der Lafette vorhanden. Radteile der zerstörten Geschütze liegen im ganzen Wald verstreut. Nur ein Geschütz feuert ohne Unterlass. Die drei Kanoniere arbeiten rocklos, in Hemd und Hose. Ihre Handgriffe und Bewegungen haben etwas Automatisches, etwas Maschinenmäßiges. In gleichmäßigem Abschuss bellt das Feldgeschütz los. Die rechts und links einschlagenden Granaten werden von den drei Kanonieren nicht beachtet. Stumm rächen die drei ihre Kameraden, deren Totengesichter in das Grün der abgehauenen Fichtenzweige gebettet sind.

Weiter! – Wir kommen vorbei an zusammengeschossenen Munitionswagen, an einem eingeschossenen Unterstand, aus dessen verschüttetem Eingang ein nacktes Bein hervorschaut.

Das ganze Gelände wird von der feindlichen Artillerie abgestreut. Die weite Hochebene gleicht einem wallenden See, dessen hochgepeitschte Wellen aus Erde, Eisen, Rauch und Giftschwaden bestehen.

Wir springen von Granatloch zu Granatloch, und uns scheint, als kämen wir doch unserem Ziel nicht näher. Die trostlose Öde der Hölle, die wir durchqueren, will kein Ende nehmen. Das feindliche Feuer scheint von Minute zu Minute stärker zu werden. Jeden Begriff von Ort und Zeit haben wir verloren. Wir werden nur von dem Willen nach vorn gerissen. Wir wollen zu unseren Kameraden gelangen, die irgendwo am Rand dieser Hölle in ihren Erdlöchern hausen.

Die Einschläge verdichten sich. Es ist ein einziges Krachen und Bersten um uns. Das Heulen, Sausen und Klirren vereinigt sich zu einem einzigen, infernalischen Schrei. Durch Rauch und Giftqualm sehe ich schemenhaft die Gestalt des jungen Ersatzsoldaten, der sich vorhin so tapfer hielt. Er hat das schützende Granatloch verlassen und strebt vorwärts. Da! Ein Luftdruck, so stark, als wolle er mich in das Erdreich hineinpressen, ein fürchterliches metallisches Aufheulen, ein zuckender Feuerstrahl und eine schwarze Rauchwand!

Ich sehe wie der Körper des jungen Soldaten von Feuer und Rauch verschluckt wird. Nur eine Hand und Uniformfetzen im aufgewühlten Erdreich! – Die Augen vermitteln dem Gehirn das Grauen, der Geist aber weigert sich, das Grauen zu erfassen. Auch das Denkvermögen hat Abwehrkräfte, die einem „Zuviel" den Zugang zum seelischen Erleben versperren.

Leroi und ich rennen weiter. Die Schläfen pochen, als fließe das Herzblut aus den Augen. Ich habe nur den einen brennenden Wunsch, dass mein Körper zum Lichtleib werde, um ihn durch den Schleier von Eisen und Rauch zu bringen, der uns von unserem Ziele trennt. Wir torkeln vorwärts, fallen in frische Granattrichter, nehmen uns an der Hand und stürzen durch Hölle und Grausen des Trommelfeuers, und fallen endlich in einem zusammengeschossenen Graben. Leroi zieht mich in den Eingang eines Unterstandes. Wir purzeln zu zweien die Treppe hinab und hören menschliche Laute, wie Harfenklänge klingen sie an unser Ohr. Nie habe ich die Schönheit der Menschenstimme tiefer gefühlt, als in dieser Minute!

Ein unendlicher Trost, die Gewissheit der Verbundenheit mit den Kameraden, strömt aus der Sprache der Soldaten, die hier unter der Erde hocken. Ich fühle mich geborgen. Und der Zufall hat es gut mit uns gemeint. Wir haben die Reservestellung erreicht, die vom dritten Zug unserer Kompanie besetzt ist.

Im spärlichen Schein einer Kerze erkenne ich bekannte Gesichter. Da sitzt angelehnt an die Wand Themchen. Er schläft mit offenem Mund. Da ist Unteroffizier Schuhmacher. Er erkennt mich. Ein freudiges Aufleuchten verklärt sein stoppelbärtiges Gesicht. Wir drücken uns stumm die Hände. Jetzt erst fühle ich es: die Front hat mich wieder, hier gehöre ich hin!

Leroi und ich verteilen den mitgebrachten Vorrat an Lebensmitteln, Zigarren und Zigaretten bis auf einen bescheidenen Rest. Wie die Kannibalen stürzen sich die Kameraden auf die mitgebrachten Sachen. Seit fünf Tagen ist die Kompanie in Stellung, und seit achtundvierzig Stunden ist keine Verpflegung bis hier oben hingelangt.

Die Luft in dem engen Unterstand ist dickflüssig und verbraucht. Auf einer Kiste, die als Tisch dient, steht eine leere Flasche, in deren Hals eine brennende Kerze steckt. Immer dann, wenn ein Einschlag in der Nähe des Unterstandes sitzt, macht die Flasche einen Hopser. Kalkgestein rieselt von der Decke, und der Stollen gerät in schaukelnde Bewegung.

Von Stunde zu Stunde trommelt das Feuer heftiger. Es ist ein nahes und fernes Grollen, ein Brausen und Jaulen, das dumpf und ununterbrochen zu uns dringt. Die Kameraden sind schweigsam geworden. Mit grauen Gesichtern liegen und hocken sie längs den warmfeuchten Kreidewänden des

Unterstandes. Die Gruppe Schuhmacher stellt einen Posten. Alle zwei Stunden wird er abgelöst. Ich trete als achter Mann an Stelle eines Kameraden in die Gruppe ein, der bereits vor drei Tagen verwundet wurde.

Ich bin an der Reihe, Posten zu stehen. Ich steige aus dem Unterstand dem Tageslicht, das meine Augen blendet, entgegen. Die gepeinigten Lungen wollen sich vollsaugen mit frischer Luft. Aber die Luft hier draußen ist geschwängert mit Pulverdämpfen und widerlichem Leichengeruch, der süßlich in die Nase dringt. Ich gehe durch den zusammengeschossenen Graben, der an vielen Stellen eingeebnet ist. Dort, an dem eingebauten Grabenhals, der durch eine Stahlschutzplatte gesichert ist, steht der Posten, den ich ablösen soll. Starr und unbeweglich lehnt er in der Ecke des Beobachtungsstandes. Ich rufe ihn an, aber teilnahmslos und unbewegt bleibt der angelehnte Körper. Ich renne näher und erkenne – der Soldat ist tot! Im Todeskampf haben sich die Finger beider Hände tief in den Kreidegrund hineingebohrt. So steht stumm und starr der tote Kamerad auf seinem Posten. Behutsam nehme ich den Toten in meine Arme und bette ihn auf dem Schützenauftritt des nahen Grabens. Noch vor einer Stunde war Leben in diesem jungen Körper, und ich kann es nicht fassen, dass ein Granatsplitter, der an der Schläfe ein winziges Loch verursacht, alles Leben aus diesem sehnigen Körper vertreibt. Und behutsam drücke ich dem Gefallenen die Augen zu, behutsam und zart, da ich nicht begreifen kann, dass der warme Körper gefühllos ist. Und dann nehme ich den Platz des Toten ein.

Die deutsche Stellung liegt, soweit das Auge reicht, unter schwerem Trommelfeuer. Nah und fern, allüberall stehen die Rauchfahnen einschlagender Granaten. Ein Dröhnen und Krachen erfüllt die Luft, als seien alle Höllengeister losgelassen. Die gemarterte Erde wird umgepflügt, wird zerrissen und hochgeworfen und gleicht einem wallenden Kreidemeer, das von gigantischen Kräften bewegt wird. Und kein menschliches Wesen, dem dieser wahnsinnige Vernichtungswille gilt, ist weit und breit zu sehen!

Die Öde des Schlachtfeldes wirkt unwirklich, wirkt gespensterhaft. Und ich fühle zum Herzen, um mich an dessen Pochen zu vergewissern, dass ich lebe und nicht zum toten Stoff der großen Öde gehöre. Und Minuten werden zu Ewigkeiten, während sich die Erde zur Mondkraterlandschaft wandelt. Und dennoch steht die Zeit nicht still. Die Dämmerung verdichtet sich, und hier und dort steigt aus dem ersten Kampfgraben der deutschen Stellung eine Leuchtrakete hoch.

Ich weiß nicht warum, aber der Lichtschein des schwebenden Feuers hat etwas Tröstliches für mich. Und menschliche Stimmen höre ich. Es ist Schuhmacher, der Gruppenführer, und der Führer unseres Reservezugs, der die Posten revidiert.

Ich melde den Tod meines Vorpostens, und der Leutnant schweigt, drückt mir die Hand und murmelt dann: „Mach's gut, Kamerad!" Und die beiden setzen ihren Weg fort und verschwinden in der Dunkelheit. Ich bin wieder allein und starre in das dunkle Vorgelände. Nur feindwärts durchzucken die rötlichen Mündungsfeuer der nimmermüden Geschütze die Schwärze der Nacht. Und mit unverminderter Stärke fauchen die Granaten heran. Und wenn eine kurze Feuerpause auf unserem Abschnitt eintritt, höre ich den Ruf einer angsterfüllten Stimme. „Sanitäter, Sa-ni-tä-ter, Sani-tä-ter." Und dann wird dieser langgezogene Schrei wieder verschluckt von dem wütenden Krachen und Brüllen wahnsinniger Explosionen. Und nach einer Zeit, für deren Wertung ich jedes Maß verloren habe, werde ich von Leroi abgelöst.

Und dann hocke ich wieder in dem Unterstand. Ungeschwächt rast und wütet das Trommelfeuer. Ein Soldat hockt in einer Ecke und stiert vor sich hin. Nur seine Lippen bewegen sich. Er betet wohl, ohne sich dessen bewusst zu sein. Neben mir liegt ein anderer Soldat. Sein Gesicht verbirgt er in beiden Armen. Er schläft. Doch ein Beben schüttelt den schlafenden Körper. Zwei andere Kameraden tuscheln leise zusammen, und als ich angestrengt hinhorche, vernehme ich, dass die beiden einander schwören, letzte Grüße an ihre Lieben zu bestellen, für den Fall, dass einer getötet, der andere aber leben würde!

Schuhmacher kommt von seinem Gang zurück. Er erklärt uns in seiner ruhigen, sachlichen Art die Lage. Seit vierundzwanzig Stunden betrommelt der Franzmann unsere Stellung. Er muss über ungeahnt viele Geschütze verfügen. Materialschlacht! Zwei Züge unserer Kompanie liegen zusammen mit dem größten Teil des Bataillons im Debus-Tunnel.

Dieser Tunnel hat bis jetzt der Beschießung standgehalten. Von ihm weiß der Feind anscheinend nichts. Wenn er angreift, so wird er einem kampfkräftigen Truppenteil gegenüberstehen! Und bald muss er kommen! Der Feind! Bald muss dieses Höllenfeuer aufhören! Und neue Hoffnung erfüllt uns. Doch Stunde um Stunde verrinnt. Es trommelt weiter und zermürbt die Nerven. Es frisst an unseren Hirnen und zehrt an unserer Willenskraft. Und der Hunger wühlt in den Eingeweiden, und der Durst dörrt unsere Zungen, und es trommelt weiter.

Es wird Tag und wieder Nacht. Themchen ist von einem Meldegang nicht zurückgekehrt. Ein Soldat vom letzten Ersatz wird schwer verwundet in den Unterstand zurückgebracht. Ein Splitter hat ihm die linke Hüfte weggerissen. Wir haben alle verfügbaren Verbandspäckchen in die Wunde gestopft und sie umwickelt. Aber der Verband ist durchgeblutet, und der Schwerverwundete redet irres Zeug im Delirium des Wundfiebers.

Und der dritte Tag beginnt, und es trommelt weiter!

Wenn ich auf Posten ziehe, erkenne ich das Fortschreiten der Zerstörung. Die Stellung gleicht einem Kraterland. Der Verlauf der Gräben ist nicht mehr erkennbar. Das Drahthindernis ist verschwunden. Leichen und Leichenteile liegen in der Mondlandschaft. Krepierende Granaten zerfetzen die Toten und lassen sie nicht zur Ruhe kommen. Die aufgewühlten Erdmassen begraben für Stunden die Toten. Neue Granateinschläge schleudern sie wieder hoch und bringen die Begrabenen wieder zu Tage.

Und dann hocken wir wieder hoffnungslos im Unterstand. Jede Bewegung ist schwach und automatisch. Die Denkfähigkeit scheint ausgemerzt zu sein. Wir sind nur noch Tiere, apathische Lebewesen am Rande des Wahnsinns. Wir haben mit unserem Leben abgeschlossen. Der Geist scheint dem totwunden, zerschlagenen Körper entflohen zu sein. Wir sind Verdammte, die im Pferch einer Erdhöhle der Verzweiflung ausgeliefert sind.

Und es trommelt weiter!

Dann und wann zwingen uns äußere Eindrücke von tragischer Wucht, das Denkvermögen wieder einzuschalten. Dies ist der Fall, wenn der Verwundete vor Schmerzen brüllt wie ein Schlachttier und wenn das Brüllen zum Winseln wird, und dann zum Röcheln. Wir halten uns beide Ohren zu, weil wir nicht irrsinnig werden wollen, als ein junges Bürschchen, das man von der Schulbank ins Feld geschickt hat, einen Tobsuchtsanfall bekommt und nur mit Gewalt daran gehindert wird, den schützenden Unterstand zu verlassen. Und wenn es dann um uns zum Tode Verurteilte, um uns Gefangenen einer Hölle ruhig wird, kommt wieder Abspannung und Stumpfheit über uns.

Und es trommelt weiter!

Diese qualvollen Stunden senken einen Giftstachel in unsere Herzen: Verzweiflung an der Menschheit, ja an der Güte Gottes und an seiner Allmacht. Das vollkommenste Geschöpf der Schöpfung, der Mensch, hat mit seiner weltbeherrschenden Klugheit teuflische Maschinerien und Explosivstoffe erfunden, mit denen er Geschöpfe seiner eigenen Art vernichtet. Alle Errungenschaften der Wissenschaft und Technik sind in den Dienst der Menschenvernichtung gestellt. Selbst die Kunst hat nur noch Wert, wenn sie für den Wahnsinn des Krieges wirbt. Gott und sein Wort müssen herhalten, die Mordlust der Völker wach zu halten! Wir erkennen, dass die Kultur der Menschheit zum Fluch geworden ist und fangen an, sie zu verdammen.

So sitzen wir, verzweifelt und unendlich verlassen und warten auf das Ende.

Und urplötzlich scheint das Ende zu kommen! Ein Luftdruck von ungeheurer Kraft durchwirbelt den engen Raum, schleudert uns durcheinander und wirft uns gegen die feuchtwarmen Erdwände des Unterstandes, als sollten wir hineingepresst werden in den weißen Kreidegrund, und ein brausendes Krachen prallt gegen das Trommelfell, als solle es zerreißen. Die Flasche mit der Kerze wird hochgeworfen, die Kerze erlischt und Dunkelheit umgibt uns. Eisenstücke und Erdbrocken prasseln auf uns nieder. Schwefeliger Pulverdampf beizt die Lungen und macht das Atmen zur Qual.

Als ich die Augen öffne, ist das Quäntchen Tageslicht verschwunden, das sonst durch die Spalte der Pendeltür von der Treppe her zu uns drang. Und es wird zur Gewissheit: eine Granate ist im Eingang zu unserem Stollen krepiert, hat Wände und Decke des Eingangs zusammengehauen und ihn dadurch verstopft.

Wir sind verschüttet. Aber der Selbsterhaltungstrieb ist stärker als alles andere und wehrt sich gegen das „Lebendig-Begrabenwerden." Schuhmachers Taschenlampe blitzt auf, und ruhig, wie immer, gibt er seine Anordnungen: „Spaten her! Alles ran!"

Wir müssen uns durchbuddeln und den Eingang wieder freilegen. Wir kriechen heran und arbeiten um unser Leben. Wer keinen Spaten hat, gräbt mit den Händen. Schweiß bedeckt unsere Körper. Das Atmen wird zum Röcheln. Bald wird das bisschen Sauerstoff aufgebraucht sein, und dann kommt das Ende!

Weg mit dem entsetzlichen Gedanken. Nur weiter wühlen und graben! Nur nicht denken! Und wir arbeiten weiter, wortlos, mit der Kraft der Verzweiflung. Schuhmacher entfernt die Erde von den Trittstufen, wir anderen schaufeln sie nach hinten.

Doch immer neue Erdmassen bröckeln nach, und es scheint, als wüchsen Hydraköpfe aus dem dreckigen Weiß der schweren Kreideerde. Schon erlahmen unsere Kräfte, schon sinkt der Tapferste der Tapferen, Schuhmacher, ohnmächtig zusammen, schon scheint der Anfang vom Ende gekommen zu sein – da vernehmen wir das Schurfen und Klingen von Spatenstichen! Von der anderen Seite der Erdwand, die uns von Außenwelt und Leben trennt, kommt man uns zu Hilfe.

Neue Hoffnung belebt uns. Wir zerren den besinnungslosen Schuhmacher nach hinten und arbeiten unter Aufbietung unserer letzten Kräfte, den Eingang freizulegen. Und bald hören wir die Stimmen der Kameraden auf der Gegenseite der trennenden Erdwand. Und endlich – endlich stößt ein Spaten durch die zähe Masse, und wie Balsam dringt die Außenluft und das Tageslicht durch die Öffnung. Wir sind gerettet – dem Leben zurückgegeben.

Schuhmacher hat sich erholt. Als sei nichts vorgefallen, leitet er den Umzug seiner Gruppe zu einem heilgebliebenen Unterstand im „Prinz-Karl-Weg."

Der Schwerverwundete ist tot. Wir nehmen seine Briefschaften, und Leroi nimmt sich die neuen Stiefel des toten Kameraden, da seine eigenen hart wie Holz und brüchig sind. Dem lebenden Kameraden könnte Leroi nicht ein Streichholz nehmen, aber dem Toten können die neuen Stiefel nichts mehr nützen. Also nimmt er sie, pietätvoll und zart, von den Füßen, als schenke ihm der tote Kamerad ein Andenken.

Es ist gegen neun Uhr morgens, als der Umzug vollzogen ist. Die feindliche Artillerie überbietet sich selbst. Kein Mensch glaubt, dass das rasende Trommelfeuer noch verstärkt werden könnte. Aber jetzt überschüttet uns die feindliche Artillerie mit einem Geschosshagel von unirdischem Ausmaß. Die Einschläge der Granaten fließen ineinander.

Es ist ein Orkan wahnsinniger Explosionen. Er erschüttert die Luft und lässt die Erde erbeben!

Und wieder hocken wir in einem Unterstand und dösen und warten. Da, gegen zehn Uhr, verlegt die französische Artillerie ihr Feuer nach hinten. Die unheimliche Stille weckt uns auf. Es ist, als sei das Räderwerk einer Riesenuhr zum Stillstehen gebracht. Wir greifen nach den Gewehren und machen sie schussbereit.

Wir legen die Säcke mit den Handgranaten griffbereit neben uns. Nur Sekunden währt der Übergang. Dann trappeln Schritte durch den Graben, und langgezogen schallt der Ruf: „Sie kom-m-men, sie kom-m-men!"

„Sie kommen!" Es ist der Ruf, auf den wir zweiundsiebzig Stunden warten. Es ist der Ruf, der uns dem untätigen, nervtötenden Ausharren im stickigen Unterstand entreißt. Es ist der Ruf, der uns die Tätigkeit des Soldaten und die Freiheit des Handelns zurückschenkt. Jetzt können wir unser Leben verteidigen, jetzt beginnt der Kampf, Auge in Auge und Mann gegen Mann.

„Sie kommen! Sie kommen!" Dieser Ruf bedeutet Erlösung! Und wir steigen heraus aus den dunklen Höhlen, heraus aus der Hölle qualvollen Wartens, empor zu Licht und Kampf. Verschwunden ist die Müdigkeit, verschwunden der quälende Durst und der wühlende Hunger.

Die Verteidiger der blutgetränkten Champagnehöhen steigen aus den Erdlöchern, blass und hohlwangig, aber mit zusammengebissenen Zähnen, bereit, den Kampf aufzunehmen. Und aus dem Pulverqualm vor uns lösen sich behelmte Gestalten. Es ist der Feind, der siegesgewiss vorstoßen will, bis weit hinein hinter unsere Linien. Er hat damit gerechnet, dass jedes Leben in der deutschen Linie erloschen ist. Nach seiner Berechnung kann kein Verteidiger mehr leben.

Wie sagte doch der Armeebefehl auf der anderen Seite? „Unaufhaltsam werdet ihr vorstoßen, Tag und Nacht!" Die da kommen sind wohlgenährte, ausgeruhte Truppen, die von ihrem Sieg überzeugt sind, die ihr Letztes herzugeben bereit sind, endlich den verhassten Feind von den geheiligten Fluren ihres Vaterlandes zu vertreiben und dem Krieg eine Ende zu machen.

Da prasselt die erste Geschossgarbe in die dichtgedrängten Reihen der feindlichen Massen. Rechts von uns bellt ein Maschinengewehr. Wir selbst schießen, was die Gewehrläufe hergeben wollen. Wir geben Schnellfeuer bis die Läufe glühen. Wir halten immer hinein in die dichten Reihen der Anstürmenden.

Der Feind stutzt. Viele Gegner klappen zusammen. Doch die nachdrängenden Massen schließen die Lücken. Die blaue Wand kommt im Sturmschritt näher. Sie überrennt unsere erste Linie. Da saust es über unsere Köpfe heran. Unsere Artillerie wuchtet in die Reihen der feindlichen Stürmer.

Die erste Sturmwelle der Franzosen wirft sich hin. Zugweise versucht der Franzmann in kurzen Sprüngen an uns heranzukommen. Einzelnen von ihnen gelingt dies Unterfangen, doch wer sich uns in Wurfweite nähert, wird durch Handgranaten erledigt. Ein befreiendes Gefühl ist in mir. Ich bin in eine Raserei hineingeraten, für die ich keine Erklärung finde. Nur morden, sich wehren, solange das Herz schlägt.

Das Blut summt in den Schläfen. Ich sehe den Kampf wie durch einen roten Schleier. Ich bin ein anderer, ich will vernichten. Und wenn mein eigen Fleisch und Blut im luftblauen Mantel und mit dem flachrandigen Stahlhelm heranstürmt, skrupellos werde ich ihm meine Kugel ins Gehirn jagen.

Links von uns hat sich die Hoffnung des Feindes besser erfüllt. Fast kampflos ist er bis über die zweite Linie vorgestoßen und ergießt sich hinter unsere Linie. Auch der Feind vor uns bedrängt uns immer mehr. Da, in der höchsten Not bekommen wir Verstärkung. Mit „Hurra" stürmen sie herbei. Es ist Leutnant Erung von unserer Kompagnie, der ein paar Gruppen des Bataillons aus dem Debus-Tunnel herausführt. Und die Verstärkung stählt unseren Widerstand.

Unser Feuer schlägt jeden Versuch der Feinde, uns zu überrennen, nieder. Der Kampf hat seinen Höhepunkt erreicht.

Vor uns, seitlich und hinter uns wird gekämpft, Maschinengewehre rattern, Gewehrkugeln zirpen, Handgranaten bellen auf, Verwundete schreien, der männermordende Krieg feiert Orgien. Doch immer wieder fluten neue feindliche Sturmwellen heran. Wenn kein Wunder geschieht, ist es eine Frage von Minuten, bis unser Schicksal entschieden ist.

Und das Wunder geschieht! Plötzlich haut die feindliche Artillerie in die dichten Reihen der Franzosen. Wir trauen unseren Augen nicht. Wir könne es nicht begreifen, aber die Tatsache bleibt: Die französische Artillerie belegt die eigenen Sturmreihen mit Feuer. Der glückhafte Irrtum schenkt uns eine Atempause. Wir sehen, wie die Franzosen kehrt machen und zu ihrer Ausgangsstellung zurückfluten.

Als die feindliche Artillerie ihren Irrtum erkennt und das Feuer einstellt, sind wir nicht mehr zu halten. „Drauf und dran", schreit Leutnant Erung und springt auf die Grabenböschung. „Hurra, hurra!", geht's durch unsere Reihen, und unser Gegenangriff wird nach vorn getragen. Was sich uns in den Weg stellt, wird niedergemacht. Wie wildgewordene Tiere stürzen wir auf den Gegner. Mit dem Spaten schlagen wir auf die Franzosenschädel.

Wir beißen um uns und würgen, wir schießen und stechen. Wir werfen Handgranaten und zerfetzen Menschenleiber. Jedes menschliche Denken und Fühlen ist aus unserem Körper gebannt. Sind wir Helden nach der Art, wie man sie uns hundertmal beschrieben hat? Sind wir die Tapferen, die für den Kriegsherrn freudig ihr Leben lassen, so, wie es täglich die Kriegsberichte glauben machen wollen?

Wir sind es nicht! Wir sind Tobsüchtige, vom Tod gehetzte Menschen, die töten müssen, um nicht selbst getötet zu werden. Die Zerrüttung unserer Denkfähigkeit, die Anspannung unserer Nerven ist so groß, dass sie Raserei auslösen muss. Aus dem Schreien ist ein Brüllen geworden. Wutlaute erfüllen die Luft und übertönen die Schmerzenslaute der Verwundeten. Dort in dem Granattrichter vor uns haben sich die Franzosen festgesetzt.

Sie werfen Handgranaten, die meinem Hintermann das Gesicht zerreißen. Wir unterlaufen die Handgranaten und stürzen uns auf den Gegner. Ein baumlanger Franzose hebt den Gewehrkolben zum Schlag. Leroi, der nicht von meiner Seite gewichen ist, stößt ihm den Spaten mit voller Wucht in den hochgereckten Hals. Ein Blutstrahl spritzt Leroi mitten ins Gesicht.

Ich bin meinem Gegner an die Kehle gesprungen. Er lässt das Gewehr fallen und hebt beide Hände hoch. Schuhmacher ringt mit dem dritten Franzosen auf der Sohle des Granattrichters. Sein Gegner ist ein Offizier, dem beim Raufen die Pistole aus der Hand entglitten ist. Er tastet nach der entfallenen Waffe, findet sie und hebt den Arm. Da trifft ihn der Stiefelabsatz Lerois mitten zwischen den Augen. Der Schuss kracht los, ohne Schuhmacher zu treffen.

Weiter! Unsere Leute sind schon im ersten Graben. Wer sich nicht gefangen gibt, wird niedergemacht. Nach Minuten ist der ganze Graben ins unserer Hand. Und jetzt überblicken wir das Niemandsland und sehen die feindlichen Gräben. Da hinein haut unsere schwere Artillerie. Einundzwanzigzentimeter-Geschosse kommen gurgelnd durch die Luft gezogen und schlagen dort drüben ein. Die Wirkung ist furchtbar. Haushoch werden Menschenleiber gewuchtet.

Wir richten den zusammengeschossenen Graben notdürftig wieder her. Die gefallenen Franzosen werden nach Wein und Lebensmitteln durchsucht. Wie hungrige und durstige Tiere fallen wir über die gefundenen Vorräte. Dann kommt die Nacht und hüllt Freund und Feind in ihren schwarzen Mantel.

Wir werden in die dritte Linie zurückgezogen. Dort findet unsere Gruppe einen gut erhaltenen Unterstand. Die feindliche Artillerie beaast wieder unsere Stellung. Neue Angriffe werden erwartet. Bei Tahure scheint der Nahkampf noch zu wüten. Hurrageschrei und das Geknatter lebhaften Gewehrfeuers dringt von dorther durch die Nacht. Höchste Alarmbereitschaft ist uns anbefohlen.

Als wir uns aber auf den Boden des Unterstandes hinlegen, fallen uns die Augen zu. Wir haben nur noch ein Empfinden, das alles andere zurückdrängt, das mächtiger ist als Todesangst, als Hunger und Durst, das den Einschlag der Granaten vergessen lässt. Wir müssen schlafen! Und wenn wir wüssten, dass wir nicht mehr erwachten, wir würden dennoch schlafen. Und wir schlafen traumlos und tief einen Schlaf, der sich fast durch nichts unterscheidet vom Schlaf der Toten.

Bouziers

Tagelang noch haben wir die Wacht in der Champagne gehalten. Wir haben Freund und Feind beerdigt.

Obschon es Anfang Oktober ist, brütet die Sonne wie im Hochsommer. Die Leichen verwesen schnell und verbreiten einen üblen Pestgeruch. Die Ratten fressen sie an, und wenn wir nachts Totengräberdienst verrichten, huschen die eklen Nager über das Leichenfeld.

Wir haben noch immer viele Verluste, aber endlich werden wir abgelöst. Es sind frische bayerische Truppen, denen wir die Champagnehöhen anvertrauen. Und dann geht's ins Hinterland. Unsere Kompagnie zählt knapp dreißig Mann. Der Kompagnieführer ist gefallen. Leutnant Erung führt den Rest der Siebten.

Dort, wo vor der Herbstschlacht langgestreckte Fichtenbestände die Heidelandschaft unterbrachen, stehen kahle Baumstümpfe und recken zerfetzte, nadellose Äste klagend zum Himmel. Die Frontdörfer sind fast von der Erde verschwunden. Nur ein Chaos von Ziegeln, Mörtel und Steinen erinnert daran, dass hier einst friedliche Landleute wohnten.

Die Beine haben den Marschtritt verlernt. Müde schleppen wir uns nach hinten. Unsere Uniformen sind zerfetzt, Dreckkrusten und Blutflecken färben sie wie Rost und Schimmel. Die Gesichter sind bartbewachsen, die Augen liegen tief in den Höhlen und sind die einzig reinen Stellen am ganzen Körper. Wir sind verdreckt und verlaust und bewegen uns wie Greise. So sehen die Sieger der Abwehrschlacht in der Champagne aus.

Die Reste des Bataillons sollen für eine Nacht in einem Truppenlager hinter der Front in Ruhe kommen, am zweiten Tag Quartiere in Monthois beziehen, und dann auf unbestimmte Zeit in Condé, einem kleinen Dorf bei Bouziers, Ruhe-Quartiere zu beziehen. Unteroffizier Schuhmacher, Leroi und ich werden nach Condé zum Quartiermachen befohlen. Wir lösen uns beim ersten Halt von der Marschkolonne und trudeln los.

Bei Sechault erreichen wir die große Heerstraße, die von Bouziers nach Reims führt.

Frische Truppen ziehen singend frontwärts. Doch wo wir drei zerlumpten Kämpfer ins Blickfeld der Marschkolonne kommen, schweigt der Gesang, und in den Augen der jungen Soldaten, die uns anglotzen, steht erschrecktes Staunen und bange Erwartung.

Bald finden wir eine Munitionskolonne, die ihre Geschosse in den Batteriestellungen abgeladen hat und uns gern mitnimmt. Weit hinter der Front liegen die Wegekreuzungen noch unter feindlichem Beschuss. Verschiedentlich umfahren wir solch brenzlige Stellen.

In Monthois, das voll von frischen Truppen liegt, sollen die Pferde getränkt werden. Aber alle Brunnen sind leergeschöpft. Sie sind dem großen Verbrauch, der die Masseneinquartierungen von Mensch und Vieh verursacht hat, nicht gewachsen.

Die Kolonne setzt sich wieder in Trab. Frontwärts bewegen sich unübersehbare Marschkolonnen, Feldbatterien und Bagagen. Über dem Heerwurm lagern Staubwolken, und lebhaft werden wir an die Tage des Vormarsches erinnert. Schon mehr als dreizehn Monate ist es her, seit wir siegesgewiss die gleiche Straße zogen. Damals schien uns der Friede um vieles näher als heute. Der Krieg ist zum Dauerzustand ausgewachsen.

Wir kreuzen den Bahnübergang von St. Morel, das entfernteste Ziel weittragender feindlicher Geschütze. Und dann sind wir dem Feuerbereich der Champagne entronnen. Die Chaussee läuft Schnurgerade nach Bouziers, das wir gegen zehn Uhr erreichen. Bouziers ist Sitz des Armeeoberkommandos und großer Etappenplatz. Hier herrscht buntbewegtes Leben.

Wir verabschieden uns von den Kolonnenleuten und schlendern durch die Straßen. Gepflegte Offiziere und Mannschaften der Etappe führen ihre wichtigen Gesichter spazieren. Verschiedene Offiziere tragen an den Hosen breite, weinrote Streifen. Andere haben goldene und silberne Abzeichen auf Kragen oder Ärmeln. Es sind geheimnisvolle Zeichen, die wir nicht kennen. Leroi stößt mich an und meint: „Schau dir die Fatzken an. Sie tragen zauberhafte Zeichen, die ihre Träger vor dem Heldentode schützen."

Auch französische Zivilbevölkerung belebt das Straßenbild. Es sind junge und alte Frauen und hie und da ein älterer Mann. Den jungen Frauen schauen wir nach und haben Landknechtswünsche.

Unweit des großen Marktplatzes hat ein geschäftstüchtiger deutscher Frisör einen piekfeinen Laden aufgemacht. Eine üppige Blondine in schneeweißem Frisiermantel steht in der offenen Ladentür und beschaut sich das Gewoge in den Straßen. Ihre blendende Reinlichkeit macht uns erst auf unser unsauberes und ungepflegtes Äußere aufmerksam. „Wie wär's, wenn wir zu dem Verschönerungsrat hineingingen und unsere Haarwälder entfernen ließen?", schlägt Schuhmacher vor. „Wird gemacht!", stimmen wir freudig ein, denn die weiße Dame hat unser Verlangen nach Sauberkeit geweckt. Doch als sie unseren Vorsatz erkennt, verschwindet sie entsetzt aus der Ladentür und verschanzt sich hinter ihrem Ladentisch. Unsere Frechheit scheint die junge Dame derart zu entsetzen, dass sie unseren Gruß zu erwidern vergisst.

Im Hintergrund des geräumigen Ladens sind zwei Salons durch eine hohe Scheidewand voneinander getrennt, über deren Zweck zwei Schilder oberhalb des Türgesimses Aufschluss geben. „Für Offiziere", besagt das eine, „für Unteroffiziere und Mannschaften" das andere. Wir wollen den Raum für Mannschaften betreten, als aus der Abteilung für Offiziere ein lockenköpfiger Herr in weißer Jacke heraustritt und sich, wie Weiland, der Engel mit dem Flammenschwert am Eingang zum Paradies, vor dem Eingang aufpflanzt. Sein argwöhnischer Blick mustert unsere speckigen, blutbespritzten und zerrissenen Monturen und bleibt auf den kreidegrauen Stiefeln haften. Nun hebt er den sorgfältig gescheitelten Lockenkopf und sagt von oben herab: „Aber meine Herren, sie werden uns doch nicht zumuten, sie in diesem Aufzug zu bedienen?"

„Da müssen sich die Herren Soldaten mal erst säubern und entlausen lassen!" Die Dame in Weiß zeigt durch ihr Mienenspiel und Kopfnicken, dass sie sich der Abwehr des Lockenkopfes anschließt.

Wir drei schauen uns an. Der sonst so ruhige und besonnene Schuhmacher blitzt aus zornfunkelnden Augen. Und dann brüllt er los: „Was, du Mistvieh von Schaumschläger, hier gibt's kein Aber. Hier wirst du uns die Haare schneiden und uns tadellos rasieren. Was glaubst du Drückeberger, wo du mit deinem Odörladen wärst, wenn wir mit unseren dreckigen Leibern die Front nicht gehalten hätten? Wenn du dich weigerst, uns zu bedienen, schlagen wir dir den ganzen Kram kurz und klein!"

Diese Drohung unterstreicht Schuhmacher mit einem Fausthieb auf den Ladentisch, der die Fläschchen, Flacons und Seifenpüppchen in tanzende Bewegung versetzt. Der Lockenkopf sieht es uns an, dass wir nur noch Sekunden warten werden, um der Ankündigung Schuhmachers die Tat folgen zu lassen. Er bangt für seinen Laden und lächelt mit beängstigender Stimme: „Ja, wenn die Herren von der Front kommen, ist das eine andere Sache!" Unter ängstlichen Bücklingen schiebt er den Vorhang zur Seite und macht eine einladende Handbewegung. Wir haben die Schlacht gewonnen und werden kunstgerecht enthaart. Jetzt haben wir menschenähnliche Gesichter, die unser Selbstvertrauen heben.

„Wir sollen hier die Kompagnie abholen, also machen wir die Sache so", ordnet Schuhmacher an. „Ihr beide sucht in Bouziers ein feines Quartier für uns drei. Natürlich ohne die Ortskommandantur zu bemühen, so auf eigene Faust. Ich werde allein nach Condé gehen und Quartiere machen. Heute Abend um sechs herum erwartet ihr mich hier auf dem Marktplatz in der Nähe der Mairie. Wir werden bis zum Eintreffen der Kompagnie die Etappe Bouziers genießen. Dass ihr und ich noch nach Fressalien sucht, brauche ich wohl nicht zu betonen. Also, macht's gut!", verabschiedet sich Schuhmacher, den wir verstanden haben.

Leroi, der Wallone, spricht fließend Französisch. Auf diese Tatsache bauend, begeben wir uns wohlgemut und hoffnungsvoll auf die Quartiersuche. An einer Straßenkreuzung treffen wir Themchen und begrüßen ihn mit lautem Hallo. Für uns ist das Zusammentreffen mit Themchen ein glücklicher Zufall. Bis zur Ankunft der Kompagnie gehört Themchen zum Regimentsstab. Diese Tatsache bedeutet, das Themchen an der Futterkrippe sitzt.

Themchen erklärt sich bereit, beim Regimentskoch eine Revision abzuhalten und alles Überflüssige für uns auszuspannen. Wir schärfen Themchen unsere Sonderwünsche ein und begleiten ihn bis in die Nähe des Stabsquartiers zu einem großen Patrizierhaus, in dessen Hofgebäude die Regimentsstabsküche untergebracht ist. Nach fünf Minuten ist Themchen wieder zur Stelle. Er kommt angewackelt wie eine Mastgans. Rechts und links lugen aus der Hosentasche zwei Flaschenhälse neugierig hervor. Wir schlagen uns in eine Seitengasse, und Themchen packt aus. Ein halber Rollschinken, eine ganze Leberwurst, ein angeschnittener Braten, ein großes Stück Schweizerkäse, eine Flasche französischer Cognac und eine Flasche Rotwein sind das Ergebnis einer Küchenrevision.

Als Themchen wieder schlank wie eine Tanne ist, meint er so nebenbei: „Ich hatte Glück, der Regimentskoch sitzt den halben Tag an einem verschwiegenen Örtchen." „Es lebe der Regimentsstab und sein gesegneter Stuhlgang!", ruft Leroi aus und schüttelt sich vor Lachen.

Und dann gehen wir auf die Quartiersuche.

Die Gewissheit, dass wir nicht mit leeren Händen kommen, macht uns zuversichtlich und dreist. In der Nähe der romanischen Kirche spricht Leroi einen alten Herrn an. Der Franzose ist schwarz gekleidet. Profil und Haltung verraten seine Zugehörigkeit zur besseren Gesellschaftsschicht. Erst will er Leroi mit seiner Bitte abweisen, aber wie von ungefähr nestele ich an dem Sandsack, der den Rollschinken, die Wurst und die Flasche Cognac enthält. Der Anblick dieser Schätze übt eine größere Wirkung auf den alten Herrn aus, als die besten Sprachkenntnisse Lerois.

„Nun, die Sache ließe sich vielleicht arrangieren", meint der Franzose zögernd, „besonders, da es sich um höchstens zwei Tage handelt. Ihr habt Glück. In meinem Hause am Markt ist seit September vierzehn, der Hauptmann eines Vermessungstrupps einquartiert. Er hat seit Beginn der großen Offensive sein Quartier näher zur Front aufgeschlagen. Natürlich müsst ihr verschwinden, wenn der Hauptmann mit seinen beiden Burschen zurückkommt."

Dann stellt sich der alte Herr förmlich vor: „George Gregoire, Notaire." Er bittet uns, ihm unauffällig zu folgen, und bald betreten wir sein Heim. Es ist ein geräumiges Haus aus der Mitte des achtzehnten Jahrhunderts. Die Innenausstattung ist alt und prächtig. Der hohe Hausflur ist reich getäfelt. Blankgescheuerte, handgetriebene Renaissanceplatten aus Messing blinken von den Wänden. Das Treppengeländer ist durchbrochene Schnitzarbeit aus der Zeit Louis XV. Von den Treppenwänden schauen Familienportraits mit Spitzen-jabotskavalliers und Familienperücken auf uns herab.

Der Hausherr ist wie umgewandelt und ganz Gastgeber. Er zeigt uns die Empfangszimmer des Erdgeschosses. Eine Flucht von Räumen ist mit antiken Möbeln und Schmuck-stücken ausgestattet. In großen Vitrinen und Glasschränken sind wertvolle Porzellane ausgestellt. Neben „Alt Wien" und „Meißen" ist die Manufaktur von Sevres reich vertreten. Bunte englische Stiche und Ölgemälde der altniederländi-schen, italienischen und französischen Schule schmücken die Wände. Das Prunkstück der Sammlung ist ein prachtvoller Gobelin, unverkennbar ein echter Audenader, mit Seiden- und Goldfäden durchwirkt, der eine Krönung darstellt. Mit meinen bescheidenen Kenntnissen der Altkunst gewinne ich das Herz des alten Sammlers. Wir fachsimpeln, und der Krieg ist weit, weit weg.

Dann werden wir der Notarsfrau und einer erwachsenen Tochter, die den schönen Namen Geneveve trägt, vorgestellt. Der Hausherr entschuldigt unser Aussehen und erklärt den Damen, dass wir frisch von der Front kommen. Nicht ein Wimpernzucken verrät das Unbehagen, ob unserer unsaube-ren Kleidung. Mitleid leuchtet den Frauen aus den Augen. Der Hausherr weist uns die Zimmer an. Leroi und ich be-ziehen ein geräumiges Gemach, in dem zwei turmhohe Bet-ten stehen. Für Schuhmacher wird das Zimmer des abwesen-den Hauptmannes gesichert.

Wir geben der Hausfrau die ergatterten Lebensmittel und die beiden Flaschen, deren Empfang sie mit einem verschäm-ten Lächeln belohnt. „Seit der Kapitän fort ist, sind wir ganz auf die amerikanischen Lebensmittel angewiesen. Doch seit Beginn der großen Schlacht hat die Eisenbahn andere Lasten zu befördern als amerikanischen Speck, Mehl und Konserven für die französische Zivilbevölkerung", entschuldigt sich die Frau Notarin.

Wir legen das Programm fest. Leroi und ich werden Brot herbeischaffen, Schuhmacher abholen und zum Abendessen zurückkehren. Wir machen uns auf den Weg zur Kommandan-turverpflegungsstelle für durchziehende Truppen. Auf unsere Ausweise hin erhalten wir Verpflegung für drei Tage, Brot, Fleischkonserven, Kaffee, Tee, Zigarren und Zigaretten.

An der verabredeten Stelle werden wir bereits von Schuhmacher erwartet. Wir verkünden ihm unser Glück. „Kinder, Kinder, das klingt ja wie ein Märchen! Ich soll heute in einem richtigen Bett schlafen?" Doch dann werden Schuhmachers Mienen nachdenklich und ernst. „Nein, ich mache nicht mit. Wir verlausen den Herrschaften ja das ganze Haus. Für solch eine Unverschämtheit bin ich nicht zu haben!"

„Ach was", versucht Leroi die Bedenken des Kameraden zu zerstreuen. „Lasst mich nur machen, nicht eine Laus werden die Herrschaften von uns erben. Ich habe an alles gedacht und stehe dafür ein, daß wir nicht eine Laus verlieren." Wenn Leroi für etwas einsteht, kann man sich unbedingt auf ihn verlassen. Auch Schuhmacher ist hiervon überzeugt und geht mit in Erwartung der Dinge, die da kommen werden. Der Hausherr öffnet die Tür. Leroi nimmt ihn beiseite, und die beiden tuscheln lange und geheimnisvoll. Dann übernimmt Leroi das Kommando. „Mitkommen!"

Er führt uns in ein hofwärts gelegenes Badezimmer. „Ausziehen!", kommandiert er weiter. Wir säubern uns mit einer Bürste mit viel Wasser und Seife, und nehmen ein Bad.

Leroi bündelt Unterwäsche und Kleider zusammen. Noch bevor wir die gründliche Körperreinigung vollzogen haben, hören wir draußen die Stimme des Notars. Er hat aus den Beständen seiner Wäsche und Kleider das Notwendige vor die Tür des Badezimmers gelegt. Während mir der Anzug des Notars blendend passt – wie auf Maß gearbeitet, behauptet Leroi – sind für Schuhmacher Hosen und Rockärmel viel zu kurz. Leroi aber ist zu breitschulterig und kann sich mit dem besten Willen nicht in den Rock des Notars hineinzwängen.

Doch der Hausherr schafft Rat und bringt einen Bademantel, der die massigen Formen Lerois umhüllt. Auch die Fußbekleidung macht Schwierigkeiten. Hier ist es wieder Leroi, dessen Elefantenfüße in keinen Hauspantoffel passen. „Macht nichts!", sagt Leroi wegwerfend, „ich werde in Socken erscheinen! Die passen besser zu meinem Stilkostüm."

Unser Einzug in das Esszimmer löst Lachkrämpfe bei den Damen aus. Der Tisch ist liebevoll gedeckt. Die Damen haben große Toilette gemacht. „Es ist das erste Mal seit Ausbruch des Krieges, dass die Damen sich festtäglich schmücken. Wenn ihr Offiziere wäret, würden wir keinesfalls am gleichen Tisch tafeln. Aber euch ‚pauvre garcons' einen schönen Abend zu bereiten, macht uns Freude."

Ich sehe staunend, wie gesittet meine beiden Kameraden essen. Wohl zuckt hie und da eine Hand zurück, die im Begriffe ist, eine Frontgewohnheit auszuführen, im Übrigen aber sind wir vollendete Kavaliere.

Ich sitze zwischen Geneveve und dem Hausherrn. Taktvoll wird das Geschehen an der Front mit keinem Wort berührt. Und trotzdem sprechen wir vom Krieg, und zu meinem Erstaunen stelle ich fest, dass der Hausherr leidenschaftlicher Friedensfreund ist. Ich staune ihn an wie ein Wundertier. Hier ist ein Mensch, der dem Massenwahnsinn nicht verfallen ist. Der Mann scheint mir eine größere Seltenheit zu sein, als die seltenen und wertvollen Altertümer seiner großen Sammlung. Geneveve spricht gebrochen deutsch und unterhält sich blendend mit Schuhmacher, während Leroi sich freut in seiner geliebten Muttersprache glänzen zu können.

Es ist wie ein Märchen aus Tausend und einer Nacht. Nach dem Essen spielt Geneveve Klavier, und der Abend in der Notarsfamilie in Bouziers wird zum hellsten Lichtpunkt der Jahre des grausigen Krieges. Dieser Abend, den liebe Menschen uns schenken, wird uns ein seelischer Heilquell, liebenswert, unvergesslich.

Als wir uns von unseren Gastgebern trennen, hat die hohe Standuhr Mitternacht geschlagen. Lange unterhalte ich mich mit Leroi und schlafe in den weichen Kissen mit dem Bewusstsein ein, mein seelisches Gleichgewicht wiedergefunden zu haben, durch die Nächstenliebe unsere „Feinde".

Wir schlafen bis in den hellen Tag hinein. Leroi weckt mich. Er steht in vollem Ornat, im Bademantel, da. „Heute verlassen wir den Bau nicht", sagt er selbstzufrieden. Beim Ankleiden schaue ich durchs Fenster des Schlafzimmers. Ein wolkenloser Himmel wölbt sich in klarer Bläue. Von der Front her wummert die Kanonade.

Da vernehme ich das Brummen von Flugzeugmotoren, das sich immer deutlicher von dem Rollen des fernen Geschützfeuers abhebt. Jetzt kommen die Flugzeuge in Keilordnung angeflogen. Die Trikolore ist unter den Flügeln deutlich zu erkennen. Feindliche Flieger. Ich zähle eins, zwei, vier, sieben, neun, zwölf, sechzehn Flugzeuge.

Wir rennen nach unten und alarmieren die Notarsfamilie. Diese kennt die Fliegergefahr, und treppab geht es zum Keller. Leroi und ich begleiten die Aufgeregten, während Schuhmacher als Beobachtungsposten oben bleibt. Auch Leroi und ich sind mehr aus Sympathie als aus Vorsicht oder Angst mit der Familie des Notars zum Keller hinuntergestiegen. „Wenn man aus der großen Herbstschlacht in der Champagne kommt, was sollen einen da so ein paar Himmelsreiter groß anhaben können!?", prahlt Leroi.

Doch kaum haben wir uns in den Schutz des Kellergewölbes begeben, als ein Sausen die Luft erfüllt. Wir haben das unheimliche Gefühl, dass die abgeworfene Bombe uns treffen wird. Da, im Nebenhaus ein Krachen. Das Gewölbe zittert in seinen Grundfesten. Kalkstückchen rieseln herab. Und dann wieder das unheimliche Sausen und Krachen und dann wieder und wieder.

Die Franzosenfamilie hält sich tapfer. In dem dämmerigen Zwielicht des Kellers sehe ich, dass der Notar sein Weib in den Armen hält. Geneveve hat sich auf eine Kiste gesetzt und bedeckt beide Augen mit den Händen.

Als nach Minuten kein Einschlag mehr erfolgt, verlässt Leroi den Keller. Wir hören Schuhmacher vom Hof aus rufen „Untenbleiben, die Flieger kommen wieder!" Und dann folgt in kurzen Abständen ein gutes Dutzend weiterer Einschläge. Ich sehe, wie die Gestalt der Frau in sich zusammensinkt. Die alte Dame ist ohnmächtig geworden. Der Notar kniet nieder, bettet ihr Haupt an seiner Brust und flüstert beruhigend liebe Worte. – Dann erscheint Schuhmacher mit der erlösenden Botschaft, dass das Flugzeuggeschwader Bouziers verlassen und frontwärts abgeflogen sei. Geneveve beginnt leise zu weinen. Wir helfen dem Notar, seine besinnungslose Frau in ihr Schlafgemach zu tragen. Für uns ist die ganze Angelegenheit überaus peinlich.

Nachdem wir die Familie unseres Quartierwirtes verlassen haben, sehen wir uns den Schaden an. Im Nebenhaus, das von einem Arzt bewohnt ist, hat die Fliegerbombe das Dach und alle Zimmerdecken durchschlagen und ist im Keller krepiert. Die Frau des Arztes und ihre drei Kinder waren zufällig zur Messe in der Kirche ihrer Pfarre. So hat diese Bombe lediglich Materialschaden angerichtet.

Schlimm sieht der Marktplatz aus. Dort sind die Bomben auf dem harten Steinpflaster krepiert und haben große Splitterwirkung gehabt. Zwei Soldaten und ein junges Mädchen liegen in ihrem Blute. Eine Bombe ist in eine Wagenkolonne eingeschlagen. Während sich die Fahrer und Begleitmannschaften rechtzeitig retten konnten, wurden fünf Gäule getötet. Andere Pferde sind schrecklich verwundet. Die armen Tiere stehen da, mit traurig gesenkten Köpfen, während ihr Blut zur Erde tröpfelt. Fast keine Fensterscheibe in Bouziers ist heil, und die Straßen sind mit Glassplittern besät.

Der Bahnhof, dem der Fliegerangriff gegolten hat, brennt lichterloh. Das Bombengeschwader ist, nachdem der erste Angriff das Ziel nicht erreicht hatte, umgekehrt und hat die Angriffe genauer visiert. Nur der Stadtteil, in dem das Armee-Oberkommando seinen Sitz hat, ist heil und verschont geblieben.

„So hohe Herren tun sich nichts", meint Leroi, „denn hätten die Franzosen in der Nähe des A.O.K. ihre Eier fallen lassen, so hätte eine deutsche Bombenfliegerstaffel morgen den Besuch beim A.O.K. der französischen Champagne-Armee erwidert, nach dem schönen Grundsatz: Haust du meinen Juden, dann hau ich deinen Juden."

Die französischen Flieger mit ihrer blöden Bombenwerferei haben unser Idyll verdorben. Die Notarsfrau hat einen Nervenzusammenbruch erlitten. Wir haben sie nicht mehr zu Gesicht bekommen. Der Notar ist verbissen und wortkarg. Fräulein Geneveve läuft mit verweinten Augen umher. Ihr guter Wille, uns ein fröhliches Gesicht zu zeigen, ist rührend.

Erst nach dem Abendessen widmet sich uns der Hausherr für eine Stunde. Er hasst den Krieg und erzählt uns von den glücklichen Zeiten vor 1914, als er nach Herzenslust seine geliebten Altertümer sammeln konnte. Wir suchen vorzeitig unsere Betten auf und kuscheln uns in weiche Kissen.

Am nächsten Morgen nehmen wir dankbar Abschied von den lieben Menschen, die eine verrückte Kriegsmoral zu unseren Feinden machen will. Lange hält der alte Herr mit dem feinen Gelehrtengesicht meine Hand in der seinen, und ich fühle, dass er uns von Herzen alles Gute wünscht. Fräulein Geneveve schenkt zum Abschied einem jeden von uns eine geweihte Medaille mit dem Bildnis ihrer Namenspatronin, und wir versprechen, diesen Talisman treu in Ehren zu halten. Wehmütig nehmen wir Abschied von dem Haus, das uns zur Oase wurde.

Wir wissen nicht, um welche Zeit das Bataillon in Bouziers eintreffen wird, und begeben uns in eine Kantine, die am Ortsausgang der Stadt liegt. Leroi und Schuhmacher haben einen alten Landstürmer als dritten Mann zum Skat gefunden, da ich mich beharrlich weigere, mitzuspielen. Das Kartenspiel macht mir heute keine Freude. Gelangweilt drücke ich mich am Eingang zur Kantine herum und halte Ausschau nach dem Bataillon.

Von der Front her kommen vier Kanoniere mit geschultertem Karabiner. In ihrer Mitte führen sie einen verwundeten, gefangenen Senegalneger. Bei der Kantine macht der Trupp halt, und einer der Kanoniere kauft Zigaretten. „Na", sage ich zu dem Kanonier, „Ihr scheint ja tapfere Kerle zu sein, vier Mann hoch für ein gefangenes Negerlein?" Da aber komme ich schlecht an.

„Weißt du", antwortet der Kanonier, „als wir bei Tahure abmarschiert sind, da hatten wir sechszehn Stück von den schwarzen Halunken. Die Schwarzen haben bei Tahure die Infanterie glatt überrannt und sind bis zu unserer Artilleriestellung vorgestoßen. Wir Artilleristen haben uns zuerst gewehrt. Als wir aber sahen, dass jede Gegenwehr zwecklos war, haben wir abgeschnallt, die Karabiner weggeworfen und die Hände hochgehalten. Doch die schwarzen Biester haben keinen Pardon gegeben. Mit ihren langen Krummmessern haben sie der Batteriebedienung die Hälse durchgeschnitten. Als dann von links her die jungen Kerlchen vom Rekrutendepot Le Chesnes einen schneidigen Gegenangriff machten, wurden die Mörder von ihrer Truppe abgeschnitten und gerieten in Gefangenschaft. Unser Chef hat damit gerechnet, dass wir viele schwarze Halunken auf dem Weg nach Bouziers verlieren würden. Meine Befürchtung hat sich erfüllt!" Und die vier Kanoniere nehmen ihren Senegalneger wieder in die Mitte und ziehen von dannen. Gedankenvoll schaue ich dem kleinen Trupp nach.

Und dann strebt ein Bagagewagen dem Kirchhof zu. Er führt eine traurige Last. Bis oben ist er gefüllt mit Leichen gefallener Soldaten, die man in geweihter Erde bestatten will.

Ganz oben liegt ein toter Pionier-Offizier. Das wachsige Gesicht wird von der Sonne beschienen. Der Mund ist krampfhaft geöffnet und zeigt schneeweiße Zahnreihen. Beine und Arme sind gebrochen und in Stellungen verrutscht, die ein Hohn auf die Anatomie des menschlichen Körpers sind.

Auf dem Friedhof in Bouziers schaufeln französische Zivilgefangene Tag und Nacht riesige Massengräber. Schon über fünftausend deutsche Gefallene sollen hier bestattet sein. Da plötzlich schreien sich unten in der Straße die Soldaten etwas zu. Viele nehmen Richtung zum Marktplatz. Aufgeregt verlassen die der Kantine gegenüber in Privathäusern einquartierten Offiziere ihre Behausung. Eine Bewegung geht durch die Etappenstadt, deren Ursache ich nicht kenne.

Ich halte einen Landstürmer an und frage, was denn brenne. „Gleich kommt der Kaiser", gibt dieser zur Antwort und rennt davon. Ich gehe zu meinen kartenspielenden Kameraden zurück und erzähle ihnen die Neuigkeit. Der Landstürmer wirft seine Karten hin, zahlt sein Bier und verschwindet, ohne sich um seinen Spieleinsatz zu kümmern.

Schuhmacher aber wendet sich gleichgültig fragend an Leroi. „Dann bleibt uns beiden nichts übrig, als ‚meine Tante, deine Tante' zu dreh'n? Kaiser Wilhelm interessiert mich nicht!" Und Leroi ist seiner Ansicht und mischt schweigend das Kartenspiel.

Ich will mir den historischen Augenblick nicht entgehen lassen. Kurz verständige ich Schuhmacher und begebe mich in die Nähe des A.O.K. Dort stehen dichtgedrängt Offiziere und Mannschaften der Etappe und ein paar Frontsoldaten. Schon über eine Stunde warten wir in der heißen Mittagssonne. „Denn die meiste Zeit des Lebens wartet der Soldat vergebens." Das Warten wird mir zu lang, und ich will zu meinen Kameraden zurückkehren, als ein riesiges Armee-Auto angesaust kommt. Seine Insassen sind acht Husaren, die auf der Brust eine silberne Platte, ähnlich wie bei der Feldgendarmerie, tragen. Sechs Husaren, in tadellosen Uniformen, tragen das Eiserne Kreuz.

Behände springen die Husaren aus dem Wagen und bilden Spalier bis zum Haupteingang des A.O.K. Dann, nach einigen Minuten, hört man von fern das Signal des kaiserlichen Autos: „ta-tu-ta-tu."

„Nous sommes perdus", behaupten immer die Franzosen, das sei der Text, den das kaiserliche Signal vertone.

Bald kommt der Wagen angefahren. Vorn am rechten Kotflügel flattert die kleine kaiserliche Standarte. Der Wagenführer und sein Begleiter tragen Livreen mit Bändern, in die der deutsche Reichsadler gestickt ist. Neben seinem Adjutanten sitzt Kaiser Wilhelm II. in langem, hellblauem Offiziersmantel. Das Gesicht des Kaisers wirkt abgespannt. Der Schnurrbart erscheint überpflegt. Die Soldaten begaffen ihren Kriegsherrn wie ein Wundertier. Da hebt der Kaiser die rechte Hand, legt sie grüßend an seinen Helm und verzieht den Mund zu einem maskenhaften Lächeln.

Jetzt brüllt ein dicker Landsturmfeldwebel: „Hurra, hurra, hurra!" Und die Landstürmer und Etappenleute erwachen aus ihrem Staunen, werden von dem Gebrüll des Feldwebels angesteckt und schreien mit, was die Stimmbänder hergeben wollen: „Hurra, hurra!"

Ich habe ein Gesicht. Ich sehe in diesem Augenblick den Wagen mit den Toten der Champagneschlacht, den ich am Morgen sah, sehe die weißen Zähne des Pionier-Offiziers, den man jetzt wohl in eines der Massengräber auf dem Friedhof von Bouziers versenkt. Ich habe den tollen Wunsch, alle Toten der Champagneschlacht in geisterhaftem Zuge am Kaiser vorüberziehen zu sehen. Und mein Hurra bleibt in der Kehle stecken, bleibt ungeschrien.

In dem Portal des A.O.K. steht die hohe Gestalt des Armeeführers und gewesenen Kriegsminister von Einem. Rasch verlässt der Kaiser den Wagen, wird von Generalstäblern, die sich tief verneigen, in Empfang genommen und verschwindet im Portal des A.O.K.

Ich dränge mich an einen der Husaren heran, um ihn auszufragen. Doch der Husarengefreite hat nur ein liebenswürdiges Lächeln als Antwort und schaut mich so durchdringend an, als wolle er meine geheimsten Gedanken ergründen. Ich wende mich ab. Ich merke, dass die Husaren maskierte Kriminalbeamte sind.

Die Abfahrt des Kaisers habe ich nicht abgewartet. Auf dem Rückweg zu meinen Kameraden gehe ich hinter zwei Frontsoldaten her, die unter der Last ihrer Tornister schwitzen. Beim Überholen spricht mich der eine an: „Sag mal, Kamerad, war das nicht Kaiser Wilhelm, der da in dem großen Auto über den Marktplatz gefahren ist?"

Als ich seine Annahme bestätigte, meint er, zu seinem Kameraden gewendet: „Siehst du, ich hatte Recht, ich habe ihn gleich am Schnurrbart erkannt."

Damit ist der Kaiserbesuch für sie erledigt, und gebückt unter der Last ihres „Verdrusskastens" schwitzen die beiden weiter.

Die deutschen Zeitungen aber bringen am nächsten Tage in Fettdruck die Meldung: „S. M. der Kaiser hat sich zur Front begeben."

Am Spätnachmittag kommt das Bataillon an, bestaubt, verdreckt und durstig, das ganze Bataillon nicht viel stärker als eine kriegsstarke Kompagnie. Und als ich den Kameraden von dem Kaiserbesuch erzähle, sagen sie nur teilnahmslos: „So, so!"

Nur Michel, der im Marschieren an einem erbeuteten französischen Weißbrot knabbert, meint kauend: „Frieden soll er machen, der Kaiser! Wir alle haben die Nase voll!" Und ich glaube, dass Michel ausspricht, was alle andere denken. Der Schatten des Allbezwingers Tod hat den Glanz S.M. des deutschen Kaisers verdunkelt.

Am Aisne-Kanal

Bei Pinon, jenem Dörfchen, in dem einst das Gesinde des Bourbonen-Schlosses Pinon wohnte, liegen wir in Stellung. Die Ruhetage von Condé sind vorüber. Sie standen im Zeichen des Apfelessens. Nirgends auf der Welt gibt es so paradiesische Äpfel wie in Condé. Wir haben dort die goldene Frucht in Riesenmengen gegessen. Nie haben Menschen wie wir erkannt, welche Göttergabe ein reifer Apfel ist! Noch heute glaube ich das würzige Aroma goldgelber Äpfel zu riechen, wenn ich der Ruhetage von Condé gedenke.

Unsere gelichteten Reihen wurden durch neue Ersatztruppen aufgefüllt, und, was ein Merkstein in unserem Kriegerleben bildet, wir werden neu eingekleidet.

Alter, lieber Waffenrock, mir warst du zum Teil meines eigenen Ichs geworden. Du hast mich geschützt vor Regen,

Wind und Kälte. Du warst mein treuer Begleiter im Schlachtenbraus, in Todesnot und Seelenqual. Du schlichtest, graues Kleid, du hast liebevoll mein Herz umspannt, wenn es glaubte, den letzten Schlag zu tun. An dir, du wettergebleichter Waffenrock, klebt das Blut von Freund und Feind. Du bist mir zur heiligen Reliquie geworden, und trotz deinen aufgesprungenen Nähten, trotz deinen zerrissenen Taschen, trotz Fettflecken und Kreidestaub, der sich tief und unlösbar im Gebilde deiner Fäden eingefressen hat, ich habe dich lieb und gedenke deiner wie eines treuen Freundes. Wie oft haben wir beide geträumt, gemeinsam den Krieg zu überstehen und in ein friedsames, ruhiges Leben zurückzukehren. Sicher, ich hätte dich gehütet wie ein Juwel. So aber müssen wir uns trennen, und wehmütig gedenke ich deiner in Dankbarkeit!

Der Krieg ist zu lang! Es herbstet mächtig. Dichte Nebel steigen aus dem Aisne-Kanal, der zu unseren Füßen ins Niemandsland fließt. Die Stellung ist ruhig. Nur zu bestimmten Zeiten schießt die Artillerie, als wolle sie beweisen, dass auch hier noch Krieg ist. Wir leben das Leben vorsintflutlicher Höhlenmenschen. In der Stellung haben wir viel Zeit zum Grübeln und – zum Läusefangen.

Themchen ist mit Leroi eine Wette eingegangen. Beide verbringen die meiste Zeit des Tages mit der Lausejagd. Die beiden haben gewettet, dass der neue Waffenrock nie mehr als fünfzig Läuse aufweisen würde! Zu jeder Zeit sind die beiden berechtigt, einer vom anderen den Rock zu verlangen, um den „Bestand" zu überprüfen. Dann suchen beide mit fanatischem Eifer und legen das gefangene Ungeziefer säuberlich auf den Deckel einer Guttalindose, wobei sie die Stückzahl der „Corpora delicti" laut zählen. Am achten Tage haben beide gleichzeitig die Wette verloren, denn Leroi fing in Themchens Rock vierundsiebzig, und Themchen in Lerois Rock dreiundachtzig Läuse. Die Vermehrungsfreudigkeit der grauen Quälgeister hat den Jagdeifer der beiden übertrumpft.

Wenn wir nach Nanteuil-la-Fosse in Ruhe kommen, wird stramm exerziert. Trotzdem finden Schuhmacher und ich Zeit, einen gemeinsamen Kriegskameraden, der zur Korpsmetzgerei in Anich abkommandiert ist, zu besuchen. Anich ist eines der kleinen Landstädtchen, wie sie hundertfach in Nordfrankreich zu finden sind.

Gemeinsam mit unserem Metzger besuchen wir einen Estaminet. Die Schankstätte ist gut besucht. Etappensoldaten und Abkommandierte stehen um den Schanktisch. Ein Trainsoldat entlockt seiner Ziehharmonika lustige Tanzweisen. Auch drei „Damen" sind vorhanden. Es sind rotgeschminkte Proletarierinnen mit hohlwangigen, abgelebten Gesichtern, in deren Augen das Elend und ein feiles Dirnentum stehen. Alle drei sind angetrunken. Sie kreischen und machen beim Tanz eindeutige Gebärden.

Angeekelt verlassen wir den Estaminet und unser Freund Metzger erzählt: „Ganz Anich ist ein großes Bordell. Besonders wir von der Korpsmetzgerei sind gesucht. Fast jeder von uns hat seine Geliebte. Hunger und Verzweiflung, Langeweile und das heiße Blut treibt sie in unsere Arme. Der Krieg dauert zu lange. Schon mehr als vierzig junge Soldaten haben uns die Frauen von Anich geboren. Die Ortskommandantur führt getreulich Listen über die Kuckuckseier." – „Wie aber wird es beim Friedensschluss, der doch einmal kommen muss? Dann werden die Väter und Gatten der Kriegskinder zurückkehren und Rache nehmen! Was aber wird aus den Kindern werden, die der Krieg erzeugte?"

Diese Frage Schuhmachers kann keiner von uns beantworten. Reich beschenkt und mit Fleisch und Wurst reichlich versehen, verlassen wir das Sodom Anich, wo die Menschen in Verzweiflung und Leichtsinn am Rand eines Vulkans den Tanz der Leidenschaften tanzen.

Es ist schon dunkel als wir in unserem Quartier, einem vom Besitzer verlassenen Bauerhaus, eintreffen, das mit Gruppe Schuhmacher belegt ist. Die Freude über die mitgebrachten Fettigkeiten ist allgemein.

Die Verpflegung der Truppen wird immer knapper. Die Heimat darbt selbst, und das eroberte Belgien und Nordfrankreich sind ausgepowert. In der Hauptsache besteht unsere Nahrung aus matschigem Kommissbrot (Karre), aus Dörrgemüse (Stacheldraht), aus Kunsthonig oder Margarine (Heldenfett) und winzigen Wurst- oder Fleischrationen. Als Genussmittel gibt es Kaffee (Negerschweiß), Tee (Wald und Flurmischung), Zigarren und Zigaretten (Marke Handgranate: „Steck sie an und wirf sie von dir!") und scharfen Kartoffelschnaps (Höllenbrand).

Das Kriegshandwerk kann nicht Lebenszweck sein. Wir üben es unfreiwillig aus, wie ein erzwungenes, verhasstes Geschäft. Der Hauptzweck des Frontsoldaten in Ruhestellung scheint essen, trinken und schlafen zu sein. Nur diese Dinge sind für den Soldaten von Wichtigkeit. Die gute Laune, die innere Zufriedenheit sind abhängig von Wert und Masse der Verpflegung und von der Länge und Tiefe des Schlafes.

Ob des mitgebrachten Fleisches und der ellenlangen Würste hebt sich die Stimmung unserer Gruppe zu Festfreude. Bald durchziehen verlockende Bratendüfte die niedrige Stube, und der Abend steht im Zeichen übermütiger Landknechtsfreuden. Wir singen Soldatenlieder und die sehnsüchtigen Lieder unserer Heimat. Und dann wird getafelt. Zwischen Themchen und Leroi herrscht seit der Lausewette eine heimliche, freilich harmlose Feindschaft. Jetzt streiten sie darum, ob das von der Küche bezogene Getränk Tee oder Grog sei. Sie können sich nicht einigen. Da tritt Schuhmacher mit einem dampfenden Kochgeschirr des unergründbaren Getränks in die Stube und fragt: „Wer will noch etwas von dem herrlichen Kaffee?"

Nach dem Essen machen wir um der guten Verdauung willen Schinkenklopfen. Leroi und Themchen tragen dabei ihren heimlichen Zwist handgreiflich aus! Unter Aufbietung ihrer ganzen Kraft, schlagen sie sich ihre Hinterteile rot und blau.

Doch auch dieser gemütliche Abend geht zu Ende, und am nächsten Abend rücken wir wieder in Stellung. So wechseln Ruhequartier und Stellungskampf, und weiter gehen wir den endlosen Weg des Soldaten im Weltkriege.

Vor Reims

Schon seit Tagen läuft das Gerücht um, wir kämen fort vom Kriegsschauplatz im Westen, nach Russland oder gar zum Orient. Solche „Latrinenparolen" entstehen, gehen wie ein Lauffeuer von Mann zu Mann, um in den meisten Fällen als Lügen zu sterben. Diesmal aber scheint sich das Grabengeflüster zu bewahrheiten. Im Spätherbst werden wir abgelöst. Der Marsch geht durch Nantieuil über Allemagne nach Pinon, das wir am Spätnachmittag erreichen.

Schloss Pinon, im Frieden das Sommerschloss einer Bourbonen-Prinzessin, träumt in seinem alten Rokokopark von friedvoll fernen Zeiten, als hier noch das Jagdhorn erschallte und das Nahen einer erlauchten Jagdgesellschaft verkündete. Die letzten Strahlen der Herbstsonne umspielen die leichtgeschürzten Gartenfiguren, die in spielerischer Eleganz die Köpfchen heben, als könnten sie als Kinder der leichtlebigen Zeit Ludwigs XV. die Welt von Eisen und Stahl nicht begreifen.

Schloss Pinon, in dem jetzt ein Generalstab haust, soll noch wertvolle Kunstschätze bergen, die Eigentum der alten französischen Königsfamilie sind. Eine Tafel ist am Haupteingang angebracht und trägt die Aufschrift: „Schloß Pinon steht unter dem persönlichen Schutz S.M. des Kaisers Wilhelm II." Michel, der neben mir marschiert, liest die Aufschrift und meint lakonisch, „da sieht man's wieder, eine Krähe beißt der anderen kein Auge aus! Wenn der kleine Bauernhof in die Binsen geht, da kräht kein Hahn nach, aber die Großen, die schonen sich und ihre Paläste!"

In Anich werden wir verladen. Wir sind Massengut mit unbekanntem Ziel. Wir fahren hinein in das Dunkel der Nacht, einem ungewissen Ziel entgegen. Hie und da hält der Zug. Wir unterhalten uns über das mutmaßliche Reiseziel, und die Hoffnung, vom Westen zum Osten zu fahren, schwindet erst, als wir in Warneville, einer Ortschaft bei Reims, ausgeladen werden. Obschon sich unsere Hoffnung nicht erfüllt, haben wir ein gutes Los gezogen. Der Marsch geht über St. Etienne und Aumenancourt-le-Grand bis Pont-Givart und von dort zur Stellung zwischen Brimont und Reims.

Wir lösen ein sächsisches Regiment ab, und die Sachsen verkünden uns, dass die Stellung äußerst ruhig sei. Ihre Angaben bestätigen sich. Hier feiert man wahre Friedensfeste im Vergleich zur „Champagne des puces". Fast kilometerweit ist das Niemandsland. Die Stellung ist nur oberflächlich ausgebaut. Die Unterstände sind Sommerlauben. Also gehen wir daran und bauen die Stellung aus. Wir schaufeln tagein, tagaus, wir schleppen spanische Reiter, Stacheldraht und Stollenbretter.

Aus Kämpfern macht der militärische Befehl Erdarbeiter und Lastenträger. Und die Disziplin feiert Orgien. Wir werden gedrillt wie junge Rekruten. Nur wenn unsere Artillerie Reims befeuert, ist dicke Luft, denn der Franzmann schützt die alte

Krönungsstadt mit weittragenden Geschützen. Wenn wir in Stellung gehen, überschreiten wir die Landstraße, die schnurgerade vom Dorf Brimont nach Reims führt. Von hier aus liegt Reims links zu unseren Füßen. Wie zwei Schwurfinger wuchten die Türme der Reimser Kathedrale aus dem Häusermeer der großen Stadt empor. Mit dem Feldstecher erkennt man die edlen Formen gotischer Baukunst. Zur Rechten der Kathedrale sieht man die berühmte Marspforte, einen Triumphbogen aus Sandstein, den die Römer erbauten.

Und die Stadt Jeanne d'Arcs ist oft das Ziel der deutschen Granaten. Mag auch der Krieg den Vandalismus fordern, wohl nirgends auf der langen Front von der Ostsee bis zur Grenze der Schweiz springt der Vernichtungswahnsinn des Krieges so in die Augen, als wenn schwere Granaten in die Sandsteinstadt Reims einschlagen, von der ich weiß, dass jedes dritte Haus ein Kunstwerk ist.

Und vor Reims habe ich ein sonderbares Kriegserlebnis. Unser Zug hat die Horchpostenlöcher besetzt. Obschon es wintert, herrscht diesiges Nebelwetter. Eine langweilige Postennacht geht zu Ende. Ich habe das Horchloch an der Straße nach Reims besetzt. Nachts sind die spanischen Reiter, die am Tage die Straße absperren sollen, beseitigt worden. Fuhrwerke brachten Eisenstäbe zum Drahtverhaubau auf dieser Straße unbehelligt bis vor den Kampfgraben.

Fast unmerklich schwinden die Schatten der Nacht und werden abgelöst vom grauen Nebel, der wie eine Wand über dem Niemandsland steht. Ich schaue auf die Armbanduhr. Sechs Uhr fünfundfünfzig zeigt der Zeiger. Noch fünf Minuten, dann winkt Ruhe und ein geheizter Unterstand. Ich steige aus dem Horchloch und gehe bis zum Straßenrand, um die spanischen Reiter quer über die Straße zu zerren, wie es der Postenbefehl mir vorschreibt.

Da höre ich feindwärts Tritte. Eine Gestalt löst sich aus dem Nebelmeer und zu meinem Erstaunen sehe ich: Der Mann, der da angetrottet kommt, trägt französische Uniform. Ich werfe mich in den Straßengraben, mache mein Gewehr schussfertig und lasse den Franzosen herankommen.

Jetzt kann ich ihn deutlich erkennen. Er ist unbewaffnet und trägt in jeder Hand dampfende, weißglänzende Kochgeschirre. Als der nichts Böses ahnende Soldat auf drei Schrit-

te herangekommen ist, brülle ich ihm mein „Halt, wer da!"
zu. Wie angewurzelt und versteinert bleibt der Franzose stehen. Dann sieht er mich und den auf ihn gerichteten Gewehr-
lauf. Todesangst und Entsetzen steht in den schreckhaft ge-
weiteten Augen. Die Hände, die die Kochgeschirrbügel festhalten, lösen sich, und der warme, duftende Kaffee ergießt
sich über Füße und Straße.

Ich muss laut auflachen, und als ich, nähertretend, den
„Feind" in seiner Muttersprache anrede, löst sich die Starre
in des Soldaten Gesicht, und als ich ihm die Hand reiche und
bei den Deutschen willkommen heiße, lacht der Franzmann
mit wie über einen wohlgelungenen Streich. Wohl nie ist auf
gemütlichere und gemütsvollere Art ein Gefangener gemacht
worden.

Nachdem mein Gefangener mir geholfen hat, die Straße
mit den spanischen Reitern zu sperren, schultere ich mein
Gewehr, nehme ein fast vollgebliebenes Kochgeschirr, und
wir beide streben unserem ersten Graben zu. Der Franzose,
ein älterer Soldat eines Territorialregiments, das am Abend
erstmalig die Stellung uns gegenüber bezogen hat, erklärt
mir den Sachverhalt. Er hat für seine Gruppe den Morgenkaffee geholt. Wie bei uns war die Straße nicht abgesperrt,
und da Nebel und Dämmerung die Sicht beschränkten und
er die Entfernungen in der unbekannten Stellung nicht ab-
schätzen konnte, ist er nichtsahnend bis zu uns gekommen
und hat unserer Gruppe einen hervorragend reinen Bohnen-
kaffee gebracht. Ich will den Spaß voll auskosten und bringe
„meinen Gefangenen" erst zum Unterstand meiner Gruppe,
wo wir mit Staunen empfangen werden. Den jungen Ersatz-
leuten bietet sich Gelegenheit, einen waschechten „Feind"
aus nächster Nähe zu betrachten.

Der französische Kaffee wird genießerisch getrunken, und
der Franzose bekommt auch seinen Teil. Dann geht's zum
Kompagnieführer-Unterstand und von dort zum Bataillon.
Die Mär von der Gefangennahme eines Franzosen und die
näheren Umstände dieser Gefangennahme verbreiten sich
schnell in unserem Gefechtsabschnitt und werden allseits be-
lacht.

*

Wenn unsere Kompagnie den vordersten Kampfgraben besetzt, hören Drill und Erdarbeiten auf. Tödliche Langeweile hockt mit uns im Unterstand und zieht mit auf Posten. Vom Zugführer habe ich vernommen, dass Fröhls, der deutsche Landschaftsdichter, als Kriegsfreiwilliger zur Front gekommen ist und als gemeiner Soldat im Nachbarregiment Kriegsdienste tut. Ich kenne Fröhls persönlich von einer Tagung in Trier her und benutze einen sonnigen Wintertag, ihn zu besuchen. Das Glück ist mir günstig gesinnt. Gleich der erste Posten des Nachbarregiments gibt mir die Auskunft, dass Fröhls im Reservegraben des Bataillons zu finden sei. Bald habe ich mich bis zu dem Unterstand durchgefragt, in dem der deutsche Dichter haust.

Ich steige die Treppen hinunter und bleibe vor der Zeltbahn stehen, die den Wohnraum von der Treppe scheidet. Meine Augen müssen sich an die Dämmerung gewöhnen. Dann schiebe ich die Zeltbahn zur Seite und trete in den Unterstand ein. Ein Soldat kniet vor dem gusseisernen Ofen. Der Soldat hat den Deckel des Ofens entfernt. Aus der Öffnung züngelt eine Flamme, deren rötlich flackerndes Licht über Decke und Wände des Unterstandes geistert und das Weiß der Kreideerde in blutendem Scheine zittern lässt.

Der Soldat ist damit beschäftigt, eng beschriebene Blätter zu zerreißen und die Schnitzel zu verbrennen. Er obliegt dieser Tätigkeit so angespannt, dass er mein Kommen nicht bemerkt. Bogen um Bogen zerreißt er und übergibt die Fetzen den Flammen. Wie ein Priester, der dem Gott des Feuers opfert, kommt mir dieser kniende, einsame Soldat vor, bis die leckende Flamme auch den letzten Rest verzehrt hat. Mit einem Seufzer erhebt sich der Soldat, wendet sich um und sieht im Scheine der Kerze, die auf rohgezimmertem Tische steht, den Zuschauer.

Nur an den Dichteraugen erkenne ich Fröhls. Sein Kopfhaar ist kurz geschoren. Die Wangen sind eingefallen, und der ganze Fröhls wirkt wie ein Schatten seines früheren Selbst. Fröhls hat auch mich erkannt, und wir begrüßen uns herzlich. Fröhls glaubt mir eine Erklärung für sein geheimnisvolles Tun schuldig zu sein, dessen Zeuge ich geworden bin. „Siehst du", sagt Fröhls, „ich habe den Preis monatelanger Arbeit verbrannt. Dass diese Kinder meiner Kunst zu Rauch und Asche wurden, würde mich nicht erschüttern, aber mit ihnen habe ich meinen Glauben in den Flammen untergehen lassen. Ich habe meine Kriegsgedichte verbrannt! Ich habe an Vaterland, Heldentum, Tapferkeit, Opferwillen, kurz an den Krieg, den Theodor Körner besungen hat, so heilig geglaubt, dass ich mich als Kriegsfreiwilliger meldete. Ich wollte den Krieg nicht nur preisen, sondern meinen Lehren folgen. Und so bin ich Soldat geworden, um im Kampf meinen Mann zu stehen. Doch die Tatsachen haben meine Ideale tot geschlagen. Meine Kriegsgedichte sind Lügen. Ein guter Mensch kann diesen Krieg nicht besingen. Wenn teuflische Maschinen Eisen und Feuer speien, um angstgefolterte Menschen zu zerreißen, wenn unerreichbare Flugzeuggeschwader ihre Bomben auf unsere Ruhelager werfen und giftige Gase die Lungen verbrennen, wenn unsichtbare Scharfschützen die todbringende Kugel zum feindlichen Graben senden oder unterminierte Grabenstücke mit der nichtsahnenden Besatzung in die Luft fliegen, dann kann von einem heldischen Kampf nicht mehr die Rede sein! Dieser Krieg ist Meuchelmord! Kann ein Mensch dieses grausame Geschehen verherrlichen? Nein und abermals nein! Kriegsgedichte sind Lügen, und ihre Dichter ahnungslos oder gemein.

Ich habe meine Vorstellung vom Krieg des ‚Volkes in Waffen‘ als Trug erkannt. Öd und fahl ist das Trichterfeld des Niemandslandes. Es wird begrenzt von den kreidigen Erdhaufen feindlicher Gräben, in denen der unsichtbare Tod lauert. Und da soll ich ein Heldentum besingen, das dieser Krieg nicht duldet?

Du hast gesehen Kamerad, wie ich meine Gedichte verbrannte, du sollst auch Zeuge meines Schwures sein: ‚Ich rühre keine Feder an, solange dieser Wahnsinn dauert!‘"

Fröhls hat Wort gehalten. Als der Frühling kam und das erste zarte Grün das Niemandsland bedeckte, fiel vor Reims der Kriegsfreiwillige Fröhls, der ein Wahrheitssucher war und ein großer Dichter.

In Urlaub

Der Urlauberzug keucht durch das Etappengebiet der deutschen Grenze entgegen. An jeder größeren Station hält der Zug, um Güterzüge passieren zu lassen. Die Urlauber schimpfen: „Man gibt uns acht Tage Urlaub, die Hin- und Rückfahrt mitgerechnet, und dann schaukelt man uns eine Ewigkeit in diesem Zug durch Frankreich."

Schuhmacher ist mit von der Partie. Zwanzig Monate sind wir beide „draußen" gewesen und fahren nun der Heimat entgegen. Wir haben fast das gleiche Reiseziel. Der sonst so schweigsame Schuhmacher ist mitteilungsbedürftig. „Du musst wissen", sagt er geheimnisvoll, „meine Frau wohnt seit einigen Monaten in Aachen. In unserem Venndorf war's ihr zu einsam, und in der großen Stadt hat sie gleich eine Verdienstmöglichkeit gefunden. Sie ist in einer Munitionsfabrik beschäftigt und verdient ein Heidengeld. Wenn sie ihre Bude bezahlt und ihren Lebensunterhalt bestritten hat, bleibt noch ein schönes Sümmchen übrig, das auf die hohe Kante gelegt wird. Wenn der Krieg aus ist, kaufen wir uns ein kleines Geschäft, und dann wird geschafft, und das Leben fängt erst richtig an. Ich werde meine Frau überraschen. Nicht ein Wort habe ich davon geschrieben, dass ich in Urlaub komme."

Es dunkelt schon, als der Zug die deutsche Grenze erreicht. Vorbei geht die Fahrt an den Hochöfen der Diedenhofener Eisenindustrie. Sie sind in vollem Betrieb, und ihre rote Glut fackelt am nächtlichen Himmel. Der Zug fährt jetzt schneller, als würde er vorangetrieben von der Sehnsucht seiner Insassen. Über Trier und Koblenz geht die Fahrt, dann rheinabwärts bis nach Köln. Öde und verlassen, im tiefen Dunkel liegen die Bahnhöfe wegen der Fliegergefahr. Wo ist das begeisterte Volk geblieben, das uns in den Augusttagen vor zwanzig Monaten, als wir gen Frankreich fuhren, zugejubelt hat?

In Köln verlassen wir den Urlauberzug, der von hier aus seinen Weg bis Berlin fortsetzt. Damen vom Roten Kreuz bieten uns Kaffee an, den wir dankbar nehmen. Wenn es auch nur eine schale, dunkle Brühe ist, die die Helferinnen der Bahnhofsverpflegungsstellen zu vergeben haben, so ist das

Zeug doch warm, und die blassen jungen Mädchen, die uns das Getränk reichen, sind sehr liebenswürdig. Bis zur Abfahrt des Frühzuges, der uns nach Aachen bringen soll, haben wir noch eine gute Stunde Zeit, und gerne folgen wir den Damen des Roten Kreuzes in eine Wartehalle, die man auf dem Bahnsteig aufgeschlagen hat. Die jungen Damen sprechen von der deutschen Not und von der Knappheit aller Lebensmittel, und als wir Wurst und Brot aus unseren Tornistern nehmen, um zu frühstücken, betteln ihre Augen.

Schuhmacher hat in einer Pappschachtel etwa vierzig frische Eier. Wo er sie her hat, ist mir schleierhaft, aber die Tatsache steht fest. Mit den Gesten eines Krösus löst er die Verschnürung und öffnet die Pappschachtel. Er gibt jedem der jungen Mädchen zwei Eier, und sie sind dankbarer, als wenn Schuhmacher ihnen zwei Goldklumpen geschenkt hätte.

Endlich sitzen wir im Frühzug, der uns Aachen und der Heimat entgegenträgt. Es ist ein gewöhnlicher Personenzug. Bei den Fahrgästen überwiegen die Feldgrauen. In unser Abteil steigen kurz vor der Abfahrt zwei Arbeiter ein. Es sind ältere Männer, die abgemagert, verschlafen und griesgrämig uns mit hungrigen Augen anstarren.

Als sie uns an den mit Kreideerde beschmutzten Uniformen, an dem umfangreichen Gepäck und den mitgeführten Gewehren als Urlauber erkennen, bändeln sie mit uns an. Sie halten sich nicht lange bei der Vorrede auf, sondern steuern gleich auf's Ziel los und fragen nach Lebensmitteln. Der eine zieht ein Paketchen schmutziges Papiergeld aus der Tasche. Dann nennen sie uns die Preise, die sie für Lebensmittel zu bezahlen bereit sind. Die Preise dünken uns phantastisch hoch, doch wir lassen uns nicht verführen, von dem Proviant zu verkaufen, da wir nicht wissen, wie die Verhältnisse sind, die uns zu Hause erwarten. Auf einer kleinen Station bei Düren steigen die beiden Hamsterer aus, ohne uns eines Blickes zu würdigen.

Als der Zug in Aachen einfährt, steht die Silhouette der alten Kaiserstadt im Zwielicht des jungen Tages. Unsere bestiefelten Tritte schallen durch die menschenleeren Straßen. Da so früh noch keine Kleinbahn nach meinem Heimatstädtchen fährt, folge ich der Einladung Schuhmachers, bei seiner Frau den Morgenkaffee zu nehmen. Unser Weg führt zur Altstadt.

Wir begegnen einem Rudel Arbeiterinnen. Die Gesichter der jungen und alten Mädchen sind kanarienvogelgelb. Die Arbeiterinnen kichern, als wir erstaunte Augen machen. „Starrt uns nicht so blöde an, als ob wir Chinesinnen wären", gackert eines der hageren Mädels, „wir machen in Gelbkreuzgranaten." Und schwatzend verschwinden die Mädchen mit den zitronenfarbenen Händen und Gesichtern wie ein Spukbild der scheidenden Nacht.

Schuhmachers Frau wohnt in einer großen, grauen Mietskaserne der Altstadt. Die Haustür ist offen, und in dem halbdunklen Hausflur begegnen wir einer mürrischen Alten, die, nur mit Hemd und Nachtjacke bekleidet, auf die Frage Schuhmachers antwortet: „Zweite Etage, erste Tür rechts." Wir tapsen über die ausgetretenen Stufen der Treppe, erreichen den zweiten Stock und hören hinter der Tür Stimmen, die verstummen als Schuhmacher anklopft.

Trotz wiederholtem Klopfen rührt sich nichts mehr im Zimmer. „Else, mach mal auf, genier dich nicht, ich bin's, der Hubert", ruft Schuhmacher und beugt den Kopf erwartungsvoll gegen die verschlossene Tür. Einer Frauenkehle entfährt ein Aufschrei. Und dieser Aufschrei verrät Angst!

Und dann wird's lebendig hinter der Tür. Matratzenfedern knirschen. Ein Männerbass begehrt auf und wird von Angstgewimmer unterbrochen. Im fahlen Licht des jungen Tages sehe ich, wie Schuhmacher sich entfärbt. Seine Stirnadern laufen als dicke blaue Striemen über die Schläfen.

Schuhmacher setzt die Pappschachtel mit den Eiern auf den Boden, lehnt das Gewehr an die Wand, und bevor ich es verhindern kann, wirft er die Schwere seines Körpers gegen die Tür. Das Schloss gibt knirschend nach, drinnen aber ertönt ein Schrei, als säße jemand ein Mördermesser an der Kehle. Ein dickbäuchiger Kerl steht hilflos im Hemd neben dem breiten Bett. Eine Militäruniform liegt zusammengeknäult auf einem Stuhl, und ein Tschako verrät den Liebhaber als Landsturmmann.

Die Frau liegt im Bett, nur die Hände sind sichtbar. Sie halten krampfhaft die Decke über dem Kopf zusammen. Schuhmacher aber starrt auf diese Hände, als könne er nicht fassen, dass sie seinem Weibe gehören. Dann duckt er sich und stürzt auf das Bett zu, zerrt die Decken herunter, fasst ein

Handgelenk und zieht eine sich windende Gestalt vom Lager herunter. Nackt und zitternd liegt die junge Frau am Boden. Sekundenlang starrt Schuhmacher den nackten Körper an. Er hat nur das eine Wort: „Hure!" Er sagt es langsam und dumpf. Und dann dreht er sich um und verlässt das Zimmer.

Die Nachbarn stecken die Köpfe zu den Türen hinaus. Schuhmacher aber nimmt die Schachtel, schultert sein Gewehr und steigt die Treppen hinunter. Draußen macht er Schritte, dass ich ihm kaum zur Seite bleiben kann. Ich wage keine Frage, und stumm gehen wir zum Bahnhof zurück. Doch vor dem Bahnhof bleibt Schuhmacher stehen. „Du", sagt er, „ich muss einen Schnaps haben! Ich muss den Ekel hinunterspülen." Ich freue mich wie ein Kind, dass mein Kamerad die Sprache wiedergefunden hat.

Wir betreten eine der vielen Kneipen, die den Bahnhofplatz in Aachen umsäumen, und bestellen zwei große Schnäpse. Der sonst so nüchterne Schuhmacher trinkt das scharfe Zeug wie Wasser und bestellt immer wieder einen neuen Schnaps. Nach einer Weile sagt er: „Ich bitte dich um einen Gefallen. Du warst Zeuge. Jetzt kann ich's dir sagen, man hat mir aus meinem Heimatdorf über die Untreue meiner Frau geschrieben. Ich wollte nicht daran glauben. Nun muss ich es. Meine Ehe ist zerbrochen. Ich bitte dich, zu keinem Menschen von dem zu reden, was du miterlebt hast. Und nun Kamerad, werde ich mit dem nächsten Zug zur Front zurückfahren. Mein Weib ist die Kugel nicht wert, die für mich hoffentlich schon im Lauf einer Franzosenknarre steckt. Und jetzt bitte kein Wort mehr!"

Ich will meinen Kriegsgefährten nicht allein lassen und fasse den Plan, ihn nach Hause mitzunehmen. Da ich Schuhmacher und seinen Starrsinn kenne, muss ich ihn überlisten. Er muss noch mehr Alkohol zu sich nehmen! Der Plan gelingt. Schuhmacher leert hastig ein Glas nach dem anderen. Wir unterhalten uns über die Kameraden, wir sprechen von der Front, und erwähnen das Unglück mit keinem Wort. Als der Alkohol bei Schuhmacher wirkt, mache ich den Vorschlag: „Fahr mit mir einige Tage nach Hause. Wir sind doch alte Kameraden, und meine Eltern werden sich freuen, dich kennen zu lernen. Du kannst von Eupen aus über Herbesthal zu jeder Zeit durch Belgien wieder zur Front zurück."

Jetzt erst sehe ich, wie arm und verlassen Schuhmacher ist. Er willigt ein, umarmt mich und sagt mit brüchiger Stimme: „Du, hier in Deutschland ist alles vergiftet. Der Krieg dauert zu lange! Ich habe nur noch eine Heimat, die Front; ich habe nur dort Menschen, die ich lieb habe! Meine Kameraden!"

Und wir zahlen und wanken zur Kleinbahn, die nach Eupen fährt. Während Schuhmacher draußen stehen bleibt, finde ich noch ein Plätzchen im Wagen selbst. Den Schaffnerdienst üben uniformierte Frauen aus. Krächzend setzen sich die schlecht geschmierten Räder in Gang. „Es fehlt an allem. Kein Öl und kein Fett gibt es mehr, um das Getriebe zu schmieren", sagt entschuldigend die Schaffnerin, die sich für das Rädergekreisch verantwortlich fühlt.

Wir schaukeln aus Aachen hinaus und gewinnen den Aachener Wald. An einer der vielen Haltestellen steigen zwei elegante Zivilisten, junge Herren mit wohlgenährten Gesichtern, ein und bleiben bei Schuhmacher stehen, der, in der rechten Hand die Pappschachtel, auf unsicheren Beinen schwankt. „Pfui Deubel, stinkt der Kerl da nach Schnaps", höre ich, wie der eine Jüngling mit schneidiger Stimme kräht. „Dazu noch ein Chargierter", antwortet der zweite. „Eine Gemeinheit, dass derartige Fuselsäufer des Kaisers Rock tragen!"

Ich ahne Unheil und sehe, dass Schuhmachers umnebeltes Gehirn langsam die Vorwürfe verdaut. Dann aber ist's um die Nerven des sonst so ruhigen und besonnenen Soldaten geschehen. „Was sagt ihr Affen da", poltert Schuhmacher los, „es ist eine Gemeinheit, dass ich des Kaisers Rock trage und nach zwanzig Monaten Schützengraben mal ein paar Schnäpse getrunken habe? Ich werde euch Drückebergern schon helfen, einen alten Frontsoldaten zu beleidigen, ihr – Hundsfötter – ihr – Pisangs – ihr – ihr –", und bei jeder Silbe schlägt er den beiden die Pappschachtel ins Gesicht.

Jetzt gießt sich aus der Schachtel eine dickflüssige Eiermasse, Eidotter und Eiweiß bekleckern in einem gelben Strom die beiden jungen Herren. Die zähe Masse rinnt über ihre Gesichter. Ein Eidotter verschwindet hinter dem hohen Stehkragen, Eiweiß klebt am Haupthaar, überflutet die eleganten Überzieher und Schuhmacher drischt zu, bis die Eierschalen in Stücke splittern. „Ich werde Rührei aus euch machen!" brüllt Schuhmacher und lässt seiner Wut freien Lauf.

Als auch der letzte Pappfetzen seiner Hand entgleitet und nur noch die Packschnur übrig bleibt, nimmt er sein Taschentuch und wäscht sich bedächtig die Hände ab. Dann nimmt er sein Gewehr und lädt es mit einem Rahmen scharfer Patronen.

Ich habe mich breitbeinig in die Tür gestellt, um so zu verhindern, dass mein Kamerad gestört wird. Auch soll keiner der beiden Rühreiermänner in das Wageninnere flüchten. Ich gönne meinem Kameraden die Entspannung und den Maulhelden die Prügel. Die Wageninsassen, in der Hauptsache mit Rucksäcken ausgerüstete Aachener Hamsterer, schauen sich über meine Schulter hinweg den Vorfall mit Genugtuung an. Nur eine alte Frau mit hungrigen Augen jammert in einem fort: „O Gott, o Gott, die schönen Eier, die schönen Eier!"

Doch Schuhmacher und ich haben unsere Rechnung ohne einen Offizier gemacht, der in blauer Friedensuniform im Vorderabteil gesessen hat und durch das Geschrei aufmerksam geworden, sich jetzt der Tatstelle zuwendet. „Was geht denn hier vor?" fragt er mit näselnder Stimme. Die beiden Eibekleckerten, die mit ihren Taschentüchern das Rührei aus den Augen wischen, schlagen die Hacken zusammen und stellen sich mit leiser Stimme vor. Die Namen scheinen dem Uniformierten Respekt einzuflößen, denn der herrscht Schuhmacher an: „Sie da, der Unteroffizier, Sie sind wohl irrsinnig geworden? Wie heißen Sie? Welches Regiment? Nu mal flott raus mit der Sprache!"

Schuhmacher sieht den jungen Offizier an, verzieht das Gesicht und schweigt. Der Leutnant brüllt, gibt den „direkten Befehl." Ohne jeden Erfolg! Der Leutnant tobt. Schuhmacher schweigt. Der Offizier schreit sich in immer größere Wut. Jetzt nestelt er an seinem Degen und brüllt: „Ich ersteche sie auf der Stelle, wenn Sie einem Befehl nicht nachkommen!" Da sagt Schuhmacher mit ruhiger Stimme: „Herr Leutnant, lassen Sie Ihre Plempe ruhig wo sie ist, mein Gewehr ist geladen!"

Jetzt wird die Sache ernst. Ich kenne meinen Freund. Zum Glück mussten wir seit langer Zeit die Achselklappen mit der Regimentsnummer entfernen. An der Sprache Schuhmachers erkenne ich, dass der Alkoholrausch verflogen ist. Der junge Leutnant hat sich entfärbt. Die Drohung Schuhmachers ist etwas Ungeheuerliches, etwas so Unmögliches, dass sie dem Offizier die Sprache nimmt. Man sieht ihm an, dass er der Lage nicht mehr gewachsen ist.

Endlich sagt er mit knarrender Stimme: „Betrachten Sie sich als meinen Arrestanten!"

„Gern, wenn ich Ihnen damit ein Vergnügen mache, Herr Leutnant", erwidert Schuhmacher sachlich. Bei der nächsten Haltestelle steigen die eibekleckerten Jünglinge aus. Sie verneigen sich gegen den Leutnant förmlich, was einen grotesken Eindruck macht. Erst jetzt, als der Kleinbahnwagen sich wieder in Bewegung setzt, wird der Offizier auf mich aufmerksam. „Sie, der Gefreite, kommen Sie mal her!", befiehlt er. Langsam und widerstrebend komme ich dem Befehl nach.

„Kennen Sie diesen Unteroffizier?"

„Nein, Herr Leutnant."

„Sie werden mir bei der Verhaftung behilflich sein!"

„Jawohl, Herr Leutnant!" Ich blinzele Schuhmacher zu und trete an seine Seite. Die Wageninsassen schauen mit sensationslüsternen Augen dem Intermezzo zu. Aufgeregte Stimmen murren immer stärker. Ein alter Mann mit buschigen Augenbrauen sagt laut und vernehmbar: „Der Unteroffizier hat vollkommen Recht. Die Jungens sollen draußen morden und töten und erhalten hierfür das Eiserne Kreuz. Hauen sie aber hier so einem Laffen in die Fresse, der sie beleidigt, so wird gleich eine Staatsaktion daraus gemacht." Die Stimmung unter den Passanten wird immer bedrohlicher und schlägt dem Leutnant wie eine feindliche Welle entgegen.

Jetzt fährt der Wagen neben der schnurgeraden Landstraße, die von Merols nach Kettenis führt. Der Offizier schaut seitlich aus dem Wagen und ein Aufleuchten geht über sein Gesicht. Er stolziert durch den Wagen dem Führerstand zu. Rasch schaue ich die Landstraße entlang und erkenne in der Aprilsonne eine Abteilung marschierender Soldaten. „Schuhmacher, jetzt musst du handeln!" raune ich dem Kameraden zu. „Da oben marschiert eine Kompanie der Garnision Eupen. Wenn du in dieser Richtung da weiter gehst, bist du in einer guten Stunde in Herbesthal. Dort hast du immer Gelegenheit, nach Belgien zu entkommen."

„Schön!", sagt Schuhmacher. „Ich werde dir schreiben, mach's gut Kamerad!"

Der junge Offizier kommt, von feindseligen Blicken begleitet, zurück und bleibt im Rahmen der Tür stehen. Jetzt fährt der Kleinbahnwagen über eine Weiche und hält. Die letzte Haltestelle vor dem Dorfe Kettenis. Ein paar Hamsterer verlassen den Wagen. Dann setzt sich der Wagen mit scharfem Ruck wieder in Bewegung. Gleichzeitig aber hat Schuhmacher mit der linken Hand sein Gewehr, mit der rechten Hand die Stange des Schussgitters erfasst. Bevor wir noch wissen, wie es geschah, ist Schuhmacher verschwunden. Ich tue so, als wolle ich nach dem Flüchtling fassen, versperre aber nur dem Leutnant den Weg. Ich sehe noch, wie mein Kamerad die Straße überquert und querfeldein verschwindet. Ein Sturm bricht bei den Fahrgästen los. „Gut so!", brüllt ein kleines Männchen in abgeschabtem Überzieher und klatscht vor Vergnügen in die Hände.

Jetzt lässt der Leutnant seine ganze Wut an mir aus. „Sie Dussel, weswegen haben Sie den Arrestanten entspringen lassen? Zeigen Sie mal Ihren Urlaubsschein!" Ich zeige mit Seelenruhe meinen Wisch und antworte: „Herr Leutnant haben mir befohlen, Herrn Leutnant bei der Verhaftung behilflich zu sein; Herr Leutnant haben aber nicht gesagt, dass ich den Unteroffizier schon jetzt bewachen soll." Der Leutnant reicht mir meinen Schein zurück und sagt drohend: „Alles Weitere wird sich finden!"

Dann haben wir das Dorf erreicht. Der Offizier verlässt den Wagen. Gerade zieht die Landsturmkompagnie vorbei. Sie singt in den Frühlingstag hinein: „Siegreich wollen wir Frankreich schlagen, und sterben als ein tapferer Held."

*

Seit einigen Tagen bin ich zu Hause. Die Freude der Eltern ist rührend und erschüttert mich. Aus Liebe zu den Eltern erzähle ich nur von angenehmen Fronterlebnissen. Aus Liebe zu mir sprechen die Eltern nicht von der herrschenden Not, von der Verelendung und von der Knappheit aller Lebensmittel. Doch, wenn man auch aus Liebe einander belügt, so lastet die Ahnung der Wahrheit doch wie ein Alpdruck auf diesen Urlaubstagen.

Mein Vater ist abgemagert. Weste und Rock sind viel zu weit geworden. Die überflüssige Fülle der Gesichtshaut bildet hängende Tränensäcke und schwulstige Falten. Die Haare sind ergraut. Und trotz diesen untrüglichen Zeichen der Verelendung kein Wort der Anklage gegen den Krieg!

Wie hatte ich mich auf mein altes, trautes Heim gefreut! Doch ich bin diesem Heim entfremdet. Es sind wohl noch die lieben alten Möbel, die gleichen Bilder, das gleiche Bett und die Umgebung, die wie eine Fata Morgana, wie ein verlorenes Paradies, mir nahe war, wenn im Schlachtengetöse mein letztes Stündlein gekommen schien, aber jetzt fühle ich erschauernd, dass ich keine Beziehungen zu alledem mehr habe. Zwischen heute und den sorglosen Tagen meiner Vorkriegsjugend steht das Kriegserleben. Ich ertappe mich oft bei dem Wunsche: Wäre ich doch nicht in Urlaub gekommen! Die Erkenntnis wird immer gewisser, dass die Tage der Heimkehr einer Selbstquälerei gleich kommen.

Ich wandere zum Venn und besuche Kolas, der in der Herbstschlacht in der Champagne schwer verwundet wurde. Nur an den Augen erkenne ich meinen alten Kriegsgefährten wieder. Ein Granatsplitter hat Kolas' Antlitz zerrissen. Die Flickarbeit der Ärzte ist nur unvollkommen gelungen. Der Mund steht schief im Gesicht, und Kolas kann ihn nicht schließen. Brennend rote Wundmale laufen von der Stirn zum Kinn. Das Gesicht ist lächerlich verzerrt und außerstande, eine Gefühlsregung wiederzugeben. Ob Kolas Freude oder Trauer empfindet, das Gesicht behält den gleichen starren Ausdruck. Kolas kann nur Kehllaute von sich geben und lallt eine verkrüppelte Sprache. Auch das Gehör von Kolas hat schwer gelitten.

„Es ist zum Verzweifeln mit meinem Mann", schüttet Frau Kolas mir ihr Herz aus. „Als er aus einem Berliner Lazarett nach Hause kam und die Kinder begrüßen wollte, schrien sie vor Schrecken. Irmgard, die Älteste, schrie immer wieder: ‚Du bist nicht unser Vater! Mutter, wir fürchten uns vor diesem fremden, hässlichen Mann!' Tagelang hockt mein Mann in jener dunklen Ecke und brütet vor sich hin. Verstümmelter als sein Gesicht ist seine Seele! Zweimal habe ich einen Selbstmord verhüten müssen. So herzlos wie es klingen mag, ich wünsche oft, mein Mann wäre tot. Sein Leben ist eine Qual für ihn und für uns." Ich will trösten und finde keine Worte. Erschüttert nehme ich Abschied von Kolas und den Seinen.

Und viele Wahngebilde und Wunschträume trage ich in diesen Tagen zu Grabe.

Eupen liegt einen Steinwurf weit von der belgischen Grenze. Das reiche Amerika hat die Versorgung des belgischen Volkes mit Lebensmitteln im Einverständnis mit der deutschen Heeresleitung übernommen. Amerikanischer Speck, Mehl und viele andere Nahrungsmittel kommen in Belgien an. Von diesem Segen wandern durch dunkle Kanäle riesige Mengen nach dem hungrigen Deutschland ab. Die deutsche Militärverwaltung hat die belgische Grenze durch hohe Stacheldrahtzäune gesichert. Deutsche Landsturmkompagnien versehen Zöllnerdienste. Doch trotz dieser strengen Bewachung steht der Schmuggel in Blüte.

Eupen ist zur Schmuggelzentrale geworden. Es ist ein Eldorado für dunkle Ehrenmänner, für Großschmuggler und Schieber. Aus allen deutschen Gauen sind sie herbeigeströmt und wie die Bienen um den Honig, so schwirren diese Geschäftemacher und Wucherer um den amerikanischen Speck. Das sonst so unbedeutende Weberstädtchen Eupen ist als Stadt des Specks, des Puddingpulvers und anderer Kostbarkeiten berühmt geworden. Die Hotels sind überfüllt mit geschäftemachenden Abenteurern aus allen Gegenden Deutschlands. Die Berichte von den Kriegsschauplätzen sind gegenüber den Speckpreisen bedeutungslos geworden.

Ein verhängnisvoller Besitzwechsel vollzieht sich bei der Bürgerschaft. Der ehrsame, solide Bürger kann hungern oder, wenn er Glück hat, die letzten Ersparnisse opfern, um bei einem Schmuggler gegen sündhafte Wucherpreise ein Stückchen Speck, einige Kilo Mehl oder sonst etwas Genießbares zu kaufen. Andere Einwohner hingegen, die sich als Schmuggler oder Schieber betätigen, sind über Nacht zu wohlhabenden Leuten geworden. Von ihnen wird der Krieg lediglich als Mittel zum Zweck des Geldverdienens angesehen.

Landfremde Schieber beherrschen das Straßenbild. In den Kneipen, auf den Gassen und Straßen stehen feilschende Makler. Es ist eine Regsamkeit, die kein Ende findet. Eine sumpfige Verleumdung macht sich breit. Skandalgeschichten sind an der Tagesordnung. Die bestechliche Soldateska, die die Grenzwacht halten soll, fängt die kleinen Schmuggler. Die Großen aber, die den Schmuggel nach kaufmännischen Methoden organisiert haben, denen krümmt kein Mensch ein Haar. Sie leben üppig von der Not der Allgemeinheit. Während beim ehrsamen Bürgertum der Hungertod umgeht, während bleichsüchtige, unterernährte Frauen ihre Ehre um einen amerikanischen Speckschinken verkaufen, feiern die Kriegsgewinnler, die Drückeberger und Schieber bei Weib und Wein in den Hinterstuben der Gasthäuser nächtliche Orgien.

Die Zeitungen bringen langspaltige Artikel aus der Feder gelehrter Ärzte und Chemiker. Dem Volk wird glaubhaft gemacht, dass die Hungersnot eine gesundheitsfördernde Diätkur sei. Findige Köpfe haben eine Ersatzmittel-Industrie aufgebaut, die riesige Gewinne abwirft. Für Bekleidung stehen nur Gewebe aus Papier, Brennesselfasern und Zellulose zur Verfügung. Die Schuhsohlen werden aus Holz oder Karton gemacht. Und diese Herrlichkeiten sind zu Phantasiepreisen erst dann erhältlich, wenn der Käufer einen Bezugsschein und eine eidesstaatliche Erklärung abgegeben hat, dass er nackt umherlaufen müsse, wenn er den fraglichen Kauf nicht abschließen könne.

Die erwartete Läuterung des Volkes ist ausgeblieben. Die Notzeit des Krieges, das Stahlbad der Völker, hat einen unglaublichen Egoismus großgezüchtet. Volk und Vaterland waten durch die Niederung immer größer werdender Unmoral.

Wie im Fieber verdusele ich die Urlaubstage. Meist bin ich zu Hause bei den Eltern. Liebe und Sorge umschmeicheln mich wie zarte, unsichtbare Hände. Die Gewissheit des Abschieds lastet auf uns und macht die Tage zur Qual. Meist sprechen wir von ganz unwichtigen Dingen, und die Klage über das Zeitelend bleibt stumm.

Am Vorabend des Abschiedstages sitzen wir in der Stube zusammen. Durch das Fenster fließt die würzige Heimatluft, die im limburgischen Land im Frühling nach Blüten und frischem Kuhdung duftet. Vom Westen hört man fernes Grollen. Es brodelt bald stärker, bald schwächer und kommt so weit, so weit her! Wir wissen: das ist die Front, deren Donner bis zu unserer Grenzmark hörbar ist. Und wir drei horchen mit verhaltenem Atem. Vater ist blass geworden. Die Lippen meiner Mutter beben, und doch wird die Front mit keinem

Wort erwähnt. Mutter steht auf, geht mit unsicheren Schritten zum Fenster und schließt es zu. Dann setzt sie sich wieder neben mich, fasst unter der Tischdecke verschämt nach meiner Hand und sagt leise, klagend, als spräche sie zu einem Toten: „Mein lieber Junge, mein lieber guter Junge!"

Ich möchte schreien, möchte meinen Kopf in ihren Schoß legen, möchte mich aus meiner grenzenlosen Vereinsamung zur Mutter flüchten und anklagen und verdammen, aber ich muss tapfer bleiben, ich muss, ich muss! Und dann lüge ich, dass mir ein Druckposten winke, sobald ich zurück zur Kompagnie komme. Ich stelle den Krieg dar, als sei er eine Art Schützenfest und rede und rede. Die Liebe hat mich zum Lügner gemacht. Doch als das Abendbrot aufgetragen ist, würgen wir an jedem Bissen, obschon der Speck, den mein Vater für ein kleines Vermögen erworben hat, gar lieblich duftet.

Und dann kommt die letzte Nacht, schlaflos und angefüllt mit schweren, brütenden Gedanken. Es ist eine Qual. Ich hätte nie in Urlaub kommen dürfen. Der Abschied am nächsten Morgen ist wortkarg, fast stumm. Wie ein böser Traum geht auch das vorüber. Wir unterdrücken den Schrei der Wahrheit, der unsere Brust zersprengen will, und meine Eltern wie ich tarnen unser Leid und unseren Schmerz unter der Maske des Heldentums. Nur als ich mich zum Gehen wende und ein unterdrücktes Schluchzen meiner Mutter zu hören glaube, werden meine Knie weich, und ich weiß, dass es schlimmere Dinge gibt, als Granathagel und Heldentod.

Leutnant Erung

Ich habe es gut getroffen. Die Kompagnie liegt im Standquartier in Aumenancourt-le-Grand, einem kleinen Dorf des Reimser Hinterlandes, in Ruhe.

Mit Hallo werde ich empfangen. Da sind sie alle, die vertrauten Gesichter der Kameraden: Themchen, Leroi, Michel, Meyer II und – Schuhmacher. Ich fühle Heimkehrfreuden, so etwas wie eine Erlösung vom Erleben der Urlaubstage. Schuhmacher nimmt mich zur Seite. „Alles hat geklappt! Ich bin erst gestern zurückgekommen, habe einen Vetter in Sedan besucht. Ein feiner Pinkel ist der. Feldwebel bei einer Feldbatterie. Gesoffen und gefressen habe ich für Wochen im Voraus. Keiner außer dir weiß etwas von meiner Gastrolle in Deutschland. Du hältst Deinen Mund. Der Fall ist erledigt! Ich bin fertig!" Schuhmacher fasst mich unter und begleitet mich zur Kompagnie-Schreibstube, wo ich mich vom Urlaub zurückmelde.

Leutnant Erung hat heute Geburtstag und ein großes Fass Bier für die Kompagnie gespendet. In der Mannschaftsbaracke haben wir die Betten zusammengerückt, und das Fass wird am Kopfende des großen Raumes aufgelegt. Unser Kompagnieführer, Leutnant Erung, ist beliebt. Er ist einer jener Frontoffiziere, ohne die die Front längst zusammengebrochen wäre. Er ist mehr Führerkamerad als Vorgesetzter. Redlich teilt er mit uns Freuden und Leiden. Beim Sturm der erste, beim Rückzug der letzte, nötigt er uns allen Achtung und Liebe ab. Er sorgt für uns wie ein Vater. Nicht bei allen Vorgesetzten ist Erung gut angeschrieben. Mit den Stäben steht er oft auf Kriegsfuß, da er mit Argusaugen darüber wacht, dass seine Kompagnie auch das letzte Reiskörnchen erhält, das ihr zusteht. Leutnant Erung ist anspruchslos, isst mit den Zugführern Mannschaftskost und teilt mit seinen Leuten das letzte Stückchen Kommissbrot.

Wir wissen: Der Oberst hat befohlen, dass ein Zug unserer Kompagnie in den schweren Tagen des Trommelfeuers den Eingang des Debus-Tunnels bewachen soll. Natürlich gibt's schon nach wenigen Minuten große Verluste. Leutnant Erung zieht den Zug in den schützenden Tunnel zurück und belässt am Ausgang einen Doppelposten. Darob ein Anschnauzer des Obersten. Leutnant Erung lässt sich schweigend abkanzeln. Dann aber hebt er zwei Finger zum Helmrand und sagt: „Ich melde gehorsamst, Herr Oberst, dass meine Leute keine Tontauben sind. Ich kann die Verantwortung meinen Leuten gegenüber nicht tragen!" Dann dreht er sich auf einem Absatz, und es bleibt bei dem Doppelposten.

Achselstücke und Orden können uns nicht mehr imponieren. Nur die Tat wird gewertet und der persönliche Mut, und da ist's gleich, ob ihn ein Offizier hat oder der gemeine Mann. Erung aber ist ein ganzer Kerl. Jeder von uns geht für ihn durchs Feuer.

Die Kompagnie ist versammelt. Leutnant Fahrenheid, als rangältester Zugführer, hält die Glückwunschrede, knapp in der Form, und doch herzlich im Ton, und als zum Schluss ein dreifaches Hurra ertönt, wackeln die Bretterwände der Baracke. Und dann wird's urgemütlich. Die blechernen Trinkbecher klappern. Der Rauch der Zigarren und Zigaretten lagert in Wolken über den Feiernden und verwischt sich mit den Gerüchen von Menschenschweiß und Bier.

Hubert Elding, ein junger Kriegsfreiwilliger mit einem Mädchengesicht, hat sich in Weiberkleider gesteckt. Besondere Sorgfalt hat Hubert auf die Herstellung seines Busens gelegt. Er singt den Schlager: „Immer ein bisschen tiefer in den Wald hinein." Dabei gefällt er sich in eindeutigen Verrenkungen, und wenn er die weißbestrumpften Beine hochwirft, kommt ein Spitzenhöschen zum Vorschein.

Humoristen, Solosänger, Schnellzeichner und Akrobaten treten auf und entwickeln ein Programm, um das uns jeder Tingeltangel-Direktor beneiden würde. Es ist erstaunlich, welche Talente sich unter den abgetragenen Uniformen verbergen. Für uns Gefangene des Krieges wird dieser Abend zu einem Seelenbad. Das Bewusstsein, ein Kamerad unter Kameraden zu sein, wiegt vielen Jammer auf.

Am nächsten Morgen erkrankt unser Kompagniefeldwebel. Als Ersatz meldet sich nach einigen Tagen – Emil Schleifmann, jener Schleifmann, der Heister und mir unser Liebesidyll in Le Chesnes verdorben hat. Wird er mich wiedererkennen?

Schleifmann hat mich nicht wiedererkannt! Er macht sich in der Kompagnie so unbeliebt wie möglich. Hier in der ruhigen Stellung vor Reims kann er seine Garnisonstalente entwickeln. Erung sorgt freilich dafür, dass seine Bäume nicht in den Himmel wachsen, und dämpft sein Verlangen nach Drill bei jeder Gelegenheit. Im Mund der Kameraden aber erhält Schleifmann den schönen Namen: „Der Querschläger."

An der Somme

Der Schützengrabenkrieg vor Reims hat für uns ein Ende. Das Bataillon marschiert unter der brennend heißen Julisonne des Kriegsjahres 1916. Dreißig Kilometer vor uns brodelt die Sommeschlacht. Gewaltige Explosionen lassen die Erde erbeben. Es ist ein brüllendes Trommeln, ein atemraubendes Donnern, das die Luft zittern und Gewalten ahnen lässt, gegen die alles bisher Erlebte Kinderspiel war. Wenn wir über eine Höhe marschieren, sehen wir in der Richtung, wo die Hölle brodelt, grau-gelbe und schwarze Rauchschwaden, deren undurchsichtige Wände grell im Sonnenlicht stehen.

Die Gesichter der Kameraden sind grau, und in den Augen, Spiegelbildern der Seelen, steht Entsetzen und Angst. Ein dumpfes Schweigen marschiert mit den Todgeweihten. Durchbricht eines Kameraden Wort das brütende Schweigen, so klingen die Laute wie Seufzer. Und jeder Schritt bringt uns der Schlacht näher. Die Füße werden schwer, als hingen Zentnergewichte an den Stiefeln, und ungewollt verlangsamt sich der Rhythmus der Beine.

Die Kehle ist trocken. Schweiß rinnt am Körper, doch die Marschbeschwerden, Hitze und Durst, empfinden wir kaum. Das alles ist belanglos gegenüber der Dinge, die unser warten, die wir ahnen, gegen die sich unser Körper sträubt und die unsere Seelen nicht fassen wollen.

Und dennoch ist das Pflichtbewusstsein, die Kameradschaft, der Opferwille und die eingedrillte Disziplin größer als alles Sträuben der Sinne. Und wenn wir auch in unserem Inneren zittern, voran setzen wir die Füße, Schritt um Schritt, und die Wegstrecke, die uns von den Feuerschlünden der Hölle trennt, wird Schritt um Schritt kürzer.

Vorbei an unserer Marschkolonne jagen Munitionswagen zur Front. Sie sind hochbeladen mit Geschossen aller Kaliber. Verwundete kommen uns entgegen. In ihren Augen flackert noch die Todesangst. Sie sind dreckverkrustet. Ihre Anzüge sind zerfetzt, verbrannt und angeschwefelt von den gelblichen Giftschwaden feindlicher Gasgeschosse. Ihre Wunden sind nur notdürftig verbunden und die Verbände vielfach durchgeblutet. Todmüde ziehen sie ihres Weges zum Hinterland, und dennoch sind sie Glückliche, mit denen jeder von uns gerne tauschen möchte.

Am Spätnachmittag erreichen wir ein Dorf, in dem wir eine längere Rast machen. Das Dorf liegt noch nicht im Bereich der feindlichen Geschütze. Die Gulaschkanone spendet Dörrgemüse mit Speckwürfeln. Viele von uns verzichten darauf, „Essen zu fassen." Es ist, als stecke uns ein Knoten im Halse, den wir vergeblich hinunterzuschlucken versuchen. Die Tornister bleiben bei der großen Bagage zurück. Dafür empfängt jeder von uns sechs Handgranaten, eine Büchse Konservenfleisch, ein halbes Brot und einen Leinengurt mit Patronen. Der Mantel wird gerollt, das Kochgeschirr auf dem gerollten Mantel festgeschnallt und das Sturmgepäck ist beisammen. Bagageleute erzählen Schauermärchen von dem Trommelfeuer der ersten Schlachttage, vom Vordringen eines übermächtigen Feindes und von dem überraschenden, unglückseligen Vorspiel der Höllenschlacht. Ganze Regimenter sind spurlos verschwunden. Was von ihnen übrig blieb, sind die Bagagen, einige Abkommandierte und Revierkranke.

Das Dorf wird von der Zivilbevölkerung geräumt. Vor unseren Augen spielen sich herzzerreißende Auftritte ab. Feldgendarmen begleiten den armseligen Zug der Einwohner. Es sind Frauen, Kinder und Greise, die ihre Heimatscholle verlassen müssen. Bei vielen muss man Gewalt anwenden. Alle haben sich mit armseliger Habe beladen. Man sieht Mütter, die den wimmernden Säugling im Arm halten, während sie mit der Linken ein Handkärrchen ziehen, auf dem sich Kleiderbündel und armer Hausrat türmt. Eine Greisin humpelt auf ihrem Stock in der traurigen Reihe und trägt in der einen Hand ein Vogelbauer, in dem ein gelber Kanarienvogel flattert. Meckernde Ziegen, blökende Schafe und eine klapperdürre Kuh bilden den Beschluss des traurigen Zuges.

Die Frauen haben verweinte Augen. Hie und da hört man ein Schluchzen in der Reihe derer, die der Krieg von Haus und Hof vertreibt, die einem ungewissen Schicksal entgegenwanken.

Wir sehen dem Zug des Elends nach, bis er von den Staubwolken einer antrabenden Batterie verschluckt wird.

Leutnant Erung lässt seine Kompagnie antreten. „Kameraden", sagt er, „Ihr habt die unglücklichen Einwohner dieses Dorfes gesehen. Ihr habt gesehen, wie groß das Elend ist, das der Krieg über diese Unglücklichen gebracht hat. Ich frage Euch, wollt Ihr, dass Eure Mütter und Väter, Eure Kinder, ebenso von Haus und Hof vertrieben werden? Ich weiß, Ihr wollt es nicht. Der Feind hat zu einem furchtbaren Schlage ausgeholt. Der Angriff soll unsere Reihen durchbrechen und unser Heer im Westen zurücktreiben, bis über den Rhein. Wenn wir alle nicht unser Letztes einsetzen für unsere Heimat, wird Euren Lieben vielleicht das gleiche Schicksal beschieden sein, das die Unglücklichen traf, die Ihr gesehen habt. Kameraden, es gilt die bedrohte Heimat zu schützen. Ich bin gewiss, ein jeder von Euch wird seine Pflicht tun! Und jetzt, Kameraden, Gott sei mit Euch!"

„Siebente Kompagnie, Stillgestanden! Das Gewehr über! In Gruppen rechtsschwenkt! Ohne Tritt, Marsch!"

Und wir marschieren wieder. Vor uns tobt die größte Schlacht der Weltgeschichte. Aber der Kompagnie voran schreitet unser Führer, unser aller Kamerad, der von uns fordert, die Heimat zu schützen, der uns einen Sinn des Opferweges finden hilft.

Wir haben uns wiedergefunden. Wir fühlen uns frei und zum Opfer bereit. Wir folgen unserem Führer. Am Ausgang des Dorfes hält ein Feldgeistlicher hoch zu Ross.

Scherzworte fliegen durch die Reihen. Meyer II hat einen Schinken gefunden. An Stelle des Kochgeschirres hat er den Schinken auf die Mantelwurst geschnallt. Sein Hintermann sucht an dem Schinken zu knabbern, wie ein Karrengaul an der Krippe. Beim Marschieren aber wechselt Meyer ständig seinen Hintermann.

Vorn im ersten Zug stimmt man ein Marschlied an, und bald singt die ganze Kompagnie das Lied von den Vöglein im Walde, die so wunderschön sangen, und von der Heimat, in der's ein Wiedersehen gibt. So ziehen wir singend in die Sommeschlacht. Soldaten, die bereit sind, die Heimat zu schützen und für die Heimat zu sterben.

Wir alle fluchen dem Krieg. Wir wissen nur eins, es bleibt uns nichts übrig, als den Feind abzuwehren, damit er die Mauer nicht durchbrechen, unsere Heimat nicht verwüsten kann.

Heimat, o Heimat, auch hier bist du die Wurzel unserer Kraft. Nur der Gedanke an dich, o Heimat, lässt uns den Weg der Qual gehen und Übermenschliches ertragen. Für dich, Heimat, sind wir bereit zu kämpfen und zu sterben!

Je näher wir der Front kommen, umso lebhafter wird der Verkehr. Sanitätswagen, unter der Flagge mit dem roten Genfer Kreuz, streben dem Hinterland zu. Stäbe hoch zu Ross überholen uns. Essenträger keuchen unter der Last der gefüllten Kessel und Kannen. Kurz vor der Feuerzone gönnt man uns die letzte Rast.

Wie die Wespenschwärme kreisen feindliche Flieger am Abendhimmel. Wir zählen neununddreißig feindliche Fesselballons. Sie stehen wie riesenhafte Würste am Horizont. Die Einschläge sind so gewaltig, dass wir uns nur schreiend verständigen können. Und dann geht es hinein in die Hölle.

In auseinandergezogener Marschkolonne übersteigen wir eine Höhe. Zu unseren Füßen liegt die Stadt Peronne. Peronne brennt an verschiedenen Stellen. Riesige Rauchwolken lagern über der unglücklichen Stadt. Ständig fallen schwere Granaten in die Stadt, und es ist unmöglich, die Springbrunnen von Rauch, Mörtel und Ziegeln zu zählen. Das Werk der Vernichtung zu unseren Füßen ist so gigantisch, dass des Menschen Sinne nicht fähig sind, es zu erfassen.

Unten im Tal winden sich die trägen Wasser der Somme. Die dahinter aufsteigenden Höhen aber kann man nur ahnen. Rauchschwaden decken diese Todesberge mit undurchsichtigem Mantel. Nur hie und da zucken Blitze aus dem Rauchmeer. Und jetzt verdunkelt sich der blutig-rote Sonnenball, der hinter den westlichen Bergen steht.

Unser Marsch geht bergab zum Tal der Somme. Vorbei an feuernden schweren Batterien. Die Artilleristen arbeiten an ihren Geschützen mit nackten Oberkörpern. Automatisch arbeiten sie, als seien sie Teil der Geschütze, die sie bedienen.

Rechts und links, vor und hinter uns, schlagen Granaten ein. Im Laufschritt erreichen wir das Ufer der Somme. Pioniere haben über ihre seichten Wasser einen Laufsteg gelegt. Er ist schmal und schwankend, liegt unter schwerem Beschuss, doch alle Geschosse schlagen kurz links und rechts ins Wasser ein. Es ist ein Glucksen und Schlürfen, als balgten sich Urwelttiere in dem morastigen Wasser. Haushoch spritzen die aufgewühlten Wassermassen und überschütten uns mit lehmigem Morast.

Aber die Somme ist uns wohlgesinnt. Ihr verdanken wir, dass die Kompagnie ohne Verluste über den Steg das linke Ufer des Flusses gewinnt. Alle Granaten bohren sich tief in den Flussschlamm hinein, und dieser hält die Splitter fest, so dass die Geschosse wirkungslos verpuffen. Das Bataillon sammelt sich im Schutze der Uferböschung und wartet die Dämmerung ab.

Wir sollen die Reste eines norddeutschen Regiments ablösen. Führer bringen uns nach vorn. Im Eilmarsch geht es über eine Straße, vorbei an den rauchenden Trümmern eines Güterbahnhofes. Ein zusammengeschossener Sanitätswagen versperrt uns den Weg. Die toten Gäule sind aufgedunsen. Die Straße ist besät mit Uniformen, Waffen, Blindgängern und Granatsplittern. Tote, Deutsche und Franzosen, liegen hier und dort. Ihre leeren Augen starren uns an.

Eine Lage schwerer Granaten schlägt vor uns auf dem Straßenpflaster ein. Die Splitterwirkung ist furchtbar. Wir rennen wie verscheuchte Hühner querfeldein, und die Kompagnie vor uns hat schwere Verluste.

Wir sammeln uns wieder an einem Bahndamm. Die Schienenstränge sind zerfetzt und ragen verbogen und krumm gegen den Abendhimmel. Durch Klee- und Getreidefelder hasten wir vorwärts, hinauf zum Plateau der Sommehöhen. Hundert Meter weiter stoßen wir auf eine dünne Infanterielinie. In Einzellöchern und Granattrichtern liegen und hocken die Reste des Regiments, das wir ablösen sollen. Unsere ganze Kompagnie löst kaum mehr als eine einzige Gruppe ab.

Die Abzulösenden sind völlig erschöpft. Auf unsere Fragen nach der Stellung des Feindes bleiben wir ohne Antwort. Die Leute sind abgekämpft, verwildert, verdreckt und blutbespritzt. Ihre Bewegungen sind unendlich müde, und sie begreifen nur langsam, dass wir gekommen sind, sie aus dieser Hölle zu erlösen. Dann stehen sie stumpf auf und wanken nach hinten.

Es dunkelt, und das feindliche Feuer wird schwächer. Der Befehl zum Eingraben wird gegeben. Wir graben um unser Leben, und immer tiefer verschwindet die Kompagnie ins Erdreich. Feindwärts gehen die ersten Leuchtraketen hoch, und jetzt wissen wir, dass der Feind noch dreihundert Meter vor uns liegt.

Die Nacht wird kühl, und aus dem Sommetal steigen feuchte Nebel. Links seitlich brennt ein Dorf. Rötlicher Feuerschein schwelt Fackeln gleich am Nachthimmel. Rechts im Tal der Somme liegt Peronne. Auch hier wüten noch immer große Brände, und in ihrem Feuerschein zeichnet sich scharf die dunkle Silhouette der unglücklichen Stadt ab.

Auch jetzt gibt der Feind keine Ruhe. Sein Maschinengewehrfeuer bestreicht in Abständen das ganze Plateau, und die Artillerie tastet das Gelände ab. Wir haben die ersten Verluste.

Die anhaltende Dürre hat den Boden hart gebacken. Wir arbeiten mit aller Kraft, und Stunde um Stunde verrinnt. Als das fahle Licht des neuen Tages im Osten steht, haben wir einen leidlich tiefen Graben ausgehoben. Wir sind todmüde, hungrig und durstig. Doch an Schlaf, an Essen und Trinken ist nicht zu denken.

Mit dem neuen Tag beginnt das neue Morden. Noch ist kein Büchsenlicht, und schon surren tiefliegende feindliche Flugzeuge heran. Es sind Beobachtungsflieger. Wir hassen sie wie die Pest. Und als das erste Rot der aufgehenden Sonne einen heißen Sommertag verkündet, setzt das Trommelfeuer mit voller Wucht ein. Wir pressen uns an die Wand des frisch ausgehobenen Grabens; wir legen uns in die Grabensohle und möchten am liebsten hineinkriechen in den Leib der schützenden Mutter Erde.

Das Trommelfeuer steigert sich von Minute zu Minute. Ich schließe die Augen. Ich halte mir die Ohren zu. Doch nur für Minuten beruhigt dies die Nerven, denn wenn in nächster Nähe ein Geschoss einschlägt, öffnen sich die Augen und hören die Ohren, ob man nun will oder nicht. Die wachen Sinne sind stärker als mein Wille.

Und dann wird das Trommelfeuer zum Feuerorkan. Ganze Geschosslagen schlagen gleichzeitig ein. Granaten und Eisensplitter singen, surren, röhren, kreischen, rollen, krachen und donnern. Entladungen von ungeheurer Wucht erfüllen die Luft. Die Erde bebt, und unser bescheidener Graben gerät in schaukelnde Bewegung. Das Getöse vereinigt sich zu einem einzigen Schrei der Hölle. Das Blut erstarrt in den Adern; die Haut scheint spinnwebedünn zu sein, jeder Nerv schmerzt, und die schleichende Zeitspanne wird zu Ewigkeiten. Die Lungen keuchen und weigern sich, die ätzenden Gift- und Pulverschwaden zu verarbeiten.

Schuhmacher ist der Held der Stunde. Er missachtet jeden Schutz. Eine wilde Unruhe hat ihn gepackt. Wenn es im Graben eingehauen hat und Rufe nach dem Sanitäter erschallen, ist Schuhmacher zur Stelle. Er verbindet die Verwundeten, er sorgt dafür, dass die Grabenbesatzung sich auf Stellen verteilt, wo der Schlachtentod eine Lücke gerissen hat; er drückt den gefallenen Kameraden die Augen zu und hebt ihre starrgewordenen Körper über den Grabenrand; er späht zum Feind hinüber; er ist allgegenwärtig und von einer besessenen Regsamkeit.

Ich bin wohl der einzige, der die Ursache dieses Verhaltens kennt. Unwillkürlich steht die nackte Gestalt seines Weibes vor meinen Augen. Im Getöse der Schlacht höre ich den Schrei der Ehebrecherin und begreife Schuhmacher und seinen Wunsch nach einem ehrlichen Soldatentod.

Die Sonne steht hoch im Zenith, und noch immer heult um uns der Wahnsinn der Materialschlacht, und am Spätnachmittag tritt ein, was keiner von uns für möglich gehalten hat – das Feuer steigert sich noch! Alle Geschütze der Welt scheinen ihre Rohre auf unser armseliges Grabenstück zu richten. Der Graben wird eingedeckt mit Eisen und Feuer. Ein Krachen und Bersten ist über uns und hüllt uns ein, dass uns die Sinne schwinden. Ich werde verschüttet und wieder ausgegraben.

Wir kriechen wie Würmer durch den Graben, hocken zusammen wie stumme Tiere, sind plötzlich taub und kneifen uns ins eigene Fleisch, um uns zu vergewissern, dass wir noch leben. Und dann plötzlich entfernen sich die Einschläge nach hinten. Noch bevor wir aus der Angststarre aufgewacht sind, ertönt die Stimme unseres Führers, Leutnant Erungs helle Stimme: „Vor uns feindliche Schützen! Visier Vierhundert! Lebhaftes Schützenfeuer!" Und schon rollt unser Feuer dem angreifenden Feind entgegen.

Maschinengewehre rattern, unsere Artillerie kommt uns zu Hilfe. Ihre Geschosse röhren über unsere Köpfe hinweg und legen eine Eisensperre vor den angreifenden Feind. Eine Wand von Erde, Eisen und Rauch deckt die Stürmenden zu, und als sich endlich die Schwaden verziehen, ist von dem Angreifer nichts mehr zu sehen.

Viele luftblaue Punkte liegen reglos vor der Stellung des Feindes, andere bewegen sich und kriechen zur Ausgangsstellung zurück. Am gleichen Tag aber meldet der deutsche Heeresbericht: „Bei Peronne griffen nach der üblichen Artillerievorbereitung gegen Abend französische Streitkräfte an. Der Angriff wurde leicht abgeschlagen." Zwei knappe Sätze nur, die doch für Tausende Qual und Tod bedeuten.

Nach dem abgeschlagenen Angriff tritt verhältnismäßige Ruhe ein. Auch beim Feind scheint man einer Atempause zu bedürfen. Unser Kompagnieführer erklärt uns: „Dort links das rauchende Dorf heißt Biaches. Halbrechts vor uns an dem vorspringenden Waldzipfel liegt die Ferme ‚La Maisonnette'. Wir liegen hier einige hundert Meter rechts der Straße Peronne-Le Chatelet-Barleux."

Wir hören die Stimme unseres Führers wie aus unendlichen Fernen. Wir sind halb taub, müde und hungrig. Erst jetzt, wo eine gewisse Entspannung eintritt, merken wir unseren Zustand.

Seit vierundsechzig Stunden haben wir nicht geschlafen, seit achtundvierzig Stunden fast keine Nahrung zu uns genommen. Wir sind ausgedörrt, zerschlagen und gerädert. Apathisch und schweigsam hocken wir in dem engen Graben.

Themchen und Leroi schlafen und schnarchen mit offenem Munde. Bald senken sich die Fittiche der Nacht über den Blutacker der Sommehöhen. Die Essenholer treffen ein. Wir schlürfen die kaltgewordene Fettbrühe und verschlingen ein halbes Brot. Auf den Kopf der Grabenbesatzung kommt nur ein Trinkbecher kalten Kaffees. Zwei von den drei Kaffeeträgern sind am Bahndamm verwundet worden, und das kostbare Nass wurde verschüttet.

Themchen, Leroi und noch einige andere schlafen so fest, dass alles Rütteln erfolglos bleibt.

Als Schuhmacher versucht, den schlafenden Leroi aufzurichten, schlägt dieser mit Hand und Fuß um sich, sackt dann wieder zusammen und schläft weiter.

Die den Schlafenden zustehenden Portionen nimmt Schuhmacher vorsorglich in Verwahr.

Von jeder Gruppe soll einer Posten stehen. Die Reihenfolge in unserer Gruppe wird verlost. Mich trifft das Los, als erster zu wachen.

Hie und da bessert man den Graben aus. Dann verstummen auch die Geräusche der Spaten.

Ich starre in das Niemandsland. Die Augen brennen, und ich trete von einem Bein auf das andere, um nicht einzuschlafen. Weit rechts von uns bollern Kanonen. Raketen steigen dort und zerplatzen und lösen sich in leuchtende Trauben auf.

Der Feind vor uns ist ruhig. In langen Abständen schießt er Leuchtraketen ab. Wie Sterne stehen sie am Nachthimmel, und ihr weißes Licht geistert gespensterhaft über das Niemandsland. Ab und zu bellt feindwärts ein Maschinengewehr.

Angehörige einer Sanitätskompagnie sind eingetroffen. Sie beladen ihre Tragbahren mit unseren Schwerverwundeten. Diese stöhnen und wimmern leise. Dann verschwinden auch die Träger mit ihren blutenden Bündeln.

Jetzt bleiben nur Geräusche, die irgendwoher kommen aus den Weiten des Schlachtfeldes. Es bleibt das Schnarchen der schlafenden Kameraden, das ab und zu von einem tiefen Seufzer unterbrochen wird, und das Grollen ferner Kanonen.

Das nächtliche Himmelszelt ist übersät mit Sternen. Ruhig ziehen die Gestirne ihre Bahn, unberührt von dem Jammer der Menschen, die ihren Planeten zur Hölle machen, die widernatürlich Krieg führen, Art gegen Art, die sich zerfleischen und vernichten, die ihre Geistesgaben dazu verwenden, Maschinen zu erfinden, um morden zu können, die einander zwingen, Tiere zu sein.

Die sternenklare Nacht erfüllt mich mit unsinnigen Wünschen nach Frieden und Glück und macht mich unsagbar traurig, weil ich weiß, dass der Krieg mich seelisch verbrennt, dass ich ein Greis geworden bin mit meinen vierundzwanzig Jahren, dass der Krieg mich nie wieder loslassen wird. Werde ich die eigene Art je wieder achten können? Ich bin ein Verlorener des Weltkriegs!

Meyer II torkelt schlaftrunken, begleitet von Schuhmacher, auf mich zu. Ich bin abgelöst, klappe zusammen und schlafe ein, ohne Übergang. Über mir wölbt sich ein Sternenzelt, doch die Sterne sind purpurrot und Bluttropfen regnen aus Himmelshöhen.

Ein urgewaltiges Rauschen und ein atemberaubender Luftdruck wecken mich aus bleiernem Schlaf. Es ist Tag, und fast alle Kameraden sind schon munter. Mann neben Mann stehen sie und schauen mit verwunderten Augen über den Grabenrand.

Ein röhrendes Poltern ist über uns, das an das Rollen eines Eisenbahnzuges erinnert. Das Rollen kam von weit her aus dem Hinterland und verflüchtigt sich feindwärts. Dort, wo es schwebt, neigen sich die Ähren des Feldes, die Blumen und Gräser in weiter Bahn. Es neigen sich die Wipfel der Bäume und die Äste der Sträucher. Verängstigte Vögel flattern schutzsuchend zur Erde nieder. Es ist, als ducke sich die ganze Natur vor jenen ungeheuerlichen Kräften, die die Luft zerschneiden. Und dann kommt aus dem Waldzipfel unweit der Ferme „La Maisonnette" ein wahnsinniger Donner. Ein Krachen und Bersten, das uns körperliche Schmerzen bereitet. Die Erde zittert, im weiten Umkreis. Ganze Bäume, riesige Erdbrocken, Felsstücke und – Menschenleiber werden turmhoch emporgewuchtet. Eine Stichflamme blitzt aus einer gigantischen Rauchwolke, und faustdicke Steine werden 400 Meter weit, bis dicht vor unsere Stellung, geschleudert.

„Das sind die achtunddreißig-Zentimeter-Geschosse unserer Motorbatterien", erklärt unser Kompagnieführer. „So ein Geschoss ist fast mannhoch und wiegt seine acht Zentner. Wo einer dieser dicken Brocken einschlägt, entsteht ein Trichter von 7 Meter Tiefe und 12 Meter Durchmesser. Alles, was in einem Umkreis von 50 Meter lebt, vergisst das Atmen. Wer nicht von einem Splitter getroffen wird, wird durch die gewaltigen Erdmassen begraben, oder durch den ungeheuren Luftdruck hochgehoben oder zerquetscht."

Und mit der Genauigkeit eines Uhrwerks rollt alle zehn Minuten ein neues Geschossungeheuer heran. Der Waldzipfel seitlich der Ferme „La Maisonnette" lichtet sich und verschwindet von der Oberfläche der Erde. Unsere Armeeleitung scheint zu einem Gegenstoß auszuholen, denn unsere Artillerie feuert mit Granaten aller Kaliber und belegt die feindlichen Gräben und Stellungen mit einem mächtigen Zerstörungsfeuer.

Die Franzosen erwidern das Feuer, und Stunde um Stunde tobt die Artillerieschlacht. Es ist tropisch heiß. Die sengenden

Strahlen der Sonne dörren uns aus. Die Zunge klebt am Gaumen, und wir leiden unter Durstqualen. Verwesungsgeruch vermischt sich mit den Gasschwaden der einschlagenden Geschosse. Die Luft ist verpestet, und Brechreiz stellt sich ein.

Luftkämpfe von riesigem Ausmaß spielen sich ab. Ein deutsches Luftgeschwader von fünfzehn Flugzeugen will gewaltsam die Luftsperre der französischen Flugzeuge durchbrechen. Immer neue feindliche Flieger eilen ihren bedrohten Kameraden zu Hilfe. Die Maschinengewehre der Kampfflieger tacken. Deutsche und französische Flugzeuge wirbeln durcheinander. Man kann Freund und Feind nicht mehr unterscheiden. Von einem Flugzeug bricht ein Flügel ab. Er dreht sich um die eigene Achse und wirbelt langsam, wie ein vom Baum gelöstes Blatt, zur Erde. Das einflügelige Flugzeug überschlägt sich und saust mit senkrecht aufgerichtetem Schwanz zur Erde nieder.

Aus einem französischen Flugzeug bricht plötzlich eine Stichflamme hervor. Brennend stürzt es hinter den feindlichen Linien ab. Zwei Franzosen haben eine Hemmung an ihrer Maschine und müssen hinter unseren Linien laden. Immer neue Franzosen tauchen auf, und von der deutschen Staffel löst sich ein Flugzeug nach dem anderen durch geschickte Manöver von der feindlichen Übermacht und flüchtet ins Hinterland zurück, verfolgt von der Meute der Gegner. Eines der feindlichen Flugzeuge kommt zurück, lässt sich in steilem Gleitflug fallen und überfliegt in zwanzig Meter Höhe unseren Graben. Deutlich fühlen wir den Luftdruck der Propeller. Das Maschinengewehr des Kampffliegers bellt in abgehacktem Tacken auf. Die meisten Kameraden werfen sich hin und pressen ihre Körper in die Sohle des Grabens. Nur Schuhmacher schießt kaltblütig auf den frechen Flieger. Sicher hat eine seiner Kugeln den Flieger verletzt, denn das Rauschen des todbringenden Vogels entfernt sich, und als wir uns erheben, schwebt er bereits weit im feindlichen Hinterland.

Leroi, mein Nebenmann, hockt noch immer in der Tiefe des Grabens. Als ich mich ihm zuwende und ich ihn anrufen will, schaue ich in ein wachsbleiches Gesicht, in dem weitaufgerissene Augen starren. Die Fingernägel Lerois wühlen sich in zuckenden Bewegungen tief ins Erdreich. Von der linken

Halsseite sprudelt Blut und ergießt sich über den verdreckten Waffenrock. Eine Maschinengewehrkugel des französischen Fliegers hat ein Opfer gefunden. Ich knie bei dem verwundeten Kameraden. Leroi atmet schwer, und wenn er atmet, spritzt das Blut wie ein Springbrunnen. Ich zerre den Stahlhelm von Lerois Stirn. Das Haar ist schweißnass und klebt an der Kopfhaut. Ich brülle Schuhmacher herbei, und gemeinsam verbinden wir Lerois schwere Wunde. Leroi öffnet den Mund, er versucht zu sprechen, doch es kommt nur ein gurgelnder Laut von seinen blauen Lippen. Dann weicht die Starre aus dem todwunden Körper. Die Augen schließen sich, und eine wohltätige Ohnmacht nimmt Leroi in ihre Arme.

„So eine Schweinerei", sagt Schuhmacher mehr zu sich selbst als zu mir, „bei den tollsten Nahkämpfen ist ihm nichts passiert, und so blöde hat's ihn jetzt gepackt. Es ist zu dumm, zu dumm!" Und dann ruft Schuhmacher nach dem Sanitäter. Der Ruf „Sa-ni-tä-ter nach rechts", pflanzt sich weiter durch den Schützengraben, und nach Minuten erscheint der Gerufene. Der Verband ist durchgeblutet. Winterscheid, der lange Sanitätsunteroffizier der Kompagnie, macht ein bedenkliches Gesicht und meint mit verhaltener Stimme: „Ja, wenn wir ihn sofort zum Verbandsplatz und zum Bataillonsarzt bringen könnten! Vielleicht wäre er noch zu retten! Aber durch das Feuer kommt keine Maus hindurch!"

Wir schauen ratlos nach hinten, als hätten wir Leroi auf dem Gewissen. Der Abhang zur Somme hin hat sich in eine Kraterzone verwandelt, aus der die Bäume der Granateinschläge wachsen, die sich an dem Rand von Le Chatelet zu einem Rauchwald verdichten, der uns von der Verbandsstelle unübersteigbarer trennt als die stärkste Gefängnismauer.

Wir betten den verwundeten Kameraden auf der Grabensohle und schieben ihm unsere gerollten Mäntel als Kopfkissen unter das fieberheiße Haupt.

Und die Materialschlacht tobt weiter. Wenn der Beschuss unserer Stellung für Minuten nachlässt, machen wir unsere Gewehre schussfertig und starren mit entzündeten Augen hinüber zum Feind, bereit, unser Leben zu verteidigen. Und während die gewaltige Schlacht uns in ihrem Bann hält, flieht das junge Leben aus dem sterbenden Kameraden. Noch immer ist Leroi besinnungslos. Seine Brust hebt und senkt sich in langsamen tiefen Atemstößen. Ab und zu verscheuche ich den Schwarm der Schmeißfliegen, der, angezogen durch den Blutgeruch, sich auf den Verband und das Gesicht des verwundeten Kameraden stürzt.

Da geht ein Zittern durch Lerois Körper, die Augen öffnen sich und haben den Ausdruck verwunderter Kinderaugen.

Ich hocke mich neben den todwunden Gefährten und spreche ihm Mut zu. Ich schwöre, ihn, sobald es dunkel wird, nach hinten zu tragen. Ich bin verzweifelt ob meines Unvermögens, helfen zu können. Und abermals versucht Leroi zu sprechen, und wieder sind nur Gurgellaute vernehmbar; aber an der Mundstellung erkenne ich, dass die Lippen das Wort „Wasser" formen wollen. Meine Feldflasche ist leer, die der anderen Kameraden unserer Gruppe ebenfalls. Ich drücke mich durch den engen Graben und bitte und bettele um Wasser. So komme ich auch zu Meyer II. Und ein Wunder geschieht. Meyer II greift in die Seitentasche seines Waffenrocks und holt aus ihrer Tiefe eine flache Flasche, zu Hälfte mit Weißwein gefüllt.

„Eiserner Bestand", sagt Meyer II. „Er war für mich selbst bestimmt, wenn es mich erwischen sollte. Aber für unseren armen Leroi gebe ich gern den letzten Tropfen her." Ich möchte ihn umarmen, den Teufelskerl, der selbst in der Wüste Brot und Wasser finden würde.

In kleinen Schlucken trinkt Leroi das kostbare Nass. Dann schließt er die Augen und liegt still.

Die Sonne brennt, die Schlacht tobt weiter. Stunde um Stunde verrinnt, und Leroi kann nicht sterben. Wut befällt mich. Das Verbrechen „Krieg" grinst mich wieder an. Ich fühle, dass mein Geist am Rande des Wahnsinns wandelt, und verfluche die Schuldigen an diesem Krieg.

Einige Wochen bevor wir den Marsch zur Somme antraten, bekam Leroi Urlaub. Er hat sich verlobt, und strahlend zeigt er bei seiner Rückkehr das Bildnis seiner Braut. Es ist eine dunkle Schönheit, und wir sind alle etwas neidisch. Und Leroi hat große Pläne. „Mit meiner Luisette heirate ich ein Sägewerk bei Malmedy. Dann bin ich ein reicher und vornehmer Pinkel, und ihr alle müsst den Herrn Sägewerksbesitzer und seine schöne, junge Frau besuchen. Und Kinderchen wollen wir haben, stramme, dunkeläugige Kinderchen."

Und Leroi wird nicht müde, von dem schönen Besitz zu erzählen. Alle Kameraden der Gruppe erfahren, dass das Anwesen außer einem großen Sägewerk ein neuerbautes Wohnhaus umfasst, das neun große Zimmer aufweist; dass zu dem Anwesen eine zwanzig Morgen große Hauswiese gehört, auf der Margueriten blühen in märchenhafter Zahl und ein Stück Wald, in dem ein Kuckuck haust. Leroi ist einer der Wenigen von uns, die eine Zukunft haben und ein Lebensziel.

Und jetzt liegt er mit grauem Gesicht auf der Grabensohle, und sein Leben und seine Zukunft fließen in dem roten Rinnsal, das den Verband blutig färbt. Und in der deutschen Wallonie wird ein dunkeläugiges Mädchen weinen um ihr verlorenes Glück. Und als ich immer wieder das Röcheln höre, mit dem mein Kamerad nach Luft ringt, und in sein bleiches Antlitz sehe, da bete ich zu Gott: „Siehe, hier liegt mein Kamerad Leroi. Er ist dreiundzwanzig Jahre alt und hat eine junge Braut und soll ein Sägewerk mit Haus und blumiger Wiese besitzen, und einen Wald, in dem der Kuckuck ruft und viele Kinderchen mit großen dunklen Augen. Herr, lass ein Wunder geschehen. Lass so viel Glück und Lebensfreude nicht verbluten!"

Ich gehe zu Schuhmacher und lasse mir sein Wort geben, dass er mir helfen wird, Leroi nach hinten zu tragen, sobald es dunkel geworden ist.

Gegen Abend kommt der Kompagnieführer durch den Graben. Er geht gebückt, und seine Bewegungen sind müde. Man sieht, Leutnant Erung trägt schwer an seiner Verantwortung als Führer der Kompagnie. Minutenlang bleibt er wortlos vor dem Bündel menschlicher Qual zu seinen Füßen stehen. Dann murmelt er kaum hörbar: „Meine armen, armen Jungens! Und immer sind es meine Besten, die sterben müssen. Es ist ein Jammer, ein großer Jammer!"

Schuhmacher bittet um die Erlaubnis, nach Eintreten der Dunkelheit, gemeinsam mit mir, den Schwerverwundeten zum Verbandsplatz tragen zu dürfen. Erung gibt seine Zustimmung und beauftragt Schuhmacher nur, die Abendmeldung zum Bataillon, das ebenfalls in Le Chatelet liegt, mitzunehmen.

Und nach qualvollen Stunden kommt die Nacht. Noch immer feuert die feindliche Artillerie, und die Rauchfontänen gleichen schwarzen Tieren, die in der Dunkelheit stehen.

Eine Tragbahre ist nicht aufzutreiben, und so fasst Schuhmacher den Schwerverwundeten unter den Achseln, während ich die Beine an den Kniegelenken umfasse. Wir kommen mit der schweren Last nur langsam voran. Wenn wir auch die Granatlöcher umgehen, so sind Erschütterungen doch unvermeidlich. Und immer, wenn wir stolpern, ringt sich ein Stöhnen aus der Brust unseres Kameraden.

Wir schleppen unsere Last, ohne zu rasten, und die Splitter einschlagender Granaten singen uns um die Köpfe, und die Kugeln flankierender Maschinengewehre zirpen in der Dunkelheit wie Todesvögel.

Schweißgebadet erreichen wir den Bahndamm. Da schlagen vor uns und seitlich Granaten ein. Die Einschläge klingen hohl und dumpf. Ein giftiger Schwefelgeschmack legt sich auf die Zunge, und schon erschallt aus der Dunkelheit der langgezogene Ruf: „Gas – Gas – Gas!" Von irgendwo tönen metallene, gongartige Mahnungsschläge: Gas – Gas – Gas!

Wir kennen die Wirkung der Giftgase. Oft genug sahen wir blaugedunsene Gastote, sahen Gaskranke, die stückweise die Lungen ausspien, bevor sie starben.

Nur schnelles Handeln kann uns retten. Wir lassen Leroi zur Erde gleiten. Mit zitternden Fingern nestle ich meine Gasmaske aus dem Behälter. Der Stahlhelm fliegt vom Kopf, und ich stülpe mir die Gasmaske vor. Dann werde ich starr vor Schrecken. Wir haben Lerois Gasmaske im Kampfgraben liegen lassen! Und nun tut Schuhmacher etwas Unerhörtes, etwas so Unwahrscheinliches, dass ich es verhindern muss, wenn nötig, mit Gewalt. Er nimmt seine Gasmaske, streift das Gummiband über Lerois Kopf, schiebt mir den Briefumschlag mit der Meldung für das Bataillon in die Tasche, und noch bevor ich mich zu einer Tat aufraffen kann, rennt er in großen Sprüngen von dannen! Nur verschwommen sehe ich durch das Glas der Gasmaske. Ich will ihm nach, will ihn zwingen, sich nicht zu opfern, will – ja was will ich?

Soll ich den Selbstmord verhindern? Soll ich Richter sein über zwei Menschenleben? Meine Knie werden weich. Ich bin unfähig zu einem Entschluss. Und während ich in die Knie sinke, wird die Schattengestalt Schuhmachers von der Dunkelheit geschluckt. Ich knie neben Leroi in einem Granattrichter. Leroi liegt still und reglos. Ich versuche ruhig zu atmen und presse die Patrone der Gasmaske fest gegen die Lippen. Der Pulsschlag wird zu einem Dröhnen in meinem Kopf. Der Kopf brennt und glüht, als müsse er zerspringen. Der Blutdruck im Hirn steigert sich und mir ist's, als blute ich aus Mund, aus Nase und Augenhöhlen. Nur dumpf höre ich den hohlen Einschlag der Granaten, wie aus unendlichen Fernen.

Ich weiß, dass jetzt die todbringenden Giftgase von Trichter zu Trichter kriechen und die Luft verseuchen. Mir wird's übel. Ich muss schlucken und würgen. Jetzt nur keine Dummheiten machen! Keine Dummheiten machen! Befehle ich mir selbst mit letzter Energie.

Wie lange ich den Kampf gegen die aufsteigende Ohnmacht und gegen den Brechreiz geführt habe, ich weiß es nicht. Ich weiß nur, dass der Beschuss nach Unendlichkeiten aufhört, weiß, dass die Giftgase sich in der Tiefe der Trichter länger halten als über dem ebenen Boden. Der Wille zum Leben packt mich. Behutsam zerre ich Lerois Körper aus dem Trichter nach oben, nehme Lerois Kopf zwischen meine Knie und warte und warte.

Da lösen sich Gestalten aus dem Dunkel. Es sind Essenträger. Sie tragen keine Gasmasken mehr. Ein rettender Gegenwind hat die Gase vertrieben. Die Luft ist nicht mehr gefährlich. Ich reiße die Gasmaske herunter, und die kühle Nachtluft dringt in meine Lungen wie eiskaltes Wasser. Dann nehme ich vorsichtig Leroi die Gasmaske ab. Schwer gleitet sein Haupt zur Erde nieder.

Jetzt muss ich Schuhmacher suchen. Ich rufe seinen Namen in die Dunkelheit. Ich eile von Granattrichter zu Granattrichter. Doch von Schuhmacher keine Spur. Verzweifelt kehre ich zu Leroi zurück. Der liegt still und stumm, und als der Mond hinter einer Wolkenbank hervorlugt, sehe ich in das Gesicht eines Toten. Die Augen sind gebrochen, der Leib hat sich gestreckt, sodass Leroi mir unnatürlich groß erscheint.

Ich will es nicht glauben, dass das Leben entflohen ist. Ich rüttele Leroi und rufe ihn an, ich entblöße seine Brust und lege mein Ohr auf das Herz. Kein Herzschlag wird hörbar. Ich hocke neben dem toten Kameraden. Traurigkeit ist in mir. Ich fühle mich einsam und verlassen. Doch der Tod hat das Antlitz Lerois sonderbar verklärt. Der leidende Zug ist verschwunden, und ein glückliches Lächeln umspielt Lerois Lippen.

Und ich sehe eine schwarzäugige Braut, eine stattliche Sägemühle, eine Hauswiese, auf der märchenhaft viele Margueriten blühen, und ein Stück Wald, in dem ein Kuckuck ruft – und verstehe das zufriedene Lächeln meines toten Kameraden.

*

Als ich zur Kompagnie zurückkomme, graut im Osten der junge Tag. Ich habe Leroi hinter den Bahndamm geschleppt. Dort, in einem toten Winkel, ist er sicher vor Granaten. Man wird ihn finden, und ein Soldatengrab ist ihm sicher.

Ich habe meine Meldung abgegeben, und dann ist mir das Kriegsglück hold gewesen. Peronne und Le Chatelet waren bis vor wenigen Tagen noch friedliches Etappengebiet und unweit des Bataillon-Unterstandes – es ist ein ehemaliger Stollen, in dem die Etappensoldaten bei Fliegergefahr Schutz finden – befindet sich ein Divisionsmagazin. Das Dach der großen Halle ist zerschossen, das Tor erbrochen und weit geöffnet. Gespensterhaft huschen Gestalten in das offene Tor und kommen schwer bepackt heraus. Für so etwas hat jeder Frontsoldat eine feine Witterung. Ich schließe mich den Freibeutern an. Stumm wühlen die Soldaten in den riesigen Vorräten. Hie und da blitzt eine Taschenlampe auf, und dann sieht man die hamsternden Feldgrauen, die gleich krabbelnden Mäusen sich mit Lebensmitteln bepacken.

Auch ich lasse meine Taschenlampe aufleuchten, und ihr Strahl trifft Meyer II. Meyer II hat vier Sandsäcke mitgebracht. Während viele Hamsterer sich mit Sohlleder, Reis, Kaffee und anderen für uns wertlosen Sachen beladen, zieht Meyer II mich am Arm in einen Winkel der weiten Halle. Hier lagert in riesigen Mengen, was wir suchen. Fleischkonserven in Büchsen, eingemachte Früchte in Gläsern und Butter in riesigen Kübeln. Ich halte die Säcke auf. Meyer II trifft die Auswahl. Bald sind die Säcke zum Platzen gefüllt. Dann kommen alle Taschen an die Reihe. Meyer II möchte am liebsten das ganze Proviantamt zur ersten Kampflinie schleppen.

„So, jetzt noch etwas für den Durst", meint Meyer II. Und als kenne er jeden Stapel des riesigen Lagers, führt er mich schnurstracks auf die andere Seite. Dort lagern Flaschen in großen Mengen. Meyer II ist wählerisch und stürzt sich auf den „Ürziger Würzgarten – Auslese 1907".

„Bleib hier bei meiner Leibmarke", raunt mir Meyer zu, „ich sehe mich rasch nach einer Verpackung um." Bald ist er wieder an meiner Seite und drückt mir einen Eimer in die Hand. Meyer füllt den Eimer mit Flaschen. Je zwei Sandsäcke werden aneinandergeknotet und um den Nacken gehängt, so dass sie zu beiden Seiten der Schultern vor der Brust baumeln. Dann nehmen wir den Eimer in unsere Mitte und hauen ab.

Meyer II hat auf eigene Faust einen seiner in der ganzen Kompagnie berühmten Beutezüge unternommen, und da keiner der Vorgesetzten merken darf, dass Meyer ohne Erlaubnis den Graben verlassen hat, teilen wir unweit der Stellung redlich unsere Beute, und auf Umwegen pirscht sich Meyer II an den Schützengraben heran.

Ich melde mich beim Kompagnieführer, der an einem Steilhang sein Lager aufgeschlagen hat. Leutnant Erung ist schon oder noch munter. Als ich ihm den Tod Lerois und das Verschwinden Schuhmachers melde, erwidert Erung kein Wort und stellt keine Fragen. Eine Flasche Wein, eine kleine Dose Fleischkonserven und ein Glas Früchte halte ich für mich. Das übrige wird an die Gruppenführer meines Zuges verteilt, so dass möglichst viele etwas erhalten. Ich bin gewiss, dass es Meyer II ähnlich machen wird.

Es ist merkwürdig ruhig auf beiden Fronten und die Stille wirkt fast unheimlich. Im fahlen Schein der Morgenfrühe frühstückt die Kompagnie. Ich verschlinge meine Konserven mit Heißhunger, trinke die Hälfte meines Weines und bin „auf Vorrat" gesättigt. Und dann haue ich mich hin und schlafe traumlos und fest den Schlaf der Erschöpfung.

Die Gefechtsordonnanz des Kompagnieführers rüttelt mich wach: „Du sollst sofort zum Kompagnieführer kommen." Ich rappele mich hoch. Die Sonne brennt im Zenit. Die Artillerie streut das Gelände ab, doch im Verhältnis zu den beiden Vortagen ist es ruhig geworden. Zuerst erkundige ich mich nach Schuhmacher. Er ist noch nicht zur Kompagnie zurückgekommen, und ich glaube an das Schlimmste.

Der Kompagnieführer hockt mit den beiden Zugführern in einem Erdloch am Steilhang. „Ja, meine Herren", sagt er zu den Zugführern, „die Ruhe kann uns nicht helfen, das Regiment wird erst abgelöst, wenn wir siebzig Prozent Verluste haben. Ich bitte um sorgfältige Aufstellung und Abgabe der Verlustmeldungen. Wie mir der Oberst sagte, hat unser Gegenüber mehr als tausend Geschütze auf jedem Kilometer Frontbreite, und wenn sie wie an den beiden Vortagen aasen, werden wir die siebzig Prozent an Toten und Verwundeten bald zusammen haben!"

Der Leutnant wendet sich um, erblickt mich und schweigt. Dann sagte er: „Ah, Sie sind's, setzen Sie sich mal zu uns. Ich weiß, dass Sie ein guter Zeichner sind. Ich habe vom Regiment den Auftrag, bis heute Abend sieben Uhr eine genaue Einzeichnung der Stellung des Regiments auf dieser Karte einzureichen. Wollen Sie den Auftrag übernehmen?"

Als ich bejahe, holt der Leutnant eine Generalstabskarte und erklärt mir den Verlauf unserer Stellung. Dann gibt er mir einen Blaustift und meint: „Am besten gehen Sie dem Kampfgraben so lange rechts nach, bis Sie auf das Anschlussregiment stoßen, machen dann kehrt, fangen mit Ihrer Einzeichnung an und wenden sich solange nach links, bis Sie auch hier das Anschlussregiment erreichen."

„Stecken Sie Ihren Kopf nicht zu weit aus dem Graben!" rät er mir noch, bevor er mich durch ein Kopfnicken entlässt.

Ich gehe an die Ausführung meines Auftrages. Ich zwänge mich durch den engen Graben. An verschiedenen Stellen ist er nur kniehoch, da man beim Graben auf harte Felsschichten gestoßen ist. Dort muss ich auf allen Vieren kriechen. Ich schreite über schlafende Kameraden. Ich klettere über Tote, und oft kann ich die Schlafenden nicht von den Toten unterscheiden. Der Graben ist an vielen Stellen eingeschossen. Bei der rechten Flügelkompanie gähnt ein riesiger Kratertrichter. Man hat die Toten der Kompanie hier zusammengetragen. Ich zähle zweiunddreißig Leichen. Viele sind verstümmelt, andere sind halbnackt. Der Luftdruck der Riesengeschosse hat sie aus der Uniform gestoßen. In der sengenden Sommerhitze schreitet die Verwesung schnell voran. Leichenbrodem steigt aus dem Krater und verpestet die Luft. Trauben schillernder Fliegen hängen an den Wunden der Toten. Die Armseligkeit des „Heldentodes" kommt mir zum Bewusstsein.

Mir wird übel, und ich entfliehe dieser Grube des Grauens. Und wieder muss ich durch ein zerschossenes Grabenstück, das nur schwach besetzt ist. Teilweise ist der Graben einge-ebnet. Geschosseinschläge haben die Wände des engen Gra-bens zusammengepresst und die still gewordenen Insassen lebendig begraben. Hier schaut ein Bein, dort eine weißgraue Hand aus dem Erdreich. Als ich wieder den unbeschädigten Graben erreiche, strauchele ich über einen verbeulten Stahl-helm und kippe ihn um. In der Wölbung des Stahlhelms kle-ben blonde Menschenhaare, die einzigen Reste, die vom Kör-per übrig sind. Und vorbei führt mein Weg an Verwundeten, an Sterbenden und an Toten – Toten – Toten.

Und die Lebenden hocken schweigsam an der Graben-wand, das Gewehr zwischen den Knien. Ihre Gesichter sind dreckverkrustet und bärtig, ihre Augen schlafgepeinigt und entzündet. Sie hocken dort wie Greise. Nur die Posten star-ren auf das Niemandsland und auf den Feind. Und doch wer-den diese Jünglinge und Männer zu kraftvollen Verteidigern, wenn der Gegner zum Angriff übergeht, und doch weiß ich, dass diese Gestalten des Jammers die Mauer bilden, an der die wohlgenährten, gut ausgerüsteten Truppen der ganzen Welt vergeblich anrennen. Und hätten die Gegner noch mehr Ka-nonen, diese blassen Soldaten in ihren verschlissenen, grauen Kitteln würden sich verteidigen bis zum letzten Mann!

Von Biaches her verläuft die Front im stumpfen Winkel auf die Ferme „La Maisonnette" zu und fällt dann auf Peron-ne zur Somme ab. Wir kämpfen mit der Somme im Rücken. Wenn der Angriff des Gegners durchdringt, gibt es ein Un-glück für die ganze Front im Norden Frankreichs.

Gewissenhaft zeichne ich den Verlauf unserer Stellung in die Karte ein und freue mich, als ich nach Stunden auf das linke Anschlussregiment stoße. Ich setze zum letzten Blau-stiftstrich an, da kommt es von hinten angejault und schlägt kurz hinter unserem Graben ein. Das ist unsere eigene Artil-lerie, irgendeine sich neu einschießende Batterie, die unse-re eigene Stellung für die Stellung der Franzosen hält. Und Schuss um Schuss kommt von hinten her. Verdattert und ratlos laufen wir durch den Graben. Wir werden von einer unsinnigen Wut gepackt. Alles rennt wie besessen nach links und rechts und räumt den Graben. Die Soldaten der zwölften

Kompagnie fluchen wie die Wilden. Ein baumlanger Feldwebel funkt aus seiner Leuchtpistole das Zeichen „eigene Artillerie schießt zu kurz."

Unser Gegenüber hält den Sternenregen für ein Zeichen zum Angriff. Er belegt den Abschnitt mit Sperrfeuer, und der schönste Schlamassel ist fertig. Ich haste, so rasch ich kann, zur Kompagnie zurück und krieche in das Loch des Kompagnieführers am Steilhang. Erst nach geraumer Zeit beruhigt sich der Feind. Die eigene Artillerie hat inzwischen ihren Irrtum erkannt.

Erung ist mit der Ausführung meines Auftrages zufrieden. „Ruhen Sie sich aus", sagt er nach Prüfung meiner Einzeichnungen, „und bringen Sie die Karte zum Regiment. Es kann sein, dass die Herren vom Regiment noch mündliche Erklärungen verlangen, und vergessen Sie nicht, die Schweinerei zu melden, die unsere Artillerie angerichtet hat." Ich trinke den Rest meines Weines und setze mich erneut in Trab. Ich springe von Granattrichter zu Granattrichter. Zum ersten Mal durchquere ich das Anmarschgelände am hellen Tage.

Bis zum Weichbild der Stadt Peronne dehnt sich die Kraterlandschaft. Stahlhelme und Uniformteile, Kochgeschirre, Waffen und –Tote unterbrechen die Monotonie des aufgewühlten Trichterfeldes. Kein lebendes Wesen ist weit und breit zu sehen, und die Leere des Schlachtfeldes bedrückt mich.

Ich warte immer, bis vor mir eine Granate einhaut, dann stürze ich vorwärts und erreiche wohlbehalten den Bahnkörper. Ich befehle mir gerade selbst: „Sprung auf, Marsch, Marsch!", als vor mir schwere Kohlenkästen einschlagen. Ich renne seitlich und springe in einen Granattrichter, mitten im Bahndamm. Meine Füße treten weich auf, ich falle auf einen Toten und bleibe schnaufend liegen. Da schlägt es kurz vor mir ein. Die Entladung zuckt über mir und hüllt mich und den Toten ein mit ihren ätzenden Schwaden. Ihr Krachen gellt in den Ohren und macht mich taub. Eisensplitter singen und schlagen ein. Erdbrocken prasseln auf uns nieder.

Ich habe den Toten über mich gezerrt. Irgendeine Kraft ist stärker als alles andere. Ich muss mich gegen den Tod wehren, muss mich vor ihm schützen, muss mich vor ihm verkriechen.

Und der Feuerüberfall rast weiter, um ebenso plötzlich aufzuhören, wie er begonnen hat. Ich bleibe liegen, und allmählich kommt mir zum Bewusstsein, dass die schützende Last, die schwer auf mir ruht, ein Toter ist. Mit einem Ruck befreie ich mich. Der starre Körper gerät in schaukelnde Bewegung und bleibt auf dem Rücken liegen. Jetzt sehe ich das Gesicht des Toten und erkenne schaudernd – Schuhmacher.

Schuhmacher, dem ein Granatsplitter die Schädeldecke aufgerissen hat, Schuhmacher, dessen Gesicht blau angelaufen ist wie bei allen Toten, die Giftgase geschluckt haben, Schuhmacher, in dessen Brust und Schulter zackige Granatsplitter stecken, Schuhmacher, der sterben wollte und für Leroi sein Leben umsonst opferte, um als Toter mir das Leben zu retten. Ich knie nieder und nehme die bleiche Hand meines treuesten Kameraden. Und ich halte Zwiesprache mit dem Toten!

*

Wir wanken durch die Nacht. Es regnet. Die Füße schmerzen; das Rückgrat ist wie aus Gummi. Gewaltsam müssen wir uns recken, um nicht zu stolpern. Die Haut ist abgewetzt, und uns ist es, als dringe die nasse Nachtluft hindurch und verdränge das Blut aus den Adern. Krampfhaft müssen wir die Augen offen halten. Bleierne Müdigkeit nimmt uns die Denkkraft. Der Schädel brummt. Man hört das matschige Schlürfen der müden Schritte und das Klappern des Schanzzeuges.

Das Rollen der Sommefront hinter uns erfasst unsern Gehörsinn nicht mehr. Wie das Ticken der Uhr ist es zum Gewohnheitsgeräusch geworden. Wir sind zu müde, um zu sprechen, zu müde, um zu denken, ja wir sind zu müde, um uns zu freuen, dass wir abgelöst sind. Wir wissen nur noch eins: Wir müssen fort aus der Hölle der Sommeschlacht, und so marschieren wir ohne Rast. Nur wenn ein Kamerad schlaftrunken und torkelnd auf den Vordermann rennt, geht ein müdes Knurren durch die Reihen.

Schatten kommen uns entgegen. Vielleicht sind es Haubitzen, Sanitätswagen oder eine Munitionskolonne. Wir sind interessenlos, stumpf und folgen nur dem Vordermann. In unseren müden Hirnen tackt immer wiederkehrend nur der eine Wunsch – schlafen – schlafen!

Und dann treten die dunklen Umrisse von Gebäuden aus dem Nebelgrau der Dämmerung. Ein Stall, eine Scheune, irgendein bedachter Raum nimmt uns auf. Und dann sacken wir zusammen, auf der Stelle, gleich abgehetzten, zu Tode erschöpften Lasttieren und schlafen ein ohne Übergang. Und wir verschlafen einen Tag und eine Nacht bis zum nächsten Morgengrauen, und dann erst erinnere ich mich an die Geschehnisse seit dem Abschied von Schuhmacher.

An jenem Abend wurden wir aus der vorderen Linie zurückgezogen und verbrachten die Nacht in einem Keller in Le Chatelet. Dieser Keller war früher ein Munitionsdepot. Wir schlafen auf Kisten, die gefüllt sind mit hochexplosiven Sprengstoffen. Durchschlägt eine der schweren Granaten das Kellergewölbe, so zerreißen sie eine Kompagnie in Atome!

Am nächsten Morgen sollen wir stürmen. Wir gehören zur vierten Sturmwelle und werden mit Stacheldraht und Stollenbrettern bepackt. Trotz der Artillerievorbereitung kann der Angriff nicht vorgetragen werden und bricht im feindlichen Artilleriefeuer zusammen. Erst am nächsten Tage glückt ein Handstreich. Unter dem Schutze einer neuen Waffe, dem Flammenwerfer, stürmen wir einen feindlichen Graben.

Ich habe gesehen, wie die gespieenen Flammen Menschen verbrannten. Ich habe Franzosen gesehen, die irrsinnig vor Angst in das Flammenmeer hineinrannten. Ich habe gesehen, wie der vordere Flammenwerfer fiel und wie der Flammenstrahl, der lenkenden Hand ledig, den Gefährten wie eine Feuersäge zerschnitt. Ich habe zu viel Grauenhaftes gesehen!

Wir haben Gefangene gemacht und ein Grabenstück erobert. Doch was besagt das gegenüber dem Blut, durch das wir sechs Tage waten mussten, sechs Tage, an denen die Erde Blut trank, gleich einem wilden Tier.

Nur nicht denken müssen! Doch die Gedanken kommen wie Aasgeier und martern das Hirn und wollen mich zwingen, an jenen Wahnsinn zu denken, den die Menschen „Krieg" nennen. Ich denke an die Fliegen, die in schillernden Schwärmen das Blut der Gefallenen tranken. – Die Erde ist gut! Sie will ihren Geschöpfen Leben geben und nicht den Tod! Nur der Mensch ist grausam und naturwidrig in den Handlungen, die er „Krieg" nennt. Er misshandelt die Erde. Und doch schützt sie ihn gegen seinen eigenen Wahnsinn, sie lässt sich vom Spaten des Soldaten durchfurchen, damit Gräben und Unterstände entstehen, in die sich der Mensch verkriechen kann. Der Mensch aber ist undankbar und schändet die Mutter Erde, indem er sie tränkt mit dem Blut seines Bruders.

„Antreten, antreten!", ruft unser Zugführer in die Scheune hinein. Drei Kompagnien stehen schon in Reih und Glied. Mit fünfundsechzig Mann sind wir die stärkste Kompagnie des Bataillons. Der Rest des Bataillons ist nicht viel stärker als eine kriegsstarke Kompagnie.

Wir marschieren in den frühen Morgen und erreichen gegen 11 Uhr ein Dorf in der Picardie.

Am Eingang des Dorfes steht der „Spieß".

„Hurra, unser Querschläger", ruft Meyer II halblaut, als er des Unbeliebten ansichtig wird.

Der Querschläger hat sich in einem Ruhequartier weit ab vom Schuss pflegen können, während wir durch das Grauen der Materialschlacht gezerrt wurden. Trotzdem ist er übellaunig und schreit uns schon von weitem an: „Soll das eine Marschordnung sein? Tritt gefasst! Vordermann nehmen! Ha, Meyer II kommt halbnackt anspaziert! Wo hat der Kerl seinen Stahlhelm? Drei Knöpfe fehlen am Waffenrock!"

Schleifmann mustert uns mit Kasernenhofaugen, und als er sieht, dass die Hälfte der Soldaten kein Schanzzeug mehr besitzt, dass andere den Mantel, die Zeltbahn oder eine Patronentasche hinten gelassen haben, gerät er in Wut. „Ich werde euch Rasselbande zur Raison bringen! Es ist unglaublich, wie die Bande mit den Ausrüstungsgegenständen umgegangen ist. Wartet nur ihr – ihr."

Schleifmanns Krähhahnstimme überschlägt sich. Wir wissen nicht, ob wir lachen oder uns ärgern sollen. Wir wissen nur eins: Schleifmann hat vorn nicht mitgemacht und leidet uns gegenüber an Minderwertigkeitsgefühlen, und diese Gefühle brüllt er sich jetzt von der Seele.

Doch für psychologische Erkenntnisse hat Erung, unser Kompagnieführer, kein Verständnis.

Er reitet mit dem Major am Schwanz des Bataillons. Das Geschrei des Querschlägers macht den Leutnant aufmerksam, er gibt dem Gaul die Sporen und kommt angefegt.

„Siebente Kompagnie rechts heran! Siebente Kompagnie haaaalt!" Dann lässt Leutnant Erung das Bataillon vorbeiziehen und wendet sich dem Querschläger zu. „Feldwebel

Schleifmann, ist das Mittagessen fertig?", fragt er in einem Tone, der ein Donnerwetter ahnen lässt.

„Nein, Herr Leutnant, ich konnte nicht kochen lassen, da ich die Kopfstärke der Kompagnie nicht kannte", erwidert der Querschläger.

„Das ist ja allerhand!", grollt der Leutnant und fragt weiter: „Haben Sie anständige Quartiere für die Leute?"

„Jawohl! Für Herrn Leutnant, für die Zugführer und für die Schreibstube. Für die Mannschaften noch nicht, da ich die Kopfzahl nicht kannte. Ich will aber – ich werde aber."

Der Querschläger sieht, dass dem Leutnant die Zornader schwillt, und fasst sich mit der rechten Hand am Kragen des Waffenrocks, als sei er zu eng, während er mit der anderen Hand an der Hosennaht herumfuhrwerkt. Und dann donnert der Leutnant los: „Feldwebel Schleifmann! Das ist ja hanebüchen! Sie scheinen eine sonderbare Dienstauffassung zu haben! Mit dem Küchenpersonal haben Sie die ganze Zeit hinten gelegen, und jetzt wissen Sie nichts Besseres, als die Leute, die tagelang dem tollsten Feuer ausgesetzt waren, die tagelang weder ordentlich gegessen, noch geschlafen haben, anzuschnauzen und zu schikanieren? Feldwebel Schleifmann, lassen Sie das Fingerklimpern sein! Stehen Sie stramm, wenn ich mit Ihnen rede!

Ich gebe Ihnen bis zwölf Uhr Zeit, dann ist das Essen fertig! Ich weiß, was Sie für die kriegsstarke Kompagnie empfangen haben, und ich werde mich persönlich überzeugen, dass die letzte Erbse und der letzte Speckwürfel in den Kessel kommt! Und jetzt verschwinden Sie!"

Der Querschläger ist käsig bleich geworden. Er schnappt nach Luft, und sein Kommissverstand kann die Ungeheuerlichkeit des Anpfiffs vor versammelter Mannschaft nicht fassen. Geknickt schleicht er von dannen wie ein geprügelter Hund. Sein Selbstbewusstsein hat einen furchtbaren Stoß bekommen.

Wir aber sind dem Leutnant dankbar. Eine Lobhymne auf unsere Tapferkeit, ein frisches Bad, ein kühler Trunk, sie hätten uns nicht so erquickt wie dieser Anschnauzer, den der Menschenschinder einstecken muss. Freude und Genugtuung glänzt auf allen Gesichtern, und der Leutnant hat sich ungeahnte Sympathien erworben.

Das Nouveron-Plateau

Wir liegen in einem Waldlager vor Soissons in Ruhe. Das Regiment hat Ersatz bekommen, und Heister, dessen Verwundung ausgeheilt ist, ist dabei und gehört meiner Gruppe wieder an.

Wir haben die Entlausung im „Lausoleum" einer Etappenstadt über uns ergehen lassen müssen, aber die Läuse sind bodenständig geworden und quälen uns mehr denn je. Heister behauptet, die Läuse im Ersatzbataillon entstammten einer anderen Rasse wie die Läuse an der Front. Sie seien zahmer und weniger bissfreudig und auch heller in der Farbe. Als Beweis fängt er einige, und ebenso Winterscheid, der lange Sanitätsunteroffizier. Wir stellen mit Kennermiene fest, dass Heister Recht hat. Winterscheids Läuse sind fetter, rötlicher und tragen auf dem Rücken ein schwarzes Kreuz.

Wir haben nur Interesse für animale Angelegenheiten, für Läuse, die uns quälen, Ratten, die unsere Feinde sind, weil sie uns die Nahrung streitig machen, für Essen, Trinken und Schlafen. Ja selbst der Stuhlgang nimmt eine wichtige Stellung in unserer Lebensführung ein. Wenn wir hungrig, durstig, regendurchnässt oder müde sind, sind wir übellaunisch und unzufrieden. Sind wir satt, getränkt, trocken und durchwärmt, sind wir guter Laune.

Unser Gefühlsleben hat sich zur Primitivität einer hoch entwickelten Tierart zurückgebildet.

Und es ist gut so. Wir müssen geistig das Leben von Buschmännern führen, weil wir unter den gleichen Lebensbedingungen wie sie vegetieren. Wir müssen uns vor seelischen Erschütterungen schützen, indem wir dumpf und stumpf werden. Wir müssen mit Witzen eine Angelegenheit abtun, die unser Innenleben in Aufruhr bringen könnte. Wir müssen spötteln über Begebenheiten, die uns rührselig machen könnten. Wir müssen brutal sein, um nicht weinen zu müssen. Wir müssen gefühllos sein, um nicht geisteskrank zu werden.

Wir bauen einen Wall von Spott und Blödsinn vor unserem Gefühlsleben auf, um das Leben in Höhlen und Gräben ertragen zu können. Wenn wir von einem Freund gefühllos behaupten: der X hat den Arsch zugekniffen, oder der Y liegt scheintot im Massengrab, so schlagen wir mit diesen Witzworten die Trauer tot, die uns überwältigen will.

Wenn wir uns betrinken, wenn wir uns raufen oder gemeine Witze zum Besten geben, sobald wir aus den Graben kommen, in denen das Blut der Kameraden die Erde tränkt, so hat dies mit „goldenem Humor der tapferen Truppen" nichts zu tun. Wir betrinken uns und erzählen zweideutige Witze, um unser Menschentum gewaltsam zu verleugnen, um nicht verrückt zu werden.

Und doch wird durch diesen Selbstschutz des Geistes der Geist nur betäubt. Er wird nicht getötet! Wenn einmal die Geschütze schweigen und die große Stille kommt, auf die wir hoffen, werden wir uns mit dem Grauen, mit dem Blut und dem Krieg auseinandersetzen müssen. Aber wir werden den Krieg nicht mehr loswerden!

Doch nicht bei allen Soldaten geht die Selbstzucht bis zur Ichverleugnung und zur Hingabe. Bei Vielen versagen die Nerven, und in einem Anfall von Schwäche entlaufen sie der Front oder verstümmeln sich selbst.

Wo der Wille zur Flucht vorhanden ist, erweist sich auch die Frontgefangenschaft nicht als unzerbrechliche Kette. Da ist Wehrmann Bien. Seit Schuhmacher gefallen ist, führe ich die Gruppe. Bien gehörte meiner Gruppe an. Bien ist Bergmann von Beruf und ein verschlossener Charakter.

Von der Somme aus kamen wir zur Nouveron-Stellung. Der Stellungskrieg auf dem Nouveron-Plateau wird mit Erbitterung geführt. Durch das Feuer schwerer Minen haben wir täglich Verluste. Vor uns liegen Senegal-Neger, deren Scharfschützen auf der Lauer liegen und die Menschenjagd mit dem Spürsinn von Wilden betreiben. Der Stellungskrieg bei Soissons stellt große Ansprüche an die Nerven. Das Essen ist knapp und schlecht. Es gibt „Stacheldraht" oder „Holzwolle"; „Karro" und „Heldenfett" in unzulänglichen Rationen.

Wenn auch die Lebensmittel in der Heimat knapp sind, wir wissen: Für die fechtende Fronttruppe wird immerhin genügend Proviant bereitgestellt. Aber die Lebensmittel machen eine zu lange Reise, bevor sie die Gulaschkanonen der Kompagnien erreichen. Und auf dieser Reise zur Front werden die Säcke dünner und leichter. Es gibt Verteilungsstellen, denen die Lebensmittel chronischen Schwund verdanken.

Das „Sichkrankmelden" nimmt überhand und ebenso die Selbstverstümmelungen. Als wir das letzte Mal vom Waldlager in Stellung sollen, fehlt Bien beim Antreten. Da er sich nicht krank gemeldet hat, laufe ich in die Baracke zurück, ihn zu holen. Bien aber liegt in seinem Bett und behauptet, sich nicht mehr bewegen zu können.

Ich melde dem Querschläger: „Gruppe Bürger zur Stelle mit einem Gefreiten und sieben Mann. Wehrmann Bien liegt im Bett und behauptet, sich nicht mehr bewegen zu können."

Diese Meldung bringt unseren Querschläger wie üblich in Wut. „Kommen Sie mit, ich werde dem Schwein schon auf die Strümpfe helfen! Derartige Sauereien wollen wir nicht einreißen lassen."

Schleifmann überschüttet Bien mit allen nur denkbaren Schimpfworten. Er gibt Bien den „direkten Befehl" aufzustehen. Er schüttelt und rüttelt Bien, doch der reagiert auf nichts und gibt dem Querschläger keine Antwort. Dann kommt der Leutnant in die Baracke. In seiner ruhigen Art fragt er Bien nach den Gründen für sein sonderbaren Verhaltens. Bien schweigt. Da reißt auch dem Kompagnieführer die Geduld.

„Ich befehle Ihnen, sofort aufzustehen, Wehrmann Bien!"

Bien rührt sich nicht. Da packt auch Erung die Wut. Er zieht die Pistole und hält sie Bien vor die Nase.

„Ich zähle bis drei! Dann drücke ich los! Eins – zwei –!"

Bien schließt die Augen, bleibt aber reglos liegen. „Ich will mich nicht mit Blut besudeln", sagt der Leutnant zögernd und lässt die Waffe sinken. Dann wendet er sich an mich: „Gefreiter Bürger, ich lasse Ihnen die Krankenträger und vier Leute Ihrer Gruppe zurück. Sie bringen Bien zur Revierkrankenstube und bitten Unterarzt Schwarzkopf, Bien gründlich zu untersuchen. Wird Bien nicht krankgeschrieben, mache ich Sie dafür verantwortlich, dass Bien zur Stellung zurückkehrt, tot oder lebendig!"

Ich tue wie mir befohlen. Die Krankenträger laden Bien auf ihre Bahre und tragen ihn zur Revierstube. Unterarzt Schwarzkopf fühlt Bien den Puls, misst seine Temperatur, horcht den Herzschlag ab, zwingt Bien gewaltsam, die Gliedmaßen zu bewegen. Bien lässt widerstandslos alles mit sich geschehen. Doch die Fragen des Arztes lässt er unbeantwortet, und freiwillig macht er nicht eine Bewegung.

„Sie sind ein Drückeberger, der auf Festung gehört!", ist das abschließende Urteil des Unterarztes. Wir tragen Bien zur Baracke zurück und kleiden ihn gewaltsam an. Ich versuche Bien von der Unsinnigkeit und Erfolglosigkeit seines Tuns zu überzeugen. Bien sieht mich mit leeren Augen an, und ein trotziger Zug legt sich um den Mund. Ich verlege mich auf's Bitten, doch ohne Erfolg. Bien liegt auf dem Fußboden der Baracke und starrt trotzig die rohe Holzdecke an.

Was bleibt mir übrig, als den Befehl des Leutnants auszuführen? Ich teile meine acht Leute als Träger ein. Dann legen wir Bien auf die Tragbahre, und der sonderbare Zug setzt sich frontwärts in Bewegung.

Mittlerweile ist's acht Uhr geworden. Die Augustsonne steht schon hoch am Himmel. Bien hat einen schwammigen Bauch und wiegt fast zwei Zentner. Bald rinnt den Trägern der Schweiß von der Stirn, und die Kameraden keuchen unter der Last. Alle hundert Meter muss ich Trägerwechsel vornehmen. Am Fuße des Hochplateaus legen wir eine Atempause ein. Noch einmal mache ich den Versuch, Bien umzustimmen. Ich hocke mich zu ihm hin und schlage ihm vor: „Hör mal, Bien! Du kennst mich zur Genüge, um an meine Ehrlichkeit zu glauben. Mach's deinen Kameraden nicht so schwer, steh auf und marschier bis zu unserem Gefechtsabschnitt. Dann lege dich, wenn du's durchaus willst, wieder auf die Tragbahre. Wir werden dich das letzte Stückchen tragen. Ich verbürge mich für die anderen Kameraden, dass sie reinen Mund halten. Du kannst doch unmöglich deine eigenen Kameraden aufschwänzen wollen. Also, Bien, steh' auf!"

Bien blinzelt mich an, mit boshaftem Lächeln, antwortet nicht und bleibt regungslos liegen.

Uns alle packt die Wut. Heister kann sich nicht mehr beherrschen und stürzt sich auf Bien. Dies ist das Angriffszeichen für die anderen. Alle stürzen sich auf Bien und verprügeln ihn gottjämmerlich.

„Du Drückeberger, willst du wohl aufstehen! Glaubst du, wir haben unsere Knochen gestohlen?"

„Gib ihm Saures", schreit Heister, und die anderen lassen ihre Fäuste auf Bien niederprasseln.

Bien lässt sich die Abreibung ohne Gegenwehr gefallen. Er schließt nur die Augen und hält den rechten Arm schützend vor das Gesicht. Was bleibt uns übrig, als den verprügelten Dickhäuter auf die Tragbahre zu legen und weiterzutragen? Fluchend geht es bergan. Beim Trägerwechsel lässt man die Bahre fallen, so dass Bien mit Schultern und Hinterteil auf den Erdboden aufschlägt.

Gegen Mittag langen wir am Laufgraben an, dessen Eingang vom Feind eingesehen wird und oft unter schwerem Beschuss liegt. Im Laufschritt geht es über das freie Feld. Doch bevor wir mit der schweren Last den schützenden Laufgraben erreichen, kommen Granaten herangesaust und schlagen dicht hinter uns ein. Die Träger lassen die Bahre und Bien zur Erde fallen und rennen in großen Sprüngen dem Laufgraben zu.

„Das soll uns einfallen, uns wegen diesem faulen Fettwanst totschießen zu lassen", keuchte Elbing.

Ohne Verlust erreichen wir den Laufgraben. Ich erklimme die Grabenböschung und halte nach Bien Umschau. Regungslos wie ein Toter liegt er auf seiner Bahre. Rechts und links von ihm wachsen die Rauchbäume einschlagender Geschosse, aber Bien rührt sich nicht.

Dann haben wir Bien durch den engen Laufgraben geschleppt, zum Kompagnieführer.

„Stellt die Bahre mit Bien in den ersten Kampfgraben!", befiehlt der Leutnant.

Und Bien liegt drei Tage auf der Grabensohle des ersten Grabens. Ohne Speise und Trank hält es Bien aus. Die Spottreden der Kameraden lassen ihn kalt. Die Anschnauzer des Majors und des Obersten lässt er über sich ergehen. Am dritten Tag setzen Regenschauer ein. Bien liegt in einer Wasserlache, halb verschüttet von Erdgeröll, das von den Wänden des Grabens bröckelt.

In der vierten Nacht wird Bien von Leuten einer Sanitätskompagnie wieder nach hinten getragen. Eine höhere Befehlsstelle hat die Entfernung Biens angeordnet.

Nach Monaten erhält ein Landsmann Biens einen Brief aus der Heimat, mit der Nachricht, dass Bien eine Zeit lang in einer militärischen Irrenanstalt untergebracht, als „Dauernd arbeitsverwendungsfähig Heimat" entlassen ist und seinem Beruf als Bergmann nachgeht.

*

Heister und Winterscheid ergehen sich wieder in Betrachtungen über die Läusefrage, und Heister erzählt von einem Fall, den er im Lazarett erlebt hat. Dort habe er einen Bettnachbar gehabt, dessen Bein in einem Gipsverband gelegen habe. Der Mann sei vor Jucken an der Wundstelle geradezu wahnsinnig geworden, aber der Stabsarzt ist nicht zu bewegen gewesen, den Gipsverband zu lösen, da er das Jucken als Begleiterscheinung der Heilung angesprochen habe. Die Juckqual habe jedoch eines Nachts einen Wutkoller bei dem Gepeinigten hervorgerufen, und der habe sich den Gipsverband vom Bein gerissen. Und die herbeigerufene Krankenschwester habe die schauerliche Entdeckung gemacht, dass sich ein ganzes Lausevolk unter dem Gipsverband eingenistet habe.

Gerade will Winterscheid eine noch schrecklichere Lausegeschichte an den Mann bringen, als der Querschläger die Baracke betritt. Zögernd stehen wir von der Bettkante auf und markieren die vorgeschriebene „steife Haltung". Der Querschläger faucht uns an, wie immer, wenn ihm die Welle unserer Abneigung entgegenschlägt. Nachdem er seinen Vortrag über „das Benehmen des Soldaten einem Vorgesetzten gegenüber" beendet hat, verrät er uns den Zweck seines Kommens.

„Ist Meyer II nicht hier?" Kein Mensch antwortet. Wir machen dumme Gesichter.

„Weiß einer von euch, wer die drei Hühner aus dem Hühnerstall des Herrn Majors gestohlen hat? Gestern Abend hat der Herr Major vom Proviantmeister sechs Hühner empfangen, und heute Morgen sind schon drei davon geklaut. Da wird bestimmt wieder mal Meyer II dahinter stecken. Wer etwas von dem Diebstahl weiß, trete vor!"

Wir machen noch dümmere Gesichter, und mit den üblichen Drohungen zieht der Querschläger ab. Ich gehe zur Latrine. Dort sitzt, wie auf der Hühnerleiter, als einsamer Besucher Meyer II, dessen rotes Haupthaar wie ein Feuerzeichen leuchtet. Die beiden Ellenbogen auf die Knie gestützt, hält er in den Händen eine Mundharmonika, der er mit Inbrunst kunstvolle Töne entlockt. Meyer II ist so in sein Spiel vertieft, dass er zunächst mein Kommen gar nicht bemerkt.

Ich erzähle ihm von dem Verdacht des Querschlägers und mache ihm Vorwürfe, dass er von den drei Hühnern nichts herausgerückt habe. Doch Meyer II beteuert: „Diesmal war ich's nicht! Aber ich bin dem Querschläger dankbar. Heute Abend gibt's todsicher Frikassee vom Huhn", antwortet Meyer und schnalzt mit der Zunge. Sein sommersprossiges Gesicht belebt sich und zeigt den Ausdruck eines Spürhundes, der auf eine Fährte gesetzt wird.

Gegen Mitternacht werden wir von Meyer II geweckt und füllen unsere Magen mit zartem Hühnerfleisch. Meyer II, Heister und ich verdrücken jeder ein ganzes Huhn. Wir dürfen keine Reste aufbewahren, die zu Verrätern werden könnten.

Meyer sammelt jeden abgenagten Knochen und steckt die „corpora delicti" in den Sandsack, in dem sich bereits die ausgerupften Federn der Hühner befinden. Den Sack aber nimmt Heister, dessen Därme nicht viel Fett vertragen können, zur Latrine mit.

Als wir am nächsten Morgen zum Abrücken angetreten sind, erscheint Major Becker in höchsteigener Person. Sein Kopf, der dem Haupt des Donnergotts gleicht, ist rot angelaufen, und sein Bauch wackelt bedenklich. „Einer von euch, Schweinebande, hat mir meine Hühner gestohlen! Ich lasse die ganze Kompagnie drei Tage lang Strafexerzieren, wenn der Dieb sich nicht augenblicklich meldet."

Wir wissen, dass der Major seine Drohung nicht wahr machen wird, wenn er nicht sichere Beweise in Händen hat. Deshalb schweigen wir beharrlich. Schadenfroh sehe ich mir den Wüterich an, doch plötzlich stirbt mein Grinsen. Ich traue meinen Augen nicht, denn, wahrhaftig, an den Stiefelsohlen des Gewaltigen kleben Hühnerfedern, und Hühnerfedern trudeln im Morgenwind über den Erdboden.

Heister hat den Sack in die Jauchegrube geworfen, der Nachtwind aber hat in den Sack hineingeblasen, oder Ratten haben den Sack zernagt. Jedenfalls tritt der Herr Major auf den Federn seiner gestohlenen Hühner herum. Die Anhänglichkeit des Federviehs an seinen Herrn kann uns zum Verhängnis werden! Zum Glück kommt Erung, dem der Major den unerhörten Vorfall erzählt. Auch Leutnant Erung hat die Federn an des Majors Stiefelsohlen entdeckt. Aber er bleibt sachlich und bittet den Major, ihm den erbrochenen

Hühnerstall zu zeigen, vielleicht weisen von dort aus Spuren auf den Hühnerdieb!

Wir drei mit dem schlechten Gewissen und den halbverdauten Hühnern im Magen atmen erleichtert auf, als der Leutnant sich mit dem schimpfenden Major entfernt. Dankbarkeit ohne Worte macht uns Drei zu Hörigen des Kompagnieführers.

Das blutige Einerlei des Stellungskrieges geht weiter. Es wird fast handwerksmäßig ausgeübt. Unser aller Schicksal bewegt sich in engen, festen Grenzen: Front? Verwundung – Lazarett – Ersatzbataillon-Front. Front, Gefangenschaft oder Heldentod. Etwas anderes gibt es nicht. An diesem Kriege werden wir alle zugrunde gehen. Und die Kriegsziele sind für uns ein Geheimnis.

Die Maulhelden der Heimat und unverantwortliche Presseleute wollen die Erzbecken von Briey und Longwy, wollen Flandern als U-Boot-Basis behalten, wollen im Osten ganze Länder einstecken und träumen von einer Welt unter deutscher Polizeiaufsicht. Das aber sind, wie gesagt, nur die Unverantwortlichen. Was die geborenen und beauftragten Führer des Volkes wollen, ist tiefes Geheimnis.

Bei den Franzosen und ihren Verbündeten ist es nicht besser. Ihre Hetzpresse predigt den Krieg bis auf's Messer. Nach ihrer Meinung muss jeder Boche als Räuber an die Wand gestellt werden. Am besten vernichtet man die ganze Brut der Barbaren, damit das Volk der Teutonen, der Hunnen, ausgemerzt werde, aus der Gemeinschaft der Menschen.

Während die Großen und Mächtigen in Berlin, Paris, in London und Petersburg, keine festumrissenen Kriegsziele haben, oder sie aus Angst vor dem Urteil der eigenen Völker beharrlich verschweigen, waten fast alle Kulturnationen durch ein Meer von Blut und Tränen. Und die schlichten Holzkreuze auf den Gräbern der Gefallenen zählen nach Millionen, und die Schlachtfelder werden gedüngt mit dem Blut der Jugend Europas! Ach, könnte ich all die armseligen Kreuze mit meinen Armen fassen, und den hohen Herren auf ihre grünen Tische häufen!

Und wir gehen den endlosen Weg des Frontsoldaten, wir leben zeitlos am Rande der Verzweiflung und warten auf die einzige Erlösung, warten auf den Tod!

Wo sind sie alle geblieben, die Kameraden von 1914, die, ahnungslos und begeistert von angelernten Idealen, in den Krieg zogen, als zögen sie in ein romantisches Abenteuer? Ihre Gebeine bleichen in den Wäldern der Ardennen, an den Ufern der Marne und auf den Höhen der Maas. Ihr Blut färbt die Kreideerde der Champagne und der Picardie. Andere sind verkrüppelt und verstümmelt oder tragen die Leiden entrechteter Kriegsgefangenen. Und wieder andere siechen in den Lazaretten der Heimat dahin.

Michel, der Sozialist, hat neulich im Waldlager so etwas wie eine Versammlung „alter Knochen" veranstaltet und festgestellt, dass von den tausend Söhnen der Heimat, die das Bataillon Eupen-Malmedy bildeten, noch etwa dreißig übrig blieben. Zu diesen dreißig gehöre auch ich. Und wir tragen das Kreuz und wir schleppen es weiter und gehen den Weg, der irgendwie und irgendwann auch für uns sein Ende finden wird.

Golgatha

Es herbstelt mächtig, und der dritte Kriegswinter steht vor der Tür. Die letzten Blätter wirbelt der Novemberwind. Die Nächte sind kalt und nebelfeucht, und ihr Odem kriecht durch die Nähte und Löcher der verschlissenen Uniformen. Er saugt uns die letzte Kraft aus den Knochen.

Der Feind hat eingesehen, dass die mit ungeheuren Mitteln unternommene Sommeschlacht nicht die Entscheidung brachte. Man hat die Taktik geändert. Führte der große strategische Plan nicht den Erfolg herbei, so tritt an seiner Stelle die Dauerschlacht, von der die Feinde allmähliche Zermürbung der deutschen Heere erhoffen. Engländer und Franzosen bleiben in ständigem Angriff und fesseln immer neue deutsche Kräfte an der Sommefront. Man hofft, die letzte deutsche Menschenreserve aufzureiben, zu zermahlen, zu vernichten. Die Sommefront ist das Stahlbad, das immer neue deutsche Regimenter frisst. Sie ist die Todesmühle, in die kriegsstarke Divisionen hineinmarschieren, um als verblutete Reste ausgespien zu werden.

Als wir in der Nouvron-Stellung abgelöst werden und in Ruhe kommen, ahnen wir Alten, was uns bevorsteht. Als es in Ruhe doppelte Mengen Kartoffelschnaps gibt, Edamer Käse und Fleischkonserven in ungewohnten Mengen, steht es bei uns fest, dass man uns die Henkersmahlzeit reicht. Beförderungen werden in großem Ausmaß vorgenommen. Auch ich bekomme die Tressen und werde Unteroffizier. Und als wir eines Tages alarmiert werden, wissen wir, dass der Tod unser Führer ist, der uns den Weg ein zweites Mal zur Somme weist. Der Tod!

Unsere Seelen sind müde. Unser Geist ist zu stumpf, um sich gegen den Weg zur Schlachtbank aufzulehnen. Wir kennen das Grauen der Sommeschlacht und wissen, was uns bevorsteht. Und diese Gewissheit ist gut. Sie nimmt der nahen Zukunft einen Teil ihres Schreckens, und macht uns schicksalergeben. Wir haben mit dem Leben abgeschlossen.

Heister, Themchen und Michel sind einig: Besser ein Ende mit Schrecken, als Schrecken ohne Ende. Der Krieg hat uns seelisch zermürbt. Wir haben die seelische Spannkraft verloren, und der Fatalismus der Orientalen ergreift von uns Besitz.

Grau ist die Nacht, durch die wir marschieren. Grau ist der fahle Morgen, an dem wir das Dorf Nurlu erreichen, grau sind die Gesichter morastbesudelter Verwundeter, die uns entgegenkommen, und grau und trostlos ist die Stimmung der Marschierenden.

Es regnet, und das Wetter ist diesig. Und vor uns grollt die große Schlacht. Wir sind nass bis auf die Haut, und wenn wir eine Marschpause machen, klappern unsere Zähne vor Kälte.

Nurlu liegt im Feuerbereich weittragender Geschütze. In der Nacht ist Nurlu bombardiert worden. Wir stolpern über Tote, die im Straßenschlamm liegen. Am Ausgang des Dorfes versperrt ein zusammengeschossener Sanitätswagen den Weg. Dem einen Pferd sind die Vorderbeine abgehackt. Der zweite Gaul steht noch da, mit hängendem Kopf. Aus dem Bauch quellen die Eingeweide, und das Blut sickert zur Erde und färbt den Straßenkot dunkelbraun. Die eine Seite des Sanitätswagens ist weggerissen, die Räder sind zertrümmert. Die Verwundeten, die der Wagen nach hinten bringen sollte, sind schrecklich verstümmelt und tot. Es ist ein Chaos von Leichen und Tragbahren. Gespensterhaft steht das Bild des Jammers im Zwielicht des Morgens. Wir sind dem Krieg wieder nah. Er grinst uns an mit teuflischer Fratze.

Kaum haben wir das Dorf im Rücken, da jaulen die Granaten und schlagen dicht hinter uns am Dorfausgang ein. Wir hasten vorwärts, schwenken von der Straße ab und stoßen auf eine frisch ausgeworfene Reservestellung, die wir besetzen. Im Graben steht Wasser, das eisigkalt in die Stiefel dringt. Wir sind die Nacht hindurch marschiert und todmüde. Es regnet stärker, und unsere Glieder fliegen vor Kälte. Und Stunde um Stunde verrinnt. Mit erstarrten Gliedern lehnen wir gegen die matschige Grabenwand. Viele Kameraden schließen die Augen. Vielleicht schlafen sie stehend, trotz Nässe und Kälte. Wir anderen dösen stumpf vor uns hin. Am liebsten möchten wir uns hinlegen in den Morast der Grabensohle und – sterben.

Das Geschützfeuer an der Front wird stärker. Es ist ein Krachen und Dröhnen und Grollen, als sei der Weltuntergang gekommen. Über uns ziehen schwere Geschosse und entladen sich irgendwo im Hinterland.

Gegen Mittag sprengt ein Generalstäbler heran und unterhält sich aufgeregt mit unserem Kompagnieführer. Und bald wissen wir: Der Franzose ist bei Rancourt, der Engländer bei Sailly-Sailisel durchgebrochen. Der Befehl ist da: Wir sollen im St. Pierre-Vaestwald eingesetzt werden.

Leutnant Erung klärt die Zugführer über die Lage auf, gruppenweise werden wir in Marsch gesetzt. Leutnant Erung sieht uns nur mit traurigen Augen an. Wir fühlen, dass er keine Worte findet, uns aufzurichten für unseren schweren Gang. Und keine Sprache der Welt hat Worte, die hier Sinn hätten. Jedes Wort würde lächerlich wirken, würde eine Gefühlsrohheit sein. Und so schweigt unser Führer.

Zuerst versagen die Glieder den Dienst. Wir sind steif und starr wie Holzpuppen, und erst allmählich pulst das Blut wieder in den Adern.

Es geht talabwärts. Vor uns liegt ein Kanal. Hinter dem Kanal liegt ein Dorf, und über den Kanal führt eine Brücke, die schwer unter Feuer liegt. Meine Gruppe gehört dem dritten Zuge an, und als vorletzte Gruppe der Kompagnie erreichen wir die Brücke. Ich warte, bis eine Geschosslage an der Brücke einschlägt, und brülle „Gruppe Bürger, Laufschritt, marsch, marsch!" Und wir hasten über die Brücke und gewinnen den Rand des Dorfes. Dort liegt Leutnant Fahrenheid in seinem Blute. Sein Bursche und ein Unteroffizier bemühen sich um den Verwundeten.

Ramm, ramm, ramm bellen Schrapnells über uns, und klatschend schlagen ihre Bleikugeln auf das Straßenpflaster und gegen die Wände der Haustrümmer. Wir drücken uns an die noch stehenden Giebelmauern. Und dann geht ein Höllentanz los. Granaten und Granaten schlagen vor uns, hinter uns, überall ein. Eisensplitter zirpen und singen. Rauch hüllt uns ein. Dachziegel und Steine fliegen uns um die Köpfe. Mörtelstaub setzt sich in den Schleimhäuten fest. Ganze Dächer werden abgedeckt. Hausmauern werden hochgewuchtet und brechen zusammen. Und aus dieser Hölle von Feuer, Rauch, Eisen und Staub ertönt das Jammergeschrei der Verwundeten.

Ich sehe, wie Michel über die Straße rennt, um einen Kellereingang zu gewinnen. Da haut eine Granate vor ihm ein. Eine schwarze Rauchfontäne steigt hoch, und Michel ist verschwunden. Volltreffer! – Automatisch brülle ich: Gruppe Bürger, marsch, marsch! Und ich renne und laufe und falle über Mauerschutt, und reiße mich wieder hoch und stürze weiter. Als die Hölle hinter mir liegt, ruft eine Stimme: „Hierher – hierher!" Es ist Heister, der mit Themchen und Elbing von meiner Gruppe im Straßengraben hockt, der durch eine Böschung geschützt ist. Mit fliegendem Atem und ausgepumpt, lasse ich mich in den Graben fallen. Wir warten eine Weile, um die anderen Kameraden der Gruppe abzufassen. Der Feuerüberfall auf das Dorf, über dem jetzt eine dichte Rauchwolke lagert, ist vorüber.

Von meiner Gruppe kommen noch drei und von der letzten Gruppe fünf Mann. Als dann der lange Winterscheid noch zu uns stößt und berichtet, dass die Verwundeten den Rückmarsch nach Nurlu angetreten und zwei Schwerverwundete mitgenommen haben, setzen wir uns wieder in Trab. Wir ziehen im Gänsemarsch durch den Graben. Es geht vorbei an feuernden Batterien, die sich in die Straßenböschung eingebaut haben. Die Straße ist ausgerissen und besät mit Waffen, Blindgängern, Baumästen und Granatsplittern. Die Toten hat der Morast der aufgewühlten Straße erdgrau gefärbt. Sie sind kaum von hochgetürmten Trichterrändern zu unterscheiden.

Leichtverwundete der Kompagnie kommen uns entgegen und weisen uns den Weg zu einem Waldzipfel in dessen Schutz die Kompagnie sich sammelt. In den Augen der Verwundeten, glänzt heimliche Freude. Sie hoffen, der Hölle zu entrinnen!

Der Anmarsch zur Stellung führt uns durch eine Waldschlucht. Der Wald ist kaum durchschreitbar. Baumäste und umgefegte Bäume versperren uns den Weg. Und immer wieder dasselbe Bild: Erschlagene Soldaten, verendete Pferde, zurückstrebende, wankende und humpelnde Verwundete mit grauen Gesichtern und schlammbedeckten Uniformen.

Wir erreichen eine Waldblöße, auf der unsere Kompagnie von einem Offizier in Empfang genommen wird. Truppen, die wir ablösen sollen, sind nicht mehr da. Ob es überhaupt noch deutsche Truppen vor uns gibt, ist dem Divisionsstab nicht bekannt. Am frühen Morgen haben Infanteriekämpfe stattgefunden, und das Schicksal der Truppen, die die erste Linie verteidigt haben, ist unbekannt und ungewiss. Man weiß nur, dass sich rechts vor uns am Morgen Franzosen gezeigt haben. Die Lage ist unklar und verworren, und der erfolgreiche Angriff der Engländer und Franzosen bei Sailly-Sailisel und Rancourt hat ein heilloses Durcheinander geschaffen.

Es dämmert bereits, als wir an einer zerschossenen Bereitschaftsstellung ankommen, die wir besetzen. Es regnet noch immer, und die Erde ist weich und klebrig wie Teig. Ich soll eine Aufklärungspatrouille machen, Leutnant Erung gestattet mir, vier Kameraden nach meiner Wahl mitzunehmen. Ich spreche mit Heister, Themchen, Elbing und Meyer II. Sie sind sofort bereit, mich zu begleiten. Wir entsichern die Gewehre, befestigen zwei Handgranaten am Koppel und ziehen los.

Vor uns breitet sich ein Sumpf. Aus dem Grau der einfallenden Dämmerung dringen, irgendwo her, Schmerzensschreie an unser Ohr. Über uns ziehen rauschend die Geschosse von Freund und Feind und schlagen irgendwo ein. Tausend Meter links von uns rattern Maschinengewehre und rollt Infanteriefeuer. Jetzt steigen dort Leuchtraketen hoch. In ihrem Schein stehen Häuserruinen als schwarze

Silhouetten. Es sind die Trümmer des Dorfes Sailisel. Vor uns baut sich ein Waldrand auf. Es ist der „Bois de St. Pierre-Vaast." Es ist kein Wald im landläufigen Sinne. Es sind Baumstümpfe und Baumstämme mit blattlosen, zersplitterten Ästen, die unnatürlich in das Dunkel ragen. Vorsichtig kriechen wir bis an den Waldrand. Wir verhalten und lauschen angestrengt. Ich höre Stimmengeflüster, und vermeine deutsche Worte zu hören.

Gerade will ich rufen, da fliegt mir eine Handgranate entgegen und zersplittert keine fünf Meter vor mir. Wir haben uns platt auf den Boden geworfen, und ich rufe: „Nicht schießen, deutsche Truppen!" Jetzt hören wir einen erregten Wortwechsel. Es sind deutsche Laute. Und dann wächst ein deutscher Stahlhelm aus der Erde, und eine Stimme fordert uns auf, näher zu kommen. Wir erheben uns und sind in einer Trichterstellung, die von fünfzehn Mann, der Rest einer Kompagnie, gehalten wird. Sie steht unter der Führung eines jungen Leutnants.

Es sind dreckverkleisterte, ausgehungerte und abgekämpfte Soldaten, die aus ihrer Stumpfheit erst aufgerüttelt werden, als sie hören, dass unser Regiment für sie die Ablösung bedeutet. Der Offizier steigt mit mir aus dem Graben und erklärt mir die Lage.

Die ehemalige deutsche Stellung lag etwa achthundert Meter vor uns im St. Pierre-Vaast-Wald. Die Franzosen haben diese Stellung überrannt und halten das Vorgelände besetzt. Feindliche Patrouillen haben noch vor zwanzig Minuten bis zu der Trichterstellung vorgefühlt und sind von der Besatzung abgewehrt worden. Sie sind in der gleichen Richtung verschwunden, aus der wir kamen.

Mit verhaltenem Atem horchen wir ins Vorgelände und hören die Geräusche sich eingrabender Truppen. Da vor uns keine Leuchtraketen hochsteigen, wird uns zur Gewissheit, dass der Feind das gewonnene Gelände sichert und eine Stellung aushebt. Wir springen in den Trichter zurück, und ich traue meinen Augen nicht: Meyer II steht mit heruntergezogener Hose da, und Heister und Themchen sind damit beschäftigt, den rechten Oberschenkel Meyers zu verbinden. „Ich hatte es gar nicht gefühlt, dass mich die Handgranate erwischt hat", sagt Meyer freudig erregt. „Jetzt heißt es für mich: Parole Heimat. Ihr werdet den Krieg auch ohne Meyer verlieren."

„Meyer II hat wie immer Schwein gehabt. Ein sauberer Heimatschuss! Ein Zentimeter höher und sein Hodensack hätte ein Loch bekommen", sagt Themchen, und Neid klingt durch seine Worte.

Bevor wir den Rückweg antreten, will Meyer wissen, wer die Handgranate geworfen hat. Als einer der Soldaten sich meldet, schüttelt Meyer II ihm die Hand: „Ich danke Dir, Kamerad, Du hast saubere Arbeit geleistet. Als Anerkennung nimm diese Büchse feinster Ölsardinen: Iss sie mit Ehrfurcht, denn ich habe sie dem Ortskommandanten von Epehy ausgespannt." Beim Rückmarsch aber humpelt Meyer mächtig. Die Verwundung scheint schwerer zu sein, als Meyer angenommen hat.

Wir melden uns bei Leutnant Erung zurück, der beschließt, mit der Kompagnie zum Waldrand vorzugehen. Rasch nehme ich von Meyer Abschied. „Ich will erst meinen Proviant abladen", meint Meyer, und wie ein Zauberkünstler holt er Wurst, Konserven, Keks, Schokolade, Schnaps und Zigarren aus den Tiefen seiner Taschen, aus den Ärmeln des Mantels und aus den Falten der Zeltbahn. Und dann kommt ein rascher Abschied. Als die Kompagnie nach vorn strebt, sehe ich, mich umschauend, wie Meyer II einsam nach hinten humpelt, und es steigt mir warm in die Augen.

Ich lotse die Kompagnie nach vorn. Sofort beginnen wir damit, die Trichter zu verbinden, und nach Stunden läuft ein leidlicher Schützengraben von der Waldecke nach links bis zur Straße, die nach Sailisel führt. Dort gewinnen wir Anschluss an unsere achte Kompagnie, die am Wegrand einen Posten aufgestellt hat. Er soll alle Soldaten festhalten, die die Straße als Anmarschweg benutzen, damit sie dem Schangel nicht in die Arme laufen.

Der rechte Flügel der Kompagnie hängt in der Luft, und Leutnant Erung hat zwei Gruppen mit je einem schweren Maschinengewehr als Seitendeckung entsandt. Unsere Gruppe liegt unweit der Straße nach Sailisel. Die anstrengende Erdarbeit macht uns schwitzen. Jetzt, nachdem unser Graben die richtige Breite und Tiefe hat und wir zur Untätigkeit verdammt sind, frieren wir und zittern vor Kälte.

Es regnet noch immer. Mit umgeschlagenen Zeltbahnen stehen die Posten und spähen feindwärts in das Dunkel des Vorfeldes. Wir anderen haben als Regenschutz die Zeltbahn über den Graben gespannt. Eintönig trommelt der Regen auf das straffgespannte Leinen. Wir versuchen ein Auge voll Schlaf zu nehmen, aber die nasse Kälte greift nach unserm Körper und weckt uns immer wieder. Doch der Zwang, schlafen zu müssen, ist stärker als Kälte und Nässe. Ein barmherziger Schlaf nimmt uns in seine Arme und trägt uns weit weg aus der trostlosen Gegenwart.

Heister rüttelt mich wach. Es ist dunkel, und es regnet noch immer. Die Kameraden stehen wehrbereit und flüstern aufgeregt. Heister raunt mir zu: „Da auf der Straße kommt etwas heran." Angestrengt lausche ich in das Dunkel. Wahrhaftig, man hört das tapsende Geräusch aufschlagender Hufe, das immer näher kommt. Und dann löst sich eine dunkle Masse aus dem Grau der Nacht. Wir rennen zur Straße hin und stellen fest: Ein mit Infanteriemunition bepackter Maulesel und ein zu Tode erschrockener Franzmann, die uns nichtsahnend in die Arme gelaufen sind. Wir bringen die Gefangenen zu Leutnant Erung, und dieser meint in seiner trockenen Art: „Die Herrschaften von drüben haben sich nur mit Gegengaben bedankt. Vor einigen Stunden sind Winterscheid und der Krankenträger Janowsky zum Franzmann spaziert. Die beiden hatten Feldwebel Kaiser, dem eine Kugel den rechten Fuß zerschmettert hat, nach hinten gebracht. Vom Bataillon aus haben sie gemeinsam mit meinem Meldegänger den Rückmarsch angetreten. Dann haben sich die drei über die einzuschlagende Richtung gestritten und sich getrennt. Während mein Läufer noch von den Leuten unserer rechten Seitendeckung angerufen werden konnte, sind die beiden Sanitäter weiter rechts zum Franzmann spaziert. Die Posten des rechten Zuges wollen deutlich das „Qui vive!" des Anrufs gehört haben. Na, der Franzmann lässt sich nicht lumpen und schickt uns zwei andere Esel als Ersatz." Erung befiehlt uns erhöhte Alarmbereitschaft, sobald der Morgen graut, und wir begeben uns wieder auf unseren Posten.

Und ein neuer Tag bricht an. Es gießt in Sturzbächen aus dem graufahlen Morgenhimmel. Das Wasser im Graben steigt erschreckend schnell. Wir sind zu lebenden Lehmklumpen

geworden. Da schützt keine Zeltbahn. Der eisige Novemberwind peitscht uns den Regen ins Gesicht. Das Wasser rinnt
in den Rockkragen, tropft von der Zeltbahn auf die Hose,
rinnt in die Stiefelschäfte, und an uns ist kein trockener Faden mehr. Die breiige Erdmasse der Grabensohle hält die
Stiefel fest wie mit unsichtbaren Händen. Bei jedem Schritt
müssen wir an den Schlaufen der Stiefel ziehen, damit sie
nicht stecken bleiben.

Im grauen Schein des jungen Tages erkennen wir fünfhundert Meter vor uns die feindliche Stellung. In dem Schlammmeer des Trichterfeldes liegen viele Tote. Deutsche und Franzosen bunt durcheinander, so wie sie der Todesstreich beim
Nahkampf gerade getroffen hat. Ich nehme mein Fernglas
und suche das Vorgelände ab und sehe, wie eine Gestalt sich
bewegt. Ich stelle das Glas schärfer ein. Es ist ein Feldgrauer, der auf allen Vieren herankriecht. Langsam kriecht er
von Granattrichter zu Granattrichter. Wenn er ein Trichter-
loch erreicht hat, bleibt er für Minuten unsichtbar, aber immer kommt er auf der anderen Seite des Trichterrandes
wieder hoch.

Als es hell geworden ist, erhalten wir feindlichen Flieger-
besuch. Wegen der schlechten Sicht fliegen die großen Vögel
sehr tief über unsere Köpfe. Wir spüren den Luftdruck der
Propeller, und das Rattern der Motoren dringt dröhnend über
uns. Wir wissen, dass die Flieger unsere neue Stellung feststellen, und hassen sie wie die Pest. Und als die Aasgeier jenseits der feindlichen Linie verschwunden sind, verstärkt sich
das Artilleriefeuer der Franzosen und richtet sich immer mehr
auf unsere Stellung ein, um zum Trommelfeuer zu werden.

Es regnet noch immer in Strömen, und das Wasser im
Graben reicht uns fast bis zu den Knien. Wenn eine Granate
auf der Grabenböschung einschlägt, werden wir von den
aufgewühlten Schlammmassen überschüttet. Wir müssen
uns zweier Feinde erwehren: der einschlagenden Geschosse
und des immer höher steigenden Wassers. Ducken wir uns
vor den einschlagenden Granaten, so nehmen wir ein eiskaltes Bad. Es kommen Stunden unendlicher Qual. Wir sind
ratlose, armselige Kreaturen.

Kameraden werden verwundet. Brechen die Verwundeten
zusammen, so laufen sie Gefahr zu ertrinken. Unser Jammer

schreit zum Himmel. Menschliche Grausamkeit paart sich mit den Elementen der Natur, und diese Mächte treiben uns dem Wahnsinn entgegen.

Harte Kriegsgesellen fangen an zu weinen. Einige beten mit lauter Stimme. Andere stehen mit aufgerissenen Augen, unbeweglich in einer Art von Schreckstarre, aufrecht an den Grabenrand gelehnt. Andere wieder wühlen sich in das schlammige Wasser, wenn unter dem Einschlag der Granaten die Erde bebt. Und durch das Krachen, Bersten, Jaulen und Kreischen der Geschosse hindurch, hört man die Schreie der Verwundeten und das Jammern der Sterbenden. Eine Hölle von Feuer und Wasser schlägt über uns zusammen, und wir alle wissen, das ist das Ende.

In der Zeit zwischen dem Einschlagen zweier Geschosslagen blicke ich über die Grabenböschung. Ich sehe ein Etwas, das Ähnlichkeit mit einem Menschenantlitz hat. Wir springen hinzu und reißen die Gestalt in den Schutz des Grabens. Es ist der Mann, den ich vor Stunden mit dem Fernglas erspäht habe. Es ist ihm gelungen, durch die Hölle von Wasser, Schlamm und Feuer bis zu uns zu kriechen. Der Soldat will etwas sagen. Er öffnet den Mund, doch nur ein Stöhnen entringt sich den Lippen. Schlamm ist in Ohren und Nase eingedrungen. Schlammverkleistert sind die Haare. Eine dicke matschige Schlammschicht bedeckt den ganzen Menschen. Der Waffenrock ist auf der rechten Rückenseite zerfetzt. Dort ist die Erdschicht dunkelbraun gefärbt. Nur in der Mitte dieser dunkelbraunen Lache sickert es blutrot durch.

Wir zerren dem Bewusstlosen den Rock vom Leibe, reißen das Hemd auf und sehen, dass ein Granatsplitter ein faustgroßes Loch am rechten Schulterblatt gerissen hat. Schlamm und Grashalme sind tief in die Wunde eingedrungen. Wir reinigen die Wunde mit einem Taschentuch. Unsere Verbandspäckchen sind nass und aufgeweicht. Mit kaltstarren Händen verbinden wir die Wunde, so gut wir eben können. Es ist ein Jammer – ein ohnmächtiger Jammer! Die Stunden dehnen sich zu Ewigkeiten. Und die Sündflut schwillt an, und das Feuer der Franzosen steigert sich von Stunde zu Stunde.

Rechts von mir hockt Themchen. Seit der schwerverwundete, fremde Soldat zu uns gekommen ist, hockt Themchen im Grabenschlamm neben dem todwunden, unbekannten Kameraden und stützt seinen Oberkörper, damit er nicht in das lehmige Wasser rutscht.

Und dann scheint das Ende zu kommen! Urplötzlich steht Feuer und Rauch neben mir. Ich werde fortgeschleudert und gegen die Grabenwand gedrückt. Ein Donner zerreißt fast das Trommelfell. Eine blutrote Wand steht vor den Augen. Es ist mir, als zerquetsche eine eiskalte Hand das Gehirn. Alles dreht sich im Kreise, und als ich die Augen wieder öffne, liegt Themchen zu meinen Füßen. Er liegt im Wasser, und nur die Spitzen seiner Stiefel, die Patronentaschen, die Nasenspitze und der Rand des Stahlhelms ragen aus dem Spiegel der Lehmbrüche hervor.

Dort, wo der Verwundete saß, ist der Graben eingeebnet. Ich stürze mich auf Themchen und reiße seinen Oberkörper heraus aus dem fußhohen Morastwasser. Mir stockt das Blut in den Adern, der Herzschlag stockt, ich erkenne – Themchen ist tot! Ich sehe, dass ein Splitter Themchen die rechte Hüfte weggerissen hat. Armes Themchen! Glückliches Themchen?

Und als der still gewordene Kamerad meinen Händen entgleitet, kommt Heister über den Graben, der den fremden Soldaten begraben hat, geklettert. Er sieht, wie Themchen meinen Händen entgleitet. Heisters Augen weiten sich, sein Mund öffnet sich krampfhaft, ein Zittern schüttelt ihn und dann – lacht Heister, ein irrsinniges Lachen, grell, unnatürlich und krankhaft, ein Totentanzlachen! Und langsam kommt Heister auf mich zu.

Wahnsinn flackert in seinem Blick. Er lacht schaurig und schreit stoßweise: „Du – weißt du – der Teufel holt uns, einen – nach dem anderen! Ich kann's dir ja jetzt sagen – ich habe sie wiedergesehen, ich habe sie eine lange Nacht besessen – Arlette von Le Chesnes. Ich habe sie wiedergefunden – im Bordell! Ich habe sie lieb gehabt. Jetzt soll sie der Teufel holen! Hörst du – sie – und mich – und dich und uns alle!" Und dann lacht Heister wieder sein grausiges Lachen. Heister ist verrückt geworden!

Ich will ihn zur Vernunft bringen und stehe doch festgebannt, und die Stimme versagt den Dienst. Und dann wird aus dem Lachen ein Wutschrei: „Ich will heraus aus dieser

Hölle, ich will heraus aus dem Blut, dass hier im Graben steht und immer höher steigt – ich will – hörst Du – heraus will ich!" Und Heister springt auf den Grabenrand. Ich stürze ihm nach, packe ihn und will ihn zurückreißen. Aber mit den Kräften des Irrsinns macht Heister sich frei und stößt mich in den Graben zurück.

Ich höre das Tacken eines Maschinengewehres. Ich springe den Graben an und sehe, wie Heister mit wilden Schreien dem Feind entgegenrennt, sehe, wie er die Arme hochwirft, sehe wie er zusammenbricht und regungslos liegen bleibt.

Ich torkele in den Graben zurück. Mein Kopf ist leer und ausgebrannt. – Dumme, gegenwartsfremde Gedanken spucken durch das kranke Hirn. Ich sehe die blumige Wiese hinter meines Vaters Haus. Ich höre das Plätschern des Wiesenbaches, der wie ein silbernes Band sich durch das Grün der Wiese schlängelt. Ich höre das Schnattern der Enten. Da ist Hans, der Enterich, der mich in die Beine pickt, bis ich auch die letzte Krumme meines Butterbrotes verfüttert habe.

Plötzlich steht Elbing vor mir. Der blutjunge Soldat ist der letzte Mann meiner Gruppe. Elbings Gesicht ist blau vor Kälte. Seine Knabenaugen haben einen verwunderten Ausdruck. „Du blutest ja am Kopf, komm her, ich werde dich verbinden", sagt Elbing mit einer Stimme, die weit herzukommen scheint. Erst jetzt fühle ich ein Brennen am rechten Ohr und an der rechten Schulterseite. Ich will den Stahlhelm abnehmen. Es geht nicht. Helm und Kopf scheinen ineinander gewachsen zu sein.

„Du hast Glück gehabt, dein Helm ist durchgeschossen!", stellt Elbing fest. Wir zerren gemeinsam an dem Stahlhelm, und nach schmerzhaften Bemühungen gelingt unser Vorhaben. Mir ist, als dehne sich die Kopfhaut wie eine Luftblase. Elbing nimmt ein Verbandspäckchen und wickelt die Mullbinde mit zarten Fingern um meinen Kopf. Ich fühle keine Schmerzen, es ist nur ein brennendes Jucken an der rechten Gesichtsseite und am rechten Schulterblatt.

Und dann setzt erneut das Trommelfeuer ein.

Der Franzmann weiß: wenn uns die Artillerie nicht vernichtet, kann die Infanterie das Morastmeer nicht überwinden. So steigert er sein Feuer zu einem Orkan. Er deckt uns ein mit Eisen und Feuer. Dunkle, beißende Rauchschwaden lagern über unserer Stellung und nehmen uns jede Sicht. Rechts und links von uns ist der Graben zusammengeschossen. Wir beide sind allein mit den Toten der Gruppe, abgetrennt von den Kameraden der Kompagnie, die etwa noch leben. Und während sich das Schicksal der Kompagnie erfüllt, hocken wir wieder im schlammigen Dreck. Unsere Körper suchen, sich gegenseitig triebhaft zu wärmen.

Wenn ein Einschlag in der Nähe wuchtet, geht ein Beben durch den mageren knabenhaften Körper Elbings. Ich möchte ihn wie eine Mutter in die Arme nehmen, dieses halbe Kind, das nur „Mutter – Mutter – Mutter" stammelt, wenn brüllender Donner die Erde zerreißt. Und so sitzen wir aneinandergeschmiegt, zwei schlammbesudelte, trostleere Nervenbündel, Qualgepeinigte.

Da plötzlich schreien von irgendwo Stimmen. Das Wort „Alarm" flattert irgendwoher durch das Dröhnen und Krachen ringsum. Schon sind wir hoch, schon liegen unsere Gewehre im Anschlag. Die Wunden an Kopf und Rücken schmerzen nicht mehr. Aus dem bebenden Knaben an meiner Seite wird wieder ein wehrhafter Soldat.

Noch sind wir nicht alle tot. Noch sind Hände da, die das Gewehr handhaben können, noch sind Augen da, die über Korn und Kimme hinweg den Feind suchen, wenn er sich aus dem Schutze seiner Gräben wagt. Noch ist ein zäher Wille da, die Schlammlöcher, die die Heimat schützen, zu verteidigen bis zur letzten Patrone, bis zum letzten Hauch, bis zum letzten Herzschlag. Eine heiße Welle durchflutet uns und macht uns wieder zu reißenden Tieren. Wir lechzen dem Feind, dem Tod, entgegen. Wir werden uns wehren mit dem Mut der Verzweiflung.

Ein Windstoß zerreißt den Schleier von Gas und Rauch, der wie eine schwarzgelbe Wand uns jede Sicht versperrte. Mein Feldglas fliegt vor die Augen. Im feindlichen Graben erblicke ich Flachhelm an Flachhelm. Wie ein glitzerndes Eisengitter ragen die ausgepflanzten Bajonette über die Grabenböschung. Links von uns rasseln die Maschinengewehre und rollt das Schützenfeuer der Kameraden. Grüne Leuchtkugeln steigen hie und dort, jetzt auch aus der Mitte unseres Kompagnieabschnittes.

Und dann blitzt es unten im Tale tausendfach auf. Es saust über unsere Köpfe hinweg feindwärts und schlägt berstend in den feindlichen Graben. Unsere Schwesterwaffe weiß von unserer Not und belegt die sturmbereiten Feindesmassen mit Sperrfeuer. Jetzt feuert auch unsere schwere Artillerie. Es ist ein einziges, anhaltendes Krachen ungeheurer Explosionen, die den Graben des Feindes mit Feuer und Rauch eindecken. Da drüben werden Menschenleiber hochgewirbelt; ein Regen von Eisen und Stahl ergießt sich über die zum Sturm gesammelten Franzosen. Minute um Minute verrinnt, und kein Franzmann verlässt den Graben. Als sich das Sperrfeuer abschwächt, sind Flachhelme und Bajonette verschwunden!

Unsere brave Artillerie hat den Angriff im Keime erstickt, hat ihn zerstampft, zerfetzt, vereitelt – ?

Es regnet nicht mehr. Graue Wolkenberge wandern am Himmel, eine frühe Dämmerung fällt ein. Der volle Mond steigt hinter einer Wolkenbank hoch, und in seinem Silberschein werfen die Krater im Niemandsland gespensterhafte Schatten.

Die Front hat sich beruhigt. Nur ab und zu bellt ein Maschinengewehr. Auch der Feind scheint, sich verausgabt zu haben. Jetzt ist es Zeit, dem Kompagnieführer die schweren Verluste zu melden. Ich sage Elbing Bescheid und überklettere die zusammengeschossene Grabenstelle. Ich rutsche von dem Erdhaufen auf die andere Seite und trete auf einen Toten. Dort an der Grabenwand sitzt seine zweite Gestalt. Im bleichen Mondlicht starren mich die leblosen Augen des Toten an. Ich tappe um eine noch erhaltene Schulterwehr. Hier liegen drei Tote übereinander.

Wie von Furien gepeitscht, renne ich weiter und stoße auf zwei Kameraden, die einen stöhnenden Dritten verbinden. Und ich stolpere über Tote, quetsche mich vorbei an Verwundeten, klettere über eingeebnete Grabenstellen, krieche durch den Dreck riesiger Granattrichter, stoße auf einen von stumpfer Lethargie befallenen Heilgebliebenen und immer wieder auf Tote, – Tote, Schwerverletzte, Sterbende, Tote.

Das Grauen sitzt mir im Nacken bei diesem Gang durch die still gewordene Kompagnie. Und all die Toten, die Sterbenden, die Verwundeten, die Zerfetzten, die Verstümmelten und im Grabenschlamm Erstickten gleichen Kreaturen aus Lehm, von denen man nur ahnen kann, dass es Menschen aus Fleisch und Blut sind. Menschen, die von einer liebenden Mutter geboren wurden, deren Kindheit einmal von sorgenden Eltern behütet worden ist, harmlose, gute Menschen vielleicht, die keinem Tiere etwas zu Leide tun konnten, die einmal von Liebe und Friede umgeben waren!

Krieg, du Geißel der Menschheit, sei verdammt, sei verflucht!

Krieg, der du die Menschen unter das Tier gestellt hast, sei verdammt – und verdammt und verflucht!

Ich möchte es zeigen, dieses Golgatha des Krieges, allen Diplomaten, allen Fürsten und Mächtigen der Nationen. Wer im Angesichte dieses Golgatha den Krieg verherrlicht, über ihn komme das Blut der Toten! Ich möchte die kommenden Geschlechter vorbeiführen an diesem Golgatha, auf dass es zu einem Schwurmal des Friedens werde! Ich möchte…! Ich möchte…!

*

Ich stoße auf Leutnant Erung. Er sitzt auf einer leeren Patronenkiste, die im Grabenschlamm steht. Der rechte Arm ist verbunden, und der Rockärmel wird vom Nachtwind hin und her bewegt. Schwer ruht sein Kopf in der linken Hand, mit der er die Augen bedeckt. Er sitzt da, unbeweglich. Ich wage nicht, ihn anzusprechen, und warte schweigend. Und nun ringt sich ein Stöhnen von seinen Lippen, und das Stöhnen formt sich zu Worten: „Wir armen, wir armen, armen Menschen!"

Müde hebt der Leutnant den Kopf. Erst jetzt sieht er mich und reicht mir wortlos die Hand.

Ich will meine Meldung machen und fange an zu stammeln. Doch der Leutnant sagt abwehrend mit leiser Stimme: „Es ist schon gut. Ich weiß alles. Meine Kompagnie ist tot! O, meine armen, armen Jungens!"

Und dann gibt er sich einen Ruck. Er hat seine Selbstbeherrschung wieder. Hinter der Maske des Vorgesetzten verbirgt der Leutnant seine Erschütterung und die Trauer um seine Kompagnie. Der Leutnant wird dienstlich und befiehlt: „Jeder hat abmarschbereit auf seinem Platz zu bleiben. Ich habe den Befehl, die Stellung zu räumen. Eine Sanitätskompagnie wird unsere Schwerverwundeten holen. Alles, was noch lebt und laufen kann, sammelt sich bei mir. Sagen Sie das Ihren Kameraden. Bevor nicht der letzte Schwerverwundete weggeschafft ist, geht keiner zurück! Wir müssen den Abmarsch unserer Schwerverwundeten decken! Wiederholen Sie meinen Befehl!"

Ich tue, wie mir befohlen. Noch bevor ich zu Elbing zurückgekehrt bin, wird es im Hinterland lebendig. Die Soldaten der Sanitätskompagnie kommen gebückt heran. Tragbahre auf Tragbahre wird mit den Schwerverwundeten beladen und verschwindet mit ihrer traurigen Last nach hinten.

Und dann sammelt sich ein Häuflein Leichtverwundeter und Unverletzter beim Kompagnieführer. Mit gedämpfter Stimme gibt Leutnant Erung seine Anordnungen: „Die Verwundeten sollen sehen, dass sie zum Verbandsplatz des Regiments kommen. Er liegt in der Waldschlucht. Die Unverletzten melden sich beim Feldwebel der Kompagnie! Und dann noch eins. Ich danke euch Kameraden – Ich danke euch!" Des Leutnants Stimme überschlägt sich, und schweigend drückt er jedem die Hand.

Zu mir sagt der Leutnant: „Unteroffizier Bürger, wir haben den gleichen Weg, bleiben Sie bei mir, wir wollen als Letzte die Stellung verlassen!" Ich fühle mich sonderlich geehrt durch diese Bitte. Da sehe ich Elbing, meinen jungen Kameraden. Eine Enttäuschung steht in seinen Augen. Ich bitte den Leutnant, dass Elbing uns begleiten darf, und er gibt sein Einverständnis.

Leutnant Erung lässt das einzig heilgebliebene Maschinengewehr bis zur Reservestellung zurückschleppen. Dann beginnt der Abmarsch. Einzeln und zu zweien humpeln und wanken sie zurück, die dem Tod entronnenen Kameraden, die Überbleibsel einer kriegsstarken Kompagnie.

Und jetzt sind wir allein. Der Leutnant, Elbing, ich und die Toten der Kompagnie. Noch einmal umfasst unser Blick die Stätte des Grauens, die Stätte, die das Blut unserer Kameraden getrunken hat – die Opferstätte. Jetzt liegt sie ruhig im Mondschein da. Bald wird hier Niemandsland sein. Dann werden die Toten verlassener sein als auf der einsamsten Insel. Sie werden hier liegen bleiben, bis Regen und Schnee,

Sonne und Wind sie wieder zu Erde werden lässt, zur Erde, die der picardische Landmann besäen wird, damit sie Früchte tragen.

Der Leutnant kann sich nicht trennen von seiner toten Kompagnie. Er steht schweigend auf der Grabenböschung und hält Zwiegespräche mit den Toten.

Ich gehe zu Erung hin: „Herr Leutnant, es wird Zeit!" Er erwacht wie aus einem Traum. Noch einmal schweift sein Blick über die Stellung, die zum Grab der Kompagnie geworden ist. Dann hebt er grüßend die linke Hand zum Rand des Stahlhelms.

Jetzt wendet er sich langsam. Langsam verlassen wir die Opferstätte. Wir legen schweigend den Weg bis zur neuen Stellung zurück. Ein frisches Regiment hat sie besetzt. Frische Krieger bilden den Wall von Menschenleibern, der die Heimat schützt. Frische Soldaten und neue Opfer.

Wieder geht unser Weg durch die Waldschlucht. Der Wald ist fast abgeholzt. Als habe ein Wirbelsturm Bäume und Äste hinweggefegt, so strecken die Baumreste die kahlen, zersplitterten Äste klagend in die Mondlandschaft. Und das Mondlicht bescheint die bleichen Gesichter der Toten, an denen unser Weg vorüberführt. Es webt ein Silberschein über den Wassern, die in den Kratertrichtern stehen, und weist neuen Opfern den Weg zu den Todeshöhen.

Wir fragen uns durch bis zum Verbandsplatz des Regiments. In den Berghang des Waldes hat man eine geräumige Kammer getrieben. Äthergeruch schlägt uns entgegen. Ein Haufen blutbesudelter und dreckverschmierter Verbände türmt sich neben dem Eingang. Der Regimentsstabsarzt und drei Unterärzte arbeiten in blutbespritzten, weißen Kitteln. Ein Sanitätsoffizier hilft mir aus dem Rock. Ein scheußlicher Schmerz durchzuckt mich, als er mit einem Ruck das Hemd, das in den Wunden des Rückens festgetrocknet ist, losreißt. Ich beiße die Zähne zusammen. Dann entfernt er den Kopfverband und stellt fest: „Streifverletzung, Granatsplitter rechte Gesichtsseite und rechtes Ohr. Stecksplitterchen rechte Rückenseite." Ein zweiter Sanitäter reinigt die Wunden mit Karbol. Dann übergibt er mich einem Unterarzt. Der tastet an der Rückenwunde herum und sagt, die Untersuchung abschließend: „Die Sache ist harmlos, in Deutschland wird man ihnen die Stecksplitterchen herausbuddeln. Der Nächste, bitte!"

Von einem dritten Sanitäter werden die Wunden verbunden. Man gibt mir eine Spritze gegen Wundstarrkrampf. Der erste Sanitäter hilft mir beim Anziehen, und dann erhalte ich zum Schluss den rotumränderten Verwundetenschein, den wir das „Freibillèt zum Himmel" nennen.

Der Stabsarzt verbindet den Leutnant, und ich höre, wie er zu Erung sagt: „Es waren verrückte Tage in diesem verdammten Wald. Ich habe seit Wochen kaum ein Auge zugehabt. Wir können hier hoffentlich die Zelte bald abbrechen."

Ich höre die Stimme des Regimentsarztes aus immer weiterer Ferne. Der Geruch von Tod, Karbol und Blut legt sich schwer auf die Brust und löst Brechreiz aus. Es flimmert mir vor den Augen, und die Gaslampen scheinen in kreisende Bewegung zu geraten. Ich will nicht schlapp machen und stürze nach draußen. In der kalten Luft schwindet das üble Gefühl, und gemeinsam mit Elbing warte ich auf den Leutnant.

Unweit des Sanitätsunterstandes graben Sanitäter ein riesiges Loch. Erst jetzt sehen wir mehr als vierzig tote Regimentskameraden, die stumm und starr in einer Reihe liegen. Es sind die Späne, die in der Werkstatt der Ärzte fielen. Die Gesichter der Toten leuchten weißgrün im Mondschein. Der Tod und die Toten sind uns so vertraut geworden, dass wir bei ihrem Anblick nichts Schreckhaftes mehr empfinden. Wir wissen, dass wir es nur einem Zufall verdanken, dass wir noch leben. Vielleicht riss ein französischer Artillerist um Sekunden die Zündschnur zu spät ab. Vielleicht hatte sich ein amerikanischer Munitionsarbeiter von der Arbeit ablenken lassen, so dass die Granate, die bestimmt war, uns zu zerreißen, zum Blindgänger wurde. Vielleicht – vielleicht.

Plötzlich steht der Leutnant an meiner Seite, und gemeinsam nehmen wir unsere Mondscheinwanderung wieder auf. Dort, wo die aufgewühlte Straße zur Waldschlucht einbiegt, sehen wir ein letztes erschütterndes Bild der großen Schlacht in Schlamm und Blut.

Ein mit acht Pferden bespannter, mit schweren Geschossen hochbeladener Munitionswagen ist im Schlamm steckengeblieben. Bis zu den Naben sind die Räder ins Erdreich eingesunken. Die Gäule stehen bis zu den Kniegelenken im

Schlammmeer. Fahrer und Beifahrer sitzen fast unbewegt auf dem Rücksitz. Ich habe den Eindruck, als ob sie schliefen. Die Pferde lassen die Köpfe hängen. Das Gespann, die Fahrer, die Pferde und der Wagen, alles ist mit einer dicken Schlammschicht überzogen. Das Ganze steht im geisterhaften Mondlicht wie ein Riesendenkmal, aus Morast geformt. Es ist ein Symbol des Jammers und der Trostlosigkeit.

Wir rufen den Fahrer eines nach hinten strebenden Lebensmittelwagens an. Er ist gern bereit, uns bis halbwegs Epehy mitzunehmen. Das leichte Fahrzeug schaukelt auf der umgepflügten Straße hin und her. Die französische Artillerie ist wieder lebendig geworden und befunkt die Waldschlucht. Der Fahrer schlägt auf die Gäule ein. Wir werden durcheinander gerüttelt und müssen uns krampfhaft an den Karrenwänden festhalten, um nicht hinuntergeschleudert zu werden. Bei jedem Ruck und Stoß schmerzen meine Wunden wie tausend Nadelstiche.

Das Dorf am Kanal kommt in Sicht. Der Wagen rumpelt über Mauergeröll, fliegt durch Granattrichter, streift Pferdeleiber und wird hin und her geworfen wie eine Nussschale in Seenot. Auch die Kanalbrücke liegt wieder unter schwerem Beschuss. Der Fahrer schlägt mit aller Kraft auf die Pferde ein. Aus dem Trab wird ein wilder Galopp, ein wahnsinniges Rasen. Wir werden umgeworfen – sitzen und taumeln auf dem Wagenboden und werden durcheinandergerüttelt und geschüttelt, dass uns die Sinne vergehen. Vor uns ein Krachen, hinter uns ein Bersten. – Durch! – Es geht bergan, und allmählich beruhigen sich die Gäule und schlagen eine langsamere Gangart ein.

Der Kanal liegt hinter uns. Wir passieren Nurlu. Noch einmal schickt der Franzmann uns letzte Feuergrüße nach, deren dunkle Rauchfahnen rechts des Dorfes im Mondschein flattern. Dann sind wir dem Feuerbereich entronnen. Tief schöpfe ich Atem. Die Nachtluft ist kalt und rein, und wohlig baden sich die misshandelten Lungen.

Doch auch diese Mondscheinfahrt nimmt ein Ende. Mit einem Ruck hält das Gefährt am Eingang zu einem großen Gutshof. Mit steif gewordenen Gliedern klettern wir von dem Wagen herunter. Wir wollen gerade dem Fahrer unseren Dank sagen, als ein Pionier-Offizier aus dem Torweg tritt. Wir drei dreckfarbige Gestalten scheinen kein Interesse zu wecken. Er kommt auf uns zu. Dann aber scheint er uns zu erkennen. Mit einem Satz ist er bei Leutnant Erung. „Du, Vetter Otto, hier? Und verwundet? Du siehst ja aus, als habe der böse Feind Dich in ein Tonmodell verwandelt. Nun aber schleunigst hinein in meine Junggesellenbude!"

Leutnant Erung ist froh überrascht und begrüßt den unverhofft aufgetauchten Verwandten.

Elbing und ich haben uns abseits gestellt. Da streift uns der Blick des Leutnants, wir hören, wie er seinem Vetter sagt: „Wenn du mich bewirten willst, musst du schon die beiden da mit in Kauf nehmen. Der eine ist mein Bursche, der andere ein verwundeter Unteroffizier meiner Kompagnie."

„Nur immer hineinspaziert in die gute Stube! Deine Leute sehen aus, als hätten sie ein vernünftiges Quartier verdient", antwortet der Pionier.

Bald sitzen wir in einem durchwärmten Zimmer. Im offenen Feuer knistern rotglühende Holzscheite, deren Widerschein an den Wänden des geräumigen Zimmers geistert. Der junge Pionier fühlt sich als Hausherr verpflichtet: „Ich habe leider nur eine halbe Stunde Zeit. Um vier Uhr steht meine Abteilung. Wir müssen bei Nurlu Straßen flicken. Dienst ist Dienst. Aber mein Bursche kocht in der Küche bereits den Glühwein. Es gibt Brot, Schweizerkäse, Lebkuchen und echtes Gänseschmalz. Und dann haut euch in die Fallen. Mein Bett steht nebenan. Es wird für meinen Heldenvetter frisch überzogen werden, und für die beiden Krieger wird mein Bursche sorgen. Ihr braucht euch nicht allzu sehr zu eilen, zur Verwundeten-Sammelstelle nach Epehy zu kommen. Die Lazarettzüge sind überfüllt. Und in den Schleimsuppenhotels der Etappenstadt Epehy soll man nicht auf Rosen gebettet sein, besonders dann nicht, wenn der Schangel oder Tommy durch die Lüfte fliegt!"

Der frische Leutnant tut uns wohl. Unbewusst fühlen wir, dass er das Grauen aus unseren Augen verscheuchen will. Glühwein und Essen sind aufgetragen, als ein Feldwebel meldet, dass die Abteilung angetreten sei. Mit einem Scherzwort verabschiedet sich der frische Pionier.

Wir sind wieder allein: ein Leutnant, ein Unteroffizier und der junge Soldat einer toten Kompagnie. Wir trinken von dem

Glühwein, wir kauen an jedem Bissen herum. Trotz großem Hunger können wir nicht essen. Wir sind zerschlagen und todmüde und wissen, dass wir doch nicht schlafen können. Wir sind wacher als je zuvor. Die überspannten Nerven wollen sich nicht beruhigen. Da fragt der Leutnant unvermittelt: „Wir werden uns morgen trennen, Ihr dürft frei und offen sprechen, wie denkt Ihr über den Krieg?"

Ich antworte: „Der Krieg ist ein Verbrechen an der Menschheit, ich verdamme den Krieg!"

Dann wendet sich der Leutnant an Elbing: „Wie denken sie über den Krieg?" Und Elbing antwortet: „Ich bin kaum achtzehn Jahre alt. Von der Schulbank habe ich mich freiwillig gemeldet. Ich bin mit Begeisterung Soldat geworden. Ich wollte Offizier werden. Ich glaubte an die große Zeit und ihre Segnungen für mein Volk. Und dann kam das Erwachen. Aus dem geisttötenden Kasernenhofzwang retteten wir uns in die Front. Doch im Grauen der Schlacht erkannten wir die große Lüge. Es gibt keine Kriegsromantik und kein romantisches Heldentum! Nicht Tapferkeit und Mannesmut wird diesen Krieg entscheiden, sondern Flugzeuge, Geschütze und Granaten. Der Krieg aber hat unsere Generation vernichtet, hat unsere Seelen verbrannt und unseren Charakter verdorben. Der Krieg lehrt uns Hass an Stelle der Liebe. Der Krieg lässt uns am Menschen verzweifeln. Wir sind Verlorene, weil wir nicht mehr an die Güte Gottes, an die Menschen und an das Leben glauben können."

Der junge Soldat schweigt und stiert in die Glut des Kaminfeuers. In die Stille hinein, hört man das zornige Rollen der nahen Front. Die Fensterscheiben klirren, und der singende Ton zitternden Glases schwingt im Raum.

Da hebt der Leutnant den Kopf. Die roten Lichter des Kamins tanzen auf dem bleichen Gesicht und scheinen es auf sonderbare Art zu bewegen. In des Leutnants Augen kommt ein Leuchten, und er spricht. Er spricht nicht zu uns. Er spricht eindringlich und aus bezwingender Tiefe, als spräche er zu allen Menschen der Welt: „Der Mensch ist gut! Das Leben ist gut und lebenswert. Wir verkennen nur, dass das Menschentum noch auf niederen Stufen der Entwicklung steht. Wir alle sind zu erblich belastet mit tierischen Trieben. Die großen Verkünder der Nächstenliebe, Christus und seine Jünger, haben das triebhafte Heidentum im Menschenherzen mit ihrer Lehre von der Liebe zum Nächsten und von dem Frieden der Menschen auf Erden und vom guten Willen der Menschen noch nicht besiegt. Die Entwicklung der menschlichen Sittlichkeit hat mit der Entwicklung der Technik nicht Schritt gehalten. Wenn wir von Kultur sprechen, so meinen wir damit alles andere, nur nicht die Kultur des Herzens. Unsere moralische Entwicklung steckt noch in der Frühzeit der Menschheit. Wir sind tapfer. Denn wir versuchen, den Ehrenschild des Volkes mit eigenem Blut und dem Blute unserer Feinde abzuwaschen, wenn wir glauben, das Nachbarvolk habe uns beleidigt. Aber wenn wir vom Nachbarvolk reden, meinen wir eine Handvoll herrschsüchtiger Diplomaten. Wir denken zu wenig daran, dass wir der großen Gemeinschaft der Menschheit angehören und dass uns nur Verschiedenheit der Sprache und der Geschichte innerhalb dieser Gemeinschaft in Nationen aufteilt. Wir alle sind zu wenig Weltbürger. Aber wir dürfen nicht verzagen. Noch gestern haben unsere Vorfahren ihre Töchter und Schwestern als Hexen verbrannt. Jahrhundertelang war die Menschheit vom Hexenwahn befallen, bis Friedrich von Spee und andere Helden der Vernunft und der Wahrheit die Menschheit befreiten. Heute lächeln wir über den Hexenwahn.

Wird eine Zeit kommen, in der spätere Geschlechter den Krieg nicht mehr kennen? Ich weiß es nicht! Aber wir dürfen nicht an der Menschheit verzweifeln. Wir müssen Geduld haben! Es ist tröstlich zu wissen: Die Völker in ihrer Gesamtheit wollen schon heute keinen Krieg! Sie werden hineingezerrt in das große Morden.

Wir aber, die das Grauen des Krieges kennen, müssen zu Streitern des Friedens werden! Mit dem Mut der Bekenner müssen wir bereit sein, für den Frieden zu kämpfen. Noch ist der Massenwahnsinn zu stark und stempelt jeden zum Verräter, der das Wort Frieden im Munde führt. Aber unsere Zeit wird kommen!

Wenn einmal die Waffen ruhen, wenn einmal der Blutrausch verflogen ist, dann wird unsere Zeit gekommen sein! Dann werden wir für den Frieden kämpfen dürfen. Wir werden fordern: ‚Friede auf Erden!' – Rüstet ab! Verbrüdert Euch, ihr Völker der Welt, zu einer Gemeinschaft des Friedens, damit der Name Mensch allumfassende Liebe und Güte bedeute!

Und auf dem Weg zu diesem Ziel werden uns die Toten dieses Krieges begleiten! Das Geisterheer der Kriegstoten wird mit den Streitern des Friedens marschieren, denn sie alle, sie alle starben nicht für den Krieg, sondern für den Frieden, sie alle gingen den schweren Weg zu ihrem Golgatha, damit dieser Krieg der letzte sei und Frieden werde auf Erden!"

Das Herdfeuer ist niedergebrannt. Die Glut verglimmt. In unsere Herzen aber ist ein Funken gelegt, der nicht verglimmen wird. Und in unseren Herzen leuchtet es wie das Licht einer neuen Sonne! In uns siegt der Glaube an die Menschen, die guten Willens sind, und an die Kraft ihrer Liebe.

Nichts Neues nach 1918 –
Keine Abkehr vom Militarismus

Von Helmut Donat

Die Betrachtung des nationalistischen und pazifistischen Erlebnisses zum Ersten Weltkrieg greift zu kurz, wenn sie sich allein oder allzu weitgehend auf die Romanliteratur stützt oder beschränkt. Wie ein Phönix aus der Asche hat plötzlich in den Jahren 1929/30 und danach das „Stahlgewitter" dem „Nie wieder Krieg" den Rang abgelaufen? Gewalt- und Kriegsverherrlichung, chauvinistisches und militaristisches Denken gehörten – wenn man von allenfalls wenigen Wochen im November und Dezember 1918 absieht – von Beginn an zu den Grundpfeilern der Weimarer Republik. Die Abkehr vom „Schwertglauben", von oppositionellen Militärs wie Hans Paasche oder Hans-Georg von Beerfelde sowie von Politikern wie Kurt Eisner, Hellmut von Gerlach oder Friedrich Wilhelm Foerster nach 1918 gefordert und zunächst bei Vielen auf fruchtbaren Boden fallend, erwies sich als nicht durchsetzbar. Insofern ist eine wirkliche Neuorientierung der Politik mit der November-Revolution nicht verbunden gewesen. Dem Satz „Der Kaiser ging, die Generäle blieben" kommt daher eine tiefe Berechtigung zu. Der Einfluss militaristischen Gedankenguts ist nicht wirklich zurückgedrängt oder überwunden worden. Als der bayerische Oberst Falkner von Sonnenburg bald nach der deutschen Niederlage 1918 die Bendlerstraße aufsuchte, war, so berichtet es Friedrich Wilhelm Foerster, sein Erstaunen groß, als er die preußische Generalität „wieder an ihren langen Tischen sitzen sah. ‚Was', rief ich aus, ‚noch immer da oder schon wieder da?' – ‚Beides' antworteten sie – als sei der Weltkrieg nur eine ganz kurze Unterbrechung ihrer zielbewussten Arbeit gewesen. ‚Was macht ihr denn eigentlich? – ‚Wir studieren die Fehler, die im ersten Weltkrieg begangen wurden und die im zweiten Weltkrieg vermieden werden müssen."[1]

    Der Ebert-Groener-Pakt, bereits am Abend des 10. November zwischen Friedrich Ebert als SPD-Vorsitzenden und Mitglied des Rates der Volksbeauftragten und General Wilhelm Groener als Chef der Obersten Heeresleitung geschlossen[2] und erst 1924 im „Dolchstoßprozess" bekannt geworden, war ein Bündnis mit den alten Mächten und sicherte den Eliten des Kaiserreichs, den monarchistisch und nationalistisch gesinnten Antidemokraten und Gegnern des Pazifismus in Militär, Verwaltung, Bildung, Rechtssystem ihre Einflusszonen in der im Entstehen begriffenen Weimarer Republik – ein schwerer „Geburtsfehler", der einen Neuanfang von Beginn an weitgehend ausschloss. Statt sich mit den Kräften und Kreisen zu verbinden, die in Opposition zu der kaiserlichen Kriegspolitik gestanden und sie bekämpft hatten, schloss die SPD-Führung einen Pakt mit den Feinden der Demokratie. Mehr noch. Die „erste Abzahlung auf seine geheime Schuld bei den Generalen"[3] leistete Ebert am 10. Dezember 1918, als er am geschmückten Brandenburger Tor die heimkehrenden Truppen mit den Worten empfing: „Eure Opfer und Taten sind ohne Beispiel. Kein Feind hat Euch überwunden. Erst als die Übermacht der Gegner an Menschen und Material immer drückender wurde, haben wir den Kampf aufgegeben."[4] Indem Ebert die Tatsache unterschlug, dass Deutschland besiegt worden war und die Armeeführung erhebliche Fehler gemacht hatte, schonte er die Generale. Zugleich leistete er damit dem Mythos vom „Dolchstoß von hinten" Vorschub, nährte – ob bewusst oder unbewusst – die Legende, die deutschen Truppen seien im Felde unbesiegt geblieben, und verklärte den im Dienste eines Eroberungskrieges stehenden Einsatz der einfachen Soldaten zu Heldentaten und einem Opfergang ohne Gleichen – eine Interpretation, die in einem krassen Gegensatz zu dem „Golgatha" steht, das Peter Schmitz uns in seinem Roman vor Augen führt.

„Die Revolution hat nie mehr", hielt Harry Graf Kessler bereits am 12. November 1918 in seinem Tagebuch fest, „als kleine Strudel im gewöhnlichen Leben der Stadt gebildet, das ruhig in seinen gewöhnten Bahnen drum herumfloss."[5] Nur wenige Wochen genossen die Gegner des Krieges und „Schwertglaubens" das Gefühl, nun sei ihre Zeit angebrochen. Doch schon der erfolglose Versuch Hans Paasches, die für den Weltkrieg verantwortlichen Personen zu inhaftieren und vor Gericht zu stellen, sowie Hans-Georg Beerfeldes vergeblich gebliebene Aktion, den einstigen Kriegsminister Scheuch hinter Schloss und Riegel zu bringen, offenbarten, dass die Hoffnungen auf einen Wandel trügerisch waren. Spätestens seit den sogenannten Spartakusunruhen im Januar 1919 und der Verhängung des Standrechtes hatten die Pazifisten einen schweren Stand. Ihr Engagement für ein „anderes", vom Militarismus preußisch-neudeutscher Provenienz befreites und europäisiertes Deutschland, das sich auf eine Aussöhnung und Zusammenarbeit mit Frankreich und Polen gründen sollte, stand von nun an eher unter einem schwarz-weiß-roten als unter einem roten Stern. SPD-Führung und Militärs zogen wie in Kriegszeiten an einem Strang und hintertrieben damit einen demokratischen Neubeginn, der sich auf eine Abkehr vom Gewaltkult gründen und eine zivile Gesellschaft aufbauen wollte. Zielscheibe der Verfolgung wurde vor allem der im Herbst 1914 gegründete, gegen den Krieg opponierende Bund Neues Vaterland. In seiner Denkschrift über die Verfolgungen von Pazifisten in Deutschland seit Kriegsende, vom Bund Neues Vaterland dem IX. Deutschen Pazifisten-Kongress zu Braunschweig Anfang Oktober 1920 überreicht, heißt es, dass die „Stimmung weiter Volkskreise den pazifistischen Ideen und ihren Trägern [gegenüber] feindlich gesinnt" sei. Doch bestehe das „Beschämende" nicht darin, „dass politisch Unwissende von einer skrupellosen, im Dienste der Vertreter des Revanchegedankens stehenden Presse fanatisiert werden bis zu Anschlägen auf Leben und Gesundheit bekannter Pazifisten. Schlimmer ist, dass die Behörden, die zivilen wie die militärischen in offenbarer Missachtung der demokratischen Verfassung nicht im Entferntesten daran denken, solche Gewalttaten zu sühnen oder ihnen auch nur vorzubeugen, sondern in Pflichtvergessenheit verschweigen und vertuschen."[6]

Auf einer solchen Grundlage ließ sich kein wirklich neuer Staat gründen. Leidtragende waren alle, die sich schon im Kaiserreich sowie während des Ersten Weltkrieges gegen deutschnationale, alldeutsche und militaristische Politikkonzepte ausgesprochen hatten. Im Kaiserreich „nur" verfemt oder der Lächerlichkeit preisgegeben, im Ersten Weltkrieg denunziert, weggesperrt oder als „Geisteskranke" stigmatisiert, waren sie indes in der Weimarer Republik nicht mehr ihres Lebens sicher oder landeten als „Landesverräter" im Gefängnis.

Als eines der stärksten Bollwerke des alten Geistes erwies sich nicht zuletzt der deutsche Buchhandel.[7] Während in französischen Buchhandlungen die Veröffentlichungen von Nationalisten neben denen von Pazifisten standen, suchte man in Deutschland nach einem solchen Überblick vergeblich.[8] Für die deutschen Buchhändler galt es nicht als erstrebenswert, die gesamte deutsche literarische Produktion anzubieten. Vielmehr lehnten sie in ihrer großen Mehrheit die linksrepublikanischen, freigeistigen und pazifistischen Werke aus nationalen Gründen als nicht auslegbar ab. Das „Börsenblatt für den Deutschen Buchhandel" folgte solcher Zeitströmung bereitwillig. Nur kurzfristig, als nach den Novembertagen 1918 eine Flut sozialistischer Literatur bis dahin nur illegal erscheinender Produkte den Buchhandel überschwemmte, waren nationalistische Erzeugnisse aus den Ankündigungsspalten des „Börsenblatts" verschwunden, und auch im redaktionellen Teil war es zunächst vorbei mit kriegsverherrlichenden und hurrapatriotischen Berichten. Doch kaum hatten sich die alten Gewalten vom ersten Schrecken erholt, machten ihre Vertreter dort weiter, wo sie im November 1918 gezwungen gewesen waren aufzuhören.

Bereits in den Kriegsjahren unterstützte das „Börsenblatt" die vaterländische Begeisterung und Psychose in hohem Maße, förderte es die annexionistische Pathologie, warb für die Kriegsbücher der Verlage Scherl und Ullstein und für die Heldengesänge von U-Boot-Kommandanten, Fliegeroffizieren und Frontkämpfern. „Und das arme blöde Volk, in Blutrausch und Eroberungswahnsinn von den Herrschenden hineingetrieben", urteilt ein kritischer Buchhändler im Herbst 1922, „verschlang kritiklos diese schmackhaft servierten, zurechtfrisierten und von falscher Romantik umwobenen Berichte, wie Schuljungen ihre Indianer- und Abenteuergeschichten verschlingen – nur mit dem Unterschiede, dass diese letztere Lektüre bei weitem harmloser und ungefährlicher ist."[9]

Der Weltkrieg war noch kein Jahr zu Ende, als die Leipziger Redaktion des „Börsenblattes für den deutschen Buchhandel" dem „Freien Verlag" in Bern-Berlin, den man von deutscher Seite aus schon im Krieg als Sprachrohr deutscher „Landesverräter" denunziert hatte, mitteilte, dass sie das am 26. August 1919 aufgegebene Inserat zu dem Buch „Sechs Tatsachen zur Beurteilung der heutigen Machtpolitik" von Georg Friedrich Nicolai ablehnen müsse, „da wir es nicht als die Aufgabe des ‚Börsenblattes' betrachten, durch Abdruck derartiger Ankündigungen an der Verbreitung von Werken mitzuwirken, deren Tendenz auf die Herabsetzung der deutschen Armee und ihrer ehemaligen Führer gerichtet ist."[10] Der „Freie Verlag" stellte daraufhin am 1. September 1919 gegenüber dem „Ausschuss für das Börsenblatt der deutschen Buchhändler" klar, dass weder die Anzeige noch die damit angekündigte Schrift die deutsche Armee oder deren Führer diskriminiere. Zugleich machte er geltend, dass die Statuten und Bestimmungen über die Verwaltung des „Börsenblattes" die Redaktion zu ihrem Vorgehen keine Handhabe gebe und ihr das Recht einer politischen Zensur, die durch die gerade in Kraft getretene neue Reichsverfassung endgültig abgeschafft und beseitigt sei, nicht zustehe. Aber das „Börsenblatt" kümmerte sich wenig um die Verfassung und blieb bei seiner Zensurmaßnahme – eine gerade im Fall Nicolai mehr als fragwürdige Haltung. Wie die SPD-Führung sich in ihrer großen Mehrheit nicht an die Seite der deutschen Kriegsopposition stellte, so behandelte das „Börsenblatt" deren Vertreter und aufklärerische Schriften bereits im Sommer 1919 als volksschädlich.

Zwar wandte sich die „Weltbühne" in ihrer Ausgabe vom 2. Oktober 1919 scharf gegen den Verstoß der Pressefreiheit und stellte mit Blick auf Nicolais Schrift klar: „Ob die deutsche Armee und ihre ehemaligen Führer herabgesetzt zu werden verdienen oder nicht, das ist eine Frage, die im öffentlichen Meinungsstreit ausgetragen wird, und deren Entscheidung keineswegs der Redaktion des Börsenblattes für den deutschen Buchhandel zusteht." Die „Weltbühne" sah in dem Verhalten des „Börsenblattes" einen „ungeheuerlichen Fall der Anmaßung einer politischen Zensur", den man auf keinen Fall durchgehen lassen dürfe. Ahnungsvoll fügte sie aber hinzu: „Denn wir Alle können morgen das Pech haben, Dir zu pazifistisch zu sein…"[11] Auch der „Vorwärts" prangerte in seiner Ausgabe vom 3. Oktober 1919 das „Börsenblatt" an und schrieb: „Das ist der Gipfel der Anmaßung und bedeutet praktisch die Ausübung einer politischen Zensur durch die Redaktion des Buchhändlerbörsenblattes. Sie bestimmt, was der Deutsche zu lesen hat und was nicht. Es kann als selbstverständlich betrachtet werden, dass das Buchhändlerbörsenblatt von geeigneter Stelle eines Besseres belehrt wird."[12] Doch der „Vorwärts" sollte sich getäuscht haben. Knapp neun Monate später sah er sich – dieses Mal nahezu in eigener Sache – erneut veranlasst, über den „Buchhändler-Börsenverein als Zensor" zu berichten und bescheinigte ihm, dass man „ihn künftig als eine politische Filiale der Deutschnationalen Volkspartei" ansehe. Die „Buchhandlung Vorwärts, Paul Singer GmbH, Berlin" erhielt nämlich nach Aufgabe einer Anzeige vom „Börsenblatt" die Antwort, dass sie den Auftrag nicht sofort ausführen könne. Als Begründung führte Richard Alberti am 22. Mai 1920 für die Redaktion an: „Ihre seinerzeit in Nr. 90 erschienene Anzeige Kuttner, ‚Die erdolchte Front'[13] hat in der diesjährigen Hauptversammlung des Börsenvereins, wie Ihnen wohl bekannt geworden ist, starke Entrüstung hervorgerufen und wir sind darauf vom Ausschuss für das ‚Börsenblatt' angewiesen worden, alle derartigen Inserate – heute handelt es sich um die Ankündigung von Heinig, ‚Die große Ausrede von der erdolchten Front'[14] – vor Abdruck dem Ausschuss für das Börsenblatt vorzulegen, der in den nächsten Tagen über die Aufnahme entscheiden wird." Für den „Vorwärts" stand nun „ganz unzweideutig fest", dass der Börsenverein „eine Zensur über links gerichtete Literatur eingerichtet hat, um solche Schriften von der Anzeige für den Sortimentsbuchhandel auszuschließen, die den reaktionären Herren des Ausschusses nicht genehm sind." Und weiter: „Damit maßt sich diese Wirtschaftsorganisation eine Oberaufsicht über die öffentliche Meinung an, soweit sie durch Buchliteratur gespeist wird, die von jedem demokratischen und auch nur liberalen Standpunkt aus als unerträglich bezeichnet werden muss."[15] Dem ist auch aus heutiger Sicht wenig hinzuzufügen, außer vielleicht der Hinweis, dass nach der Revolution von 1918 weniger als zwei Jahre vergangen waren.

Zurück zum „Fall Nicolai": Georg Friedrich Nicolai, Arzt, Universitätsprofessor, Schriftsteller und Publizist, entstammte einem jüdischen Elternhaus, war der Sohn eines Journalisten, Barrikadenkämpfers der Revolution von 1848 und Bismarck-gegners.[16] Bereits im Oktober 1914 suchte er die kurz zuvor von 93 Vertretern der deutschen Wissenschaft und Kultur veröffentlichte Verteidigungsschrift des preußisch-neudeut-schen Militarismus mit seinem völkerversöhnenden „Auf-ruf an die Europäer" zurückzuweisen. Scharf prangerte er die Vergewaltigung Belgiens an. Wegen seiner kriegsgegnerischen Vorlesungen (1914/15) und seiner Kritik an der völkerrechts-widrigen Kriegsführung (Verwendung von Giftgasen, Tor-pedierung von Handelsschiffen) der militärischen und zivi-len Gewalten des Kaiserreiches sah sich der Mediziner und international angesehene Gelehrte zahlreichen Verfolgungen ausgesetzt. Ungeachtet der Interpellationen im Reichstag, zogen ihn die Militärs als Militärkrankenwärter ein. Als Ni-colai sich weigerte den „Fahneneid" zu leisten und eine Waf-fe zu tragen, degradierten sie ihn zum gemeinen Soldaten. Um erneuter Anklage und Verhaftung zu entgehen, flüchtete der Kriegsdienstgegner 1918 mit einem Militärflugzeug nach Kopenhagen, wo er mit Georg Brandes, Ellen Key, Fridtjof Nansen und Romain Rolland die Zeitschrift „Das Werden-de Europa" gründete. Im Jahr zuvor hatte er sein in Deutsch-land beschlagnahmtes Antikriegsbuch „Die Biologie des Krieges"[17] in der Schweiz veröffentlicht, das, in viele Spra-chen übersetzt, vom internationalen Pazifismus begeistert gefeiert wurde, und in dem er u.a. die brutale Wirkung von Massenvernichtungsmitteln, einen Bakterienkrieg und die Nutzung der Sonnenenergie voraussagte. Nach dem Sturz des Hohenzollernregimes trat Nicolai der Deutschen Frie-densgesellschaft und dem Bund Neues Vaterland bei und gab mit Wilhelm Herzog die den Unabhängigen Sozialde-mokraten nahestehende „Republik" heraus. Zudem trat er als pazifistischer Redner hervor, setzte sich für eine deutsch-französische Aussöhnung sowie für eine politisch-geistige Erneuerung Deutschlands im Sinne einer Überwindung des Denkens in Gewalt- und Freund-Feind-Kategorien ein. Spä-testens im April 1919, als politische Morde und Attentate auf Pazifisten, Sozialisten und kritische Journalisten um sich griffen und die Justizbehörden sich auf dem rechten Auge als blind erwiesen, begriff Nicolai, dass die „Revolution" gescheitert war und sich militaristisches Gedankengut erneut und nahezu ungehindert Bahn brach. Deutlich sah er, wie die deutsche Jugend und Studentenschaft von ideologisch mächtigen und organisatorisch unangetastet gebliebenen Organisationen des alten Regimes weiter mit deutschnationalen, chauvinistischen und antisemitischen Parolen verhetzt wurden. Die Folgen lagen für Nicolai auf der Hand. In seiner Schrift „Sechs Tatsachen zur Beurteilung der heutigen Machtpolitik" (1919) verdeutlichte er, „dass das erste Gesetz im sozialistischen Deutschland eine Wehrvorlage war und dass dabei die jahrhundertelang bekämpfte Militärjustiz als ein unantastbares Heiligtum galt."[18] Zudem geißelte er die Tatsache, dass das militaristische Prinzip, „durch die rohe Gewalt einer Masse von Menschen etwas zu bewirken", geradezu einen „Kulminationspunkt" erreicht habe.

Ähnlich schätzte Kurt Tucholsky die Lage ein. Als Reichswehrminister Noske im Herbst 1919 anregte, die Schutzmannschaft in den großen deutschen Städten zu entmilitarisieren und durch „eine Truppe aus jungen, meist unverheirateten Unteroffizieren, die von ehemaligen Offizieren des Heeres in streng militärischer Ordnung zusammengefasst wird", zu ersetzen, schrieb er: „Es bereitet sich die Konservierung des dreimal verfluchten militärischen Geistes vor. Wenn alle größeren deutschen Städte mit einer solchen Truppe bedacht werden, dann haben wir neben dem bewilligten Heer noch weitere hunderttausend Mann, die sich in Drill, Formen, Gesinnung und Rohheit durch nichts von dem alten Heer unterscheiden werden. Der alte Geist wird rein erhalten … Es geht also wieder alles von vorn an: Paraden; Ansprachen an die kleinen Götter bis zum Unteroffizier abwärts, die ihrerseits bestrebt sein werden, den Druck nach unten weiter zu geben; der widerliche Geist der blanken Gewalt, der durch die angeworbenen Militäranwärter alten Stils deren Familien vergiftet wird; der Kasino-Rummel; der Gamaschendienst; die kindlichen, kleinen Eitelkeiten, das Spiel mit den blanken Abzeichen, die zahllosen Titel und Ränge, die Orden (man wird schon eine verkappte Form, auch gegen das bisschen Verfassung, aushecken) – all das beginnt von neuem … Was nützt nun alle Schulreform, was nützen alle Anstrengungen der Gutgesinnten, wenn die Regierung Prämien für

Gewalttat bezahlt? Wenn sie die alten schlechten Offiziers-
typen wieder hochzüchtet, deren Ära wir verblichen wähn-
ten?"[19] Entgegen früheren Zeiten, als man Soldaten, wenn
sie ihre Befugnisse übertraten, bestrafte oder zumindest nicht
belohnte, kritisierte Nicolai, „lobt Noske ausdrücklich die
Soldaten, die seine an sich schon strengen Standrechtsbe-
fehle noch überschritten haben, und damit ist denn tatsächlich die Staatssouveränität so gut wie völlig aufgehoben. Wir
haben also – zum ersten Mal in Deutschland – die ausgesprochen gesetzlose Militärdiktatur. In der Tat schaltet das
Militär teilweise sogar ohne vorausgegangene Erklärung des
Belagerungszustandes – vollkommen selbstherrlich und
willkürlich. Die Offiziere verhaften, wen sie wollen, sie lassen
Leute standrechtlich erschießen oder – wie im Falle Lieb-
knecht – ermorden, und niemand denkt daran, sie ernsthaft
und rechtzeitig zur Rechenschaft zu ziehen. Ja, der Kriegsminister und Oberbefehlshaber Noske (dieser Bonaparte
mit der Proletariervergangenheit und den durch keine Offi-
ziererserziehung geschliffenen und durch keine weltberühm-
ten Siege kompensierten Korporals-Manieren) hilft ihnen
… Aber auch", so Nicolai weiter, „der Militarismus als Glaube an die Wirksamkeit der Gewalt ist heute mächtiger denn
je. Früher konnte man noch sagen, solches Trotzen auf brutale Macht sei nur die überlebte Ansicht zurückgebliebener
Junker und profitgieriger Schwerindustrieller; heute aber
huldigen ihr – die Vertreter des Sozialismus!"[20] Dass nun
auch selbst noch große Teile der Sozialdemokratie vom Macht-
geht-vor-Recht-Denken infiziert waren oder zumindest dem
ihrer Führer verfallen schienen, ließ Nicolai zu dem Schluss
gelangen, dass der Glaube an die Gewalt seit Tacitus „tief
im Herzen der Deutschen" stecke. Gleichwohl wollte er eine
wie immer geartete historische Unwandelbarkeit des deutschen Sozialcharakters nicht akzeptieren und wünschte sich:
„Es wäre Zeit, dass die Erinnerung an unsere Urwaldver-
gangenheit aus den Straßen Berlins verschwände, denn wenn
die geeinte Welt diesen Glauben mit Gewalt herauszurei-
ßen gezwungen sein wird – dann wird Deutschland vielleicht daran verbluten. Das aber wäre schade, denn ich glaube, selbst wer die ‚Boches' hasst, will nicht, dass ‚l'Allemagne'
stirbt."[21]

Wenige haben wie Georg Friedrich Nicolai an Deutschland gelitten und sich bemüht, es vor weiterem Schaden zu bewahren. Eigentlich wollte er nicht an den „Sieg des Althergebrachten" glauben und hoffte, „die goldumsponnenen Leutnants und chauvinistisch-rabiaten Federfuchser werden nicht auf die Dauer am Ruder bleiben. Wenn aber", räumte er ein, „nichts Ernsthaftes geschieht, ... muss es in absehbarer Zeit zu einer Katastrophe kommen ... Von außen oder von innen – von oben oder von unten! – Niemand vermöchte das mit Sicherheit zu sagen; dagegen kann jeder, der nicht mit Blindheit geschlagen ist, als gewiss behaupten, dass Furchtbares, noch nie Dagewesenes kommen wird."[22] Eine Prognose, die verdeutlicht, wie realistisch Nicolai die deutsche Gegenwart und Zukunft einschätzte.

Wenige Monate später nahm er davon Abstand, die von ihm 1919 mitbegründete „Liga zur Förderung der Humanität" weiter auszubauen. Offenbar hielt er sie in einem Umfeld menschenverachtender Gepflogenheiten für nicht lebensfähig und zu einem Schattendasein verurteilt.

Gleich nach seiner Ernennung zum Medizin-Professor an der Universität Berlin verhinderten nationalistische Studenten im Januar 1920 die Wiederaufnahme seiner Vorlesungen. Nicolai, als „Deserteur"-Professor und wegen „Fahnenflucht" verächtlich gemacht, legte Beschwerde ein, woraufhin man ihm die Lehrbefugnis entzog. Nach verlorenem Prozess gegen Senat und Rektor der Universität nahm der in der deutschen Friedensbewegung hoch geachtete Nicolai 1922 einen Ruf der Universität Córdoba an, verließ Deutschland und wurde im lateinamerikanischen Exil zum Mentor der aufgeklärten jungen Generation eines ganzen Kontinents.[23]

Der nach 1945 viel beschworene „Auszug des Geistes" aus Deutschland begann nicht mit 1933, sondern nahm – wie der Fall Nicolai und andere belegen – bereits in den ersten Jahren der Weimarer Republik seinen Anfang. Dem deutschen Buchhandel und „Börsenblatt" kommt dabei eine bis heute kaum thematisierte Mitschuld zu.

Was Nicolai bewegte, trieb auch andere um. So urteilte der bereits oben zitierte Buchhändler im Oktober 1920: „Der preußische Militarismus war gleich nach der Revolution – wenn auch in etwas veränderter Gestalt – wieder

Trumpf und ist es bis heute! Verschließen wir doch nicht die Augen vor dieser Tatsache! Wie lange das so weiter geht – wer kann das wissen?"[24] Eine Frage, die angesichts des bis heute weitgehend geleugneten, verharmlosten oder einfach unterschlagenen Anteils des preußisch-neudeutschen Militarismus an den Grausamkeiten und Brutalitäten des Dritten Reiches, nichts an Aktualität eingebüßt hat!

Im „Börsenblatt des Deutschen Buchhandels" mehrten sich nationalistisch und alldeutsch inspirierte Literaturprodukte. Dazu gehörte u.a. die Reklame für das Buch „Germania – ein Frühlingstraum".Eine Rezension aus der „Deutschen Zeitung" diente offenbar dazu, dem Machwerk eine besondere Weihe zu verleihen: „Fürwahr", hieß es in dem vom „Börsenblatt" wiedergegebenen Zitat, „es muss Frühling gewesen sein, als es verfasst; so schön kann man nur im Frühling schreiben, so frühlingswund und ahnungsfroh … Und dann erleben wir einen Freiheitskampf, so lebendig und begeisternd wie damals, als wir hinauszogen. Eichenlaub am Helm und Röslein an der Brust, und vergessen ist alles andere, ist Schmach und Verrat. Glücklich, wer so träumen kann. Der deutschen Studentenschaft ist's Werk gewidmet. – Wolle Gott und unsere Jugend, dass der Traum wahr wird!"[25] Chauvinistischer Schmonzes – auf der Ebene des Niveaus von Courths-Maler angesiedelt und der reaktionär-militaristisch verseuchten deutschen Studentenschaft und Jugend ins Stammbuch geschrieben! In Erinnerung an das „Augusterlebnis von 1914"und, wie gehabt, erneut mit einem deutschnational gesinnten Christengott im Rücken!

In einem anderen Inserat, vom „Börsenblatt" in seiner Ausgabe vom 6. September 1920 publiziert, heißt es: „Soeben erschienen! Deutschlands Wiederaufrichtung 1925 und ein neues Königtum? Neueste Vorhersagen eines westfälischen Spökenkiekers (Geistersehers): Das interessanteste Buch seit 1914. Friedliche Wiederaufrichtung Deutschlands – Königreich Lothringen. – Englisch-amerikanischer Krieg gegen Japan – Der Papst König von Italien!!!"[26] Weissagungen mit dem Ziel, Deutschlands Größe wiederherzustellen in einem neuen Königreich mit den früheren „Reichslanden Elsass-Lothringen".Wie das alles friedlich von statten gehen soll, bleibt das Geheimnis des Autors und „Spökenkiekers".

Mit dem Krieg ist es natürlich nicht vorbei. Engländer und Amerikaner kämpfen vorerst gegen die Japaner, der Papst übernimmt derweil das Königreich Italien. Der Phantasie sind keine Grenzen gesetzt. Wie blödsinnig auch immer es erscheinen mag – Hauptsache: „Deutschland erwacht wieder!" Vor diesem Hintergrund wird die Haltung des „Börsenblatts" mehr als offenkundig: G.F. Nicolais Auseinandersetzung mit den Verbrechen des Hohenzollernregimes am und im Ersten Weltkrieg gilt der Redaktion als deutschfeindlich, während der grobe Unfug eines irregeleiteten Monarchisten und Revanchisten, der sich und die Welt mit erneuter deutscher Größe beglücken will, als zukunftsweisend gepriesen wird und keinen Anstoß erregt.

Dass Georg Friedrich Nicolai keineswegs ein Ausnahmefall war und es sich nicht um eine einzelne Schikane, sondern um eine systematische Ausgrenzung missliebiger politischer Auffassungen ging, zeigte sich nur wenig später. Abgesehen davon, dass die Ablehnung des Inserates von Nicolais Titel begleitet gewesen war von einer Hetze der „Alldeutschen Blätter" gegen den „Freien Verlag" und von Verunglimpfungen Hugo Balls, des literarischen Leiters des Verlags, geriet ein weiterer bedeutender Kritiker der kaiserlichen Kriegsverursachung und -politik ins Fadenkreuz der Zentralstelle des deutschen Buchhandels. Es handelte sich um Richard Grelling, wie Nicolai eine herausragende Persönlichkeit im Kampf gegen das nationalistisch-militaristische Deutschland während des Ersten Weltkrieges und in den Jahren danach.[27] Grelling ist von 1914 bis zu seinem Tode im Jahre 1929 der deutschland- und weltweit beste Kenner der Kriegsschuldfrage von 1914 gewesen – und selbst nach seinem Ableben hat ihn darin niemand, nicht einmal Fritz Fischer, übertroffen. Als Grelling, seit langem auf einem Landgut bei Florenz lebend, von August bis Oktober 1914 in Berlin weilte, entschloss er sich, gedrängt von bedeutenden Sozialdemokraten wie Eduard Bernstein, Hugo Haase und Karl Kautsky, seine persönliche Freiheit im Ausland zu nutzen, um dem deutschen Volk die Verantwortung des Führungspersonals der Reichsleitung für den Weltkrieg zu enthüllen. Seine Anfang 1915 in der Schweiz publizierte Anklageschrift „J'accuse!" wurde rasch in zahlreiche Sprachen übersetzt und ein Welterfolg. In Deutschland verboten die Militär- und Zensurbehörden „J'accuse!" Grelling sah sich „als bezahlter Soldschreiber des Feindbundes" diffamiert. Tatsache war jedoch, dass er für einen Großteil der Druck- und Herstellungskosten seines „J'accuse!" selbst aufkommen musste. Die Stigmatisierung Grellings in der willfährigen Presse der Herrschenden und in nationalistisch-militärischen Kreisen als „Deutschenfeind" ging schließlich so weit, dass ihn der Oberreichsanwalt im Mai 1918 in Abwesenheit wegen versuchten „Landesverrats" anklagte. Als Grelling im November 1918, inzwischen Mitglied der USPD, Friedrich Ebert und Philipp Scheidemann seine Dienste anbot, ließen diese ihn ins Leere laufen. Auch der parlamentarische Untersuchungsausschuss, der zur Prüfung der Kriegsschuld eingesetzt worden war, lehnte den Verfasser des berühmt gewordenen Buches „J'accuse!" als Sachverständigen ab. Rudolf Breitscheid, ebenfalls ein Gegner der Kriegspolitik und 1918/19 preußischer Innenminister, erklärte das „Warum?" und stellte fest: „So bleibt auch hier nichts anderes als die Furcht vor einem Mann, der die wilhelminische Regierung belasten könnte, und diese Belastung wünschen die Männer an der Spitze der der Republik und wünschen die Vertreter der Nationalversammlung maßgebenden Parteien nicht, weil sie den Nachweis ihrer eigenen Mitschuld vermeiden möchten."[28]

Zurück in die Niederungen des deutschen Buchhandels. Am 30. September 1919 teilte die Redaktion des Buchhändler-Börsenblattes dem Berliner „Verlag Neues Vaterland" mit, das ihm wenige Tage zuvor übersandte Inserat zu dem Buch „J'accuse" nicht „veröffentlichen zu können, da es sich um ein verbotenes Werk handelt. Das Buch wird ferner als schwere Schädigung des deutschen Ansehens betrachtet, und [so] bedauern wir auch aus diesem Grunde, von einer Veröffentlichung Abstand nehmen zu müssen."[29] Die Entscheidung des „Börsenblattes" war ein erneuter Schlag ins Gesicht all jener Deutschen, die seit dem 4. August 1914 in Opposition zur Kriegsschuld der zivilen und militärischen Leitung des Hohenzollernregimes und zur kaiserlichen Kriegspolitik standen. Ihrem Bemühen, das deutsche Volk über die Schuld der verantwortlichen Politiker und Militärs am und im Weltkrieg aufzuklären, schob das Blatt einen Riegel vor. Es handelte wie die Zensur- und Militärbehörden von 1914 bis 1918 und verbot bzw. grenzte aus, was ihm als missliebig, gefährlich oder feindlich galt. Von der Meinungsfreiheit hielten die Sachwalter der Freiheit des Wortes nichts. Nicht Recht, Freiheit und Wahrheit, sondern Deutschland und deutsche Unschuld ging ihnen über alles. Doch verstand sich die „Börsenblatt"-Redaktion nicht einfach nur als eigenständige politische Zensurinstanz. Vielmehr stützte sie sich bei ihrer Entscheidung auf die Zustimmung „übergeordneter Stellen" in Berlin.[30]

Bereits im Januar 1918 sah sich der Leipziger Vertreter des Berner „Freien Verlags" infolge eines amtlichen Zirkulars genötigt, bei der Deutschen Botschaft in Bern Protest einzulegen, ohne dass dabei etwas dabei herauskam. Nun, so mutmaßte die „Freie Presse", verstehe sich die Redaktion des Buchhändler-„Börsenblattes „wohl ebenfalls nicht ohne höhere Ermutigung" als Zensurstelle, indem es „ganz im Sinne der Monarchisten, für die sich ja durch die Revolution nichts geändert hat, ein Buch für ‚verboten' und für ‚eine schwere Schädigung des deutschen Ansehens im Auslande" erkläre. Vielmehr sei das Gegenteil der Fall. Denn die tatsächliche Wirkung von Grellings „J'accuse!" bestehe darin, „durch Verbreitung der Wahrheit über die Urheberschaft an der Weltkatastrophe sehr erheblich zur Ehrenrettung des deutschen Volkes beigetragen zu haben. So ist noch heute die Mentalität der offiziellen Vertretung des Buchhandels beschaffen, oder darf man vielmehr sagen: so stark ist der Wink militärischer Stellen in der angeblichen Revolutionsregierung? … Ein neues Zeichen aber auch, wie weit der Arm der preußischen Reaktion reicht!"[31]

In der Tat. Nicolai, Grelling und viele andere waren Opfer eines Bündnisses und Systems, dass die Welt auf den Kopf stellte und die Lüge zum Ausgangspunkt und zentralen Bestandteil einer Politik erhob, die alles tat, um die eigene Schuld und Mitschuld nicht ruchbar werden zu lassen bzw. um diese den gegnerischen Mächten anzulasten. Proteste wie die der „Weltbühne" und des „Vorwärts" vermochten gegen die Unterdrückung der Wahrheit und Schuldliteratur kaum bis nichts auszurichten. Zu stark und mächtig erwies sich die nationale Einheitsfront von Militärs, Sozialdemokraten, Alldeutschen,

Monarchisten, Vertretern des Zentrums, der Deutschen Demokratischen Partei und der Deutschnationalen in der Frage der Kriegsschuld und der Bewertung des Krieges insgesamt.

Im Falle des „J'accuse!" von Richard Grelling stellt sich die Haltung des „Börsenblatts" als besonders infam dar, hatte der Börsenverein des deutschen Buchhandels ihm doch viel zu verdanken. Grelling, als Autor sozialer Dramen und Mitbegründer der „Literarischen Gesellschaft" in Berlin Ende des 19. Jahrhunderts hervorgetreten, war zugleich als Rechtsanwalt bekannt geworden. Als Syndikus des „Deutschen Schriftstellerverbandes" verteidigte er den literarischen Naturalismus und erstritt vor Gericht z.B. 1893 die Aufhebung des Verbots der Aufführung von Gerhart Hauptmanns Theaterstück „Die Weber". Als es im Deutschen Theater in Berlin im Jahr darauf zum ersten Mal gespielt wurde, ließ Kaiser Wilhelm II. demonstrativ seinen Logenplatz kündigen. In diesen Jahren vertrat Grelling als Anwalt die Interessen deutscher Schriftsteller gegen obrigkeitsstaatliche Bevormundung und Zensur. Ein Vierteljahrhundert später musste er ohnmächtig zusehen, wie er mit den gleichen Methoden mundtot gemacht werden sollte.

Nicht den Krieg machten die Deutschen verantwortlich für das soziale Elend und den Verlust ihrer Großmachtstellung von 1914, sondern sie erklärten – und viele tun das auch heute noch – die Folgen des Krieges, den Frieden von Versailles, zur Wurzel allen Übels. „Lange konnten wir uns", heißt es in der „Neuen Schweizer Zeitung" am 10. Oktober 1919 unter den auf Gustav Noske bezogenen Titel „Diktator oder Imperator", „nicht erklären, weshalb die akkreditierten deutschen Propagandablätter und Propagandaschreiber in der Schweiz ihre Tätigkeit mit Kriegsschluss nicht einstellten; heute liegt des Rätsels Lösung vor uns. Bald wird die systematische Ideenvergiftung und Verfälschung in der deutschen Schweiz wieder einsetzen, deren unheilvolle Folgen viele von uns vielleicht schon vergessen habe."[32]

Eine nur auf den ersten Blick erstaunliche Tatsache. Ungeachtet der Revolution wirkten in der Deutschen Botschaft in Bern die kaisertreuen Kräfte weiter, da niemand sie von Berlin aus daran hinderte und sie im Amt beließ. Statt von der Verherrlichung des Krieges abzurücken und dessen Befürworter ein für alle Mal in die Schranken zu weisen, lebte die Auffassung und Irrlehre von der Notwendigkeit des Krieges fort. Mit mehr oder minder raffinierten Mitteln suchte man, das Volk weiter im nationalistisch-militaristischen Fahrwasser zu halten und ihm z.B. die Unvermeidlichkeit eines Revanchekrieges gegen Frankreich zu suggerieren. Dabei legte man ebenso Wert auf Volkstümlichkeit wie auf einen neuen „Burgfrieden", der Reiche und Arme, rechts und links, umfassen sollte. So veröffentlichte das „Börsenblatt" am 18. Oktober 1920 das Inserat „Mit Russland gegen Frankreich!" des in Naumburg an der Saale ansässigen Carl August Zaucre Verlag. Aufgrund der einige Wochen zuvor im „Börsenblatt" geschalteten Voranzeige waren nach eigener Aussage noch vor dem Druck der ersten Auflage an die 5 000 Bestellungen eingegangen.[33] Im selben Verlag erschien 1919 von Otto Authenrieth der Titel „Die drei kommenden Kriege – Englands Auseinandersetzung mit seinen Brüdern von der Entente". Es handelte sich um eine, den Krieg vergötzende militärisch-politische Prophezeiung, die „Deutschlands Aufstieg in den kommenden Wirren" thematisierte und 1921 ins 220. Tausend ging. Im Münchner Verlag „Heimatland" publizierte Authenrieth eine nationalistisch-bolschewistische Variante der nach wie vor bestehenden und fortwuchernden Bereitschaft, Konflikte nicht durch Verständigung und auf friedlichem Wege zu lösen, sondern durch Gewalt und Krieg. Das Buch trägt den bezeichnenden Titel „Bismarck II. – Roman der deutschen Zukunft", knüpft an den Bismarck-Kult an und stellt den Versuch des Autors dar, seinen chauvinistischen Träumereien poetischen Ausdruck zu verleihen. Die Geschichte dreht sich um den Aufstieg des Barons Otto von Fels, der, durchdrungen von Gefühlen der Solidarität mit dem deutschen Volk, ein Mädchen aus der Arbeiterklasse heiratet. Als eine Art Wiedergeburt Götz von Berlichingens steigt er zu einem angesehenen Volksredner auf und wird sogar mit dem Kommando der Roten Armee betraut. Mit ihr und mit Hilfe der Russen riskiert er einen wagemutigen Streik gegen die französischen Besatzungstruppen. Nach seinem Erfolg bezeichnet man ihn als „Führer", macht ihn zum völkischen Diktator und zu Bismarck II. Als „Führer" gelingt es ihm die norddeutschen Kommunisten und süddeutschen Nationalisten zu einer neuen, mächtigen Partei, der „Wiederaufbaupartei", zu vereinen.[34] Danach treibt er, dabei erneut von der Sowjetunion unterstützt, Deutschlands Wiederbewaffnung voran. Am Ende befehligt er die stärkste Militärmacht in Europa. Mit ihr liquidiert er Polen, besiegt Frankreich und wird zum Herrscher der Welt. Die Deutschen, von seinem Erfolg überwältigt, tragen ihm aus Dankbarkeit die Kaiserkrone an, aber Otto, Gründer des neuen Reiches, weist die Krone zurück und bittet, sie später seinem Sohn anzubieten.

Der Roman folgt ohne „Wenn und Aber" dem Motto Otto von Bismarcks: Macht geht vor Recht. Er verherrlicht die Gewalt, sucht dem Krieg ein neues Betätigungsfeld zu eröffnen und Deutschland zu neuer Größe zu verhelfen. Dass dabei Völker, ganze Nationen und zahllose Menschen ihr Leben lassen müssen, interessiert den Autor nicht einmal am Rande.

Auf vergleichbarem Niveau befindet sich das „Weihnachtsbuch 1920" mit dem Titel „Im Felde unbesiegt".[35] Es propagiert, „dem deutschen Volke wieder Vertrauen zu sich selbst zu geben". Schriftsteller und „30 treffliche Mitkämpfer" sind in ihm mit Beiträgen versammelt, „an ihrer Spitze Hindenburg und Ludendorff". Auch hier das Bestreben, „ein Volksbuch zu schaffen". Wie ein Jahr später in „Bismarck II." steht auch hier die Zukunftsperspektive im Vordergrund: „Wenn wir erst wieder von dem Glauben an die eigene unverwüstliche Kraft durchdrungen sind, werden wir uns als Nation durchsetzen." So der Wortlaut des Inserats des nationalistischen und während des Weltkrieges für maßlose deutsche Annexionen engagierten Münchner Verlags J.F. Lehmann, vom „Börsenblatt" am 6. Oktober 1920 in seiner Ausgabe Nr. 226 veröffentlicht.[36] Statt Selbstkritik nimmt – wie bei allen nach 1918 kriegsverherrlichenden und für neue Kriege plädierenden Schriften – auch hier die Mystifikation des bankrotten Regimes einen besonderen Platz ein. Die schimmernde Wehr, an der man sich einst orientiert und aufgerichtet hat, will man zu früherer Stärke zurückführen und in neuen Glanz tauchen. In diesem Weltbild haben der Pazifismus oder Gedanken an Völkerver-

Aus der Reaktionswerkstatt

Inserat aus dem Börsenblatt Nr. 226 vom 6. Oktober 1920.

Im Felde unbesiegt!
Das Weihnachtsbuch 1920!

Um dem deutschen Volke wieder Vertrauen zu sich selbst zu geben, haben sich 30 treffliche Mitkämpfer und Schriftsteller, an ihrer Spitze

Hindenburg und Ludendorff,

zusammengeschlossen, um ein Volksbuch zu schaffen, das Deutschland zeigen soll, welch unvergleichliche Leistungen seine Heere vollbracht haben.

Wenn jeder Deutsche weiß, daß wir im Felde tatsächlich unbesiegt waren, wenn wir erst wieder von dem Glauben an die eigene unverwüstliche Kraft durchdrungen sind, werden wir uns wieder als Nation durchsetzen.

Von der Zeitschrift „Der Pionier" in seiner Dezemberausgabe 1922 wiedergegebenes Inserat aus dem „Börsenblatt", Nr. 226, vom 6. Oktober 1920

 ## Aus der Reaktionswerkstatt

Die Propaganda der Kriegshetzer

Inserat aus dem Börsenblatt Nr. 234 vom 18. Oktober 1920

Mit Rußland gegen Frankreich!

Kritische Schlußfolgerungen aus der heutigen politischen Weltlage. Das aktuellste Buch der Gegenwart! Ein Buch des Massenabsatzes mit eindringlicher Schaufensterreklame.

Die volkstümliche Darstellung fesselt den Kapitalisten wie den Arbeiter gleichermaßen, und wenn je etwas geeignet war, die Kluft zwischen reich und arm, zwischen rechts und links zum Nutzen des ganzen Volkes zu überbrücken und den Arbeiter vom Wahne des Bolschewismus zu heilen, so ist es dieses Buch. Jedermann ist Käufer. Sortimenter in Industriegebieten seien ganz besonders auf diese zugkräftige Neuerscheinung aufmerksam gemacht. Der Titel ›Mit Rußland gegen Frankreich‹ elektrisiert die Massen in höchstem Grade.

Die erste Auflage von 5000 Stück wurde auf Grund der Voranzeige in Nr. 220 des Börsenblattes fast ganz vorausbestellt. Eine zweite Auflage wird sofort nachfolgen.

Carl August Tancre Verlag, Naumburg a/S.

Von der Zeitschrift „Der Pionier" in seiner Dezemberausgabe 1922 wiedergegebenes Inserat aus dem „Börsenblatt", Nr. 234, vom 18. Oktober 1920 ständigung weiterhin keinen Platz; wer sich aber erlaubt, solchen Ideen das Wort zu reden, der muss damit rechnen, als „Landesverräter" an den Pranger gestellt und bekämpft zu werden. Dazu gehört es, von dem „Glauben an die eigene unverwüstliche Kraft" weiter durchdrungen zu sein. Von einem Neuanfang oder einer Umkehr des Denkens ist kaum etwas zu spüren. Als kennzeichnend für die Stimmung im Lande mag ein Vorfall in Berlin 1922 gelten. Die „Komische Oper" kündigte ihre „Große Revue" durch ein Plakat an den Anschlagsäulen an.[37] Es zeigte drei Soldaten, einen Deutschen, einen Engländer und einen Franzosen, die sich die Hand reichen. Das war den bürgerlichen Parteien schon zu viel, und so forderten sie in der Stadtverordneten-Versammlung den Magistrat auf, dafür Sorge zu tragen, dass das Plakat sofort wieder verschwinde. Man mag einwenden, dass sei ein Einzelfall gewesen – aber war das wirklich allzu weit entfernt von der Devise: „Mit Gott, für König und Vaterland!?"

Nicht nur die Zentralstelle des deutschen Buchhandels, sondern der Buchhandel selbst beteiligte sich daran, der Leserschaft unerwünschtes Schrifttum vorzuenthalten, und stellte damit nach Auffassung der „Menschheit" das „stärkste Bollwerk des alten Geistes" dar. So hielt zum Beispiel der „bekannte deutsche Buchhändler einer Universitätsstadt Mitteldeutschlands" gegenüber dem Ludwigsburger Verlag „Friede durch Recht" nicht mit seiner Meinung hinter dem Berg und warf ihm vor: „Sie leisten verschiedenen guten Schriftstellern entschieden einen schlechten Dienst, wenn Sie diese auf eine Liste mit Hellmut von Gerlach, Kuttner, [Georg Friedrich]Nicolai, Rosa Luxemburg, [Matthias] Erzberger, [Maximilian] Harden, [Richard] Grelling und anderen setzen. Wenn sich deutsche Buchhändler für diese Art politischer Richtung nicht einsetzen, so stellen sie diesen nur ein gutes Zeugnis aus."[38] Doch damit nicht genug. An der Ausgrenzung von als „undeutsch" empfundener oder stigmatisierter Literatur beteiligte sich auch die damals schon größte süddeutsche Buchhändlerfirma „Koch, Neff & Oetinger" (Stuttgart), die im Jahr zuvor noch eine gemäßigte Haltung eingenommen hatte. In einem Schreiben an den pazifistisch-republikanischen Verlag „Friede durch Recht" lehnte sie es im Zeichen des Kampfes gegen die Kriegsschuldlüge und den Versailler Vertrag offenbar ab, dessen Publikationen weiter im Sortiment zu führen. Die Begründung lautete: „Aus verschiedenen Gründen sehen wir uns veranlasst, dass wir die im vorigen Jahre übernommene buchhändlerische Vertretung Ihrer Firma bzw. den Vertrieb der in Ihrem Verlag erschienenen pazifistischen Bücher nicht weiter besorgen können, weil unsere Firma, die in nationalen Dingen eine andere Auffassung wie Sie vertritt, nicht mit Ihren Bestrebungen länger identifiziert sein möchte."[39] Dass sich gegen den Ausgrenzungs- und Boykottbeschluss des Sortimenters unter den Buchhändlern kein nennenswerter Widerstand regte, verdeutlicht, wie auch sie es in ihrer großen Mehrheit nicht für nötig hielten, auch nur einen Deut von ihrer weitgehend kaisertreuen und militaristischen Einstellung abzurücken. Betroffen waren vor allem Bücher und Schriften, die sich für eine Anerkennung der deutschen Schuld am Ersten Weltkrieg aussprachen. Zugleich galt es, den Pazifismus weiterhin als „undeutsch" zu bekämpfen und aus dem Lande zu treiben. Statt einer tiefgreifenden und umfassenden Auseinandersetzung mit den Verbrechen und Irrtümern der Vergangenheit das Wort zu reden oder diese zumindest zuzulassen, trat man weiterhin für deutschnationale Positionen ein. Ein Verlag, der sich für das genau entgegengesetzte Motto engagierte und auch mit seinem Namen „Friede durch Recht" verdeutlichte, stand auf verlorenem Posten. Zu erdrückend waren die Stärke und die Kraft der auf Lug und Trug beruhenden nationalistisch-militaristischen Propaganda, die, von machthabenden Kreisen in großem Umfang gefördert und von willfährigen Publizisten, Historikern und Journalisten mitgetragen, das Volk vergiftete. Im Grunde genommen orientierte sich die Haltung zahlreicher Vertreter des deutschen Buchhandels an der Gesinnung, die sie in den Jahren vor und nach 1914 an den Tag gelegt haben. Das wiegt umso schwerer, weil es während des Krieges – anders als in der Republik – eine von den Militärs ausgeübte Zensur gab, sieht man einmal von dem Jahr 1923 ab, als das Militär wieder herrschte und erneut in der Lage war, unliebsame Presseerzeugnisse, die sich dem „neuen Burgfrieden", genannt

„nationale Einheitsfront", nicht unterwarfen oder gar Kritik an ihm rühmten, wie im Ersten Weltkrieg zu verbieten. In den Jahren 1919/20 ist der Kontext jedoch ein anderer gewesen, und kein Generalkommando war mehr auf der Grundlage eines Gesetzes über den Belagerungszustandes in der Lage, so zu schalten und walten wie in dem Zeitraum von 1914 bis 1918.

Gleichwohl fühlt man sich an die Verfolgung der Pazifisten im Ersten Weltkrieg erinnert. So erklärte z.B. der stellvertretende preußische Kriegsminister Hermann von Stein 1915 in einem Erlass vom 7. November 1915, „dass die in Deutschland seit einiger Zeit sich in erhöhtem Maße geltend machenden weltbürgerlichen Friedensbestrebungen im Ausland als Zeichen von Schwäche oder Uneinigkeit ausgelegt und zur Belebung des Willens und der Hoffnung, Deutschland niederzwingen zu können, benützt würden".[40] Obwohl es für eine solche Einschätzung keine tatsächlichen Gründe gab, gipfelte der Erlass in dem zusätzlichen Vorwurf, die „pazifistischen Bestrebungen grenzten an Landesverrat, da sie geeignet seien, auf Kosten unserer eigenen Widerstandsfähigkeit diejenige des Feindes zu stärken und den Krieg in unnötigerweise zu verlängern".[41]

Obwohl zahlenmäßig schwach, reichte ihre bloße Existenz aus, sie zu unterdrücken und sich ihrer zu entledigen. Die pazifistischen Organisationen und Organe wurden verboten, öffentliche wie geschlossene Versammlungen untersagt, Haussuchungen angeordnet, Personen verhaftet und eingesperrt, Schriften und Korrespondenz beschlagnahmt sowie der Versand von Schriften, Mitteilungen, Sonderdrucken etc. unter Strafe gestellt. Hinzu gesellte sich eine monatelange Hetzkampagne der nationalistischen und alldeutschen Presse gegen Vertreter pazifistischer Ideen und eines Verständigungsfriedens. Schmähungen wie „gefährliche Vaterlandsverräter", verbunden mit der Aufforderung, „diese Gesellschaft endlich hinter Schloss und Riegel zu setzen",[42] gehörten zum Alltag. Einen besonders gehässigen Höhepunkt erreichte das mit haltlosen Verdächtigungen und Verunglimpfungen einhergehende Kesseltreiben, als die Rheinisch-Westfälische Zeitung, das Blatt der Schwerindustrie, am 26. September 1915 und mit Blick auf die Pazifisten von

„Schüssen in den Rücken" des deutschen Volkes sprach.[43] Was stand hinter dem Anspruch der Zentrale des Börsenvereins, des Stuttgarter Großsortimenters und der vielen Buchhändler, den echten „deutschen Geist" zu vertreten? Da ist zunächst das Unterschieben einer Böswilligkeit. Pazifisten und Republikaner galten ihnen als ärgste Feinde, stets bereit, dem deutschen Volk zu schaden, es zu vernichten und in den Untergang zu treiben. Das gehörte zum festen Bestandteil ihres Denkens über andere Völker. Das „Vaterland" und der Staat, den sie zu präsentieren beanspruchten, waren identisch. Wer nicht für ihren Standpunkt eintrat oder sich ihnen in den Weg stellte, betrieb die Geschäfte des Auslands und der Feinde. Wer so spricht und handelt, erwartet, dass man sich ihm unterwirft, und fordert mit unnachgiebiger Härte und großer Selbstverständlichkeit, ihm zu folgen. Wehe dem, der Einwände gegen jenes „Deutschtum" erhebt, das nur seine Interessen und seine Leiden kennt und gelten lässt!

Im Unterschied zu den Frauen und Männern, die sich im Einklang mit den übernationalen und aufklärerischen Traditionen des vorbismarckschen Deutschland befanden und sich wie Friedrich Wilhelm Foerster, Richard Grelling oder Georg Friedrich Nicolai für eine Neuorientierung der Politik auf dieser Grundlage aussprachen, hielten die selbst ernannten Sachwalter deutschen Geistes weiterhin an ihren Vorurteilen und ihrem Hochmut fest. Kritik an sich selbst oder dem kaiserlichen System lag ihnen fern. Vielmehr verschwiegen und deckten sie alle Verbrechen, die von 1914 bis 1918 geschehen waren. Umso mehr und besser ließ sich auf die „bösen Feinde" einschlagen. Dahinter stand unübersehbar das Programm der nationalen Kreise in Deutschland. Sie wollten die Revanche und nicht den Frieden von Versailles, sie wollten den deutschen Frieden, d.h. die Herrschaft über den Kontinent und die Welt. Unrecht gibt es in diesem Denksystem nicht.

Ihr Standpunkt lautet: Der Deutsche hat immer Recht. Unrecht haben nur seine Feinde. Was der Deutsche tut, wie kann das verkehrt sein? Deshalb der Angriff der Nationalisten auf Reichskanzler Bethmann Hollweg, weil er im August 1914 nach dem Überfall auf Belgien von einem Un-

301

recht sprach. Und deshalb verteidigten dieselben Kreise die deutschen Massaker an der belgischen Zivilbevölkerung als eine Notwendigkeit, sogenannten Franktireuren das Handwerk zu legen – eine Phantasieprodukt, das von deutscher Seite über ein halbes Jahrhundert hinweg aufrechterhalten worden ist und selbst heute noch dafür herhalten muss, die Verbrechen der Täter den Opfern anzulasten.

Ungeachtet der längst widerlegten Legende vom „Franktireurkrieg" scheut sich zum Beispiel Wibke Bruns, die wahrlich nicht verdächtig werden soll, eine Deutschnationale zu sein, in ihrem viel gelesenen und weite Verbreitung gefundenen Buch „Meines Vaters Land – Geschichte einer deutschen Familie" nicht, mit völkerverhetzenden Äußerungen ihres Vaters erneut der übelsten Gräuelpropaganda das Wort zu reden. Statt sich zu fragen, ob die von ihrem Vater behaupteten Ungeheuerlichkeiten der Wahrheit entsprechen, gibt sie in ihrem Buch folgenden Text ihres Vaters unkritisch und unkommentiert wider: „Belgien wird ohne Kriegserklärung überfallen, und die empörte Bevölkerung greift hinter der Front zu Küchenmessern und Gift. Das trifft vor allem die langsame Etappe, und jetzt ist es vorbei mit allem, was Kurt [= der Vater von W. Bruns] aus Manövern und den kriegerischen Gesellschaftsspielen mit den Kindern auf Juist kennt. Entgeistert notiert er in seinem Tagebuch, dass ‚belgische Bauernweiber' Brunnen kontaminieren, Feldköche mit unter der Schürze verborgenem Schlachtgerät massakrieren und der deutschen Einquartierung, die nachts ihre Schlafzimmer okkupiert, im Morgengrauen die Kehlen durchschneiden. Mit der Haager Landkriegsordnung hat das wenig zu tun. Auch nicht das ‚Franctireurs-Pack', Freischärler, die in Wäldern und unü-bersichtlichen Schluchten Hinterhalte legen, oder jene ‚gebildeten Leute!! Rechtsanwälte, Apotheker', deren Mansarden in Kleinstädten zu Schießständen werden."[44]

Festzuhalten bleibt: Es hat keine – wie Wibke Bruns oder ihr Vater es nennen – „belgischen Bauernweiber" gegeben, die Brunnen vergiftet oder Feldköche massakriert haben etc.[45] Allein schon die herabsetzend anmutende Bezeichnung „belgische Bauernweiber" hätte die Autorin aufhorchen und veranlassen müssen, die Äußerungen ihres Vaters zu überprüfen. Die Neigung vieler Deutscher, den Berichten ihrer Väter und Großväter Glauben zu schenken, scheint offenbar größer zu sein, als gemeinhin bekannt ist. Aber es gibt auch Gegenbeispiele, wie z.B. das Buch des jungen Historikers Moritz Pfeiffer, der den Erzählungen seines Großvaters, im Zweiten Weltkrieg sowohl an der Ost- wie an der Westfront als Offizier eingesetzt, misstraute und schließlich herausfand, dass er mehr gewusst und gesehen hat, als er seinem Enkel zunächst zugeben wollte.[46]

Die Leitung des „Börsenblattes für den deutschen Buchhandel" lehnte nicht nur die Anzeigen von Verlegern pazifistischer Literatur ab, wozu neben Grellings „J'accuse", Nicolais „Sechs Tatsachen … auch Heinrich Wandts „Etappe Gent" gehörte – im Wesentlichen eine Sammlung von Erlebnissen und Skandalgeschichten, mit denen Autor zahlreiche namentlich angeführte deutsche Offiziere als Menschenschinder, Feiglinge, Säufer, Fresser und Hurenböcke bloßstellte.[47] Auch dem Verleger Paul Steegemann in Hannover, der in seiner spätexpressionistisch-dadaistischen Reihe „Die Silbergäule" u.a. Autoren herausbrachte wie Hans Arp, Franz Blei, Kasimir Edschmid, Richard Hülsenbeck, Klabund, Rudolf Leonhard, Hans Reimann, Kurt Schwitters, Walter Serner und Heinrich Vogeler, verweigerte die Redaktion des Börsenblattes die Ankündigung einiger seiner Verlagserzeugnisse und bevormundete damit erneut die Buchhändler und Leserschaft.[48]

Ein besonders chauvinistisches wie revanchistisches Erzeugnis kündigte das „Börsenblatt" hingegen in seiner Ausgabe vom 25. November 1922 an als „das billigste Buch auf dem Weihnachtsmarkt" – mit 360 Bildern für nur 40 Mark. Das von Otto von Stülpnagel herausgegebene Dezemberheft der „Süddeutschen Monatshefte" behauptete, unter „Mithilfe vaterländischer Männer" eine der Grundlagen des Vertrags von Versailles „vernichtet" zu haben, nämlich: „Deutschland habe Nordfrankreich und Belgien mutwillig zerstört." Es entlarve, hieß es weiter, „an Hand von deutschen und feindlichen Akten und mit Hilfe eines riesigen Bildmaterials diese zynische Lüge. Dieses Werk ist aber nicht nur eine Keule für das deutsche Volk zur Zertrümmerung des Versailler Vertrags, es ist auch die wertvollste Kriegserinnerung für alle ehemaligen Soldaten. Von allen Kriegs-schauplätzen bringt es Bilder – jeder Feldsoldat wird in ihm auf Schritt und Tritt große Erinnerungen vor sich aufsteigen sehen."[49] Da man sich des Erfolgs des neuen Machwerks sicher war, forderte der Verlag den Handel auf, „sofort zu bestellen, da die Auflage in kurzem vergriffen sein wird und ein Neudruck unter den heutigen Bedingungen nicht zu bewerkstelligen sein wird.[50]

Nicht minder reißerisch ist das ebenfalls im Börsenblatt erschienene Inserat zu dem von H.C. von Zobeltitz herausgegebenen Band „'Und was der Feind uns angetan…' – Das Buch zum Raubfrieden" aufgemacht.[51] Angepriesen wird das 20. Tausend der Erstauflage aus dem Jahr 1921 mit den Schlagworten „Jetzt ins Schaufenster!" und „Mit über 100 Lichtbild-Aufnahmen über die Ausführung des Versailler Schandvertrages". Als Mitarbeiter sind Hindenburg, Ludendorff, Mackensen, „die drei letzten Gouverneure unserer Grenzfestungen", Admiral Scheer und Reichskanzler Cuno genannt, also vor allem Leute, die, wie z.B. Hindenburg und Ludendorff als Vertreter der Obersten Heeresleitung, für eine Reihe von Kriegsverbrechen verantwortlich zeichneten. Statt sich von den Gräueltaten und Untaten des preußisch-deutschen Militarismus im okkupierten Belgien und Nordfrankreich zu distanzieren und die Schuldigen anzuklagen, suchte man sich reinzuwaschen und stellte sich als Leidtragender und Verfolgter hin. Offenbar verstanden sich die machthabenden Kreise – und in ihrem Gefolge viele Deutsche – nicht erst nach 1945, sondern schon nach 1918 gut darauf, sich selbst gegenüber Milde walten zu lassen, die Mörder und Verbrecher in Schutz zu nehmen, den Opfern aber mit Gleichgültigkeit zu begegnen und der Wahrheit nicht den geringsten Respekt zu erweisen.

Fraglos suchte der Verleger „Fr. Zillessen (Heinrich Beenken) Verlagsbuchhandl., Berlin C 19"[52] aus der politischen Situation Kapital zu schlagen und die gerade im Januar 1923 erfolgte Besetzung des Ruhrgebietes durch französisch-belgische Truppen im revisionistisch-verkaufsträchtigen Sinne zu nutzen. Der Einmarsch erfolgte, was in der Regel in deutschen Veröffentlichungen unterschlagen wird, nicht ohne Verschulden der deutschen Seite. Statt im sich

zuspitzenden Reparationskonflikt auf Frankreich zuzube-
wegen, proklamierte die Regierung Cuno eine „nationale
Einheitsfront", auch „passiver Widerstand" genannt, den die
Pazifisten des Westdeutschen Landesverbandes der Deutschen Friedensgesellschaft „als die Fortsetzung der bereits
in der Julikrise von 1914 praktizierten Politik mit anderen,
zum Schein friedlichen Mitteln" bezeichneten.[53]

Die deutschen Verantwortlichen und Politiker wussten
ganz genau, zu welchem Schritt Frankreich greifen wollte.[54]
Voraus gegangen waren absichtliche Verfehlungen der deutschen Regierung bei den Sachlieferungen von Kohle und
Holz. Man behauptete, nur etwa 100 000 statt der vereinbar-
ten 200 000 Telegrafenstangen liefern zu können. Dabei wäre
es entgegen den deutschen Verlautbarungen durchaus möglich gewesen, die fehlende Menge zu beschaffen. Als Frankreich eine Schweizer Firma beauftragte, in Deutschland in-
kognito 100 000 Telegrafenstangen zu bestellen, erhielt das
Unternehmen zur Antwort, dass dies umgehend möglich
sei. Die Reparationskommission stellte denn auch absichtliche Verfehlungen der deutschen Regierung fest, und die
Truppen sollten nun flankierend das Bestreben decken, die
Lieferungen selber aus Deutschland herauszuholen. Nach
Heinrich Ströbel haben bereits der SPD-Reichstagsabge-
ordnete Ludwig Quessel und der Ökonom Robert Kuczyn-
ski „streng chronologisch und mit unwiderlegbaren Tatsachen nachgewiesen, durch welch sträfliche Zauder- und Sa-
botagepolitik die politische Leitung Deutschlands erst die
Besatzungsaktion provoziert hatte."[55] Insbesondere Hugo
Stinnes, Karl Helfferich und Wilhelm Havenstein waren es,
die mit ihrem Konzept der Verweigerung von Reparations-
leistungen, der Annulierung des Versailler Vertrages und
der damit verbundenen Hetzpropaganda erheblich zu der
Katastrophenpolitik beitrugen, die im „Ruhrkampf" gipfelte und zum Zusammenbruch des deutschen Finanzsystems
führte. Ihr Motto: „Lieber Besetzung des Ruhrgebietes, als
Opfer des deutschen Besitzes"[56] – wobei vor allem Stinnes
an dem „Kampf an der Ruhr" und der Inflation verdiente,
während die Arbeiter und der Mittelstand verelendeten.
„Es wäre lohnend", schreibt Leopold Schwarzschild im Januar 1938 anlässlich des 15. Jahrestages der Wiederkehr des

Einmarsches der französisch-belgischen Truppen ins Ruhrgebiet, „auf die Geschichte und Ergebnisse dieser tragischen
Episode, – die von der deutschen Seite stark herbeige-
wünscht worden war und in deren Verlauf der Reichspräsi-
dent Ebert sich in einem noch erhitzteren Nationalismus als
sein Kanzler Cuno austobte, – es wäre lohnend, ausführlicher auf sie einzugehen. Vielleicht findet sich noch Gelegenheit dazu. – Im Augenblick ist zu konstatieren, dass das
neue Reich in all den zahlreichen Erinnerungen die Bedeutung der Periode nicht einmal erschöpfte. Keineswegs wurde hervorgehoben, was die Ruhrsache für seine eigne Vorbereitung bedeutet hatte, – und welchen Dank es Ebert und
Cuno schuldet. Es war die Ruhr-Krise, – künstlich und ab-
sichtlich provoziert, um die Reparationen in die Luft zu sprengen, was damals bekanntlich noch misslang, – von der Hitler, direkt und indirekt, aus einem Hintergrunds-Dasein
nach vorne geführt wurde. In direkter Wirkung riss der
Hexensabbat der Inflation und der Verelendung, die das
Ruhr-Drama begleiteten, die nationalsozialistische Bewegung hoch. In indirekter Wirkung aber kam ihr der exzessi-
ve Nationalismus zugute, der damals nicht nur entstand,
sondern von oben gezüchtet wurde. Denn von der ‚passiven
Resistenz‘, der Nicht-Arbeitsleistung, zu der die Rhein- und
Ruhrbevölkerung offiziell angehalten wurde, gingen die Re-
gierungsinstanzen sehr bald zur Organisation des ‚aktiven
Widerstandes‘, der Sabotage und des Terrors, über; und daraus wieder folgte noch schlimmeres. Aus den späteren Ver-
handlungen des ‚Feme-Ausschusses‘ des Reichstages und
aus einem Reichsgerichts-Vorverfahren gegen den berühmten Oberleutnant Roßbach weiß man heute ziemlich genau
über die damaligen Vorgänge Bescheid. Man weiß, dass
schon in den ersten Januartagen, noch ehe die Ruhrbeset-
zung proklamiert war, der Staatssekretär in der Reichs-
kanzlei, Dr. [Eduard] Hamm, die Sabotage zu organisieren
begann. Er berief dazu einen gewissen [Dieter] Jahnke, der
sich während des Krieges in Amerika, unter Herrn [Franz]
von Papen, in Brücken-, Bahn- und Fabriksprengungen be-
währt hatte. Dieser Jahnke erhielt Geld und Kompetenzen,
– und nun sprossten die Kolonnen auf, die, zum ersten Male
von der amtlichen Sonne beschienen und amtlich zum un-

verbrüchlichen Geheimnis, zur Verschwörung und Gewalttat verpflichtet, rasch mit allem zusammenflossen, was es sonst noch an Abenteurerei in Deutschland gab; bis – schon im Februar – ganze Verschwörer-Regimenter aufgestellt waren, so das Regiment von [Oberst] Oven in Hannover, die Verbände im Ohrdrufer Lager und in Küstrin, kurz: alles, was dann unter dem Namen „Schwarze Reichswehr" berühmt und berüchtigt geworden ist. Hier wurden die Oberleutnant [Paul] Schulz, der Fememörder [Edmund] Heines, der Nationalheld [Albert) Schlageter, der Putsch-Major [Bruno Ernst] Buchrucker auf Staatskosten für das deutsche Volk erzogen und erhalten. Hier ist, was geistiger, moralischer, methodischer und personaler Fortsetzung später zum Dritten Reiche werden sollte, erstmals legalisiert und popularisiert worden. Es läuft eine direkte Linie von diesen Ruhr-Cagoulards – denen die Namen Ebert, Braun, Severing nicht fremd waren – zur kapuzenlosen Gegenwart." Solche Einsichten, Darlegungen und Kontinuitätslinien sind in den Arbeiten deutscher Historiker über den „Ruhrkampf" nicht zu finden. Gleiches gilt für folgenden Sachverhalt. Bereits Anfang 1923, also schon ein paar Tage vor dem 11. Januar 1923, ist der Reichstagsabgeordnete Albrecht von Graefe, eine der führenden Vertreter der Deutschvölkischen Freiheitspartei bei Reichskanzler Cuno gewesen, um ihm vorzuschlagen, „für den Fall feindlicher Angriffe von außen und zur Niederschlagung von Unruhen im Innern die ‚Völkischen Turnerschaften' und die ‚Völkischen Kampfkorps' zur Verfügung" zu stellen, „unter der einen Bedingung, dass den Völkischen ihre Führer, wie [Gerhard] Roßbach, durch Verhaftungen nicht weggenommen und auch die sonstigen Belästigungen der völkischen Freiheitsbewegung, insbesondere durch den preußischen Innenminister [Carl] Severing nicht fortgesetzt würden."[58] Cuno hat dem Vorschlag Graefes entsprochen und Roßbach ein paar Tage später empfangen. Jedenfalls wurde die Schwarze Reichswehr – unter Mitwisserschaft und Duldung der Reichsregierung in den ersten Monaten des Jahres 1923 als zusätzliches Militärreservoir zur regulären Truppe ins Leben gerufen. Soldaten der Schwarzen Reichswehr sollen sogar zwei Tage und Nächte lang den Reichstag bewacht haben.[59]Als einer der wenigen

SPD-Politiker prangerte Erich Zeigner, im März 1923 zum Ministerpräsidenten Sachsens gewählt, die Komplizenschaft der Reichsregierung mit den rechts-radikal-antisemitisch gesinnten Militärverbänden öffentlich an. Als er gar im Oktober 1923 zwei Mitglieder der KPD in seine Regierung aufnahm, um eine Volksfront gegen die Bedrohung von deutsch-völkischen und faschistischen Kreisen zu bilden, ließ ihn Friedrich Ebert per Reichsexekution entmachten, wobei die dabei eingesetzten Truppen eine Brutalität an den Tag legten, die an das Dritte Reich erinnern.60 Zeigner, im November 1923 festgenommen – es ging um eine läppische „Weihnachtsgans", die er als Jusitzminister Sachsens von einem früheren Klienten geschenkt worden war –, wurde wegen angeblicher Bestechlichkeit zu drei Jahren Haft verurteilt.[61]

Die „nationale Einheitsfront" im „Ruhrkampf" umfasste die Deutschnationalen, Nationalsozialisten, die großen Parteien der Weimarer Republik einschließlich der KPD, die Gewerkschaften und zahllose andere Organisationen, Verbände und Vereinigungen. Von wenigen Organen abgesehen, orientierte sich die Presse an den Methoden der Kriegszeit. Hetznachrichten und das Proteste darüber, einem Rechtsbruch ohnegleichen ausgeliefert zu sein, waren an der Tagesordnung.[62]

„Deutschland lief Amok" – charakterisierte Leopold Schwarzschild die Situation und schrieb: „Mit kleinen und mit großen Mitteln wurde die Bevölkerung aufgepeitscht. Restaurants und Kaffeehäuser empfingen Schilder: ‚An Franzosen und Belgier wird nichts verabreicht!' … Die Zeitungen strotzten von Greuelberichten über das ‚Wüten der französischen Soldadeska' an der Ruhr und am Rhein … Und es geschah mehr. Die Zeit für patriotische Abenteuer war wieder da wie nie … Die Zeit war gekommen für die Landsknechte, Vagabunden und Desperados, die sich gesammelt hatten in den verschiedenen ‚völkischen` Gruppen – nicht zum Wenigsten in der prächtig aufblühenden jenes Adolf Hitler in München, der längst nicht mehr in Kantinen und Wirtschaften herumstrich, sondern Zeitungen besaß, vollgepfropfte Versammlungen in Sälen und Bierhallen abhielt und dem ein Generalstab ehemaliger Offiziere eine Organi-

sation über ganz Deutschland aufzog."[63] Wie 1914, als man
einen „Frontangriff" gegen Fremdworte unternahm und die
Speisekarten bereinigte, aus Ragout fin en coquille „Ge-
schnetzeltes in Muschelschalen" oder aus Caviar malossi
„Kaviar ohne Salz" machte,[64] ersetzte man nun Lehnwörter
wie Kasino durch „Werksgasthaus"; das Telefon wurde zum
Fernsprecher, der Trottoir zum Gehweg und automatisch
musste selbsttätig weichen.[65] Die Bevölkerung war angehalten, die Anordnungen der Besatzungsmacht nicht zu befol-
gen und sich ihren Befehlen zu widersetzen. Es herrschte
„Ausnahmezustand". Wie im Ersten Weltkrieg übten die Militärbehörden die Pressezensur aus. Wer nicht mitmarschier-
te oder sich dem neuen „Burgfrieden" nicht unterordnete,
wie „Der Pionier" oder „Die Menschheit", wurde kurzer-
hand verboten.

Der Einmarsch der Besatzungstruppen war noch nicht
abgeschlossen – und schon brachte das „Börsenblatt" in seiner Ausgabe vom 15. Januar 1923 ein Inserat des Braun-
schweiger Verlages Georg Westermann heraus. In ihr pries
Westermann eine Wandkarte an, die der „Pionier" – obwohl
es seinen Herausgeber Carl Thinius schmerzte, einen früheren, der „Fortschrittsrichtung" angehörenden Verlag an den
Pranger stellen zu müssen – als „Phraseologie unserer Alldeutschen" kennzeichnete und ihn zu der Frage veranlasste:
„Gab es für den Verlag keinen anderen Werbefeldzug als
Aufpeitschung chauvinistischer Instinkte?" Keineswegs ein
unberechtigter Vorwurf, lautete der Text zu der Wandkarte
doch: „Das Ziel des beutegierigen Frankreichs, das in der
Vergewaltigung Deutschlands durch die Besetzung des In-
dustrie- und Kohlegebiets an Rhein und Ruhr sich klar erkennen lässt, sind die wertvollen Eisen-, Erz- und Kohlenla-
ger Deutschlands. Die anschaulichste Übersicht über diese
Lager bietet ‚Deutschlands Kohlen-, Kali- und Eisenerzla-
gerstätten' von Regierungsassessor Dr. Kukuk."[66]

Ebenso ist der Text zu der Anzeige des Buches „Und
was der Feind uns angetan…" ein Musterbeispiel dafür, mit
welcher Dreistigkeit man mit den Tatsachen umging und in
welch boshaft-niederträchtigem Ausmaß man sich in der
Lage zeigte, die Realität im deutschen Sinne ins Gegenteil
zu verkehren und damit die tatsächlichen Gegebenheiten

bis zur Unkenntlichkeit zu verunstalten. „Dieses Buch", verkündet das Inserat, „zeigt uns in seinen packenden Bildern und ergreifenden Worten die ganze Schmach und Schande des Versailler ‚Friedensvertrages'. Es dürfte wohl kaum eine bessere Zeit für den Absatz dieses Buches sein als jetzt, wo die ‚siegreichen' Franzosen unser wehrloses deutsches Vaterland bis aufs Blut peinigen und wider alles Recht deutsches Gebiet besetzen. Das Buch enthält keine Phantasiebilder, sondern photographische Aufnahmen, die nicht lügen können. Wie zu erwarten war, ist daher das Buch von den Franzosen sofort verboten worden. Eine auffallende Schleife besagt dieses."[67]

Bereits 1920 setzte der Berliner Verlag Heinrich Beenken auf die revisionistische Karte und verbreitete mit dem Buch „Was wir verloren haben – entrissenes, doch nie vergessenes Land" eine unverbesserliche Betrachtung des Ersten Weltkrieges und seiner Folgen, die einem Zeugnis aus dem „Giftschrank der Geschichte" gleicht. Zu den literarischen Beiträgen von Artur Brausewetter, Friedrich Lienhard und Paul Warncke steuerte Paul von Hindenburg ein Geleitwort bei. Von Wehmut getragen und einem gefährlichen Trotz das Wort redend, trauerten die Autoren dem Verlust der „deutschen Westmark" (Elsass-Lothringen), der „Ostmark" (Westpreußen und Posen), der „Nordmark" (Schleswig-Holstein) und der Kolonien nach[68] – ähnlich wie es die Vertriebenenverbände nach 1945 über Jahrzehnte hinweg getan haben und es hier und da noch heute tun.

Der Berliner Verlag Heinrich Beenken blieb auch in den nächsten Jahren seinem revisionistischen Programm treu, mauserte sich zum Marine-Verlag, publizierte 1937-1944 die vom Oberkommando der Kriegsmarine zweiwöchentlich herausgebrachte „Deutsche Marine Zeitung – Die Kriegsmarine". Die auch an Schulen in besonderen Ausgaben verbreitete Zeitschrift diente der Verherrlichung der NS-Diktatur und des Krieges. Mit seiner Anzeigen-Praxis behinderte das „Börsenblatt" republikanisch-pazifistische Verlage – und förderte spätere NS-Verlage.

Bis heute sind die Deutschen nicht wirklich darüber aufgeklärt, was ihre Vorfahren im besetzten Belgien und Nordfrankreich systematisch angerichtet haben. Um eine Ahnung von den furchtbaren und ausgedehnten Verwüstungen zu vermitteln, für die das Hohenzollernregime verantwortlich war, seien einige der Verbrechen erwähnt.[69] So sorgten z.B. zahlreiche Zerstörungskommandos auf Geheiß der Obersten Heeresleitung im Oktober 1918 dafür, sämtliche Kohlebergwerke in Belgien und Frankreich zu ersäufen und unbrauchbar zu machen. Die Gesamtkohlenförderung Frankreichs betrug nach 1918 im Vergleich zu 1914 21 000 000 Tonnen statt 42 000 000, also 50 % weniger. Man brauchte zehn und mehr Jahre, um sie wieder herzustellen.

In Nordfrankreich sind nahezu 21 000 Fabriken mutwillig und systematisch, also nicht durch Kriegseinwirkung, zerstört worden. Alle Fabriken der Metallindustrie, der elektrischen und der Maschinenindustrie waren davon betroffen. Des Weiteren wurden 4 000 Textil- und 4 000 Nahrungsmittelfabriken vernichtet oder ihrer Einrichtungen beraubt, die man entweder nach Deutschland abtransportierte oder an Ort und Stelle zerschlug. Absicht des mit Vorbedacht herbeigeführten Zerstörungswerkes war es, wesentliche Produktionsmittel zu vernichten und der französischen und belgischen Industrie einen Schaden zuzufügen, der es ihr unmöglich machen sollte, nach dem Krieg mit der deutschen Industrie in Wettbewerb zu treten. Hinzu kommt noch, dass Deutschland erhebliche Kosten seiner Kriegsführung, wie die Versorgung der Truppen mit Nahrungsmittel, Alkohol, Rauchwaren etc., in brutaler Weise aus den okkupierten Gebieten herauspresste – während Frankreich und England Kredite aufnehmen und sich verschulden mussten, um seine Verteidigung zu finanzieren.

Hält man sich nur diese Tatsachen vor Augen und berücksichtigt man zugleich, in welchem grandiosen Ausmaß die deutsche Öffentlichkeit in die Irre geführt und ihr von diesen Schandtaten kaum etwas ins Bewusstsein gerückt worden ist – und das bis heute und in weiterer Zukunft –, drängt sich eine geradezu beängstigende und bislang nicht ins Blickfeld gerückte Erkenntnis auf: Mehrere Generationen sind von der systematisch behaupteten, aus Regierungsmitteln finanzierten Propaganda von der Unschuld Deutschlands am und im Ersten Weltkrieg beeinflusst und geprägt worden – weit über den Ersten und Zweiten Weltkrieg hinaus. Sie sind mit der Lüge aufgewachsen, haben sie unter dem Einfluss eines grandiosen Propagandaaufwandes übernommen und an die ihnen nachfolgende Generation weitergereicht. Das macht das Problem vieler Deutscher bis heute aus. Sie tun sich überaus schwer mit ihrer Identität. Kaum einer von ihnen ist in der Lage, den gewaltigen Lügenberg, der auf ihm lastet und den er mit sich herumschleppt, wegzuräumen oder gar zu ignorieren, ohne mit sich selbst bzw. den ihm verabreichten Unwahrheiten in Zweifel zu geraten.

Als der Hamburger Historiker Fritz Fischer 1961 mit seinem Buch „Griff nach der Weltmacht" den Deutschen die schnöde Kriegs- und Eroberungspolitik des Hohenzollernregimes – überaus quellengesättigt – vor Augen führte, löste er Entrüstungsstürme aus – nicht zuletzt bei vielen bundesdeutschen Historikern, Publizisten und Politikern. Statt sich von dem obrigkeitsstaatlichen System des preußisch-deutschen Kaiserreiches zu distanzieren, das sich nach innen wie außen als außerordentlich gewalttätig erwiesen hat, stellten sie sich, damit weiterhin der Lüge und einer deutschnationalen Traditionspflege das Wort redend, schützend vor Täter und Verbrecher, die nicht nur das eigene Volk, sondern auch andere Völker und Nationen ins Elend gestürzt haben, und suchten Fischer zu einem „Nestbeschmutzer" zu machen und mit Hilfe des Auswärtigen Amtes daran zu hindern, seine Forschungsergebnisse in den USA vorzutragen. Doch Fischer war nicht einzuschüchtern, und es gelang ihm, die Verantwortung der zivilen und militärischen Reichsleitung des kaiserlichen Regimes am Ersten Weltkrieg zum Gegenstand einer öffentlichen Debatte zu machen. Zwar ließ sich Fischer aufgrund des von ihm verarbeiteten umfangreichen Archivmaterials nicht widerlegen, gleichwohl suchte man seine Einsichten und Schlussfolgerungen als einseitig und obsolet hinzustellen – allerdings nicht auf dem niedrigen Niveau, wie es heute Christopher Clark und Herfried Münkler tun. Man tat das in der Regel über viele Jahre hinweg nicht offen und scheute die öffentliche Debatte. Stattdessen wandte man sich z.B. in Buchbesprechungen zu den Themen Kaiserreich und Erster Weltkrieg gegen Fischers Behauptung von einer Hauptschuld Deutschlands am 4. August 1914. Nur eine Minderheit von Deutschen und wenige Historiker haben Fischers Thesen zum Ausgangspunkt ihrer Arbeit und ihres weiteren Denkens und Handelns gemacht. Wer sich aber die Irrtümer und Fehlleistungen der deutschen Politik in der Vergangenheit nicht wirklich Ernst nimmt, gleicht einem schwankenden Rohr, das nicht in der Lage ist, gegen einen neuen Ansturm von Lug und Trug gewappnet zu sein. Insofern verwundert es nicht, dass der von dem Marketing-Unternehmen Random-House offenbar gesteuerte und von dem australischen Historiker Ch. Clark vorgetragene Großangriff auf Fischers Forschungsergebnisse von vielen Deutschen freudig begrüßt und geradezu aufgesogen wird. Wir haben es hier nicht nur mit einer, sondern gleich mehreren belogenen Generationen zu tun, die sich – wohl einmalig in der Weltgeschichte – mit der Unwahrheit arrangiert haben, ja, sich mit ihr, so es keinen Widerspruch dazu gab, arrangieren musste und daher seit langem daran gewöhnt ist, mit ihr zu leben, und die sie offenbar wie eine zweite, nahezu undurchdringliche Haut umhüllt. Die damit verbundenen europa- und weltpolitischen Folgen sind angesichts der seit 1989 erfolgten und forcierten Militarisierung der deutschen Außenpolitik mit Händen zu greifen. Die USA treten als „Ordnungsfaktor" in Europa und der Welt spürbar zurück; umso gelegener kommt die vermeintliche US-Schwäche dem deutschen Wunsch entgegen, selbst mehr Verantwortung in der Welt, auch auf militärischem Gebiet, zu übernehmen. Den Frieden wird das nicht sicherer machen, und dem deutschen Ansehen in der Welt dürfte es eher schaden.

Noch ein anderer Umstand hat den organisierten Pazifismus nach 1918 ins Hintertreffen gebracht, zumindest aber begünstigt: die innere Zerstrittenheit. Statt seine Kraft zu bündeln, sich dem nationalistisch-militaristischen Block beherzt entgegenzustellen und ein breites Bündnis gegen den deutschen Revanchegeist anzustreben, begab man sich auf Nebenkriegsschauplätze und verlor damit den eigentlichen Gegner und die tatsächliche, von deutschem Boden ausgehende Kriegsgefahr für Europa und die Welt aus dem Blick. Insbesondere die westdeutschen Pazifisten unter Fritz Küster und Friedrich Kayser und das Wochenblatt „Das Andere Deutschland", erkannten, darin unterstützt von Friedrich Wilhelm Foerster, die Zeichen der Zeit und begriffen, dass

der Friede in erster Linie nicht von einem wie immer gear-
teten allgemeinen Imperialismus in den europäischen Staa-
ten oder von einer „Internationale der Rüstungsindustrie"
bedroht war, sondern vom militaristisch-nationalistisch gesinnten Deutschland, das die Generalität und Reichswehr,
der „Stahlhelm", die Deutschnationale Volkspartei und die
Nationalsozialisten, die zahlreichen deutschvölkisch, anti-
semitisch organisierten Vereinigungen und die Hugenberg-
presse repräsentierten.[70] Das „Grenz-Echo", die Zeitung, in
der Peter Schmitz Artikel veröffentlichte, sah die deutsche
Nachkriegs- und Revisionspolitik ähnlich kritisch wie die
westdeutschen Pazifisten und warnte ebenfalls vor dem Weg
in die NS-Diktatur und in den Zweiten Weltkrieg.[71] Es
spricht für sich, dass neben dem „Anderen Deutschland"
eine deutschsprachige Zeitung in Belgien die Bedrohung
ebenso klar erkannte. Doch fanden solche Einsichten allenfalls ein geringes Echo, wurden mit Kopfschütteln bedacht
oder stießen auf unverhohlene Ablehnung. Wie sollte sich
da die weiter ausbreitende Naziseuche zurückdrängen lassen.

Hinzukam die mangelnde Anerkennung für Initiativen
und Aktivitäten, die Einzelne oder Gruppen in ihrem Bestreben aufbrachten, den Rassenwahn in die Schranken zu
weisen. So wandte sich z.B. Emil Felden, Pastor der evangelischen St. Martini-Gemeinde zu Bremen,[72] gegen den völkischen Bestsellerautor Artur Dinter und dessen 1917 erstmals erschienenen antisemitischen Roman „Die Sünde wider das Blut", der bis 1934 eine Auflage von 260 000 Exemplaren erreichte.[73] Dinter beeinflusste nicht nur den Antisemitismus Wilhelms II., als Anhänger und Protagonist der völkischen Bewegung hob er 1919 mit anderen den „Deutschvölkischen Schutz- und Trutzbund" aus der Taufe und gehörte dessen Vorstand bis zum Verbot im Jahre 1922 an. Als
Gründungsmitglied der Deutschvölkischen Freiheitspartei
geriet er in Kontakt mit Hitler. Nach dessen gescheitertem
Putschversuch führte Dinter die Fraktion des „Völkisch-So-
zialen Blocks" (VSB) im Thüringischen Landtag an. Von
Hitler zum NSDAP-Gauleiter von Thüringen ernannt, schloss
ihn der VSB aus, wobei seine Herausgeberschaft der in Weimar erscheinenden Zeitung „Der Nationalsozialist" eine

erhebliche Rolle spielte. Nach Hitlers Entlassung aus der Festungshaft und der Neugründung der NSDAP bekam Dinter für seine treuen Verdienste die niedrige Parteinummer 5. Mit seiner „Geistchristlichen Religionsgemeinschaft" (1927), seit 1934 zur „Deutschen Volkskirche" umbenannt, engagierte er sich für einen heldenhaften Jesus. Mit ihm wollte er das Christentum „entjuden"; dem „arischen" Jesus fiel dabei die Aufgabe zu, das Alte Testament als jüdisch zu verwerfen. Hitler aber wies Dinters Versuch, eine deutschvölkische Religion zu etablieren, zurück. Offenbar wollte er sich und seiner Politik keine wie immer geartete religiöse Fessel anlegen lassen. Bereist 1927 gab er Dinter einen Laufpass und entließ ihn von seinem Posten als „Gauleiter". Gleichwohl bemühte sich Dinter vor und nach 1933 darum, erneut in die NSDAP aufgenommen zu werden und mit der „Deutschen Volkskirche" dem NS-Staat zu dienen. Stattdessen observierte ihn die Gestapo, Himmler verbot seine „Volkskirche", die Reichsschrifttumskammer schloss ihn aus, und er war gerichtlicher Verfolgung ausgesetzt. Nach 1945 kam Dinter in einem Entnazifizierungsverfahren bzw. -prozess mit einer Geldstrafe davon – wohl auch wegen seiner besonderen Gegnerschaft gegen den Nationalsozialismus. Gleichwohl sah das Gericht in ihm einen bedeutenden Wegbereiter der Nürnberger Rassegesetze. Im Mai 1948 ist Dinter in Offenburg im Alter von 71 Jahren gestorben. Sein Werdegang verdeutlicht, dass der Antisemitismus nicht an die NSDAP gebunden war und ist. Vielmehr waren deutschvölkische Auffassungen lange vor der NSDAP verbreitet, und sie fanden nicht zuletzt nach 1918 großen Zuspruch. Auch nach 1945 wirkten sie ungebrochen fort, was erklärt, dass antisemitische Vorurteile nach wie vor in vielen Parteien und Schichten in Deutschland beheimatet sind und in mehr oder minder unregelmäßigen Abständen zu Rücktritten von hochrangigen Politikern führen.

Antisemitismus, Nationalismus und Militarismus gehörten zu den ideologischen Bewegkräften zahlreicher deutschvölkisch gesinnter Organisationen, Parteien, Vereine, Verbände und Orden. Der Ausrichtung dieser Phalanx ordnete sich das „Börsenblatt des deutschen Buchhandels" willfährig unter. Dem entspricht die Einsicht, die Erich Schairer in der von ihm herausgegebenen pazifistischen „Süddeutschen Sonntags-Zeitung" äußerte: „Das Wort Republik habe ich nicht ein einziges Mal in den Nummern, die ich durchgesehen habe, gefunden."[74] Dagegen habe sich, so Schairer weiter, „das Börsenblatt für den ‚Hakenkreuzkalender' und den blödsinnigen Dinterschen Schundroman ‚Die Sünde wider das Blut' bekanntlich eifrig ins Zeug gelegt und beide Machwerke des niedrigsten Antisemitismus nach der ‚Welt am Montag' sogar im redaktionellen Teil als ‚durchaus ernst zu nehmende und literarisch nicht wertlose Erzeugnisse' bezeichnet."

Auch Schairer gelangte zu dem Schluss, dass das „Börsenblatt" dem Sortimenter und Buchhändler neben romantischen und gelehrten Schmökern vor allem nationalistische Literatur anpries, die, wenn man die Größe der Inserate für die Neuerscheinungen berücksichtige, neben den Werken von Hedwig Courths-Maler, der damals beliebtesten aller deutschen Schriftstellerinnen, sich offenbar am besten verkaufte. Schairer führt folgende Verfasser und Titel an: „Unter einer halben Seite wird ein Oberst Bauer (‚Wer trägt die Schuld an Deutschlands Unglück?'), ein Freiherr v. Liebig (‚Reichsverderber'), ein General Keim (‚Prinz Max von Baden'), ein Oberstleutnant Niemann (‚Kaiser und Revolution') nicht angepriesen. Und gar ‚Er' [d.i. Wilhelm II., H.D.]! Auf einer Vollseite wird verkündet, dass von den welterschütternden ‚Vergleichenden Geschichtstabellen' jetzt eine Volksausgabe zu 30 Mark zu haben ist, dass das Buch einer dem deutschen Adel angehörenden Dame ‚Vom Kaiser in Doorn' demnächst erscheinen wird, dass von den Erinnerungen des Ex-Kronprinzen ein umfangreicher Neudruck unter der Presse ist, da sämtliche Ausgaben der ersten Auflage bald vergriffen sind. Selbstverständlich ist nie vom Ex-, sondern immer vom Kronprinzen und vom Kaiser Wilhelm die Rede. ‚Kaiser Wilhelm II. überließ unserem Heimkulturverlag die Veröffentlichung seiner Privatsammlung vorbildlicher englischer Landhauspläne'… Eine halbe Seite ‚Der Fall Landru', eine Seite Dr. Eyslers ‚leicht verkäufliche Schaufensterartikel für die Sommer- und Reisezeit', dann aber wieder ‚König Albert von Sachsen', Georg Michaelis (‚Für Staat und Volk', gleich zwei Seiten Reklame), die Kriegsschuldlüge, und so weiter."[75] Keiner der hier genannten Titel spricht sich für die neue Staatsform nach 1918, die Republik, aus. Vielmehr liest sich die Inseratenliste wie ein Griff in ein rechtsradikal-monarchistisches Gruselkabinett. Die Publikation von Oberst a.D. Max Hermann Bauer, im Ersten Weltkrieg Vertrauter von Erich Ludendorff, nach 1918 als Waffenhändler und im Rahmen der geheimen Wiederaufrüstung unter der Flagge der Weimarer Republik als Militärberater in der Sowjetunion und China tätig, führt direkt zur „Organisation Consul" (OC), die für Terroranschläge und Morde an ihr verhassten Politikern verantwortlich zeichnete. Zu ihren Opfern zählten u.a. Matthias Erzberger und Walther Rathenau. Auch den SPD-Politiker Philipp Scheidemann SPD), den früheren Reichskanzler, machte die OC verantwortlich für die Niederlage und den Sturz des Hohenzollernregimes 1918. Als „populäre Schmähschrift der OC" ist Bauers „Wer trägt die Schuld an Deutschlands Unglück? 15 Fragen an Herrn Philipp Scheidemann und Genossen" anzusehen. In dem Pamphlet wird Scheidemann als „wahrer Mörder Deutschlands" bezeichnet, „der Deutschland dem Feinde ausgeliefert, es ‚wehr- und ehrlos gemacht' habe. Und mit einem Seitenhieb auf Reichsaußenminister Walther Rathenau: Scheidemann habe ‚die Herrschaft des Kapitalismus erst eingesetzt', und folgerichtig sei ‚ein dem internationalen Kapital angehöriger Jude deutscher Außenminister', der nun Scheidemanns Werk vollende. Bauer beendete seine Hetzschrift mit dem Verweis auf Erzberger, der Scheidemann an Schuld gleich sei, aber im Gegensatz zu diesem dem irdischen Richter leider bereits entrückt sei. Scheidemanns Frevel am deutschen Volk dagegen schreie noch nach Sühne."[76]

Hans Freiherr von Liebig, Privatdozent der Chemie an der Universität Gießen und Enkel des Chemikers Justus von Liebig, ist vor allem als alldeutsch-völkischer Publizist hervorgetreten. Als „Dr. Alter Liek" veröffentlichte er u.a. die Schrift „Der Anteil des Judentums am Zusammenbruche Deutschlands" (1919) und zeichnete für die Münchener Monatsschrift „Deutschlands Erneuerung" als Redakteur verantwortlich. Wegen seiner vermeintlichen Herkunft als Urenkel einer im 18. Jahrhundert konvertierten Jüdin, schloss ihn der Alldeutsche Verband aus seinen Reihen aus. Gleichwohl gehörte Liebig weiterhin „zu den Politikern, die geneigt waren, alles, was sie zu tadeln hatten, allein auf die Abhängigkeit von Juden zurückzuführen"[77] (Kuno von Westarp). Fast alle seine Elaborate erschienen in dem militaristisch-antisemitisch ausgerichteten Münchner Verlag J.F. Lehmanns oder im Leipziger Hammer-Verlag.

In der vom Berliner Verlag G. Bath publizierten Reihe „Reichsverderber" brachte von Liebig den ersten Band über „Hollweg, Erzberger, Scheidemann" heraus, der zweite über „Prinz Max von Baden" stammte von August Keim (beide 1922). Wie die Titel bereits andeuten, handelt es sich um dreiste Geschichtsklitterungen und -verfälschungen, die sich aus militaristischer und reaktionärer Sicht kaum noch überbieten ließen. Keim, wie Bauer preußischer Offizier, zuletzt Generalleutnant, trat als Militärschriftsteller, Mitbegründer des Deutschen Flottenvereins sowie als Begründer und erster Vorsitzender des Deutschen Wehrvereins hervor. Von 1911 bis 1919 gehörte er der Führungsriege des Alldeutschen Verbandes an sowie zu den zahllosen Militärs, die nicht bereit waren, aus der Niederlage von 1918 etwas zu lernen, sondern einfach so weitermachten, wie sie aus der Vor- und Kriegszeit gewohnt waren. Mit ihren chauvinistischen Abhandlungen, Artikeln und aufreizenden, herausfordernden Reden strebten sie danach, das Land auf Kriegskurs zu halten oder zu bringen. Dem von Keim ins Leben gerufenen Wehrverein ging es in den Jahren vor dem Ersten Weltkrieg vor allem darum, die „'Notwendigkeit einer starken Rüstung' in der Bevölkerung populär zu machen."[78] Dem bayerischen Ministerpräsidenten Freiherr von Hertling sandte er am 13. Februar 1914 die Schrift Nr. 10 des Wehrvereins über „Die Friedensbewegung und ihre Gefahren für das deutsche Volk" mit den Worten zu: „In Anbetracht der Tatsache, dass die Friedensbewegung immer weitere Kreise unseres Volkes in ihr Fahrwasser hineinzieht, auch Hochschullehrer, Lehrer an höheren Schulen, Volksschullehrer und leider auch evangelische Geistliche, scheint es dringend geboten, gegen diese Bewegung tatkräftig vorzugehen, die in ihren Folgen, um mit Kant zu sprechen, ‚mit der Zeit das Volk entsittlichen, verweichlichen und zur Feigheit erziehen' muss.“[79] Des Weiteren sei die Schrift, „vom vaterländischen, ethischen und militärischen Standpunkte aus bestrebt, das deutsche Volk in seiner Gesamtheit auf die außerordentlich große Gefahr aufmerksam zu machen, die ihm unzweifelhaft von Seiten der Friedensbewegung droht.“[80] Für Keim und seine Mitstreiter, an Scharfmacherei kam noch zu übertreffen, stellte der Krieg weiterhin einen grundlegenden Bestanteil göttlicher Weltordnung dar. Alles, was sich nicht in diesem Fahrwasser befand oder wer sich dagegen wandte, galt als „undeutsch“, gemeingefährlich, sittenwidrig, friedensgefährdend und Verräter. Statt solche menschenverachtenden Gestalten wie Baum, Keim oder von Liebig wegzusperren oder zumindest in die Schranken zu weisen, ließ man sie gewähren und unterstützte sie. Nach 1945 landeten die vom „Börsenblatt“ angezeigten Machwerke Keims, Bauers und von Liebigs zumindest in der sowjetischen Besatzungszone bzw. der DDR auf der Liste der ausgesonderten Schriften – dreißig Jahre zu spät.

Alfred Niemann, Major in der Obersten Heeresleitung und von Hindenburg im August 1918 zu Wilhelm II. als „persönlicher Generalstabsoffizier“ abkommandiert, beschreibt in seinem Buch „Kaiser und Revolution“ die politischen Vorgänge bis zum 9. November 1918 in ihrer Wirkung auf den Kaiser und seine unmittelbare Umgebung und schließt daran grundsätzliche Betrachtungen über die Vergangenheit und Zukunft des Reiches an. Niemanns Ausführungen lassen keinen Zweifel an der Wertschätzung des Obersten Kriegsherrn. Er attestiert ihm „große menschliche Eigenschaften“, „Edelmut“, „Idealismus“ und schildert seinen Charakter in den prächtigsten Farben. Dazu gehören u.a.: „Hoher Flug überragender Gedankenbegabung“, „untrügliches, lebendiges Gedächtnis“, „schnelles Hineindenken in neue Lagen“, „sicheres Urteil“, „wunderbare Gefasstheit und Ruhe“.[82] Mehr als überschwänglich auch das Urteil über die Kaiserin. Sie verkörpere „alles das, was an einer Frau menschlich groß ist und was die deutsche Frau zur Idealgestalt der Menschheit gemacht hat.“[83]

Deutschlands Feinde kommen nicht so gut weg, und auch ihnen gegenüber scheut Niemann, wenn auch in diesem Falle im negativen Sinne nicht davor zurück, die Geschichte zu verklären und zu verfälschen. Die deutschen Truppen befinden sich Ende Oktober 1918 auf dem Rückzug in die sogenannte „Antwerpen-Maas-Stellung", doch mache sich, so Niemann, östlich der Argonnen der Druck der alliierten Kräfte „recht unangenehm bemerkbar". Kein Wort verliert er über die mutwillig angerichteten Zerstörungen durch die von der Obersten Heeresleitung dazu beauftragten Kommandos während des Rückzuges. Stattdessen verbreitet er die in deutschen Landen wohl noch heute gern gehörte oder aufgegriffene Legende: „In sinnloser Zerstörungswut lässt der Gegner den gesamten Apparat seiner materiellen Kriegsrüstung spielen. Die Geschosse seiner weittragenden Geschütze, die Bomben seiner Fliegergeschwader vernichten rücksichtslos in belgischem und französischem Lande das, was deutsche Fürsorge erhalten und erhalten möchte."[84] „Deutsche Fürsorge"? In Belgien und in Nordfrankreich hat man davon nie etwas gemerkt.

Zur gleichen Zeit entsendet der neu ernannte Reichskanzler Prinz Max von Baden – in der Hoffnung, so die monarchische Institution zu retten – den preußischen Innenminister Wilhelm Drews nach Spa, um den Kaiser zur Abdankung zu bewegen. Die Aussprache findet am 1. November 1918 statt. „Mit leuchtendem Blick", so Niemann, berichtet Wilhelm II. ihm: „Sie hätten sehen sollen, wie der Feldmarschall sich vor seinen Kaiser stellte! *Der* hat Drews gehörig klargemacht, wo die Hauptgefahr für das Vaterland liegt, nicht in der Übermacht der Feinde, sondern in der Zersetzung und Auflehnung der Heimat. Dass es gerade ein süddeutscher General war, der so für den Deutschen Kaiser und König von Preußen eintrat, wie hat mir das wohlgetan!"[85]

Deutlich habe Wilhelm II. erkannt, dass es gar nicht um den „törichten Glauben" gegangen sei. Durch seinen Verzicht auf den Thron „eine größere Einigung des verhetzten und verquälten deutschen Volkes zu erreichen und die Alliierten einem Verständigungsfrieden geneigt zu machen. Nein, wie wir einst den Bolschewismus benutzt hatten, um Russlands Widerstandskraft zu lähmen, so benutzten jetzt unsere Feinde den Geist der Aufhebung innerhalb des deutschen Volkes dazu, um die Erhebung gegen ein furchtbares Diktat, das sie uns zudenken, im Keime zu ersticken.

Und dieser Geist der Auflehnung, genährt vom Ideengehalt der russischen Revolution, wendet sich nicht nur gegen die Monarchie, sondern gegen den Staat und die Gesellschaft überhaupt."[86] Mit anderen Worten: Entweder Sieg oder Untergang!

Vehement wendet sich Niemann auch gegen „die Ansicht, unser furchtbarer Zusammenbruch sei nicht durch die sogenannte Revolution, sondern diese ‚Revolution' sei durch die kriegerische Niederlage hervorgerufen." Sein Fazit: „Für anarchische Auflehnung in Zeiten äußeren Druckes gibt es keine historische Rechtfertigung. Das Wort vom ‚Dolchstoß in den Rücken des Heeres' ist eine furchtbare Wahrheit."[87] Der Untergang der Weimarer Republik und der Durchhaltewille des Dritten Reiches lassen grüßen.

Durch Liberalismus und Demokratie in „seiner undeutschen Prägung", so Niemann am Schluss seines Buches, werde Deutschland nicht gesunden. Nicht auf die Wirtschaft oder Ökonomie komme es an, zumal man damit einer „rein materialistischen Weltanschauung" fröne. Das gegenwärtige Volk, das Deutschland bewohnt, ist noch keine Nation, unser gegenwärtiger Staat kein deutscher Staat und unsere gegenwärtige Kultur keine deutsche Kultur mehr. Aber es regt sich in den Tiefen". Solange aber – Thilo Sarrazin lässt grüßen! – „die geistige Überfremdung dauert, die Betäubung und materialistische Versumpfung uns umfangen, solange wird das Bewusstsein von dem, was das Hohenzollerngeschlecht für Deutschlands Vergangenheit und Zukunft bedeutet" – Ch. Clarks Preußen- und Weltkriegs-Legende beruht auf diesem, bis heute nicht durchtrennten Band der Identifikation mit der auf der Bismarckschen Gewalt- und Kriegspolitik beruhenden borussifizierten Geschichtsschreibung – „in den breiten Massen des Volkes schlummern, der deutsche Kaisertraum verschüttet sein."[88] Letzten Endes entschieden die „Erinnerungen und Träume, die immer wiederkehren, aus dunklen Urgründen, unerforschlich, aber auch unbezwingbar … Sie entscheiden schließlich über die Frage Republik oder Monarchie, unbekümmert um Lüge und Entstellung, Theorie und Parteidoktrin … Schicksal oder Schuld? Sind die unglücklichen Anlagen des deutschen Volkes eine Wirkung seiner Geschichte oder erzeugten wir durch unser Selbst den Jammer der Vergangenheit und Gegenwart … Der geschichtliche Beobachter … muss dieses Schicksal in beide Hände nehmen, darf nicht Amboss, sondern muss Hammer sein; nur so kann er vor seinem Gewissen und vor seinem Gotte bestehen. Sein Leben ist Heldentum, sein Sieg Verklärung, sein Erliegen erhabene Tragik, sofern er selbstlos mit reiner Hand und mit ganzer, wenn auch unzureichender Kraft das Geschick zu meistern versucht hat."[89] Abgesehen von der antirepublikanischen Haltung, die aus den Worten Niemanns spricht, stellen sie eine Aufforderung zum „Heldentod" dar und sind als ein Plädoyer für deutsche Welt- und Gewaltpolitik zu begreifen, das selbst den Untergang einkalkuliert.

Mit den „Vergleichenden Geschichtstabellen – Von 1878 bis zum Kriegsausbruch 1914", im Wesentlichen verfasst von dem Adjutant des Exkaisers im niederländischen Exil, Sigurd von Ilseman, 1921 im Leipziger Verlag K.F. Köhler erschienen, suchte sich Wilhelm II. als Historiker zu profilieren. Die „übersichtliche Zusammenstellung streng geschichtlicher Tatsachen", so der Verlag, sollte es dem Leser ermöglichen, „über die politische Entwicklung der Weltlage seit dem Berliner Kongress 1878 und über die Vorgeschichte des großen Krieges sich ein eigenes Urteil zu bilden" – hieß es im Vorspann des Verlages zu den „Vergleichenden Geschichtstabellen": Das war nicht nur übertrieben, sondern eine horrende Irreführung. In welchem Ausmaß die nach ihm benannte Epoche des „Wilhelminismus" vom preußisch-deutschen Militarismus, von Aufrüstung, Forcierung des Kolonialismus und dem Bestreben, zur stärksten Weltmacht aufzusteigen, geprägt war und welche Mitverantwortung ihm dabei als Hohenzollernherrscher, der die Außen- und Innenpolitik wesentlich mitbestimmte, zukam, ist der Geschichtsklitterung des Kaisers nicht zu entnehmen. Stattdessen bemühte er sich, seine Friedensliebe und seine Unschuld am Ersten Weltkrieg nachzuweisen.

Fraglos dürfte sich auch das von Schairer genannte Buch über Albert von Sachsen (1828-1902) im antirepublikanischen und militärverherrlichenden Fahrwasser bewegt haben; denn der König galt seiner Zeit als bedeutender Militärführer. Außerdem war er gut mit Bismarck befreundet und stand in engem Kontakt mit Wilhelm II. Aus den hier dargebotenen Darlegungen, die lediglich wenige Beispiele aus den Jahren von 1919 bis 1922/23 berücksichtigen, ist abzuleiten: Das „Börsenblatt" und große Teile des Buchhandels haben bewusst zur Ausbreitung nationalistisch-militaristischer und antisemitischen Gedankengutes beigetragen. In menschenverachtenden Schundromanen wie denen von Artur Dinter galten die Juden sowie die zu „Judenknechten" erklärten Sozialisten, Demokraten und Pazifisten als verantwortlich für alles, was das sogenannte Herrenvolk der deutschen Arier an Schlimmem ereilt hatte.

Emil Feldens Versuch, die fortschreitende antisemitische Infizierung der Jugend mit seinem Anti-Dinter-Roman „Die Sünde gegen das Volk" zu stoppen, fand zwar in „der Presse, die dem Antisemitismus entgegenstand, eine gute Aufnahme" – so Felden in den von ihm verfassten und bislang unveröffentlichten Erinnerungen „Bremen 1907-1933".[90] Auch der „Verein zur Bekämpfung des Antisemitismus" engagierte sich für sein Werk. Zwar rezensierte und empfahl der „Verein der deutschen Staatsbürger jüdischen Glaubens" das Buch, gab aber, wie Felden schreibt, „hintenherum" die „heimtückische Parole" aus, „der Roman habe die Juden ‚zu anständig' geschildert! Das ist kein Witz, es war tatsächlich die vom jüdischen Verein herausgegebene Geheimparole! Und so dumm sie auch war, so wenig sie auch den Tatsachen entsprach – sie wurde doch gedankenlos nachgeschwätzt ... Diese unterirdische Gegenpropaganda ... hat dem Buche großen Schaden gebracht ... Während die antisemitischen ‚Sündenromane' Dinters, die unfassbaren Schmutz über die Juden, ihre Religion und Sitten und Rasse ergossen, in keiner Bibliothek gebildeter Juden fehlten, hätte man vergebens mein Buch darin gesucht."

Eine traurige Bilanz, die Felden zieht. Deutlich sah er, dass Vorurteile, Eifersüchteleien, Überhebung und Eigendünkel den Kampf gegen den Antisemitismus schwächten und das Bemühen, Schulter an Schulter mit allen demokratisch gesonnenen Kräften die Menschenrechte zu verteidigen und zu bewahren, erschwerten. Dabei trat Felden dem Dinterschen Elaborat viel entschiedener entgegen als die Parodien von Hans Reimann „Die Dinte wider das Blut –

Ein Zeitroman", erstmals 1917 erschienen, oder von Robert Neumann mit seinem Werk „Unter falscher Flagge" (1932). Aufbau und Gliederung von Feldens Roman orientierten sich mit einem belletristischen Haupt- und einem umfassenden Anmerkungsteil an Dinters Buch. Er behandelte alle Aspekte der von Dinter vorgetragenen „Judenfrage" und stellte dessen antijüdischen Vorwürfe und Behauptungen auf den Prüfstand. Mit wissenschaftlich-theologischen Argumenten, die sich auf Zitate verschiedenster Quellen stützten, widerlegte er die antisemitischen Beschuldigungen, die man gegen Juden aufgrund von Talmudvorschriften erhob, als haltlose und gemeine Verleumdungen und wies nach, in welchem Ausmaß sich die Antisemiten auf gefälschte Übersetzungen beriefen.

Selbstverständlich stieß Feldens Beweisführung bei den Feinden der Juden auf unverhohlene Ablehnung und bösartige Kritik. So schrieb Adolf Bartels, Kultfigur der radikalen Rechten, seit 1925 NSDAP-Mitglied, „Judenfresser" und antisemitischer, nach 1933 „nazistischer Literaturpapst in Weimar", gegen Feldens Roman eine längere Abhandlung unter dem Titel „Ein böses Buch", die als Sonderdruck in Hunderttausenden von Exemplaren Verbreitung fand und in der er den Verfasser und dessen Werk, so Felden, „in den tiefsten Dreck" zog.[91] Umgekehrt trat der Hetze gegen Felden und sein Buch keine systematische Verteidigungskampagne entgegen, und so zeigt sich auch hier, welches Übergewicht die nationalistische und antisemitische Deutung der preußisch-neudeutschen Vergangenheit gegenüber der sich allenfalls in Anfängen befindenden pazifistischen Traditionspflege hatte. Sieht man von den wenigen Wochen und Monaten nach dem 9. November 1918 ab, hat der Versuch, eine Abkehr vom Denken in militaristischen und deutschvölkischen Kategorien zu erreichen, nur wenig Chancen gehabt, eine Mehrheit zu finden, geschweige denn mit Konzepten einer moralischen Erneuerung der deutschen Politik konsensfähig zu werden. Die Situation war infolge der Zugeständnisse der DDP, SPD und KPD an die Wirksamkeit der Unschuldspropaganda in Sachen Erster Weltkrieg und der damit verbundenen Rechtsentwicklung der Weimarer Republik Ende der 1920er Jahre ohne eine wirkliche Perspektive. Nationalistisch-militaristisches Denken, verbunden mit antisemitischen Vorurteilen, dem Hass auf Frankreich und Polen und in zahllosen Vereinigungen stramm organisiert, lastete wie ein Albdruck auf der Politik und war in einem viel stärkeren Maße im deutschen Volke verwurzelt als noch zu Zeiten des Kaiserreiches. Längst sahen sich jene Republikaner, die sich an den weltbürgerlich-europäischen Idealen der deutschen und französischen Aufklärung orientierten, nicht nur in Misskredit geraten. Sie fanden sich ins Abseits, in eine hoffnungslose Defensive gedrängt, wurden, weil sie geheime deutsche Aufrüstung anprangerten, mit Landesverratsprozessen verfolgt, dabei von den Arbeiterparteien weitgehend allein gelassen. Treffend charakterisierte Friedrich Wilhelm Foerster, einer der besten Kenner des deutschen Sozialcharakters, Anfang Januar 1930 die Lage: „Wer jetzt von Deutschland her ins Ausland geht, der kehrt, wie der Sohn einer völlig entzweiten Familie, nicht gern nach Hause zurück. Ein schwerer Gemütsdruck liegt über dem Deutschen – mag er aus der Rechten oder aus der Linken kommen. Warum? Weil kein gemeinsames Ideal da ist, kein klarer Ausblick, keine erhebende Zielsetzung. Die deutsche Republik ist noch ein völlig leerer Begriff, ohne Tradition, ohne Idee, ohne Sicherheit, ohne eigene tieferlebte, durchdachte und erprobte Moralität. Die französische Linke hat wenigstens weltgeschichtliche Erinnerungen, hinreißende Prinzipien, große Geistesführer – die deutsche Linke ist verlegen geboren, sie hat eine Wohnung, die noch vom alten Besitzer möbliert wurde, der ganze Korridor hängt voll fremder Ahnenbilder, kein neuer Geistesbesitz und Formenbesitz ist da, nur ein eigenes Grammophon hat man mitgebracht; als man es aber aufzog, da spielte es die alten Märsche und Rauschlieder."[92] Selbst durch eine „Diktatur im alten Stile" ließe sich Deutschland nicht retten. Zu fortgeschritten seien die vom völkischen Ungeist vergifteten Führungsschichten und die ihnen folgenden Volksmassen. Foersters Einsicht: „Das Strammstehen hat uns nicht erlöst: Größeres, Tieferes, Universales tut uns not. Deutschland ist am Staate krank geworden: es kann nur von einer ganz anderen Seite her geheilt werden. Unser Volk kann nach so viel Entmenschlichung durch Überorganisation, Intellektualismus,

Militarismus, amtliche Lüge und Machtanbetung nur an den Urmächten der Sittlichkeit und der Menschlichkeit, nur an der einfachsten Übung in Wahrhaftigkeit, Rechtssinn, Erkenntnis der unsichtbaren Wirklichkeit und ihrer Gerichte genesen. Ferner: das deutsche Volk kann nur von Europa aus neuorganisiert und aus seiner Selbstzerfleischung gerettet werden, d.h. es kann eine höhere Einheit für seine eigenen unversöhnten Kontraste nur in dem Maße finden, als es aus seinem völkischen Ich-Krampf herausgeht und sich, wie einst, für die Einheit Europas verantwortlich fühlt, dieser Einheit Opfer bringt und sich ehrlich um die Zusammenordnung der europäischen Gegensätze bemüht – um dadurch viele Jahrzehnte blinden Selbstwahns und auflösender Weltpolitik zu entsühnen und deren innerpolitischen Fluch zu beschwören."[93]

Foersters Appell wie auch die anderer, sich auf die einst vor der Bismarckschen Ära von den Deutschen wahrgenommene Aufgabe als Mittler zwischen Ost und West, Nord und Süd zurückzubesinnen und damit jedweder Kriegspolitik eine Abfuhr zu erteilen, verhallten ungehört. Die deutschen Führungsschichten in Politik, Wirtschaft, Militär, Verwaltung etc. waren nicht bereit, ihr „Deutschland, Deutschland über alles" aufzugeben und sich stattdessen für eine Aussöhnung Deutschlands mit Frankreich und Polen auszusprechen. Ihr Revanchismus beherrschte das Denken und die Politik und stellte sich als Wasser auf die Mühlen der Nationalsozialismus dar.

Insofern befand sich die Friedensbewegung und der sie tragende Personenkreis von Beginn an auf verlorenem Posten. Wie sollte sich denn das „pazifistische Kriegserlebnis" durchsetzen? Der Boom der nationalistischen Romanliteratur ab 1929/30 hatte mit dem Pazifismus allenfalls noch am Rande zu tun.[94] Die Republik war nicht zuletzt aus selbst verschuldeter Hinwendung zu nationalistischen Haltungen „reif", sich selbst aufzulösen. Peter Schmitz Anti-Kriegsroman „Golgatha" hätte daran, wäre er vor 1933 in Deutschland publiziert oder verbreitet worden, schwerlich etwas geändert.

„Wenn man nach dem ‚Börsenblatt' gehen darf", urteilte Erich Schairer bereits 1922, „dann ist es sicher ein Irrtum, dass wir eine Republik haben."[95] Eine „Gleichschaltung" hatten 1933 weder das „Börsenblatt" noch der deutsche Buchhandel „nötig". Die Bücherverbrennung vom 10. Mai 1933, der u.a. die Werke von Richard Grelling, Georg Friedrich Nicolai, Heinrich Wandt und Friedrich Wilhelm Foerster zum Opfer fielen, vollzog nur, was bereits 1919 – noch bevor es Nazis gab – auf den Weg gebracht worden war.[96]

*

Das von Peter Schmitz entworfene Titelbild zu seinem Roman „Golgatha" stellt nicht von ungefähr eine Reminiszenz an Wassilij Wassiljewitsch Wereschtschagins Gemälde „Die Apotheose des Krieges" dar, das der russische Kriegsmaler im Jahre 1871 geschaffen hat (siehe den Abdruck des Bildes auf der Umschlagrückseite). Es erinnert an den bis dahin verlustreichsten Krieg des 19. Jahrhunderts, den Krim-Krieg von 1853 bis 1856. Als erster, über Jahre hinweg gehender Stellungskrieg der Weltgeschichte, nahm er, verbunden mit einer neuen, industriellen Gestalt, „Verdun" vorweg.[97]

In einer verdorrten, wüsten Ebene – im Hintergrund sind die Umrisse einer Stadt erkennbar – sind menschliche Schädel zu einer Pyramide aufgehäuft. Raben fliegen die Schädelstätte an. Einige haben sich bereits auf dem Knochenberg niedergelassen. Gleichwohl wirken sie nicht wie „Leichenfledderer". Seit dem Mittelalter galten Raben im Volksglauben als Totenvögel. Sie machten sich über die in Burg- und Stadtgräben geworfenen Kadaver geschlachteter Tiere her – oder über die Leichen von Gehenkten und Gefallenen. Doch auf Wereschtschagins Bild gibt es für sie nichts zu fressen. Was sie vorfinden, sind aus Katakomben stammende zeitlose Schädel. Auch die im Vordergrund sind nichts als Knochengebilde. Von Individualität keine Spur. Und doch drängt sich dem Betrachter der „Opfergang" zahlloser, in den Tod getriebener Soldaten und Zivilisten auf. Die Raben, angezogen von den Toten des Schädelberges, bewachen als stumme, weise Zeugen den Aderlass der Menschheit. Als Todesvögel, die weder eine Vergangenheit noch eine Zukunft haben, symbolisieren und vergegenwärtigen sie, welche Folgen die „Apotheose" bzw. die „Vergöttlichung" des Krieges zeitigen. Dem Betrachter des Gemäldes, das auf dem Rahmen die Inschrift trägt „Gewidmet allen großen Erobern: den vergangenen, den gegenwärtigen und den zukünftigen", erschließt sich die Symbolhaftigkeit des Grauens und Schreckens des Krieges unmittelbar, obwohl der Künstler kein naturalistisches Bild gemalt hat. Es zeigt, was der Krieg an Menschenleben aufhäuft, die leichtfertig und achtlos – wie die Hülsen einer Frucht oder Erdnussschalen – weggeworfen werden.[98]

Bertha von Suttner, die bedeutende Pazifistin, berichtet in ihren Lebenserinnerungen von ihrer Begegnung mit Wereschtschagin, von dem auch das Gemälde „Nacht auf der Golgatha" stammt. Sie beschreibt ihn als den „großen, russischen Künstler, der mit seinem Pinsel denselben Feind bekämpfte, gegen den ich meine Feder wandte", und fügt hinzu: „'Wir sind Kollegen und Kameraden', lautete seine Begrüßung … ,Sie glauben, dies sei übertrieben? – Nein, die Wirklichkeit ist noch viel schrecklicher … Man hat mir sehr oft Vorwürfe gemacht, dass ich den Krieg von der schlechten, abstoßenden Seite dargestellt hätte … als ob der Krieg zwei Seiten habe – eine angenehme, anziehende und eine andere unschöne, abstoßende – es gibt nur einen Krieg mit nur einem Ziel: der Feind muss möglichst viel dulden.'"[98]

Wie Wereschtschagin mit dem Pinsel, so zeigt Schmitz in seinem „Golgatha" den Krieg, wie er wirklich ist. Er tut das, was die Bremer Pazifistin Auguste Kirchhoff in ihrer schon im Sommer 1917 verfassten, von den Militärbehörden sofort verbotenen Schrift „Unsrer Kinder Land" gefordert hat: „Herunter mit der Maske, mit der seine Verehrer und Lobredner ihn [den Krieg] geschmückt haben, um ihm die nötige Gefolgschaft zu sichern! Kaum eines von unseren Kindern, das nicht aus eignem bittern Leid um einen lieben Angehörigen wüsste, wie es um den so oft besungenen ,schönsten Tod der Welt', den Schlachtentod, in Wirklichkeit bestellt ist, das nicht von all den Mordwaffen, die Menschengeist ersonnen und Menschenfleiß ausgearbeitet hat, von den giftigen Gasen, von den furchtbaren Wirkungen der Sprenggeschosse gehört und gelesen hat! Kaum eines, dem nicht einer von des Krieges unheimlichen Trabanten: Not, Hunger, Sorge, Elend und Krankheit den Weg gekreuzt hätte, dem nicht einer seiner elenden Begleiter: Lüge und Verleumdung, Hass, Rohheit, Verwilderung und Ausbeutung, Wucher und Betrug in irgendeiner Form näher getreten wäre! Nun wohl, nützen wir das, was uns die Teit selbst als Anschauungsmaterial gibt, um in unseren Kindern eine Kämpferschar heranzubilden, die die Losung: ‚Krieg dem Kriege' aus tiefster, heiliger Überzeugung auf ihre Fahnen schreibt!"[99]

Ganz in diesem Sinne hat Peter Schmitz seinen Roman verfasst – ein „Kriegsroman", der, indem er den Krieg und seine Allgewalt als fluchwürdiges Verbrechen verdammt, zugleich und mehr noch ein „Anti-Kriegsroman" ist. Das ist nicht nur herausragend, es ist auch ein besonderes Verdienst, wie ein Belgier, der sich seiner deutschen Herkunft bewusst ist, sich dafür entscheidet, für das höchste Gut, dass die beiden Nationen besitzen, den Frieden, zu wirken. Es wird überdeutlich, in welcher Tradition Schmitz steht: Wie Wassili Wereschtschagin, Bertha von Suttner, Auguste Kirchhoff, Friedrich Wilhelm Foerster und all die vielen anderen ist er Teil einer europäischen Kulturbewegung, die sich dafür einsetzt, den Krieg und die Gewalt als Mittel der Politik zu überwinden, die vor den Folgen neuer Kriege gewarnt und es aus Gründen, für die sie am wenigstens Verantwortung trägt, bis heute nicht geschafft hat, ihre Widersacher in die Schranken zu weisen. Insofern stellt Golgatha ein Vermächtnis dar, dessen Botschaft aktuell geblieben ist und bleiben wird.

Wie zahlreiche andere Kriegsgegner und Kritiker des preußisch-neudeutschen Militarismus ist Peter Schmitz in Deutschland vergessen bzw. vergessen gemacht oder erst gar nicht zur Kenntnis genommen worden – von denen, die nicht wahrhaben und nicht zugeben wollten, dass der Weg, den sie gegangen sind, in die Irre und zu Tod und Verderben geführt hat. Sollte einmal in Deutschland der Tag kommen, an dem ein Peter Schmitz mehr geehrt wird als die Brüder Ernst und Friedrich Georg Jünger, dann, ja erst dann wird man sagen dürfen, dass die Deutschen aus ihrer Geschichte gelernt haben. Gewarnt sei bis dahin vor den Leuten, die den Frieden ständig im Mund führen, den Krieg aber nach wie vor oder erneut zum Ernstfall erklären und sich für weltweite Einsätze der Bundeswehr aussprechen. Ungewollt erhält damit Peter Schmitz' „Golgatha" eine Dimension von bleibender Aktualität. Die künftigen Opfer sind „nur" eine Frage der Zeit.

Anmerkungen

1 F.W. Foerster, Erlebte Weltgeschichte – Memoiren, Nürnberg 1953, S. 384
2 Siehe Volker Ullrich, Die Revolution von 1918/19, München 2009, S. 49
3 Gustav Seibt, Das Brandenburger Tor – Deutsche Erinnerungsorte II, München 2002, S. 76 f.
4 Wolf Zuelzer, Der Fall Nicolai, Frankfurt am Main 1981, S. 247
5 Harry Graf Kessler, Das Tagebuch. Bd. 6: 1916-1918. Hrsg. von Günter Riederer unter Mitarbeit von Christoph Hilse, Stuttgart 2006, zitiert nach V. Ullrich, Revolution, S. 40
6 Bund Neues Vaterland: Die Verfolgung der Pazifisten im neuen Deutschland. In: Die Friedens-Warte, November 1920, S. 280-285, hier S. 280
7 Siehe Der Pionier – Das Blatt der Unterdrückten und Totgeschwiegenen. Hrsg. von Carl Thinius, 1. Jg., Nr. 1, S. 3, Oktober 1922. Thinius gründete die Zeitschrift, mit der er sich für „Pazifismus, Monismus und Optimismus" einsetzte, nach einer Fehde mit dem Börsenverein und konservativen Buchhändlern, die seine im „Pfadweiser"- und „Pionier-Verlag" herausgebrachte Antikriegsliteratur sabotierten. Das Monatsblatt verstand sich als „Spionier reaktionärer Machenschaften" und als Kampforgan aller pazifistischen und freigeistigen Verbände, die Gewalt als Mittel der Politik ablehnten. Seit 1923 erschien es mit der Beilage „Börsenblatt unterdrückter Literatur", das pazifistische Literatur, sozialistische Kampfschriften sowie Werke der Weltliteratur empfahl. Ende 1923 regte Thinius die Gründung der „Arbeitsgemeinschaft deutscher Verleger für unterdrückte Literatur" an. Beteiligt waren: Anthropos, Anzengruber, Adolf Brand, Der neue Kurs, Fackelreiter, Gustav Kiepenheuer, Malik, Marcan Block, Neues Menschentum, Neues Vaterland, Ernst Oldenburg, Pfadweiser, Pionier, Elena Gottschalk, Paul Steegemann, Verlagsanstalt für proletarische Freidenker. Doch dem Versuch, dem chauvinistisch gesinnten Leipziger Fachverband der Buchhändler mit einem republikanisch-pazifistischen Gegengewicht zu konfrontieren, schob der Befehlshaber des II. Wehrkreiskommandos in Stettin Generalleutnant von Tschitwitz Ende Januar 1924 einen Riegel vor, indem er den Pionier aufgrund einer Verordnung des Reichspräsidenten vom 26.9.1923 wegen „Aufreizung zum Klassenhass, Gefährdung der öffentlichen Ordnung und der Sicherheit des Reiches" auf Dauer verbot. Von dem damit verbundenen Schaden, wozu auch der Rücktritt eines wichtigen Gesellschafters zählte, erholte sich Thinius nicht mehr. Zwar brachte er nach fast zweijähriger Pause den Pionier „versuchsweise wieder" heraus, musste aber bereits nach einer Nummer die Herausgabe des Blattes infolge finanzieller Schwierigkeiten einstellen. Zum „Pionier" wie zu C. Thinius siehe meine Artikel in H. Donat/Karl Holl (Hrsg.), Die Friedensbewegung. Organisierter Pazifismus in Deutschland, Österreich und in der Schweiz, Düsseldorf 1983, S. 304 ff. und 385
8 Siehe dazu den aus der Wochenzeitung „Die Menschheit" wiedergegebenen Artikel „Der deutsche Buchhandel, das stärkste Bollwerk des alten Geistes!" In: Der Pionier, 1. Jg., Nr. 1, S. 3, Oktober 1922, sowie Wolf Zuelzer, Der Fall Nicolai, Frankfurt am Main 1981, S. 295
9 Politische Betrachtungen eines Buchhändlers. In: Der Pionier – Das Blatt der Unterdrückten und Totgeschwiegenen. 1. Jg., Nr. 1, S. 4, Oktober 1922
10 Die Zentralstelle des deutschen Buchhandels unterdrückt die Schundliteratur. In: Pionier, 1. Jg., Nr. 2, S. 2 f., Dezember 1922. Der Artikel bezieht sich u.a. auf den Aufsatz „Diktatur oder Imperator", erschienen am 10. Oktober 1922 in der „Neuen Schweizer Zeitung".
11 Buchhändlerbörsenblatt. In: Die Weltbühne, XV. Jg., Nr. 41, S. 430, 2.10.1919
12 Das Buchhändlerbörsenblatt als „Zensor". In: Vorwärts, 36. Jg., Nr. 506, S. 3, 3.10.1919
13 Die 1920 im Berliner „Verlag Buchhandlung Vorwärts" erschienene Schrift Erich Kuttners „Die erdolchte Front – Eine Anklage in Versen" wandte sich gegen die Dolchstoßlegende. Kuttner (1887-1942), Jurist, Journalist, Autor, SPD-Landtagsabgeordneter in Preußen (1921-1933), Emigrant und Widerstandskämpfer gegen das NS-Regime, war u.a. Redakteur des „Vorwärts" (1916-1921), Gründer (1917) des Reichsbundes der Kriegsteilnehmer und Kriegsbeschädigten und dessen Vorsitzender; im Oktober 1942 im Konzentrationslager Mauthausen ermordet.
14 Auch die Publikation von Kurt Heinig (1886-1956) richtete sich gegen die Dolchstoßlüge. Heinig, SPD-Politiker, Schriftsteller und Journalist, flüchtete nach 1933

zunächst nach Dänemark, dann nach Schweden, das ihn 1941 ausbürgerte. 1945 rief er die „Deutsche Vereinigung von 1945" in Stockholm ins Leben, die unter seinem Vorsitz für ein besseres deutsch-schwedisches Verhältnis wirkte.

15 Der Buchhändler-Börsenverein als Zensor. In: Vorwärts, 37. Jg., Nr. 266, S. 3, Abend-Ausgabe, 26.5.1920

16 Siehe H. Donat, Georg Friedrich Nicolai. In: H. Donat/K. Holl (Hrsg.), Die Friedensbewegung, S. 281 ff.; Bernhard vom Brocke, Georg Friedrich Nicolai. In: Neue Deutsche Biographie, Bd. 19, 1999, S. 203 f.

17 G.F. Nicolai, Die Biologie des Krieges. Betrachtungen eines Naturforschers den Deutschen zur Besinnung. Vierte Auflage: Mit einem Neudruck von G.F. Nicolai „Warum ich aus Deutschland ging" (1918), einer Einführung von Wolf Zuelzer und einem Beitrag zur Entstehung und Wirkungsgeschichte des Buches von Bernhard vom Brocke, Darmstadt 1985

18 G.F. Nicolai, Sechs Tatsachen als Grundlage zur Beurteilung der heutigen Machtpolitik. Neudruck der Ausgabe von 1918 mit Anmerkungen und einem Anhange, Berlin 1919, S. 40

19 K. Tucholsky, Neuer Militarismus. In: Die Weltbühne, XV. Jg., Nr. 41, S. 405 f., 2.10.1919

20 G.F. Nicolai, Sechs Tatsachen, S. 32 f. Siehe auch Wolfram Wette, Gustav Noske. Eine politische Biographie, Düsseldorf 21988, hier vor allem das Kapitel „Militärpolitische Weichenstellung", S. 333-398, sowie der Unterpunkt „Noske und die Offiziere" im Kapitel „Versailles und die Folgen", S. 493-506

21 G.F. Nicolai, Sechs Tatsachen, S. 34

22 Ebenda, S. 40. Ähnlich klar und pessimistisch schätzte der Pazifist Kurt Lenz, zusammen mit Walter Fabian 1922 Herausgeber des Sammelbandes „Die Friedensbewegung – Ein Handbuch der Weltfriedensströmungen der Gegenwart" (Reprint 1985), die Lage ein, indem er unter dem Eindruck des sogenannten „Ruhrkampfes" und der im Dienste des Rechtsradikalismus stehenden deutschen Richter schrieb: „Wir sollen uns keinen Illusionen hingeben, wir wollen es offen aussprechen: Wir sind erledigt. Sie haben schon lange von uns Republikanern, Sozialisten, Pazifisten keinen mehr ermordet, und selbst die Zahl der Presseverleumdungen hat abgenommen. Sie schätzen den Einfluss der unserer ‚Schweine', die sie noch nicht ‚abgekillt' haben, als bedeutungslos. Und sie wiegen sich in der Freude, ein Peitschenregiment in Deutschland eingeführt zu haben, für das von der ‚Republik' bezahlte Generäle die gefälligen Handlanger sind ... Mag Frankreich in der Tat von den großen Worten Freiheit, Gleichheit, Brüderlichkeit, die in Paris auf jedem Staatsgebäude ihre immer mehr verbleichenden Züge prangen lassen, immer mehr abgebogen sein, wie turmhoch steht es doch in der Erkenntnis dessen, was Menschenrechte bedeuten, über dem kleinen Deutschland!... Wir sind erledigt, weil wir einen Noske am Anfang der Republik und einen Cuno (Ehrendoktor der Breslauer Universität, medizinische Fakultät, da er wie ein Arzt am deutschen Volke gewirkt habe!) kurz vor deren Ende hatten. Wir sind erledigt, weil der unverbesserlich stumpfsinnigste Teil des deutschen Volkes, das deutsche Spießertum, immer noch die Presse hat, die es verdient. Wir können einpacken. In Gefängnissen, an Laternenpfählen oder von völkischen Banden mit teutschem Spieß zerstückelt, das wird der Republikaner Los bald sein. Und dann wird auch der letzte deutsche Arbeiter geknechtet und versklavt, auf dass er blutüberströmt zusammenstürze. Denn dann ist ja das, was man heute ‚Republik' nennt, so vollkommen verschwunden, als hätte man nie etwas davon gehört." K. Lenz, Nachruf. In: Der Pionier, 3. Jg., Nr. 9, S. 7, Januar/Februar 1924

23 Siehe W. Zuelzer, Der Fall Nicolai, S. 370-385

24 Politische Betrachtungen eines Buchhändlers. In: Pionier, 1. Jg., Nr. 1, S. 4, Oktober 1922

25 Ebenda

26 Ebenda

27 Siehe H. Donat, Richard Grelling. In: H. Donat/K. Holl (Hrsg.), Die Friedensbewegung, S. 162 f.

28 R. Breitscheid, Die große Lüge. In: Der Sozialist, 5. Jg., Nr. 50, S. 779, 13.12.1919

29 Die Zentralstelle des deutschen Buchhandels unterdrückt die Schundliteratur. In: Pionier, 1. Jg., Nr. 2, S. 2, Dezember 1922.

30 Ebenda

31 Ebenda

32 Ebenda

33 Die Propaganda der Kriegshetzer. Inserat aus dem Börsenblatt Nr. 234 vom 18. Oktober 1920. In: Der Pionier, 1. Jg., Nr. 2, S. 4, Dezember 1922

33 Die Zentralstelle des deutschen Buchhandels unterdrückt die Schundliteratur. In: Pionier, 1. Jg., Nr. 2, S. 2, Dezember 1922.

34 O. Autenrieth, Bismarck II., München 1921, S. 153

35 Unter der Rubrik „Aus der Reaktionswerkstatt". In: Der Pionier, 1. Jg., Nr. 2, S. 5, Dezember 1922

36 Ebenda

37 Streiflichter. Beanstandetes Plakat. In: Ebenda, S. 7

38 Der deutsche Buchhandel, das stärkste Bollwerk des alten Geistes. Abgedruckt aus der „Menschheit" in: Der Pionier, 1. Jg., Nr. 1, S. 3, Oktober 1922, S. 3

39 Ebenda

40 Ludwig Quidde, Der deutsche Pazifismus während des Weltkrieges 1914-1918. Hrsg. von Karl Holl unter Mitwirkung von Helmut Donat, Boppard am Rhein 1979, S. 99 f.

41 Ebenda, S. 100

42 Ebenda, S. 101

43 Ebenda

44 W. Bruns, Meines Vaters Land, München 2004, S. 52

45 Siehe hierzu Lothar Wieland, Belgien 1914. Die Frage des belgischen „Franktireurkrieges" und die deutsche öffentliche Meinung 1914-1936; Helmut Donat, Wer sich uns in den Weg stellt... Aus einem dunklen Kapitel deutscher Geschichte: der Überfall auf Belgien im August 1914. In: DIE ZEIT, 39. Jg., Nr. 36, S. 28, 31.8.1984; John Horne/Alan Kramer, Deutsche Kriegsgreuel 1914. Die umstrittene Wahrheit, Hamburg 2004

46 Moritz Pfeiffer, Mein Großvater im Krieg 1939-1945 – Erinnerung und Fakten im Vergleich. Mit einem Geleitwort von Wolfram Wette und einem Nachwort von Helmut Donat [= Schriftenreihe Geschichte & Frieden, Band 18], Bremen 2012

47 Siehe dazu die Ausführungen von Philippe Beck in seiner Einleitung zu diesem Band.

48 Ein neuer Weg. In: Der Pionier, 1. Jg., Nr. 2, S. 11, Dezember 1922

49 Ebenda, S. 4

50 Unter der Rubrik „Börsenblatt-Streiflichter". In: Ebenda, Nr. 3, S. 4, Mai 1923

51 Ebenda

52 Ebenda

53 Siehe H. Donat/Lothar Wieland (Hrsg.), Das Andere Deutschland. Unabhängige Zeitung für eine entschiedene republikanische Politik – Eine Auswahl (1925-1933), Königstein im Taunus 1980, S. XXX f.

54 Vgl. Erich Eyck, Geschichte der Weimarer Republik. Erster Band: Vom Zusammenbruch des Kaisertums bis zur Wahl Hindenburgs, Erlenbach-Zürich/Stuttgart 41962. S. 310 f.

55 H. Ströbel, Der Triumph der Kriegsschuldlüge. In: Das Andere Deutschland, 2.5.1925. Abgedruckt in: H. Donat Donar/Lothar Wieland (Hrsg.), Das Andere Deutschland. Eine Auswahl (1925-1933), Königstein i.Ts. 1980, S. 11

56 Curt Geyer, Drei Verderber Deutschlands. Ein Beitrag zur Geschichte Deutschlands und der Reparationsfrage 1920-1924, Berlin 1924, S. 165 f.

57 L. Schwarzschild, Die Woche. In: Das Neue Tagebuch, 6. Jg., Heft 3, S. 51 f., 15.1.1938

58 Berthold Jacob, Zur Geschichte der Schwarzen Reichswehr. In: Das Andere Deutschland, 1.8.1925. Abgedruckt in: H. Donat/L. Wieland, Das Andere Deutschland, S. 23 ff.

59 So Heinz Kraschutzki (damals Cala Ratjada/Mallorca) im Gespräch mit dem Verfasser, 15.10.1980

60 Siehe hierzu Walter Fabian, Klassenkampf um Sachsen 1918-1930, Berlin 1972 – Reprint der Ausgabe von 1930

61 Nachweis siehe Anmerkung 59

62 Siehe den Aufruf „Kameraden" von der „Weltjugendliga – Verband Deutschland". Abgedruckt als „Beilage zum Pionier 2". In: Der Pionier, Nr. 3, Mai 1923

63 L. Schwarzschild, Von Krieg zu Krieg, Amsterdam 1947, S. 237 ff.

64 Hellmut von Gerlach, Die große Zeit der Lüge. Der Erste Weltkrieg und die deutsche Mentalität (1871-1921). Hrsg. von H. Donat und Adolf Wild [= Schriftenreihe Geschichte & Frieden, Nr. 6], Bremen 1994, S. 39

65 Siehe de.wikipedia.org/wiki/Ruhrbesetzung

66 Die Verantwortlichen. In: Der Pionier, Nr. 3, S. 1, Mai 1923

67 Ebenda, S. 4

68 Siehe hierzu vorvorvorgestern.de/aus-dem-giftschrank-„was-wir-verloren-haben"

69   Die folgenden Darlegungen sind der Rede von Lloyd George vom 3.3.1921 auf der Londoner Konferenz entnommen; sie war eine Antwort auf die von Reichsaußenminister Walter Simons am 1.3.1921 vorgetragenen deutschen Vorschläge. Reichstags-Drucksache, Nr. 1640, Bd. 366, S. 157-169

70   Siehe hierzu Helmut Donat, Rüstungsexperte und Pazifist – Der ehemalige Reichswehroffizier Carl Mertens (1902-1932). In Wolfram Wette (Hrsg., unter Mitw. von H. Donat), Pazifistische Offziere in Deutschland 1871-1933 [= Schriftenreihe Geschichte & Frieden, Bd. 10], Bremen 1999, S. 247-271

71   Siehe dazu die Ausführungen von Philippe Beck in seiner Einleitung zu diesem Buch.

72   Siehe Christine Norzel-Weiß, Emil Felden – Aus ethischer Verantwortung für Wahrheit, Frieden und soziale Gerechtigkeit. In: H. Donat/Reinhard Jung, „Mit Gott dem Herrn zum Krieg"? Bremer Pastoren für den Frieden vom Kaiserreich bis zur ära Adenauer, Bremen 1988, S. 59-90; Helmut Donat, Emil Felden – Ein Leben für Frieden, Freiheit und soziale Gerechtigkeit. In: H. Donat/Andreas Röpcke (Hrsg.), „Nieder die Waffen – Die Hände gereicht!" Friedensbewegung in Bremen 1898-1958. Katalog zur Ausstellung des Staatsarchivs Bremen 1898-1958, Bremen 1989, S. 109-114

73   Siehe de.wikipedia.org/wiki/Artur_Dinter – dort auch zahlreiche Literaturhinweise; Von einem deutschen Hochschullehrer, Völkische Organisationen. Parteien, Vereine, Verbände, Orden, Leipzig 1931, S. 41, passim

74   E. Schairer, Der reaktionäre Buchhandel. In: Süddeutsche Sonntags-Zeitung, 3. Jg., Nr. 29, 16. Juli 1922. Zu dem in Stuttgart erschienenen Blatt siehe den Beitrag von Will Schaber über E. Schairer in: H. Donat/K. Holl (Hrsg.), Die Friedensbewegung, S. 332 f.; Manfred Bosch (Hrsg.). Mit der Setzmaschine in die Opposition. Auswahl aus Erich Schairers Sonntags-Zeitung 1920-1933, o.O. 1989; Manfred Bosch/Agathe Kunze (Hrsg.), Bin Journalist, nichts weiter. Ein Leben in Briefen, Tübingen 2002; Andrea Weil, Der öffentlichen Meinung entgegentreten. Erich Schairers publizistische Opposition gegen die Nationalsozialisten 1930-1937, Berlin 2007

75   E. Schairer, Der reaktionäre Buchhandel. Nachweis siehe Anmerkung 74

76   Susanne Meinl, Die Frankfurter „Volksstimme" und die Anschläge der Organisation Consul auf Philipp Scheidemann und Walther Rathenau 1922. Der Text enthalten und zu lesen in dem vom Institut für Stadtgeschichte (Frankfurt am Main) zusammengestellten Sammlung „frankfurt 1933-1945.de" unter: http://www.ffmhist.de/ffm33-45/portal01/portal01.php?ziel=t_ak_attentat_rathenau

77   Zitiert nach Egmont Zechlin unter Mitarbeit von Hans Joachim Bieber, Die deutsche Politik und die Juden im Ersten Weltkrieg, Göttingen 1969, S. 519

78   Siehe Helmut Donat/Dieter Riesenberger, Die Friedensbewegung in Deutschland (1892-1933) [= Lesehefte Geschichte für die Sekundarstufe I], Stuttgart 1986, S. 16

79   Ebenda, S. 18. Der Brief im Original in: Geheimes Staatsarchiv München, MA 93657

80   Ebenda

81   A. Niemann, Kaiser und Revolution, Berlin 1922, S. 36

82   Ebenda, S. 39

83   Ebenda, S. 75 – Offenbar ein Plädoyer dafür, dass die Welt nicht nur am deutschen Manne, sondern auch an seiner Frau genesen solle.

84   Ebenda, S. 122

85   Ebenda, S. 123

86   Ebenda, S. 124

87   Ebenda

88   Ebenda, S. 158

89   Ebenda, S. 159. – Im Berliner Verlag Scherl erschienen neben dem Titel von A. Niemann weitere Werke zur Zeitgeschichte mit eindeutig militärfrommer und kriegsverherrlichender Tendenz, darunter u.a. von Admiral Reinhard Scheer, Chef der Flotte und Seekriegsleitung sowie Verfechter des rücksichtslosen U-Boot-Krieges, „Deutschlands Hochseeflotte im Weltkriege. Persönliche Erinnerungen" (1920), ders., „Amerika und die Abrüstung der Seemächte" (1922), Generalmajor Artur Baumgarten-Crusius, „Deutsche Heerführung im Marnefeldzug 1914 und der Bericht des Oberstleutnants Hentsch" (1921), General Otto Liman von Sanders, „Fünf Jahre Türkei" (1920), Generalmajor Gerold von Gleich, „Vom Balkan nach Bagdad. Militär-politische Erinnerungen" (1921); von Adolf Wermuth, Reichsschatzsekretär, dann 1912-1921 Oberbürgermeister von Berlin, („Ein Beamtenleben. Erinnerungen", 1922), ist der Ausspruch über-

liefert: „Ich habe es auch nach der Revolution nie und nirgend an der Ehrerbietung gegen den Monarchen fehlen lassen, dem ich ein Menschenalter gedient hatte:" Hier zitiert nach: http://www.luise-berlin.de/historie/spitze/zukap4/adolfwermuth htm

90 Siehe im Folgenden Emil Felden, Bremen 1907-1933, sowie ders., Die Nazi und ich (Typoskripte). In: Nachlass E. Felden, Archiv der Bremischen Evangelischen Kirche; die Erinnerungen Feldens erscheinen in diesem Jahr im Donat Verlag.

91 Sein Roman sowie seine Vorträge gegen den Antisemitismus „haben mir später", schreibt Felden in seinen Erinnerungen, „als die Nazi zur Macht gekommen waren, den Hals gebrochen. Ich musste mein Amt aufgeben, war auf ständiger Flucht vor der Gestapo, bin, ausdrücklich wegen dieses Buches und eines Vortrags gegen die Antisemiten, den ich 21 Jahre vorher in Karlsruhe gehalten hatte und dessen sich noch der von den Nazis zum Schulrat in Zabern ernannte Schulmeister Dingler aus Heidelberg erinnerte, aus dem Elsass ausgewiesen worden (1943), um dann von Mutterhausen in Lothringen, wohin wir geflüchtet waren, zwangsevakuiert zu werden – wir haben alles verloren, was wir besaßen." Ebenda

92 F.W. Foerster, Das ziellose Vaterland. In: Die Zeit – Organ für grundsätzliche Orientierung, 1. Jg., Heft 1. S. 1, 5.1.1930

93 Ebenda

94 Nachweis siehe Anmerkung 74

95 Siehe hierzu Thomas F. Schneider, Die Wiederkehr der Kriege in der Literatur. Voraussetzungen und Funktionen „pazifistischer" und „bellizistischer" Kriegsliteratur vom Ersten Weltkrieg bis zum Dritten Golfkrieg. In: Gerechtigkeit vor Gewalt. Im Spannungsfeld zwischen Politik und Ethik. Osnabrücker Jahrbuch Frieden und Wissenschaft, Bd. 12/2005, S. 201-221. Die von Th. F. Schneider nach Helmut Müssener auf S. 204 gegebene Zusammenstellung „Auflagenstärkste deutschsprachige Kriegsliteratur 1919-1939" vernachlässigt u.a. Bücher aus der Frühzeit der Weimarer Republik wie z.B. den Titel „Die drei kommenden Kriege – Englands Auseinandersetzung mit seinen Brüdern von der Entente" von Otto Autenrieth (220 000 Exemplare Auflage im Jahre 1921).

96 Siehe hierzu Gerd Schulz, Die „Machtergreifung" im Börsenverein. In: Buchhandelsgeschichte, 1985/3, S. B 98-B 101. Seiner Studie hat G. Schulz zwei Fotos hinzugefügt. Das erste aus dem Jahre 1934 zeigt den Vorstand unter Friedrich Oldenbourg (1888-1941), bestehend aus neun Männern in Zivilkleidung. Auf dem zweiten, wohl aus dem Jahre 1937, ist die „Leitung des Buchhandels" abgebildet, 26 Männer, davon, soweit erkennbar, etwa die Hälfte in Uniform und die anderen in Zivil. Mit den Fotos will G. Schulz „den auch rein äußerlich erkennbaren Gegensatz zwischen dem ‚alten', demokratischen Börsenverein und der Organisation im Dritten Reich noch deutlicher machen": Leider klärt uns der Autor nicht darüber auf, welchen Parteien die Vorstandsmitglieder unter F. Oldenbourg angehörten und wie sie zur Republik gestanden haben. Auch sagt der Umstand, dass die einen in Zivil und die anderen in Uniform gekleidet sind, nichts über ihre Gesinnung aus. Ob und in welchem Sinne der Börsenverein demokratisch oder antidemokratisch war, ist an solchen Äußerlichkeiten nicht ablesbar. Nach Tilman Wesolowski wollte der Münchener Oldenbourg Verlag, in dem F. Oldenbourg seit 1919 an führender Position tätig war, die neuen Chancen nach 1933 durchaus nutzen, doch die Bemühungen waren offenbar wenig erfolgreich; Wesolowski kennzeichnet sie als „angepasst und doch verschmäht" Jedenfalls erhielt der Verlag nach 1945 keine Lizenz, weshalb Rudolf Carl von Cornides (1910-1986) 1946 als Lizenzträger und Geschäftsführer den Leibniz-Verlag gründete, der seit 1949 wieder unter „R. Oldenbourg" firmierte. R.C. von Cornides, ein Sohn von Wilhelm von Cornides, verheiratet mit Cilla von Oldenburg, Tochter von Rudolf August von Oldenbourg, wirkte fast zwanzig Jahre als Ausschussvorsitzender im Börsenverein des Deutschen Buchhandels. In welchem Maße ihm oder auch anderen Mitgliedern der Leitung des Börsenvereins besonders daran gelegen war, dessen Haltung vor 1933 zur Republik und danach zum Dritten Reich unter die Lupe zu nehmen, ist nicht bekannt und offenbar bislang nicht behandelt. Auch Jan-Pieter Barbian, Von der Selbstanpassung zur nationalsozialistischen „Gleichschaltung": Der Börsenverein der Deutschen Buchhändler in den Jahren 1933-1934. In: Buchhandelsgeschichte, 1993/2, S. B 41-B 55, geht nicht auf die „Selbstanpassung" des Börsenvereins an den deutschen Militarismus und Nationalismus vor 1933 ein. Wohl weist er darauf hin, dass das „Börsenblatt" in seiner Ausgabe vom 13. Mai 1933 zwölf Schriftsteller öffentlich brandmarkte – dazu gehörten u.a. Heinrich Mann, Kurt Tucholsky, Lion Feucht-

wanger, Erich Maria Remarque., Arnold Zweig und Alfred Kerr –, sie seien „für das deutsche Ansehen als schädigend zu erachten", eine Kontinuitätslinie zu dem Verhalten des „Börsenblattes" im Jahre 1919 und 1920 gegenüber deutschen Republikanern und Pazifisten zieht er jedoch nicht, obwohl die Parallele offenkundig ist. Doch so wenig das „Dritte Reich" vom Himmel gefallen ist, so kam auch die „Selbstanpassung" oder „Selbstgleichschaltung" des Börsenvereins nicht über Nacht zustande. Siehe auch J.-P. Barbian, Der Börsenverein in den Jahren 1933 bis 1945. In: Stephan Füssel/Georg Jäger und Hermann Staub in Verbindung mit Monika Estermann, Der Börsenverein des Deutschen Buchhandles 1825-2000. Ein geschichtlicher Aufriss. Hrsg. im Auftrag der Historischen Kommission, Frankfurt am Main 2000, S. 91-117. Auch Ernst Fischer und Stephan Füssel übergehen in ihrem Beitrag „Zensur" in der „Geschichte des deutschen Buchhandels im 19. und 20. Jahrhundert" die vom „Börsenblatt" bzw. Börsenverein ausgeübte politische Zensur. Sie weisen zwar darauf hin, dass Carl Thinius vom Pionier Verlag sich mit dem Organ „Börsenblatt unterdrückter Literatur" gegen „Zensurmaßnahmen" gewandt habe, und drucken ein Faksimile der Einladung zu der Generalversammlung der „Arbeitsgemeinschaft Deutscher Verleger für unterdrückte Literatur" vom 24. Januar 1924 ab, doch sagen sie nichts darüber, dass es einzig und allein die Praxis des Buchhändler-Börsenblattes gewesen ist, die ihn dazu veranlasste, die Unterdrückung der Meinungsfreiheit zu bekämpfen. Siehe Ernst Fischer/Stephan Füssel. Zensur. In: Dies. (Hrsg.), Geschichte des deutschen Buchhandels im 19. und 20. Jahrhundert. Die Weimarer Republik 1918-1933. Teil 1, München 2007, S. 80 f. – Ebenso lässt Otto Seifert, Die große Säuberung des Schrifttums – Der Börsenverein der Deutschen Buchhändler zu Leipzig 1933 bis 1945, Schkeuditz 2000, den Antisemitismus des Börsenvereins erst „ab 1933" beginnen. Auch O. Seifert fragt nicht danach, wen der Börsenverein in den Jahren nach 1918 durch seine Anzeigenpraxis gefördert und behindert hat. – Über die Verlegerfamilie Oldenbourg vgl. Neue Deutsche Biographie. Bd. 19, Berlin 1999, S. 508-510. Tilmann Wesolowski, Verleger und Verlagspolitik. Der Wissenschaftsverlag R. Oldenbourg zwischen Kaiserreich und Nationalsozialismus, München 2010, sowie dazu die Rezension von Matthias Berg zu dem Buch. In: H-Soz-u-Kult, 5.9.2012.

97 Gerd Fesser, Krimkrieg – Europa erstes Verdun. In: Die Zeit, Nr. 33, 7.8.2003; Jörg Baberowski, Bauernopfer, Soldatensterben – Der britische Historiker Orlando Figes erzählt vom entsetzlichen Vorläufer der Weltkriege: Dem Krimkrieg von 1853 bis 1856. In: Ebenda, Nr. 49, 1.12.2011

98 Siehe hierzu „Rabenvögel – Die Apotheose des Krieges" http://www.tiamat.at/ Raben/rabenkunst/die-apotheose-des-krieges/. – Es ist Jürgen Hennes Auffassung zuzustimmen, dass „Wereschtschagin im heutigen Europa als wichtige Figur der Kulturgeschichte Russlands in der zweiten Hälfte des 19. Jahr-hunderts stärker wahrgenommen werden" sollte. „Sein Bedürfnis, fremde Kulturen, Religionen, Sitten und Bräuche künstlerisch zu vermitteln und um Verständnis zu werben, beeindruckt durch eine bestechende Aktualität. Mit der ,Apotheose des Krieges' gab er … eine Vorahnung von symbolistischer Kunst, die dann einige Jahre später als Gegenpol zu Rationalität, Vernunft und Durchschaubarkeit größten Einfluß in der europäischen Kultur ausüben konnte. Er bagatellisierte Kriege nicht als amüsante Bühnenshows mit präzis organisierter Regie und entwickelte Ausdrucksformen, die dann im Verismus eines Dix und Gross zur Vollendung geführt worden … Als sein einflussreichstes Bild muss die ,Apotheose des Krieges' bewertet werden. Mit dieser Pyramide aus Todenschädeln in ausgedörrter Landschaft zog Wereschtschagin ein Zwischenfazit als ,Kriegsberichterstatter' an vorderster Front. Es wäre jetzt möglich, ikonographische Bezüge zu Todesdarstellungen herzustellen, die besonders im 15. Jahrhundert im Zeichen von Krisensituationen, von existentiellen Nöten wie Seuchen und Hunger, aber auch im barocken Umfeld weite Verbreitung fanden (,memento mori'). Auch die Besinnung auf die Golgatha-Thematik (,Schädelstätte') als letzte Station des Passionsweges Christi kann nicht ausgeschlossen werden." Siehe hierzu „Jürgen Henne und Wassili Wereschtschagin", 16.10.2007, http://juergenhennekunstkritik.word-press.com/2007/10/16/wassili-wereschtschagin/

99 Bertha von Suttner, Memoiren. Hrsg. von Lieselotte von Reinken, Bremen 1965, S. 246

100 Auguste Kirchhoff, „Mensch sein, heißt Kämpfer sein!" Schriften für Mutterschutz, Frauenrechte, Frieden und Freiheit 1914-1933. Hrsg. und eingeleitet von Henriette Kirchhoff-Wottrich [= Schriftenreihe Geschichte & Frieden, Band 12], Bremen 2004, S. 97 f.